Etienne Pivert de Senancour

Oberman

Roman in Briefen
Aus dem Französischen übertragen
und mit einem Nachwort
von Jürg Peter Walser

Insel Verlag

Erste Auflage 1982
© Insel Verlag Frankfurt am Main 1982
Druck: MZ-Verlagsdruckerei GmbH, Memmingen
Printed in Germany

Inhalt

Erster Band
7

Zweiter Band
187

Nachtrag 1833
365

Nachtrag 1840
377

Nachwort
383

Abriß von Senancours Leben
408

Zu den Abbildungen
410

Erster Band

Vorbemerkung

Man wird in diesen Briefen den Ausdruck eines empfindenden Menschen finden, nicht eines Mannes, der seinen Geschäften nachgeht. Es sind Aufzeichnungen, die Außenstehende völlig kalt lassen, Eingeweihte jedoch anziehen dürften. Einige werden mit Genugtuung erfahren, was einer der ihren empfunden hat; einige haben ebenso empfunden; es fügte sich, daß dieser es aussprach oder auszusprechen versucht hat. Er soll jedoch nach seinem ganzen Leben beurteilt werden, nicht nach seinen ersten Jahren; nach allen seinen Briefen, nicht nach der oder jener gewagten oder romantischen oder vielleicht irrigen Äußerung.
Briefen dieser Art, kunstlos und ohne eigentliche Handlung, ist außerhalb der verstreuten, verborgenen Gemeinde, der ihr Verfasser durch seine Veranlagung angehört hat, unweigerlich wenig Gunst beschieden. Die Vereinzelten, die sich dazu zählen, sind aber zum größten Teil unbekannt; eine derart private Hinterlassenschaft eines Gleichgesinnten kann ihnen nur auf dem Wege der Veröffentlichung zugeeignet werden, wenn auch auf die Gefahr hin, daß sich dadurch eine große Zahl von ernsthaften, gebildeten oder liebenswürdigen Lesern gelangweilt fühlt. So bleibt dem Herausgeber nur das eine vorauszuschicken, daß man in diesen Briefen weder Geist und Witz noch Gelehrsamkeit findet, daß es sich keineswegs um ein *Werk* handelt, ja daß man vielleicht sogar sagen wird, es sei gar kein *vernünftiges* Buch.
Wir besitzen manche Schriften, worin sich die Menschheit in wenigen Zeilen abgebildet findet. Sollten demgegenüber diese weitläufigen Briefe geeignet sein, uns nur mit einem einzigen Menschen hinlänglich bekannt zu machen, so wären sie so neuartig wie nützlich. Selbst dieses begrenzte Ziel erreichen sie bei weitem nicht; doch auch wenn sie manches vermissen lassen, was man erwarten könnte, so enthalten sie doch immerhin einiges; dies mag zu ihrer Entschuldigung genügen.
Diese Briefe sind kein *Roman**. Es gibt darin keine dramatische

---

* Es liegt mir fern, daraus den Schluß zu ziehen, daß ein guter Roman kein gutes Buch sei. Zudem gibt es, außer dem, was ich als eigentlichen Roman

Entwicklung, keine vorbedachten, herbeigeführten Ereignisse, keine Lösung eines Knotens, nichts von dem, was man die Spannung eines Werks nennt, nichts von jener progressiven Folge, von jenen Zwischenfällen, von jener Stillung der Neugierde, worauf der Zauber einiger guter und die Scharlatanerie einiger schlechter Werke beruht.

Man wird darin Beschreibungen finden; solche nämlich, die zu einem besseren Verständnis der Natur beitragen und einigen Aufschluß geben über die vielleicht allzusehr vernachlässigten Beziehungen zwischen dem Menschen und dem, was er die Welt des *Unbelebten* nennt.

Man wird darin Leidenschaften finden; jedoch die eines Menschen, der dazu geboren war, zu empfangen, was sie verheißen, aber selber keine Leidenschaft zu besitzen; von allem Gebrauch zu machen, und doch nur ein einziges Ziel zu haben.

Man wird darin Liebe finden; aber Liebe, die auf eine Weise empfunden wird, wie es vielleicht noch nie gesagt worden ist.

Man wird darin Längen finden; sie mögen in der Natur liegen; das Herz faßt sich selten kurz, es ist kein Dialektiker. Man wird darin Wiederholungen finden; aber wenn die Sache gut ist, warum soll man es ängstlich vermeiden, darauf zurückzukommen? Die Wiederholungen in der *Clarisse*, Montaignes Mangel an Ordnung (und sein angeblicher Egoismus) haben immer nur Leser abgestoßen, die sich durch nichts als ihren Scharfsinn auszeichneten. Jean-Jacques, der beredsame, war oft weitschweifig. Der Verfasser dieser Briefe scheint die Längen und Abschweifungen eines freien Stils nicht gescheut zu haben; er hat seine Gedanken aufgeschrieben. Zugegeben, ein Jean-Jacques durfte es sich erlauben, ein wenig weitschweifig zu werden; wenn sich unser Briefschreiber dieselbe Freiheit genommen hat, so ganz einfach darum, weil er sie gut und natürlich fand.

Man wird darin Widersprüche finden, oder wenigstens das, was man oftmals so benennt. Aber warum nimmt man denn Anstoß daran, wenn in ungewissen Fragen der gleiche Mensch das Für und Wider vorträgt? Da man doch beides zusammennehmen muß, um das Bewußtsein dafür zu entwickeln, um abzuwägen, zu entschei-

bezeichnen würde, unterhaltsame oder auch sehr verdienstvolle Werke, die man gemeinhin dieser Gattung zurechnet, etwa *Numa, La Chaumière Indienne* etc.

den, zu wählen, läuft es da nicht aufs selbe hinaus, ob beides in einem oder je in verschiedenen Büchern zu finden ist? Im Gegenteil, vom gleichen Autor vorgetragen, wird beides mit gleichmäßigerer Kraft und auf ähnlichere Weise dargestellt, und ihr erkennt leichter, welcher Seite ihr euch anschließen sollt. Unsere Neigungen, unsere Wünsche, selbst unsere Empfindungen, ja sogar unsere Überzeugungen ändern sich mit der Belehrung durch die Ereignisse, mit den wechselnden Anlässen des Nachdenkens, mit unserem ganzen Sein. Seht ihr denn nicht, daß derjenige, der mit sich selber aufs genaueste übereinstimmt, euch etwas vormacht, sich selber etwas vormacht? Er hat eine Methode; er spielt eine Rolle. Der Aufrichtige sagt euch: Damals empfand ich so, heute empfinde ich so; dies sind meine Bausteine, nun baut euch euer Gedankengebäude selber. Dem Kaltherzigen steht es nicht an, über die Unterschiede menschlichen Empfindens zu urteilen; da er dessen Weite nicht kennt, kennt er auch dessen Schwankungen nicht. Warum sollten beim gleichen Menschen verschiedene Betrachtungsweisen in verschiedenen Lebensaltern, ja manchmal zur selben Zeit verwunderlicher sein als bei verschiedenen Menschen? Man beobachtet, man sucht; man entscheidet nicht. Verlangt ihr denn, daß einer, der zur Waage greift, im voraus den Stein trifft, der sie ins Gleichgewicht bringt? Gewiß, in einem streng durchdachten Werk über einen gegebenen Sachverhalt soll alles zusammenstimmen. Aber verlangt ihr denn von einem Montaigne Wahrheit in der Art eines Hume, von Seneca die strenge Regelmäßigkeit eines Bezout? Ich möchte sogar meinen, zwischen verschiedenen Lebensaltern des selben Menschen wären ebensoviele, wenn nicht mehr Widersprüche zu erwarten als zwischen verschiedenen aufgeklärten Menschen gleichen Alters. Darum ist es auch nicht von Gutem, wenn die Gesetzgeber sämtlich Greise sind; es sei denn, es handle sich um eine Körperschaft von wirklich berufenen Männern, die fähig sind, ihren allgemeinen Vorstellungen und ihren Erinnerungen eher zu folgen als ihren gegenwärtigen Auffassungen. Nur ein Mensch, der sich ausschließlich den exakten Wissenschaften widmet, braucht keine Angst zu haben, daß er jemals von etwas befremdet sein könnte, was er in früherer Zeit geschrieben hat.

Die vorliegenden Briefe sind im Stil so unausgeglichen, so regellos wie in allem Übrigen. Nur eines hat mir gefallen; man stößt darin nirgends auf jene übertriebenen, abgedroschenen Redensarten, in denen ein Schriftsteller stets etwas Lächerliches oder wenigstens Schwächliches sehen sollte*. Diese Redensarten haben an sich selber etwas Fehlerhaftes, oder aber ihr allzu häufiger Gebrauch, dazu noch in falscher Verwendung, entstellt ihren ursprünglichen Sinn und läßt ihre Kraft vergessen.

Nicht daß ich den Stil dieser Briefe rechtfertigen wollte. Es gäbe einiges zu sagen über Ausdrücke, die gewagt erscheinen mögen, die ich aber dennoch nicht geändert habe; was hingegen die Verstöße anbelangt, so weiß ich dafür keine annehmbare Entschuldigung. Ich verhehle mir nicht, daß ein Kritiker viel zu verbessern finden wird; ich wollte jedoch keineswegs die Öffentlichkeit mit einem ausgearbeiteten Werk *bereichern*, sondern einigen über Europa verstreuten Lesern die ungezwungenen, unausgeformten Empfindungen, Ansichten und Träume eines Menschen zum Lesen geben, der oft einsam war, der im Verborgenen schrieb, und nicht für seinen Verleger.

Der Herausgeber hatte nur eine Absicht und wird nie eine andere haben; alles, was unter seinem Namen erscheint, wird stets die gleichen Ergebnisse anstreben: Ob als Autor oder auch nur als Herausgeber, nie wird er von einem moralischen Ziel abrücken. Zu *erreichen* versucht er es freilich noch nicht; ein wichtiges Buch, das geeignet ist, Nutzen zu stiften, ein wahrhaftes *Werk*, das man nur zu entwerfen, niemals aber zu vollenden wagen darf, soll auch nicht sogleich veröffentlicht, ja nicht einmal allzu rasch in Angriff genommen werden.

Die Fußnoten sind alle vom Herausgeber.

---

* Die Schäferdichtung wie das beschreibende Genre enthalten zahlreiche abgegriffene Ausdrücke, wovon jene millionenfach verwendeten Figuren, die schon beim allererstenmal den Gegenstand abschwächten, statt ihn zu erhöhen, nach meiner Ansicht am wenigsten zu dulden sind: das Email der Wiesen, der Azur des Himmels, der Kristall des Wassers; die Lilien und Rosen ihrer Wangen, das Pfand seiner Liebe; die Unschuld des Dörfleins; Tränenbäche enteilten ihren Augen, er löste die Zuhörer in Rührung auf; in die Betrachtung der Naturwunder versunken sein, eine Handvoll Blumen aufs Grab streuen – und manch anderes, was ich nicht schlechterdings verdammen, aber doch lieber nicht wieder antreffen möchte.

ERSTER BRIEF

Genf, 8. Juli des ersten Jahres

Es sind erst drei Wochen, seit ich dir aus Lyon geschrieben habe. Von irgendwelchen neuen Plänen sagte ich nichts, ich hatte auch keine; und nun habe ich alles verlassen und bin hier auf fremdem Boden.

Ich fürchte, mein Brief erreicht dich nicht mehr in Chessel* und du kannst mir nicht so bald darauf antworten, als mir lieb wäre. Es drängt mich, zu erfahren, was du denkst, oder doch wenigstens was du denken magst, wenn du zu Ende gelesen hast. Du weißt, ob mir ein Verschulden gegen dich gleichgültig sein könnte; und doch fürchte ich, du siehst mich in Schuld, und ich bin selber nicht ganz sicher, ob ich davon frei bin. Ich habe mir nicht einmal die Zeit genommen, dich um Rat zu fragen. Wie froh wäre ich darüber gewesen, in einem so entscheidenden Augenblick! weiß ich doch noch heute nicht, was von einem Entschluß zu halten ist, der alles über den Haufen wirft, was vorgekehrt war; der mich mit einem Schlag in eine ganz neue Lage versetzt, die mich zu Dingen bestimmt, welche ich nicht vorausgesehen hatte und deren Entwicklung und deren Folgen ich nicht einmal zu ahnen vermag.

Ich muß weiter ausholen. Die Ausführung des Entschlusses war nicht weniger überstürzt als dieser selbst, das stimmt; aber es hat mir nicht nur an Zeit gefehlt, um dir zu schreiben. Auch wenn ich sie gehabt hätte, ich glaube, du würdest ebensowenig davon erfahren haben. Ich hätte deine Klugheit gescheut; ich glaubte mich dies eine Mal aller Klugheit entschlagen zu müssen. War es doch gerade die engherzige, ängstliche Vorsicht derer, von denen mein Schicksal abhing, die mich um meine ersten Jahre gebracht und mir, wie ich glaube, für mein ganzes Leben Schaden zugefügt hat. Die Klugheit sucht sich ihren Weg zwischen dem Mißtrauen und der Kühnheit; er ist schwierig; in Dingen, die sie zu erkennen vermag, soll man ihr gehorchen; in Dingen, die im dunkeln liegen, bleibt uns nur der Instinkt. Er ist zwar gefährlicher als die Klugheit, richtet aber auch Größeres aus; seine Kühnheit wird uns

---

* Landsitz des Empfängers dieser Briefe.

manchmal zur letzten Zuflucht, und vielleicht ist es an ihm, die Leiden zu beheben, welche die Klugheit verursacht haben mag.
Entweder beugte ich mich dem immer schwereren Joch für alle Zeiten, oder ich warf es ohne lange Überlegung ab; eine andere Wahl schien mir ausgeschlossen. Bist du gleicher Ansicht, so laß es mich bitte wissen, damit ich ruhiger bin. Du weißt, welche erbärmliche Fessel man mir anlegen wollte. Man verlangte von mir, etwas zu tun, wozu ich nicht das geringste Geschick habe: einen Beruf zu ergreifen, um Geld zu verdienen, meine Fähigkeiten auf etwas zu verwenden, was mir von Natur aus zuwider ist. Hätte ich mich zu einem vorläufigen Nachgeben bequemen sollen? einem Verwandten vorspiegeln sollen, ich ließe mich für die Zukunft auf ein Unternehmen ein, das ich doch nur in der Hoffnung begonnen hätte, es möglichst bald wieder loszuwerden? hätte ich so mein Leben in einer erzwungenen Stellung und in beständigem Widerwillen fristen sollen? Hoffentlich anerkennt er, daß ich unfähig war, ihn zufriedenzustellen, und kann er mir verzeihen! Auch er wird am Ende zur Einsicht kommen, daß die so unterschiedlichen und gegensätzlichen Bedingungen, unter denen Menschen von völlig entgegengesetztem Charakter das finden, was ihren Fähigkeiten entspricht, sich nicht unterschiedslos mit sämtlichen Charakteren vertragen; daß ein Beruf, der sich mit Forderungen und Streitfällen herumschlägt, nicht schon deshalb für ehrbar gelten kann, weil man dabei, ohne zu stehlen, seine dreißig- oder vierzigtausend Livres verdient; und endlich, daß ich den Menschen in mir nicht verleugnen konnte, um zum Geschäftsmann zu werden.
Es geht mir nicht darum, dich zu überzeugen, nur die Tatsachen will ich dir in Erinnerung rufen; urteile du selbst. Ein Freund darf nicht zu viel Nachsicht üben; du selber hast das gesagt.
Wärest du in Lyon gewesen, ich hätte nichts entschieden ohne deinen Rat; ich hätte mich vor dir verstecken müssen, statt mich bloß auszuschweigen. Da man selbst im Zufälligen nach Gründen sucht, die das rechtfertigen, was man für notwendig hält, erblicke ich in deiner Abwesenheit einen günstigen Umstand. Gegen deine Auffassung hätte ich niemals etwas unternehmen können, aber ohne sie tat es mir nicht leid; so deutlich war ich mir all dessen bewußt, was die Vernunft hätte vorbringen können gegen das Gesetz, das mir von einer Art Notwendigkeit aufgezwungen war,

gegen das Gefühl, das mich fortdrängte. Ich habe auf diese unerklärliche, aber gebieterische innere Stimme mehr gehört als auf jene nüchternen Gründe des Abwägens und Aufschiebens, die, unter dem Namen der Klugheit, vielleicht doch eher auf meine angewöhnte Trägheit und einen gewissen Mangel an Tatkraft zurückgingen. Ich bin abgereist, und ich beglückwünsche mich dazu; aber welcher Mensch kann jemals wissen, ob er hinsichtlich der späteren Folgen klug gehandelt hat oder nicht?

Ich habe dir gesagt, warum ich nicht tat, was man von mir wollte; bleibt zu sagen, warum ich nichts anderes tat. Ich überlegte mir, ob ich die Entscheidung, zu der man mich bewegen wollte, gänzlich ausschlagen sollte; dies führte mich zur Überlegung, welche andere Lösung für mich denkbar wäre und bei welchem Entschluß ich bleiben würde.

Es galt zu wählen, es galt, wer weiß, vielleicht fürs ganze Leben mit etwas zu beginnen, was so viele Menschen, die nichts anderes in sich haben, einen Beruf nennen. Ich fand keinen, der meiner Veranlagung nicht fremd oder meinem Denken nicht zuwider gewesen wäre. Ich prüfte mich selber, ich durchforschte eilends meine ganze Umgebung, ich befragte die Menschen, ob sie empfänden wie ich, befragte die Verhältnisse, ob sie meinen Neigungen entgegenkämen; und ich erkannte, daß weder zwischen mir und der Gesellschaft noch zwischen meinen Bedürfnissen und dem, was jene geschaffen hat, irgendeine Übereinstimmung war. Entsetzt hielt ich inne, denn ich spürte, daß ich im Begriffe war, mein Leben der unerträglichsten Langenweile und einem endlosen so wie gegenstandslosen Ekel auszuliefern. Ich bot meinem Herzen eins ums andere an, wonach die Menschen in den verschiedenartigen Berufen streben, die sie ergreifen. Ja ich wollte den ganzen Zauber der Phantasie aufbieten, um die vielfältigen Ziele, die sie ihren Leidenschaften vorschlagen, und den eingebildeten Zweck, dem sie ihr Leben opfern, in den schönsten Farben auszumalen. Ich wollte – aber ich konnte nicht. Woran liegt es, daß die Welt für meine Augen so allen Reiz verloren hat? Von Überdruß spüre ich nichts, ich stoße überall ins Leere.

Hätte an jenem Tage, wo ich zum erstenmal so recht das Nichts empfand, das mich umgibt, an jenem Tage, der mein Leben verändert hat – hätte dann das Buch meines Lebens in meinen Händen gelegen, um aufgeblättert oder für immer geschlossen zu werden, wie leicht, wie ungerührt hätte ich da auf die sinnlose Folge dieser bald langen, bald flüchtigen Stunden verzichtet, die der Kummer so oft verdunkelt und in die niemals der Lichtstrahl einer wirklichen Freude einfallen wird! Du weißt, es ist mein Unglück, daß ich nicht jung sein kann; anscheinend hat die fortwährende Langeweile meiner Kindheit den Zauber ausgelöscht. Der frische Glanz der Erscheinungen vermag nichts über mich; und meine halb geschlossenen Augen werden nicht mehr geblendet; sie sind zu starr, als daß sie sich überwältigen ließen.

Jener Tag der Unschlüssigkeit war denn doch ein Tag der Erleuchtung; er ließ mich in meinem Innern erkennen, was ich bis dahin nicht deutlich gesehen hatte. In der ängstlichsten Unruhe, die ich je erlebt, genoß ich zum erstenmal das Bewußtsein meines Ich. Man hatte mich verfolgt, mich aus der traurigen Ruhe meiner gewohnten Trägheit aufgescheucht, man wollte mich zwingen, etwas zu werden: Da wurde ich endlich ich selbst; und aus dieser nie gekannten Erregung erwuchs mir eine Kraft, die fürs erste erzwungen und peinlich wirkte, deren Fülle mir aber eine Art Ruhe verschaffte, wie ich sie noch niemals erlebt hatte. Diese unerwartete friedliche Stimmung führte die Überlegung herbei, die mich zum Entschluß kommen ließ. Ich glaube den Grund von etwas zu erkennen, was man täglich feststellen kann: daß nämlich die tatsächlichen Unterschiede des äußeren Schicksals nicht die Hauptursache für das Glück oder das Unglück der Menschen sind.

Ich sagte mir: Das wirkliche Leben des Menschen ist in ihm selber; das andere, das er von außen empfängt, ist nur zufällig und nebensächlich. Die Umstände wirken auf ihn je nach der Verfassung, in der sie ihn treffen, weit mehr noch als nach ihrer eigenen Natur. Im Verlauf eines ganzen Lebens, in dem sie ihn fortwährend verändern, mag er zu ihrem Werke werden. Aber da in diesem unaufhörlichen Wechsel er allein fortbesteht, wenn auch entstellt, während die äußeren Gegenstände, mit denen er in Beziehung steht, sich völlig verändern, so folgt daraus, daß ein jeder ihrer Eindrücke auf ihn, hinsichtlich seines Glücks oder seines Unglücks, weit mehr von der Stimmung abhängt, in der er ihn vorfindet, als von der Empfindung, die er in ihm erweckt, und von der momentanen Veränderung, die er verursacht. Deshalb ist es für den Menschen in jedem außerordentlichen Augenblick seines Lebens entscheidend, daß er ist, was er sein soll. Die günstigen Umstände werden sich schon einstellen; sie sind für jeden gegenwärtigen Augenblick ein Erfordernis zweiten Ranges. Da jedoch die Abfolge dieser äußeren Anstöße in ihrer Gesamtheit zum eigentlichen Prinzip der inneren Triebkräfte des Menschen wird, so macht ihre Summe eben doch unser Schicksal aus, auch wenn jeder dieser Eindrücke, für sich genommen, so gut wie bedeutungslos ist. Sollte jedoch, in diesem Zirkel von wechselseitigen Beziehungen und Wirkungen, alles gleich wichtig sein für uns? Ist der Mensch, dessen absolute Freiheit so ungewiß und dessen scheinbare Freiheit so eng begrenzt ist, zu fortwährender Entscheidung gezwungen, was einen gleichbleibenden, immerfort freien, tatkräftigen Willen voraussetzen würde? Und sollte es, da doch der Mensch so wenig Einfluß auf die Ereignisse hat und er die meisten seiner Neigungen nicht festzulegen vermag, wirklich von Bedeutung sein, daß er, um eines friedlichen Lebens willen, alles voraussieht, alles in die Wege leitet, alles festlegt, in einer Sorge, die, selbst bei ununterbrochenem Erfolg, eben dieses Leben abermals zur Qual werden ließe? Wenn diese beiden Triebkräfte, die immer in Wechselwirkung stehen, in gleichem Maße beherrscht werden sollen, wenn jedoch diese Forderung die menschlichen Kräfte übersteigt, ja wenn eben der Einsatz, den sie verlangt, die Ruhe verwehrt, die man sich davon verspricht, wie soll man dann auch nur annähernd zu diesem notwendigen Ergebnis gelangen, wenn man auf das untaugliche Mittel verzichtet, das anfänglich allein den Erfolg zu versprechen schien? Die Antwort auf diese Frage wäre das Meisterstück der menschlichen Vernunft und das Hauptziel für dieses innere Gesetz, das uns nach Glückseligkeit suchen heißt. Ich glaubte für dieses Problem eine Lösung gefunden zu haben, die meinen gegenwärtigen Bedürfnissen entsprach; diese trugen vielleicht dazu bei, daß ich ihr zustimmen konnte.

Ich nahm an, daß für diese fortwährenden Gegenschläge des Pendels der ursprüngliche Zustand der Dinge entscheidend sei, daß folglich jene von diesem mehr oder weniger abhingen. Ich sagte mir: Seien wir fürs erste das, was wir sein sollen; stellen wir uns an den Platz, der unserer Natur entspricht, und überlassen wir uns dann dem Lauf der Dinge, wobei wir nach nichts anderem streben, als daß wir uns selber gleichbleiben. Nur so werden wir, mag kommen, was will, und unbehelligt von ferneren Sorgen, über die Dinge bestimmen, nicht indem wir sie selber verändern, daran ist uns wenig gelegen, sondern indem wir der Eindrücke Herr werden, die sie auf uns ausüben mögen, denn nur daran ist uns gelegen, dies gelingt auch am leichtesten, und es sichert den Fortbestand unseres Ichs, indem es dieses umgrenzt und den Erhaltungstrieb auf sich selber zurücklenkt. Wie immer die Dinge auf uns einwirken mögen – und ihr Einfluß ist von uns unabhängig, wir können ihn nicht ändern –: so bewahren wir doch immer viel von der ursprünglich mitgeteilten Bewegung, und auf diesem Wege kommen wir der glücklichen Stetigkeit des Weisen näher, als wir es auf irgendeinem andern Wege erhoffen dürften.

Sobald der Mensch zu überlegen beginnt, sobald er sich nicht mehr vom ersten Verlangen und von den unbemerkten Gesetzen des Instinkts verführen läßt, wird jegliche Gerechtigkeit, jegliche moralische Erwägung in einem gewissen Sinne zu einer Sache der Berechnung, und ihre Klugheit zeigt sich in der Veranschlagung des Mehr oder Weniger. Ich glaube in meinem Entschluß ein nicht minder einleuchtendes Resultat zu sehen als in einer Operation mit Zahlen. Da ich dir von meinen Absichten erzähle, nicht von meiner geistigen Verfassung, und da ich weit weniger meinen Entschluß rechtfertigen als dir sagen möchte, wie ich dazugekommen bin, so will ich auch nicht versuchen, dir von meinem Kalkül eine beschönigte Rechnung vorzulegen.

Es entspricht dieser Betrachtungsweise, daß ich mich von den vielfältigen Sorgen um die fernere Zukunft, die stets aufreibend und oft müßig sind, gänzlich lossage; ich bestehe nur auf einem: daß ich über mich wie über meine Verhältnisse ein für allemal selber bestimmen kann. Ich verhehle mir keineswegs, wie wenig Erfolg dieses Unternehmen zweifellos haben wird und wie sehr mich die Umstände dabei behindern werden. Aber ich will wenigstens tun, was in meiner Macht steht.

Es schien mir notwendig, zunächst die Umstände zu ändern und dann erst mich selber. Das erste war viel schneller zu erreichen als das zweite; und in meiner bisherigen Lebensart hätte ich mich niemals ernsthaft mit mir selber beschäftigen können. Die Wahl, die mir in diesem schwierigen Augenblick blieb, zwang mich, vorerst an eine äußere Veränderung zu denken. Man kann sich der

Selbsterforschung erst zuwenden, wenn man äußerlich unabhängig ist und wenn die Leidenschaften schweigen. Nun suche ich einen abgeschiedenen Ort in jenen stillen Bergen, deren Anblick mir schon in meiner Kindheit einen tiefen Eindruck gemacht hat*. Ich weiß noch nicht, wo ich bleiben werde, aber schreib' mir nach Lausanne.

ZWEITER BRIEF

Lausanne**, 9. Juli 1

Ich kam bei Nacht in Genf an und stieg in einer ziemlich ärmlichen Herberge ab, wo meine Fenster auf einen Hof gingen, was mich aber keineswegs verdroß. Bei der Ankunft in einer so herrlichen Gegend sicherte ich mir gern eine Art von Überraschung durch einen neuartigen Anblick, ich sparte sie für die schönste Stunde des Tages auf; ich wollte sie in der ganzen Fülle genießen und ihren Eindruck nicht durch eine stufenweise Empfindung schwächen.

Von Genf aus machte ich mich auf den Weg, allein, frei, ohne bestimmtes Ziel, mit keinem anderen Führer als mit einer leidlich guten Karte, die ich auf mir trage.

Ich tat die ersten Schritte in die Unabhängigkeit. Ich schickte mich an, mein Leben in einem Lande zu verbringen, das vielleicht das einzige in Europa ist, wo sich in einem ziemlich günstigen Klima die herben Schönheiten von Naturlandschaften bis heute erhalten haben. Innerlich ruhig geworden, gerade durch die Wirkung jener Entschlußkraft, die durch die Umstände meiner Abreise in mir geweckt worden war; glücklich darüber, zum erstenmal nach all den verlorenen Jahren nun endlich mich selber zu besitzen; mit der ganzen Begierde eines jungen Herzens und mit jener Empfindsamkeit, welche die bittere, köstliche Frucht meiner endlosen Langenweile ist, nach reinen, starken Genüssen verlangend, war ich voll Unternehmungslust und zugleich von Frieden erfüllt. Ich war glücklich unter dem schönen Genfer Himmel, als die Sonne

* Vor den Toren von Lyon kann man am Horizont deutlich die Gipfel der Alpen sehen.
** Man sieht Lausanne oft mit einem n geschrieben; tatsächlich hatte der antike Name *Lousona* nur eines; aber in den neuzeitlichen Urkunden sind es zwei.

über den hohen Schneegipfeln aufging und dies herrliche Land vor meinen Augen mit ihrem Licht übergoß. Bei Copet war es, wo ich das Morgenrot sah, nicht vergeblich schön wie so manches Mal zuvor, nein, in erhabener Schönheit, mächtig genug, um aufs neue den Schleier der Täuschung über mein verzagtes Auge zu werfen.

Du hast dieses Land, das Tavernier einzig mit einer Gegend im Orient vergleichbar fand, noch nie mit eigenen Augen gesehen. So wirst du dir auch kein richtiges Bild davon machen können; erhabene Wirkungen der Natur kann man sich unmöglich so vorstellen, wie sie sind. Hätte ich die Majestät und die Harmonie des Ganzen weniger tief empfunden und würde die Reinheit der Atmosphäre nicht einen Ausdruck hinzufügen, der sich mit Worten nicht wiedergeben läßt, und wäre ich ein anderer, so würde ich dir diese aufflammenden Schneegebirge, diese dampfenden Täler zu beschreiben versuchen, den finsteren Absturz des Savoyer Ufers, die Hügelzüge von Lavaux und die des Jorat*, vielleicht allzu lieblich, jedoch überragt von den Greyerzer und Waadtländer Alpen; und die weiten Gewässer des Genfersees, das Kommen und Gehen seiner Wellen und seinen gemessenen Frieden. Mag sein, daß meine Stimmung den Zauber dieser Landschaft erhöht hat; vielleicht hat noch kein Mensch bei ihrem Anblick all das empfunden, was ich empfand**.

Es ist einer tiefen Empfindsamkeit eigen, daß sie aus dem Gefühl ihrer selbst eine stärkere Lust empfängt als aus ihren wirklichen Genüssen; diese lassen ihre eigenen Grenzen spüren; jene aber, die uns diese Empfindung eines unbegrenzten Vermögens verheißt, sind unendlich wie sie selber und scheinen uns von der unbekannten Welt Kunde zu geben, nach der wir immerfort suchen. Ich

---

* auch Kleiner Jura genannt.
** Daß sich in diesen Briefen mehrere Stellen finden, die ein wenig romantisch sind, hat mich nicht überrascht. Ein vorzeitig gereiftes Gemüt mischt den Empfindungen eines höheren Alters leicht etwas vom übertriebenen, trügerischen Feuer bei, das der Jugend eigen ist. Jeder, der die Vermögen des Menschen mitbekommen hat, ist oder war einmal das, was man romantisch nennt, aber jeder ist es auf seine Weise. Leidenschaften, Tugenden und Schwächen sind mehr oder weniger allen Menschen gemein, aber sie sind nicht in allen gleich. So mag einer zum Beispiel Lieder oder Gedichte über die Liebe machen, aber er wird die Nymphen oder die Flora oder die Flamme nicht so oft bemühen wie die Almanachdichter.

möchte fast glauben, daß ein Mensch, dessen Herz durch unablässige Leiden versehrt ist, gerade durch sie eine Befähigung zu Freuden gewonnen hat, die den glücklichen Menschen unbekannt und den ihrigen sowohl durch eine größere Unabhängigkeit als auch durch eine Dauerhaftigkeit überlegen sind, die noch den Greis zu stärken vermag. Ich jedenfalls habe in diesem Augenblick, wo mir nichts mangelte, außer ein mitfühlendes Herz, zutiefst erfahren, wie eine einzige Stunde des Lebens ein ganzes Jahr des Daseins aufwiegen kann; wie sehr alles abhängig ist, in uns und außer uns; und wie unsere Leiden vor allem davon herrühren, daß wir in der Ordnung der Dinge nicht am rechten Platz sind.

Die Landstraße von Genf nach Lausanne ist durchweg angenehm, sie hält sich im großen ganzen ans Seeufer; und da sie mich den Bergen entgegenführte, war ich nicht gesonnen, sie zu verlassen. Erst kurz vor Lausanne machte ich halt, auf einem Abhang, wo man die Stadt nicht sieht, und wartete das Ende des Tages ab.

Die Abende in Gasthöfen sind verdrießlich, außer wenn die Nacht und das Kaminfeuer das Warten auf das Nachtessen erleichtern. Sind die Tage lang, so entgeht man dieser langweiligen Stunde nur, indem man auch das Reisen während der Hitze meidet, und genau dies mache ich nicht. Seit meinen Wanderungen im Forez* habe ich mir angewöhnt, zu Fuß zu gehen, sofern die Landschaft ansprechend ist; und wenn ich unterwegs bin, so drängt mich eine Art Ungeduld, nicht eher zu rasten, als bis ich fast am Ziel bin. Der Wagen ist unentbehrlich, wenn man den Staub der großen Landstraßen und die schmutzigen Karrengeleise des Flachlandes möglichst rasch hinter sich bringen will; ist man hingegen ohne Geschäfte und wirklich auf dem Lande, so sehe ich keinen Grund, um mit der Post zu reisen, und mit ihren Pferden, finde ich, ist man allzusehr abhängig. Zugegeben, wenn man zu Fuß ankommt, wird man in den Gasthöfen fürs erste weniger gut behandelt; aber ein Gastwirt, der sich auf sein Metier versteht, braucht nur ein paar Minuten, bis er erkennt, daß man zwar Staub auf den Schuhen, aber kein Bündelchen am Rücken hat, und daß man demnach in der Lage sein dürfte, ihm so viel Verdienst einzubringen, daß er seine Mütze mit einigem Anstand zieht. Und es wird

---

* im Lyonnais [AdÜ]

nicht lange dauern, bis dich die Mägde wie jeden anderen fragen: Hat der Herr schon befohlen?
Nun, da ruhte ich also unter den Föhren des Jorat; der Abend war herrlich, die Wälder still, die Luft ruhig, der Himmel gegen Sonnenuntergang im Dunst, aber wolkenlos. Alles erschien wie gestochen, hell und klar und reglos; und in einem Augenblick, wo ich die Augen hob, nachdem ich sie lange auf dem Moos, das mich trug, hatte verweilen lassen, erlebte ich eine großartige Täuschung, die in meinem Zustand des Träumens längere Zeit anhielt. Der jähe Abhang, der bis zum See hinabreichte, blieb mir durch den Vorsprung verborgen, auf dem ich saß; und die steil aufragende Fläche des Sees schien das jenseitige Ufer in die Lüfte zu heben. Nebelschleier verhüllten da und dort die Savoyer Alpen, die mit ihnen verschmolzen und in denselben Tönen gefärbt waren; das Abendlicht und der verschwebende Dunst in den Tiefen des Wallis hoben die Berge dort in die Höhe und schieden sie von der Erde, indem sie ihre Füße verschleierten; und ihre Kolosse, gestaltlos, farblos, dunkel und schneebedeckt, schimmernd und wie unsichtbar, erschienen mir nur noch wie eine Ansammlung von Gewitterwolken, die im Raume hängen; vom Erdboden blieb nichts als der Ort, der mich über der Leere hielt, einsam, inmitten der Unendlichkeit.
Der Augenblick fügte sich würdig in den ersten Tag eines neuen Lebens; dergleichen werde ich nicht oft erleben. Ich nahm mir vor, diesen Tag zu beschließen, indem ich dir behaglich davon erzählte; aber Kopf und Hand sind schwer geworden von der Müdigkeit, und weder das Erlebte noch die Freude, es dir mitzuteilen, vermögen sie zu bannen; und ich mag dir nicht länger so kraftlos schildern, was ich kräftiger empfunden habe.
Bei Nyon sah ich den Mont-Blanc, er war bis auf den Grund herab, soweit dieser sichtbar ist, fast völlig frei; aber die Stunde war ungünstig, er empfing nur noch wenig Licht.

DRITTER BRIEF

Cully, 11. Juli 1

Ich will nicht die Schweiz durcheilen wie ein Reisender oder wie ein Forscher. Ich möchte dableiben, denn mich dünkt, ich wäre an jedem andern Ort unglücklich; es ist das einzige Land in der Nachbarschaft des meinen, das im großen ganzen enthält, was ich suche.

Ich weiß noch nicht, wohin ich gehen soll; ich kenne hier niemanden, und da ich keinerlei Beziehungen habe, kann ich mich in der Wahl nur auf den Charakter der Örtlichkeiten verlassen. Das Klima der Schweiz ist beschwerlich, zumal in den Lagen, die mir zusagen würden. Für den Winter brauche ich einen festen Wohnsitz, und darüber will ich mir zuerst schlüssig werden; aber gerade in den höheren Gegenden ist der Winter lang.

In Lausanne sagte man mir: Dies hier ist die schönste Gegend der Schweiz, die einzige, die allen Ausländern gefällt. Ihr habt Genf gesehen und das Seeufer, nun müßt ihr noch Yverdon sehen, Neuenburg und Bern; gewöhnlich besucht man auch noch Le Locle, das für sein Gewerbe berühmt ist. Die übrige Schweiz ist sehr unwirtlich; man ist bald einmal geheilt von der englischen Manie, in die Berge hinaufzuklettern und sich Gefahren auszusetzen, nur damit man das Eis gesehen hat und Wasserfälle abzeichnen kann. Bleibt doch hier; das Waadtland* ist das einzige, was einem Fremden gefällt, und auch im Waadtland eigentlich nur Lausanne, zumal einem Franzosen.

Ich gab zu verstehen, daß ich mich auf keinen Fall für Lausanne entscheiden würde; man hielt dies für einen Fehler. Das Waadtland besitzt gewiß große Schönheiten, aber ich bin schon jetzt sicher, daß seine tieferen Lagen zu denjenigen in der Schweiz gehören, die mir am wenigsten zusagen. Land und Leute sind ungefähr wie anderswo, und ich suche ja gerade eine andere Lebensart und eine andere Natur. Könnte ich Deutsch, ich glaube, ich ginge in die Gegend von Luzern; aber Französisch versteht

---

* Der Name *Waadt* (Vaud) bedeutet hier nicht etwa *Tal*, sondern geht auf das keltische *Walches* zurück; deshalb nennen die Deutschschweizer das Waadtland *Welschland*. Die Germanen bezeichneten die Gallier mit dem Wort Wales; von daher die Bezeichnungen für das Fürstentum Wales, für die Waadt, für das belgische Walonien, für die Gascogne etc.

man nur in einem Dritteil der Schweiz, und das ist ausgerechnet der schönste, auch der, der am wenigsten weit von der französischen Lebensart entfernt ist; das bringt mich in große Verlegenheit. Es ist so gut wie sicher, daß ich mir zunächst das Ufer von Neuenburg und das Unterwallis anschaue; dann gehe ich in die Gegend von Schwyz oder nach Unterwalden, trotz der großen Schwierigkeiten mit der Sprache, die mir völlig fremd ist.

Ich habe einen kleinen See entdeckt, der nach den Karten Lac de Bret heißt; er liegt ziemlich hoch im Hinterland, oberhalb Cully; ich hatte dieses Städtchen aufgesucht, um das Seeufer zu besichtigen, das hier abseits der großen Straßen liegt und beinahe unbekannt ist. Ich habe jedoch darauf verzichtet; ich fürchte, die Gegend ist nur allzu gewöhnlich und die Lebensweise der Landbevölkerung, so nahe bei Lausanne, würde mir noch weniger zusagen.

Ich hatte im Sinn, über den See* zu fahren, und hielt gestern ein Boot zurück, das mich ans savoyische Ufer hätte bringen sollen. Der Plan hat sich aber zerschlagen; es war den ganzen Tag über schlechtes Wetter, und der See ist noch immer sehr unruhig. Nun ist das Unwetter vorüber, es ist ein schöner Abend geworden. Meine Fenster gehen auf den See; die weiße Gischt der Wellen spritzt manchmal bis in mein Zimmer, sie hat sogar das Hausdach benetzt. Der Wind bläst von Südwesten, so daß die Wellen genau hier am stärksten und höchsten sind. Ich will dir sagen, dieses Kommen und Gehen, dieses wiederkehrende Geräusch gibt der Seele einen mächtigen Aufschwung. Müßte ich das gewohnte Leben hinter mir lassen, müßte ich leben, hätte aber dennoch nicht den Mut dazu, ich wollte nur eine Viertelstunde lang ganz allein an einen aufgewühlten See hinausstehen, ich glaube, es gäbe nichts Großes, wozu ich mich nicht aufgelegt fühlte.

Ich warte mit einiger Ungeduld auf die Antwort, um die ich dich bat; auch wenn sie unmöglich schon hier sein kann, bin ich jeden Augenblick versucht, nach Lausane zu schicken, um nachzusehen, ob man sie mir nicht zu bringen vergaß. Ohne Zweifel wird sie mich aufs entschiedenste wissen lassen, was du denkst und wie du die Zukunft siehst; und ob ich mich ins Unrecht versetzte, als ich, mich selbst behauptend, etwas tat, was bei vielen anderen ein völlig leichtsinniges Verhalten gewesen wäre. In Belanglosem ging

* Genfersee oder Léman, nicht Lac Léman.

ich dich jeweils um Rat an, aber den folgenschwersten Entschluß habe ich ohne dich gefaßt. Trotzdem wirst du mir dein Urteil nicht vorenthalten; es soll mich in die Schranken weisen oder aber bestärken. Du hast bereits darüber hinweggesehen, daß ich mich in dieser Angelegenheit so benahm, als wollte ich daraus ein Geheimnis machen; die Fehler eines Freundes mögen unsere Gedanken berühren, nicht aber unsere Empfindungen. Ich beglückwünsche dich dazu, daß du mir Schwächen nachzusehen hast; wäre es anders, ich könnte mich nicht so frohgemut auf dich stützen; meine eigene Kraft gäbe mir nicht die Sicherheit, die mir die deine gibt.

Ich schreibe dir so, wie wenn ich mit dir redete, wie man mit sich selber redet. Manchmal hat man einander nichts zu sagen und hat es trotzdem nötig, miteinander zu reden; oft plaudert man gerade dann am ungezwungensten. Für mich ist das Wandern nur dann ein wahrhaftes Vergnügen, wenn man kein Ziel hat, wenn man nur wandert, um eben zu wandern, und wenn man sucht, ohne daß man etwas will; wenn das Wetter ruhig ist, der Himmel ein wenig bedeckt, wenn man keine Geschäfte hat und die Zeit vergessen kann, wenn man sich anschickt, aufs Geratewohl durch die Wälder und Wiesen und Gründe eines fremden Landes zu streifen; wenn man über die Pilze plaudert, über die Hirsche, über die roten Blätter, die zu fallen beginnen; wenn ich dir sage: Der Platz hier gleicht jenem, wo mein Vater einst anhielt, zehn Jahre sind es her, um mit mir Scheiben zu werfen, und wo er den Hirschfänger vergaß, der sich anderntags nicht mehr finden ließ. Wenn du mir sagst: Die Stelle dort, wo wir über den Bach gekommen sind, hätte meinem Vater wohl gefallen. In seinen letzten Tagen ließ er sich aus der Stadt eine gute Meile in einen tiefen Wald hinausfahren, wo es ein paar Felsen und Wasser hatte, dann stieg er aus der Kalesche und begab sich, einmal allein, ein andermal mit mir, zu einem Sandsteinfelsen, wir setzten uns darauf und lasen aus dem *Leben der Wüstenväter*. Dann sagte er zu mir: Wäre ich als Jüngling in ein Kloster eingetreten, wie es mich Gott geheißen hatte, so wäre mir aller Kummer erspart geblieben, den ich in dieser Welt erlebt habe, ich wäre heute nicht so schwach und gebrechlich; aber dann hätte ich ja auch keinen Sohn, und wenn ich sterbe, würde ich nichts in der Welt zurücklassen ... Und nun ist er nicht mehr! sind sie beide nicht mehr!

Es gibt Menschen, die glauben über Land zu wandern, wenn sie geradeaus durch eine besandete Allee spazieren. Sie haben zu Mittag gespeist, sie machen den Weg bis zur Statue hinaus und kehren zurück zum Tricktrack. Aber wenn wir uns in den Wäldern des Forez verirrten, so hielten wir uns an keine Wege und überließen uns dem Zufall. Es war etwas Feierliches in jenen Erinnerungen an eine schon zurückliegende Zeit, die uns in der Tiefe und Majestät der Wälder entgegenzukommen schienen. Wie weit wird doch die Seele, wenn ihr Schönheiten begegnen, die sie nicht erwartet hat! Ich schätze es nicht, wenn das, was Sache des Herzens ist, vorbereitet und geregelt wird; überlassen wir es dem Geist, nach Regeln vorzugehen und das, was er erschafft, in Symmetrie zu bringen. Das Herz jedoch erarbeitet nichts; und willst du, daß es etwas erschaffe, so schafft es nichts; das Wissen macht es unfruchtbar. Du erinnerst dich an die Briefe, die R. an L. schrieb, den er seinen Freund nannte. Es war viel Geist darin, aber keine Spur von Offenherzigkeit. Jeder Brief enthielt etwas klar Umrissenes und handelte ein bestimmtes Thema ab; jeder Abschnitt hatte seinen Gegenstand und seinen Hauptgedanken. Alles schien wie zum Druck eingerichtet; es waren Kapitel eines Lehrbuches. Ich denke, wir beide halten es nicht so miteinander, oder haben wir etwa Geist nötig? Wenn Freunde miteinander reden, so wollen sie einander sagen, was ihnen gerade durch den Kopf geht. Ich will dich um eines bitten: daß du mir möglichst lange Briefe schreibst, daß du dir viel Zeit zum Schreiben nimmst und daß ich viel Zeit zum Lesen brauche; du sollst von mir oft ein Beispiel erhalten. Über den Inhalt mache ich mir keine Sorgen; es versteht sich, daß wir uns nur das sagen, was wir denken, was wir empfinden; und ist es nicht eben das, was es uns zu sagen drängt? Wem würde es beim Plaudern einfallen, zuerst zu sagen: Wir wollen über das und das sprechen, machen die und die Einteilung und beginnen mit dem?
Als ich mit Schreiben anfing, trug man gerade das Nachtessen auf, und soeben kam jemand herein und sagte: Mein Herr, der Fisch ist schon ganz kalt geworden, der schmeckt doch wohl nicht mehr. Also leb' wohl! Es gibt Forellen aus der Rhone. Man rühmt sie mir, als ob man nicht sehen würde, daß ich allein esse.

VIERTER BRIEF

Thielle, 19. Juli 1

Ich bin nach Yverdun* gegangen; ich habe mir Neuenburg, Biel und die Umgebung dort angeschaut. Ich bleibe ein paar Tage in Thielle, an der Grenze von Neuenburg und Bern. Ich hatte in Lausanne eine Mietberline genommen, wie man sie in der Schweiz oft antrifft. Ich scheute die Langeweile der Wagenfahrt nicht; zu sehr war ich mit meiner Lage beschäftigt, mit meinen völlig verschwommenen Hoffnungen, mit der ungewissen Zukunft, mit der schon jetzt sinnlosen Gegenwart und mit der unerträglichen Leere, die ich überall vorfinde.
Ich schicke dir ein paar Aufzeichnungen von den verschiedenen Stationen meiner Reise.

Von Yverdun.

Einen Augenblick lang genoß ich es, mich in Freiheit und in einer schönen Gegend zu fühlen; ich glaubte hier ein besseres Leben zu finden; aber ich muß dir gestehen, daß ich nicht zufrieden bin. In Moudon, im Herzen des Waadtlandes, fragte ich mich: Könnte ich glücklich werden in diesem vielgerühmten, ersehnten Lande? aber eine tiefe Langeweile ließ mich alsobald abreisen. Ich versuchte mich nachher darüber hinwegzutäuschen, indem ich diesen Eindruck hauptsächlich auf eine gewisse Traurigkeit des Orts zurückführte. Die Talsenke von Moudon ist bewaldet und malerisch, aber was ihr fehlt, ist ein See. Ich beschloß, den Abend in Yverdun zu verbringen, in der Hoffnung, an seinen Ufern jenes mit Trauer vermischte Wohlgefühl wiederzufinden, das mir lieber ist als die Freude. Das Tal ist herrlich, das Städtchen eines der hübschesten in der Schweiz. Und doch! trotz der Gegend, trotz des Sees, trotz des schönen Wetters habe ich Yverdun noch trauriger gefunden als Moudon. Wo ist denn ein Ort für mich?

Von Neuenburg.

Diesen Morgen verließ ich Yverdun, diese hübsche Stadt, für andere Augen reizend, für die meinen traurig. Ich weiß noch nicht recht, woran es liegt, daß sie mir so erscheint; aber ich habe mich heute nicht mehr der gleiche gefühlt. Müßte ich die Wahl eines

* oder Yverdon.

Aufenthalts, wie ich ihn suche, für später aufschieben, ich wollte lieber ein Jahr bei Neuenburg abwarten als einen Monat bei Yverdun.

Von Saint-Blaise.

Ich bin soeben von einem Ausflug ins Val de Travers zurück. Dort erst habe ich zu spüren begonnen, in was für einem Land ich bin. Die Ufer des Genfersees sind gewiß bewundernswert, aber vermutlich ließen sich woanders dieselben Schönheiten finden, denn in bezug auf die Menschen dort stellt man sogleich fest, daß sie nicht anders sind als im Flachland, sie und was von ihnen abhängt*. Dieses Tal jedoch, tief in den Jura eingeschnitten, hat einen großen und schlichten Charakter; es ist wild und voll Leben; es ist friedlich und zugleich romantisch; und obwohl ein See fehlt, hat es mich stärker beeindruckt als die Ufer von Neuenburg und selbst die von Genf. Das Land scheint hier dem Menschen weniger unterworfen, der Mensch den Bedürfnissen der Armut weniger ausgeliefert zu sein. Das Auge fühlt sich nicht fortwährend von bebauten Feldern, Weinbergen und Lusthäusern angewidert, diesem häßlichen Reichtum so mancher notleidenden Länder. Dafür von großen Dörfern, von Häusern aus Stein, vom gezierten Wesen, von der Eitelkeit, von Titeln, vom Witz, von der Spottsucht! Wohin haben mich eitle Träume entführt? Bei jedem Schritt, den man hier tut, kehrt das Trugbild wieder und entflieht; bei jedem Schritt schöpft man Hoffnung und ist enttäuscht; in dieser Gegend, die so anders ist als andere, anders auch als sie selbst, wird man fortwährend ein anderer. Ich verreise in die Alpen.

Von Thielle.

Ich war unterwegs über Murten nach Vevey und gedachte nicht hier zu bleiben; aber gestern fesselte mich beim Erwachen das herrlichste Schauspiel, das die Morgenröte in einer Gegend hervorzurufen vermag, deren Schönheit eigentlich eher lieblich als erhaben ist. Das hat mich dazu bewogen, ein paar Tage hier zu bleiben.

Ich ließ über Nacht wie gewohnt das Fenster geöffnet. Gegen vier

---

* Das wäre ungerecht, wenn es für das ganze Nordufer gelten sollte.

Uhr weckten mich der anbrechende Tag und der Geruch des Heus, das man beim Mondschein in der Kühle geschnitten hatte. Ich machte mich auf einen gewöhnlichen Anblick gefaßt; doch ich erlebte einen Augenblick höchsten Erstaunens. Die Sonnenwendregen hatten das Hochwasser, das von der vorangehenden Schneeschmelze im Jura herrührte, andauern lassen. Das Gelände zwischen dem See und der Zihl war fast völlig überschwemmt; die höchsten Erhebungen ragten als einsame Weideplätze über die weite Wasserfläche, die sich im frischen Morgenwind kräuselte. In der Ferne erblickte man die Wellen des Sees, die der Wind über das teilweise überflutete Ufer hereintrieb. Über eine trocken gebliebene Landzunge zwischen der überschwemmten Ebene und der Zihl zogen in eben diesem Augenblick Ziegen und Kühe mit ihrem Hirten, der seinem Horn urweltliche Töne entlockte. Steinplatten sicherten oder ersetzten diese Art von natürlichem Dammweg an den gefährlichsten Stellen; die Weide, der die folgsamen Tiere zustrebten, war nirgends auszumachen; und beim Anblick ihres langsamen, unsicheren Ganges hätte man meinen können, sie schritten geradeweg in den See hinein und ertränken. Die Höhen von Ins und die dichten Wälder des Jolimont hoben sich aus dem Schoße der Fluten wie eine noch unbewohnte wilde Insel. Der Höhenzug des Vully säumte den See am Horizont. Gegen Süden dehnte sich seine unermeßliche Weite hinter die Hügel des Montmirail; und das Ganze war auf einer Breite von sechzig Meilen von den uralten Firnen überragt, die der Gegend die unnachahmliche Majestät jener kühnen Züge der Natur verlieh, welche die erhabenen Landschaften prägen.

Beim Abendessen war ich mit dem Zolleinnehmer beisammen; seine Art mißfiel mir nicht. Er ist ein Mann, der lieber raucht und trinkt, statt zu hassen, zu planen und Trübsal zu blasen. Mich dünkt, ich könnte Gewohnheiten, die ich selber nie annähme, bei andern noch ganz gut leiden. Sie vertreiben die Langeweile; sie füllen die Zeit aus, ohne daß man sich darum sorgen muß, wie sie auszufüllen sei; sie halten einen Menschen von mancherlei Schlimmerem ab und ersetzen wenigstens den Frieden des Glücks, der auf keiner Stirne zu finden ist, durch den Frieden einer hinlänglichen Zerstreuung, die mit allem aussöhnt und höchstens den Erwerbungen des Geistes abträglich ist.

Am Abend nahm ich den Schlüssel mit, um nachts heimkehren zu

können und nicht an die Zeit gebunden zu sein. Der Mond war noch nicht aufgegangen, ich spazierte den grünen Wassern der Zihl entlang. Aber da ich mich zu längerem Träumen aufgelegt fühlte und mir die Wärme der Nacht die Möglichkeit gab, sie ganz im Freien zu verbringen, nahm ich die Straße nach Saint-Blaise; ich verließ sie bei einem kleinen Dorf namens Marin, das den See im Süden hat; ich stieg eine steile Böschung hinab und setzte mich auf den Sand, wo die Wellen verebbten. Die Luft war reglos, auf dem See zeigte sich kein Segel. Alles schlief, die einen im Vergessen der Arbeit, andere im Vergessen der Schmerzen. Der Mond ging auf; ich blieb lange. Gegen Morgen verströmte er über Land und Wasser die unsägliche Melancholie seines Spätlichts. Wenn der Mensch in langanhaltender Sammlung am einsamen Ufer dem Rauschen der Wellen lauscht, in der Stille einer verglühenden und vom Mond erleuchteten Nacht – wie groß erscheint ihm da die Natur!
O unsägliche Empfindsamkeit! Zauber und Qual unserer vergeblichen Jahre! grenzenloses Gefühl einer Natur, die uns überall verschlossen bleibt und uns zermalmt! allumfangende Liebe, kalte Gleichgültigkeit, frühreife Weisheit, wollüstige Hingabe: alles, was ein sterbliches Herz an höchstem Verlangen und abgrundtiefem Ekel in sich schließen mag, alles habe ich empfunden, alles habe ich durchlitten in dieser unvergeßlichen Nacht. Ich tat einen verhängnisvollen Schritt gegen das Alter der Schwachheit; ich habe zehn Jahre meines Lebens verzehrt. Glücklich der einfache Mensch, dessen Herz immer jung bleibt!
Dort in der Stille der Nacht habe ich mein ungewisses Schicksal befragt, mein unruhiges Herz, diese unbegreifliche Natur, die alles in sich schließt, nur anscheinend das nicht, wonach mein Verlangen begehrt. Wer bin ich denn? fragte ich mich – Was für eine unselige Mischung von allumfangender Liebe und Gleichgültigkeit gegen alle Dinge des wirklichen Lebens! Ist es eine überspannte Phantasie, die mich in wunderlicher Folge nach Dingen suchen läßt, die nur darum so verlockend sind, weil ihr Scheindasein jede willkürliche Veränderung erlaubt und sich in meinen Augen mit blendenden Formen schmückt, von einer reinen, ungetrübten Schönheit, die nur umso unwirklicher ist?
Und indem ich in den Dingen Beziehungen erblicke, die gar nicht dasind, indem ich immerfort suche, was ich nie erlange, ein

Fremdling in der wirklichen Natur und unter den Menschen ein Narr, bleibt all mein Liebesverlangen umsonst; ob ich lebe, wie ich will, oder ob ich lebe, wie die Menschen wollen, es bleibt mir unter dem äußeren wie unter dem inneren Zwang doch nie etwas anderes als die ewige Qual eines fortwährend unterdrückten, fortwährend unglücklichen Lebens. Aber die Verirrungen einer übermäßigen glühenden Phantasie sind so unstet wie regellos; ein Spielzeug seiner wechselnden Leidenschaften und ihres blinden, ungezähmten Verlangens, wird ein solcher Mensch weder zu Stetigkeit in seinen Neigungen noch zum Frieden in seinem Herzen gelangen.

Was sollte ich gemein haben mit ihm? Alle meine Neigungen sind gleich, alles, was ich liebe, ist einfach und natürlich; ich will nichts als bescheidene Gewohnheiten, friedfertige Freunde, ein immer gleiches Leben. Warum sollten meine Wünsche maßlos sein? ich sehe darin nur das Notwendige, nur den Sinn für Harmonie und Schicklichkeit. Warum sollten meine Neigungen den Menschen verwerflich erscheinen? ich liebe ja nur, was die Besten unter ihnen geliebt haben; ich begehre nichts auf Kosten eines andern; ich begehre nur, was ein jeder besitzen mag, was allen ein notwendiges Bedürfnis ist, was ihr Elend beseitigen würde, was zusammenführt, verbindet, tröstet; ich will nichts als das Leben von braven Völkern, meinen Frieden im Frieden von allen*. Es stimmt, ich liebe nur die Natur; aber der Grund liegt darin, daß ich bei aller Selbstliebe nicht ausschließlich mich selber liebe; und daß auch die anderen Menschen immer noch der Natur angehören, was mir diese umso lieber macht. Eine unwiderstehliche Empfindung fesselt mich an jeden anziehenden Eindruck; mein Herz, erfüllt von sich selber, von der Menschheit und vom ursprünglichen Einklang der Menschen, hat Selbstsucht oder Jähzorn nie gekannt. Ich liebe mich selbst, aber nicht anders als in der Natur, in der Ordnung, die sie setzt, in der Gesellschaft des Menschen, den sie erschaffen hat, und im Einklang mit der Gesamtheit aller Dinge. Ehrlich gesagt, hat nichts in dieser Welt meine Liebe gänzlich zu gewinnen vermocht, wenigstens bis heute nicht, und eine unsägliche Leere ist der beständige Umgang meiner verstörten Seele.

* Seine Wünsche werden später nicht immer so anspruchslos sein, vielleicht darum nicht, weil ihm stets verwehrt bleiben sollte, was er darüber hinaus begehrte.

Dennoch ist es möglich, daß es all das gibt, was ich liebe, daß die Welt genau so ist, wie sie mein Herz sich wünscht, ohne daß in der Natur oder im Menschen selber das geringste geändert würde, ausgenommen die vergänglichen Erscheinungen des gesellschaftlichen Werkes.
Nein! dies ist nicht die Art eines Sonderlings oder eines Phantasten. Seine Hirngespinste haben künstliche Ursachen. In seinen Neigungen ist weder Folge noch Zusammenhang; und da es Verirrungen und Verrücktheiten nur in menschlichen Erfindungen gibt, sind alle Gegenstände seines Wahns derjenigen Ordnung der Dinge entliehen, welche die maßlosen Leidenschaften der Menschen und ihren fieberhaften Erfindungsgeist anstachelt, der stets in die entgegengesetzte Richtung getrieben wird.
Ich hingegen liebe das, was ist, und ich liebe es so, wie es ist. Ich suche und begehre und ersinne nichts, was außerhalb der Natur liegt. Weit entfernt davon, daß mein Geist umherirrte, um dem Schwierigen oder Absonderlichen, dem Abseitigen oder Außergewöhnlichen nachzujagen, und daß ich, gleichgültig gegen das, was sich mir anbietet, gegen das, was die Natur gewöhnlich hervorbringt, nach dem seufzen würde, was mir verwehrt ist, nach seltenen, exotischen Dingen, nach unwahrscheinlichen Umständen und nach einem romanhaften Schicksal, will ich, ganz im Gegenteil, begehre ich von der Natur und von den Menschen, begehre ich für mein ganzes Leben nur das, was die Natur notwendig enthält, was alle Menschen besitzen mögen, was allein unsere Tage, was unser Herz zu erfüllen vermag: was das Leben ausmacht. So wenig ich dessen bedarf, was schwer zu erlangen oder an Vorrechte gebunden ist, so wenig bedarf ich der Abwechslung, des Neuartigen und der Vielfältigkeit. Was mir einmal gefällt, gefällt mir für immer; was meine Bedürfnisse befriedigt hat, befriedigt sie allezeit; der Tag, der einem früheren, glücklichen Tage gleicht, ist aufs neue ein glücklicher Tag für mich; und da die wirklichen Bedürfnisse meiner Natur stets ungefähr die gleichen sind und ich nichts anderes suche, als was sie fordern, verlangt es mich stets ungefähr nach dem Gleichen. Bin ich heute zufrieden, so bin ich es auch morgen, bin ich es das ganze Jahr, das ganze Leben; und bleibt sich mein Schicksal immerfort gleich, so dürften meine Wünsche, bleiben sie nur immer so bescheiden, auch immer in Erfüllung gehen.

Das Verlangen nach Macht oder Reichtum ist meinem Wesen so fremd wie der Neid, die Rachsucht oder der Haß. Nichts soll mich den Menschen entfremden, ich wetteifere mit keinem von ihnen, ich kann sie so wenig beneiden wie hassen; ich würde mir versagen, was sie begeistert, würde es mir versagen, sie zu übertrumpfen; nicht einmal in der Tugend will ich sie übertreffen. Ich verlasse mich auf meine natürliche Güte. Ich bin froh, daß es mich keine Anstrengung kostet, das Böse zu meiden, und mache mir keine unnötigen Sorgen; und bin ich nur immer ein anständiger Mensch, so begehre ich nicht tugendhaft zu sein. Dieses Verdienst ist gewiß sehr groß, aber ich habe das Glück, daß es mir nicht unentbehrlich ist, und so überlasse ich es den andern; damit ist auch die einzige Rivalität beseitigt, die es zwischen uns geben könnte. Ihre Tugenden sind nicht minder ehrgeizig als ihre Leidenschaften; sie tragen sie prunkend zur Schau; und sie suchen darin vor allem die Überlegenheit. Ich bin nicht ihr Nebenbuhler, selbst da nicht. Was mag ich schon verlieren, wenn ich ihnen diesen Vorrang lasse? Unter dem, was sie die Tugenden nennen, sind die einen, nämlich die nützlichen, von Natur aus in einem jeden Menschen, der so veranlagt ist, wie ich mich zu sein dünke und wie, so möchte ich annehmen, ein jeder Mensch ursprünglich ist; die andern jedoch sind verwickelt, schwierig, hoffärtig und blendend und entspringen nicht unmittelbar der Natur des Menschen; eben darum halte ich sie entweder für verlogen oder für unnütz und begehre ich wenig danach, mich in ihnen hervorzutun und ein zumindest fragwürdiges Verdienst zu erringen. Ich brauche mich nicht anzustrengen, um das zu erlangen, was in meiner Natur ist, und will es auch nicht tun, um das zu erreichen, was ihr widerspricht. Meine Vernunft sträubt sich dagegen und sagt mir, diese Paradetugenden wären, wenigstens in mir, eine Verfälschung der Natur und der Anfang der Verirrung. Die einzige Anstrengung, die mich die Liebe zum Guten kostet, ist eine beständige Wachsamkeit, die es den Maximen unserer falschen Moral verwehrt, sich in ein Herz einzuschleichen, das zu redlich ist, um sie mit schönem Schein zu bemänteln, und zu bescheiden, um ihnen Wohnung zu geben. Das ist die Tugend, die ich mir schulde, und die Pflicht, die ich mir auferlege. Ein unwiderstehliches Gefühl sagt mir, daß meine Neigungen natürlich sind; so bleibt mir nur, mich selber aufmerksam zu beobachten, um von dieser allgemeinen Richtung jeden besonderen Trieb fernzuhalten, der sich einschleichen könnte; um die Redlichkeit und die Bescheidenheit niemals zu verlieren, mitten in den fortwährenden Veränderungen und Wechselfällen, die mir die Bedrängnis eines ungewissen Schicksals und der Umsturz so vieler unsicherer Dinge bereithalten mögen. Ich soll, mag kommen, was will, stets der gleiche bleiben und immer ich selbst; nicht genau so, wie ich in einer Lebensweise bin, die meinen Bedürfnissen widerspricht; vielmehr so, wie ich mich empfinde, so, wie ich sein will, so, wie ich bin, in diesem inneren Leben, dieser einzigen Zuflucht meines enttäuschten Verlangens.

Ich will mich befragen, will mich erforschen, will dieses Herz ergründen, das von Natur wahrhaftig, empfindsam und zärtlich ist, aber vielleicht schon entmutigt von all den Enttäuschungen. Ich will herausfinden, was ich bin, will bestimmen, was ich sein soll; und ist mir diese Verfassung einmal genau bekannt, so will ich sie mein Leben lang bewahren, im Glauben daran, daß nichts, was meiner Natur entspricht, schädlich oder verwerflich ist, in der Überzeugung, daß man sich nie anders wohl fühlt, als wenn man seiner Natur gemäß lebt, und dazu entschlossen, niemals etwas anderes in mir zu unterdrücken, als was meine ursprüngliche Gestalt zu verfälschen trachtet.

Die Begeisterung für die schwierigen Tugenden ist auch mir selber nicht unbekannt; in meiner hochmütigen Verirrung gedachte ich alle Triebfedern des gesellschaftlichen Lebens durch diese eine, nicht minder trügerische zu ersetzen*. Meine stoische Unerschütterlichkeit trotzte sowohl dem Unglück wie den Leidenschaften; und ich glaubte mich für den glücklichsten Menschen halten zu dürfen, wenn ich auch der tugendhafteste wäre. Diese Verblendung hielt fast einen Monat unvermindert an; ein einziges Ereignis

---

* Geht es nicht zu weit, wenn man diese Überzeugung, daß alles nichtig und eitel ist, auch auf die Weisheit anwendet? so mag man sich fragen.
Man versteht unter Weisheit jene Lehre der Weisen, die zwar erhaben, aber eben doch eitel ist, zumindest in einer Hinsicht. Soweit sie das Vernunftmittel ist, um im Leben möglichst viel Gutes zu tun und zu empfangen, kann man sie freilich nicht der Eitelkeit bezichtigen. Die wahre Weisheit widmet sich der Lebensführung und der Verbesserung unseres Daseins; und da dieses unser Dasein, für wie flüchtig oder unwichtig man es immer halten mag, das einzige ist, was wir besitzen, so dürfte es klar sein, daß O. nicht etwa diese Art Weisheit für eine Verblendung und für Eitelkeit hält.

hat sie beseitigt. Damals geschah es, daß meine Seele, auch noch des letzten Zaubers beraubt, der sie verleitet hatte, sich mit der ganzen Bitternis eines schal gewordenen, flüchtigen Lebens erfüllte. Seit jenem Augenblick gebe ich nicht mehr vor, ich wolle das Leben nützen, ich versuche es nur gerade noch auszufüllen; ich will es nicht mehr genießen, ich mag es nur noch erdulden; ich fordere nicht mehr, daß es tugendhaft sei, nur allezeit schuldlos soll es bleiben.
Und selbst dies, wo wäre es zu erhoffen, wo zu erlangen? Wo mag es zu finden sein, dies genügsame Dasein, wo ein Tag ist wie der andere, erträglich und ausgefüllt? Wohin fliehen vor dem Unglück? Denn ich will ja nur dies. Doch was könnte mir anderes beschieden sein, als daß die Leiden bleiben und die Freuden dahin sind? Vielleicht, daß mir ein paar friedliche Tage vergönnt sein werden; aber keine Wonne mehr, kein trunkenes Glück, niemals ein Augenblick reiner Freude, nie! und ich bin noch nicht einundzwanzig! die Natur gab mir ein fühlendes Herz, glühend vor Sehnsucht! und noch nie hat es Freude empfunden! und danach der Tod... Nichts mehr im Leben; nichts in der Natur...
Ich weinte nicht, denn ich habe keine Tränen mehr. Ich spürte, wie mich fröstelte; ich erhob mich, ich schritt über den Sand; und die Bewegung bekam mir gut.
Unbemerkt kehrte ich zu meiner anfänglichen Erforschung zurück. Wie soll ich mich festsetzen? bin ich fähig dazu? und an welchem Ort? Wie soll ich mitten unter den Menschen leben und doch anders als sie? oder fern von ihnen, wo sie doch die Erde bis in den hintersten Winkel in Anspruch nehmen? Nur mit Geld läßt sich erwerben, was mit Geld nicht zu bezahlen ist, und was das Geld erwirkt, flieht man nicht ohne Geld. Das Vermögen, mit dem ich rechnen durfte, verfällt. Das Wenige, was ich im Augenblick besitze, wird ungewiß. Mein Fernbleiben mag mich noch ums Letzte bringen; und ich bin nicht der Mann, mir eine neue Zukunft aufzubauen. So bleibt mir wohl nichts, als den Dingen ihren Lauf zu lassen. Meine Lage hängt von Umständen ab, deren Ergebnisse noch in der Ferne liegen. Selbst wenn ich die paar nächsten Jahre opfere, ist es doch keineswegs gewiß, daß ich die Mittel erlange, um die Zukunft nach meinem Willen zu gestalten. Ich will abwarten; ich will nicht einer nutzlosen Klugheit gehorchen, die mich nur aufs neue der unerträglichen Langenweile

ausliefert. Aber es ist mir jetzt unmöglich, mich für immer festzulegen, eine feste Stellung einzunehmen und eine Lebensweise, die sich nicht mehr ändert. Es heißt warten, aufschieben, warten, und vielleicht lange; so geht das Leben vorbei! Es heißt noch Jahre opfern für die Launen des Schicksals, für die Schürzung der Umstände, für den scheinbar günstigen Augenblick. So will ich denn wie zufällig dahinleben, und ohne einen bestimmten Plan, während ich den Tag abwarte, wo ich dem einzigen folgen kann, der mir zusagt. Ich mag zufrieden sein, wenn es mir in der Zeit, die mir unnütz verrinnt, vergönnt ist, für eine bessere Zeit vorzusorgen; wenn ich für mein künftiges Leben den Ort, die Umstände, die Gewohnheiten bestimmen, meine Neigungen festlegen, mich mäßigen kann; und wenn ich dieses ungeduldige und genügsame Herz, das für immer entbehren soll, in der Einsamkeit und in den Grenzen einer zufälligen Notwendigkeit zurückhalten kann; wenn ich es dazu anleiten kann, sich in seiner Entbehrung selber zu nähren, in der Leere zu rasten, in dieser unerträglichen Stille ruhig zu bleiben, auszuharren in einer stummen Natur.

Du, der du mich kennst, mich verstehst, aber vielleicht glücklicher bist und klüger, dich gelassen in die Gewohnheiten des Lebens schickst, du kennst die Bedürfnisse in meinem Innern, die sich bei der Trennung, in der wir leben müssen, niemals befriedigen lassen. Nur eins kann mich trösten: daß ich dich habe; diese Empfindung wird bleiben. Aber wir haben einander oft und oft gesagt: Mein Freund soll empfinden wie ich, wir sollen das gleiche Schicksal teilen, wir sollen unser Leben gemeinsam verbringen können. Wie manchmal schon bin ich traurig gewesen, daß wir nicht einer beim andern sind! Mit wem sonst wäre mir die unbefangene Vertraulichkeit so selbstverständlich, so tröstlich wie mit dir? Bist du nicht bis heute mein einziger Umgang geblieben? Du kennst das schöne Wort: *Est aliquid sacri in antiquis necessitudinibus*. Es ärgert mich, daß es nicht von Epikur oder meinetwegen von Leontium stammt, sondern von einem Redner*. Du bist,

---

* Cicero war gewiß kein gewöhnlicher Mensch, ja er war sogar ein großer Mann; er besaß hervorragende Eigenschaften und hervorragende Begabungen; er spielte eine bedeutende Rolle; über philosophische Gegenstände schrieb er vortrefflich; aber ich sehe nicht, daß er die Seele eines Weisen besessen hätte. Und daß man nur dessen Feder besitzt, konnte O. nicht leiden. Überdies fand er, ein Staatsmann habe genug Gelegenheit, sich als der zu erweisen, der er ist;

in der Unruhe, die mich umtreibt, der Ort, wo ich am liebsten mich ausruhe, wohin ich am liebsten zurückkehre, wenn ich durch die Welt geeilt bin; und wenn ich mich überall einsam gefühlt habe. Dürften wir beisammen leben und einander genug sein, so würde ich bleiben, würde ich Ruhe finden und etwas unternehmen in dieser Welt, und mein Leben könnte beginnen. Aber ich muß abwarten, muß weitersuchen, muß mich ins Unbekannte stürzen, muß, ohne zu wissen, wohin ich gehe, der Gegenwart entfliehen, als hätte ich von der Zukunft etwas zu erhoffen.

Du wirst mir meine Abreise verzeihen; du wirst mir sogar rechtgeben; und doch, wie nachsichtig du immer gegen Fremde bist, vergissest du nicht, daß die Freundschaft eine strengere Gerechtigkeit fordert. Du hast recht, es mußte sein; es war der Zwang der Verhältnisse. Ich blicke nur mit einer Art Unwillen auf dieses lächerliche Leben zurück, dem ich entflohen bin, aber über jenes, das ich erwarte, gebe ich mich keiner Täuschung hin. Nur mit Schaudern gehe ich in diese Jahre voll Ungewißheit hinein, und die dichte Wolke, die vor mir bleibt, hat etwas Unheimliches für mich.

FÜNFTER BRIEF

Saint-Maurice, 18. August 1

Ich schob es auf, dir zu schreiben, bis ich einen festen Aufenthalt hätte. Nun bin ich endlich entschlossen: Ich bleibe über den Winter hier. Vorerst will ich noch kleinere Wanderungen machen, aber sobald der Spätherbst kommt, gehe ich nicht mehr aus.

er war auch der Meinung, ein Staatsmann dürfe wohl Fehler machen, dürfe aber nicht schwach sein; ein Landesvater brauche nicht um Gunst zu buhlen; Eitelkeit sei zuweilen die fast unausweichliche Zuflucht derer, die unbekannt bleiben, ein Weltherrscher jedoch verfalle ihr nur aus Mangel an Seelengröße. Vermutlich mißfiel es ihm auch, daß ein römischer Konsul *plurimis lacrimis* weint, nur weil seine Frau Gemahlin genötigt ist, die Wohnung zu wechseln. So ungefähr mag er über diesen Redner gedacht haben, dessen Geist vielleicht nicht ebenso groß war wie seine Talente. Ich fürchte allerdings, indem ich seine Empfindungen nach den in seinen Briefen geäußerten Ansichten deute, könnte ich mich darüber täuschen, denn ich bemerke, daß ich ihm genau die meinige unterschiebe. Es befriedigt mich sehr, daß sich der Autor von *De officiis* in der Affäre mit Catilina durchgesetzt hat; aber ich wollte, er hätte auch in seinen Niederlagen Größe bewiesen.

Ich hatte eigentlich durch den Kanton Freiburg reisen und das Wallis über die Berge erreichen wollen; aber das Regenwetter zwang mich, über Payerne und Lausanne nach Vevey zu gehen. Als ich in Vevey ankam, hatte es wieder aufgehellt, aber wie immer das Wetter gewesen wäre, ich hätte mich nicht mehr dazu entschließen können, die Fahrt im Wagen fortzusetzen. Zwischen Lausanne und Vevey geht die Straße fortwährend auf und ab, fast immer auf halber Höhe, zwischen Weinbergen, die mich in einer solchen Gegend recht langweilig dünken. Aber Vevey, Clarens, Chillon, die drei Meilen von Saint-Saphorin bis Villeneuve übertreffen alles, was ich bis jetzt gesehen habe. Gewöhnlich bewundert man den Genfersee in der Gegend von Rolle; ich mag das nicht entscheiden, aber mich dünkt, in seiner ganzen Schönheit zeigt er sich erst bei Vevey und vor allem bei Chillon. Hat es doch hier, in dieser herrlichen Seebucht, im Anblick der Dent de Jaman, der Dents du Midi, des schneeglänzenden Velan, hier, vor den Felsen von Meillerie, einen Gipfel, der aus dem Wasser aufragt, eine schroffe Insel, tief verschattet, schwer zugänglich, und auf dieser Insel zwei, drei Häuser, nicht mehr! ich würde nicht weitersuchen. Warum enthält die Natur fast nie, was unsere Phantasie nach unserm Bedürfnis ersinnt? Ist es nicht darum, weil uns die Menschen nötigen, das zu erfinden und zu begehren, was die Natur für gewöhnlich nicht erschafft? und sollte sie es doch irgendwo bereithalten – weil die Menschen es alsbald vernichten?

Ich verbrachte die Nacht in Villeneuve, ein trauriger Ort in einem so schönen Land. Noch vor der Mittagshitze zog ich über die bewaldeten Hügel von Saint-Triphon und durch die ununterbrochenen Obstgärten, die das Tal hinauf bis nach Bex erfüllen. Ich wanderte zwischen zwei Alpenketten von gewaltiger Höhe; inmitten ihrer Firne folgte ich einer ebenen Straße durch ein fruchtbares Land, das wohl in weit zurückliegenden Zeiten fast völlig von Wasser bedeckt war.

Das Tal, durch das die Rhone von Martigny zum See fließt, wird ungefähr in der Mitte von Felsen abgeriegelt, die, von Wiesen und Wäldern bedeckt und nur vom Flußbett unterbrochen, die Vorstufen zur Dent de Morcles und zu den Dents du Midi bilden. Auf der Nordseite sind diese Felsen großenteils von Kastanienhainen bedeckt, über die sich die Tannen erheben. Und in dieser etwas

wilden Gegend befindet sich nun also mein Wohnsitz, auf dem untersten Absatz der Dents du Midi. Dieser Gipfel ist einer der schönsten in den Alpen; er ist auch einer der höchsten, sofern man nicht nur seine absolute, sondern auch seine sichtbare Höhe in Betracht zieht, und dazu das herrlich bemessene Amphitheater, das die ganze Majestät seiner Formen entfaltet. Von allen Gipfeln, deren Höhe durch trigonometrische Berechnung oder barometrische Schätzung ermittelt wurde, ist mir, lediglich nach den Karten und dem Verlauf der Gewässer zu schließen, keiner bekannt, dessen Fuß ebenso tief in die Täler hinabreicht; ich glaube nicht fehlzugehen, wenn ich seine sichtbare Höhe für ungefähr ebensogroß halte wie die irgendeines anderen Gipfels in Europa.
Beim Anblick dieser bewohnten, fruchtbaren und doch wilden Talenge verließ ich die Straße nach Italien, die sich hier nach Bex hinüberwendet, und während ich auf die Rhonebrücke zuhielt, kam ich auf Fußwegen durch Wiesen, wie sie unsere Maler schwerlich wiedergeben. Brücke, Schloß und Rhonelauf bilden an dieser Stelle einen überaus malerischen Anblick; am Städtchen selber fiel mir nichts auf, außer einer gewissen Schlichtheit. Seine Lage ist ein wenig traurig, aber von einer Traurigkeit, wie ich sie liebe. Die Berge sind großartig, das Tal ist eintönig; die Felsen reichen bis ans Städtchen heran und scheinen es zu überdecken; das verhaltene Donnern der Rhone erfüllt diesen Ort, der wie von der Welt abgeschnitten, wie abgeteuft und von allen Seiten ummauert ist, mit sanfter Melancholie. Obgleich bewohnt und bebaut und überreich an Obst und Trauben, erscheint die Gegend wie von der ganzen Strenge der Wüsten kasteit und verschönert, wenn sie von schwarzen Wolken verdüstert wird, die sich über die Bergflanken heranwälzen, deren dunkle Tannen bräunend, und, gegeneinanderrückend, sich auftürmen und schließlich stillstehen, wie ein finsteres Dach, das den Ort völlig überdeckt; oder wenn an wolkenlosem Tage die Sonnenglut sich darüber zusammenzieht, die unsichtbaren Dünste hervortreibt, allem, was unter dem sengenden Himmel atmet, mit ihrer betäubenden Hitze zusetzt und die allzu schöne Einsamkeit in trostlose Verlassenheit verwandelt.
Das kalte Regenwetter während der Fahrt durch den Jorat, der verglichen mit den Alpen nur eben ein Hügel ist, dazu der Schnee, der die Savoyer Berge alsbald überzog, und dies mitten im

Sommer, gaben mir ernstlich Anlaß, das rauhe Klima und noch mehr die langen Winter in den höheren Lagen der Schweiz zu bedenken. Ich hoffte die Schönheit der Berge mit dem Klima des Flachlands zu verbinden. Ich hoffte in den Hochtälern einige südliche Abhänge zu finden, eine zweckmäßige Vorsicht für den schönen Winter, jedoch wenig wirksam gegen die Nebelmonate und vor allem gegen die Verzögerung des Frühlings. Da ich hier jedoch nicht in den Städten leben wollte, glaubte ich für diese Unannehmlichkeiten vollauf entschädigt zu sein, wenn ich bei menschenfreundlichen Bergbewohnern ein Obdach finden könnte, in einer einfachen Sennhütte vor den kalten Winden geschützt, ringsum Weiden und wetterharte Tannen, in der Nähe ein Wasserfall.

Der Zufall hat anders entschieden. Ich habe hier ein mildes Klima vorgefunden, nicht eigentlich in den Bergen, aber zwischen den Bergen. Ich habe mich verführen lassen und bleibe in der Nähe von Saint-Maurice. Wie das zugegangen ist, kann ich dir nicht sagen; ich käme selber in Verlegenheit, wenn ich mir davon Rechenschaft geben müßte.

Es mag dir zunächst wunderlich erscheinen, daß die tiefe Langeweile, die ich hier während vier Regentagen empfand, viel zu meinem Hierbleiben beigetragen hat. Die Mutlosigkeit überkam mich, ich fürchtete den Winter, nicht die Langeweile des Alleinseins, aber die Langeweile des Schnees. Schließlich ließ ich mich unfreiwillig bestimmen, ohne Entschluß, durch eine Art Instinkt, der mir zu sagen schien, daß es eben so kommen müsse.

Als man bemerkte, daß ich mich in der Gegend niederzulassen gedachte, boten mir einige Leute auf verbindliche, bescheidene Art ihre Dienste an. Der Besitzer eines sehr hübschen Hauses nahe der Stadt war der einzige, mit dem ich mich einließ. Er drängte mich, entweder sein Landgut zu bewohnen oder unter anderen auszuwählen, die er mir beschrieb und die Freunden von ihm gehörten. Aber ich begehrte nach einer malerischen Lage und einem Haus, in dem ich allein wäre. Zum Glück wurde mir gerade noch rechtzeitig bewußt, daß ich mich dann, wenn ich die verschiedenen Wohnungen besichtigen ginge, nur schon aus Gefälligkeit oder Schwäche dazu verleiten ließe, eine davon zu nehmen, auch wenn sie allesamt weit hinter meinen Wünschen zurückblieben. Hätte mich dann aber meine Wahl gereut, so wäre mir kein anderer ehrbarer Ausweg geblieben, als den Ort überhaupt zu verlassen. Ich legte ihm meine Gründe offen dar, er schien sie zu billigen. Hierauf begann ich die ganze Gegend zu durchstreifen, besichtigte die Lagen, die mir besonders zusagten, und suchte auf gut Glück eine Wohnung, ohne mich erst zu erkundigen, ob es dort dergleichen gebe.

Ich hatte schon zwei Tage lang gesucht, und zwar in einer Gegend, wo man ganz nahe der Stadt so abgelegene Orte findet wie in der tiefsten Einöde und wo ich für meine Erkundungen nur drei Tage vorgesehen hatte, um sie nicht allzuweit auszudehnen. Ich hatte viele Häuser in Gegenden gesehen, die mir nicht gefielen, und einige günstige Lagen ohne Gebäude, oder deren Häuser aus Stein und von schlechter Bauart mich mein Vorhaben schon fast aufgeben ließen, als ich hinter zahlreichen Kastanienbäumen ein Räuchlein aufsteigen sah.

Die Bäche, die tiefen Schatten, die Einsamkeit der Wiesen an diesem ganzen Abhang gefielen mir sehr; aber er ist gegen Norden gerichtet, und da ich eine günstigere Lage suchte, hätte ich gar nicht erst angehalten, wenn nicht der Rauch gewesen wäre. Nach mancherlei Umwegen über reißende Bäche gelangte ich zu einem alleinstehenden Haus am Waldeingang und in den einsamsten Wiesen. Eine leidliche Wohnung, eine Scheune aus Holz, ein Gemüsegarten, der an einen breiten Bach grenzt, zwei Brunnen mit gutem Wasser, ein paar Felsen, das Rauschen der Wildbäche, ein überall abschüssiges Gelände, Lebhäge, eine üppige Vegetation, eine durchgehende Wiese, die sich unter vereinzelten Buchen und unter den Kastanien bis zu den Bergtannen hinaufzieht: das also ist Charrières. Noch am gleichen Abend traf ich mit dem Pächter ein Übereinkommen; dann suchte ich den Besitzer auf, der in Monthey wohnt, eine halbe Meile entfernt. Er machte mir ein äußerst zuvorkommendes Angebot. Wir wurden alsbald einig, aber zu ungünstigeren Bedingungen, als sein erster Vorschlag lautete. Was er anfänglich gefordert hatte, war ein Freundschaftspreis, und was er am Ende haben wollte, wäre unter alten Bekannten großzügig gewesen. Ein solches Vorgehen scheint offenbar da und dort üblich zu sein, vor allem in gewissen Familien. Jedenfalls schien niemand daran Anstoß zu nehmen, als ich mit seinen Verwandten in Saint-Maurice davon sprach.

Ich will Charrières genießen, ehe der Winter kommt. Ich möchte zur Kastanienernte dort sein, und ich will auf keinen Fall den stillen Herbst verpassen.

In drei Wochen übernehme ich das Haus, den Kastanienhain, einen Teil der Wiese und des Baumgartens. Dem Pächter überlasse ich die andern Teile der Weide und der Obstbäume, den Gemüsegarten, den Ort, der für den Hanf bestimmt ist, und vor allem das Ackerland.

Der Bach zieht in einem Bogen durch den Teil, den ich mir ausbedungen habe. Es sind zwar die schlechtesten Böden, aber die schönsten Schattenplätze und die einsamsten Winkel. Das Moos beeinträchtigt hier die Heuernte; die Kastanienbäume stehen zu dicht und tragen nicht viel; für Aussicht auf das weite Rhonetal hat man nicht gesorgt; es ist alles wild und vernachlässigt; man hat nicht einmal eine Enge zwischen den Felsen freigeräumt, wo vom Sturm gefällte und vor Alter geborstene Bäume den Schlamm zurückhalten und eine Art Damm bilden; Erlen und Haselgesträuch haben darin Wurzeln geschlagen und machen den Durchgang so gut wie unmöglich. Dennoch sickert der Bach durch dieses Trümmerwerk; er tritt schaumgefüllt hervor und bildet einen natürlichen Teich von großer Reinheit. Von hier verschwindet er zwischen den Felsen; er wirft seine herabstürzenden Wellen über das Moos; und viel weiter unten mäßigt er seinen Lauf, tritt aus dem Gebüsch hervor und fließt vor dem Haus vorbei, unter einem Steg aus drei Tannenbrettern.

Ich habe mir sagen lassen, wenn im Winter die Wölfe vom vielen Schnee vertrieben würden, kämen sie bis zu den Siedlungen herunter und holten sich die Knochen und Reste vom Fleisch, auf welches die Menschen selbst in diesen ländlich-schlichten Tälern nicht verzichten können. Aus Angst vor diesen Tieren ließ man meine Wohnung lange Zeit unbewohnt. Für mich sind es nicht die Wölfe, die ich dort fürchte. Wenn mich nur die Menschen in Ruhe lassen, wenigstens bei ihren Höhlen!

SECHSTER BRIEF

Saint-Maurice, 26. August 1

Ein einziger Augenblick kann unsere Neigungen verändern, aber diese Augenblicke sind selten.

Es war gestern; ich verschob es auf heute, dir zu schreiben; ich wollte nicht, daß diese Verwirrung so rasch vorüberginge. Ich spürte, daß ich in der Leere an etwas rührte. Ich empfand fast etwas wie Freude, ich ließ mich gehen; es ist immer gut, zu wissen, was das ist.

Bitte lach' jetzt nicht über mich, weil ich einen ganzen Tag lang so tat, als verlöre ich den Verstand. Glaub' mir, es hätte wenig gefehlt, und ich wäre so einfältig gewesen, meine Verrücktheit nicht eine Viertelstunde lang auszuhalten.

Ich war eben in Saint-Maurice angelangt. Eine Reisekutsche fuhr im Schritt, und auch ein paar Leute kamen über die Brücke herab. Richtig geraten! eine Frau war dabei. Anscheinend fiel meine französische Kleidung auf; man entbot mir den Gruß. Ihr Mund ist gerundet; ihr Blick ... von ihrer Gestalt, von allem übrigen weiß ich so wenig wie von ihrem Alter; all das kümmert mich nicht; mag sein, daß sie nicht einmal besonders hübsch war.

Ich achtete auch nicht darauf, in welchem Gasthof sie abstiegen, aber ich bin in Saint-Maurice geblieben. Ich glaube, der Gastwirt (derselbe, zu dem ich immer gehe) hat mich an den gleichen Tisch gesetzt, weil sie Franzosen sind; mich dünkt, er hat es mir vorgeschlagen. Du kannst dir vorstellen, daß ich zum Nachtisch etwas Köstliches auftragen ließ, um ihr davon anzubieten.

Den Rest des Tages verbrachte ich an der Rhone. Sie müssen diesen Morgen abgereist sein; sie fahren bis Sitten; das liegt am Weg nach Leuk, wo einer der Reisenden eine Badekur macht. Man sagt, die Fahrt dorthin sei schön.

Wie seltsam! da kann ein Mensch, dem es nicht an Kraft gebricht, sein Leben im Trübsinn verzehren, und es braucht doch so wenig, ihn aus seiner Trägheit zu reißen.

Glaubst du, daß ein Mensch, der seine Tage beschließt, ohne daß er geliebt hat, auch wirklich in die Geheimnisse des Lebens eingedrungen ist? daß er sich in seinem Herzen auskennt und daß ihm die Weite seines Daseins aufgegangen ist? Mir scheint, er ist wie in der Schwebe geblieben und hat nur von weitem gesehen, was ihm die Welt hätte sein können.

Vor dir brauch' ich nicht zu schweigen, denn du sagst gewiß nicht: Je nun, er ist verliebt – wie einfältig, diese Redensart! entweder macht sie den lächerlich, der es sagt, oder den, von dem es gesagt wird, und sollte es jemals von mir gesagt werden, so ist hoffentlich der, der es sagt, ein Dummkopf.

Wenn zwei Glas Punsch unser Mißtrauen verscheuchen und unsere Gedanken beflügeln, in diesem Aufschwung, der uns neuen Mut gibt, so möchten wir glauben, unser Charakter gewinne nun an Stärke und wir könnten freier leben; aber schon am nächsten Morgen langweilen wir uns nur ein bißchen mehr.

Sähe das Wetter nicht nach einem Gewitter aus, ich wüßte nicht, wie ich den Tag verbringen soll; aber schon hallt der Donner in den Felsen und der Wind schwillt zum Sturm; ich liebe diesen Aufruhr in den Lüften. Wenn es am Nachmittag regnet, mag es kühl werden, dann kann ich mich wenigstens ans Feuer setzen und lesen.

In einer Stunde sollte der Bote dasein und mir von Lausanne Bücher bringen, ich bin dort abonniert. Läßt er mich aus, so weiß ich etwas Besseres zu tun, und die Zeit geht auch so vorbei; ich will dir dann schreiben, fehlt mir nur der Mut nicht zum Anfangen.

SIEBTER BRIEF

Saint-Maurice, 3. September 1

Gestern bin ich bis zur Zone des ewigen Eises aufgestiegen, droben auf den Dents du Midi. Im Tal war die Sonne noch nicht aufgegangen, als ich schon den Felsriegel über dem Städtchen erklommen hatte und die Schwende* durchquerte, die sich oben ausbreitet und teilweise bebaut ist. Dann stieg ich eine steile Berglehne hinan, durch dichte Tannenwälder, die an einigen Stellen von früheren Wintern umgelegt worden sind: fruchtbare Wüsteneien, riesige wirre Haufen eines erstorbenen und aus seinen alten Trümmern neu erstehenden Lebens. Um acht Uhr erreichte ich den freien Gipfel, der über diesen Hang aufragt; er bildet die erste markante Stufe des ungeheuren Massivs, dessen

---

* Dieses Wort, das schwerlich durch einen ebenso treffenden Ausdruck ersetzt werden könnte, ist hier wohl aus eben dem Grund übernommen worden; da es in den Alpen gebräuchlich ist, habe ich es stehen lassen.

Gipfel noch immer in weiter Ferne blieb. Nun schickte ich meinen Führer zurück und wagte mich aus eigener Kraft voran; ich wollte um alles vermeiden, daß die Freiheit der Bergwelt durch Lohndienerei Schaden nehme und daß die Würde dieser unbewohnten Regionen durch einen Menschen aus der Ebene erniedrigt würde. Ich spürte, wie mein Ich, fern von den künstlichen Fesseln und der erfinderischen Tyrannei der Menschen, allein den Hindernissen und Gefahren einer unzugänglichen Natur ausgeliefert, sich zu weiten begann.

Mit einer Art wollüstiger Kaltblütigkeit schaute ich zu, wie der einzige Mensch, dem ich in diesen unendlichen Abgründen hätte begegnen können, rasch meinem Blick entschwand. Ich ließ Uhr und Geld und alles, was ich auf mir trug, am Boden liegen, auch fast alle Kleider, und brach auf. Der erste Akt meiner Unabhängigkeit war zumindest recht wunderlich, wirst du sagen; ich glich jenen allzu streng erzogenen Kindern, die nichts als Dummheiten machen, sobald man sie sich selber überläßt. Zugegeben, die Hast, mit der ich alles liegenließ, mein ungewohnter Aufzug, das alles hatte etwas Kindisches, aber schließlich kam ich so leichter voran, und indem ich den Stock, den ich mir für abschüssige Stellen geschnitten hatte, fast immer zwischen die Zähne geklemmt hielt, begann ich auf Händen und Füßen den Felsgrat hinaufzuklettern, der den Vorgipfel mit dem Hauptmassiv verbindet. Mehrmals kroch ich rittlings über zwei Abgründen hin, deren Boden sich meinem Blick entzog.

Mein Führer hatte mich gewarnt, ich könne unmöglich weiter aufsteigen. Ich kam auch wirklich lange nicht voran, stieg dann wieder ein wenig hinab und fand schließlich besser gangbare Stellen; und nachdem ich sie mit der Kühnheit eines Bergbewohners durchklettert hatte, erreichte ich eine Art Becken, das mit vereistem, verkrustetem Schnee ausgefüllt war, den noch kein Sommer geschmolzen hat. Ich stieg noch weit höher hinauf; doch als ich am Fuß der höchsten Spitze des Hauptgrates anlangte, ragte vor mir eine wohl 500 Fuß hohe, fast senkrechte Wand auf, so daß ich von der Besteigung des Gipfels absehen mußte.

Ich war nur durch wenig Schnee gekommen, hatte es aber an jeglicher Vorsicht fehlen lassen, so daß meine Augen, von seinem Glanz ermüdet und durch die Spiegelung der Mittagssonne auf seiner Oberfläche geblendet, die Gegenstände nicht mehr deutlich

wahrnahmen. Überdies kannte ich viele Gipfel nicht, die ich unterschied; nur bei den bedeutendsten war ich sicher. Zwar lese ich, seit ich in der Schweiz bin, nichts anderes als *de Saussure, Bourrit,* die *Tableaux de Suisse* etc., aber ich fühle mich in den Alpen noch immer sehr fremd. Gleichwohl konnte ich den gewaltigen Gipfel des Mont Blanc*, merklich höher als mein Standort, nicht verkennen; auch nicht den des Velan; einen weiteren, in größerer Ferne, jedoch höher, vermutlich der Monte Rosa; und auf der andern Talseite, mir gegenüber, aber niedriger, die Dent de Morcles, jenseits des Abgrunds. Die Felswand, die sich mir entgegenstellte, beschnitt dieses ungeheure Gemälde vielleicht gerade im großartigsten Teil. Denn dahinter erstreckte sich der langgezogene tiefe Graben des Wallis, auf der einen und der andern Seite gesäumt vom Sanetsch-, vom Lauterbrunnen- und vom Penninischen Gletscher und begrenzt durch die Gewölbe des Gotthard und des Titlis, den Firnschnee der Furka und die Pyramiden des Schreckhorns und des Finsteraarhorns.
Aber dieser Anblick der Gipfel, hingelagert zu Füßen des Menschen, dieser unermeßliche, überwältigende, so weit über die eintönige Nichtigkeit des Flachlandes erhabene Anblick, dies war es noch nicht, wonach ich suchte in der freien Natur, in der stillen Reglosigkeit, in der reinen Luft. Im Tiefland ist es eine Notwendigkeit, daß der natürliche Mensch fortwährend von Veränderungen befallen wird, indem er jene dicke, gewitterschwüle Luft der Gesellschaft atmet, die voll Gärung ist, die fortwährend vom Lärm des Gewerbes, vom Getöse aufdringlicher Vergnügungen, von Haßschreien und unablässigen Seufzern der Angst und des Leidens erzittert. Hier aber, auf diesen einsamen Bergen, wo der Himmel unendlicher, die Luft weniger veränderlich, die Zeit weniger schnell und das Leben dauerhafter ist, hier ist die ganze Natur ein beredter Ausdruck einer höheren Ordnung, einer sichtbareren Harmonie, einer ewigen Gemeinschaft, hier findet der Mensch zu seiner zwar anfälligen, aber unzerstörbaren Gestalt zurück; er atmet, fern von den Ausdünstungen der Gesellschaft, die rauhe, unverdorbene Luft; sein Ich gehört ihm wie der Welt: Er lebt ein wirkliches Leben in der erhabenen Einheit.
Das war es, was ich erleben wollte, wonach ich zumindest suchte.

---

* Wohl eine Verwechslung mit dem Grand Combin. AdÜ.

Unfähig, mich meiner selbst zu versichern in jener Lebensordnung, die von erfinderischen Kindern* mit größtem Aufwand errichtet worden ist, bin ich hinaufgestiegen, um die Natur zu befragen, warum ich unter ihnen unglücklich bin. Ich wollte endlich wissen, ob ich ein Fremdkörper sei in der menschlichen Ordnung oder ob sich die gegenwärtige Gesellschaftsordnung von der ewigen Harmonie entferne, wie eine Art Unregelmäßigkeit oder zufällige Abweichung im Laufe der Welt. Nun endlich glaube ich meiner sicher zu sein. Es gibt Augenblicke, die das Mißtrauen, die Befangenheit, die Unsicherheit beseitigen und wo man mit unabweislicher, unerschütterlicher Überzeugung das erkennt, was ist.
So sei es! ich will inmitten dieser Menschheit, die den Launen dieser vergänglichen Welt unterworfen ist, mein elendes, fast lächerliches Leben weiterführen, indem ich meiner Langenweile jene Überzeugung entgegensetze, die mich innerlich an die Seite des Menschen stellt, so wie er sein würde. Und sollte mir jemand begegnen mit einem Charakter, stark genug, um sein nach dem Urbild geformtes Ich der gesellschaftlichen Prägung zu entziehen, ich sage, sollte mich der Zufall einem solchen Menschen begegnen lassen, wir würden uns verstehen; er würde mir bleiben; ich schlösse mich für immer an ihn; wir würden unsere Beziehungen zur übrigen Welt einer auf den andern übertragen; gemieden von den anderen Menschen, deren eitle Bedürfnisse wir beklagen, würden wir uns, wenn dies möglich wäre, ein natürlicheres, gleichmäßigeres Leben befolgen. Wer vermöchte indessen zu sagen, ob es auch glücklicher wäre, derart ohne Einklang mit den Verhältnissen und während ringsum die Völker leiden?
Ich kann dir von dieser neuen Welt unmöglich eine richtige

---

* Jüngling, der du wie er empfindest, denke nur ja nicht, du werdest immer gleich empfinden. Zwar, du änderst dich nicht, aber die Zeit wird dich zur Ruhe kommen lassen. Du wirst das, was du gern möchtest, ersetzen durch das, was ist. Du wirst ermüden und nach einem behaglichen Leben trachten; dieses Nachgeben ist äußerst behaglich. Du wirst dir sagen: Wenn die Art überlebt, während der Einzelne vergeht, so lohnt es der Mühe nicht, daß er über sich nachdenkt und sich den Kopf zerbricht. Du wirst nach Entspannungen suchen, wirst dich zu Tisch setzen, wirst an allem die wunderliche Seite sehen und insgeheim lächeln. Selbst in deiner Langenweile wirst du eine ziemlich wohlige Mattigkeit genießen; und du wirst verlöschen, ohne je zu bemerken, daß du gar nicht gelebt hast. Schließlich sind schon ein paar so verlöscht.

Vorstellung geben, noch dir in einer Sprache des Tieflands die Stetigkeit der Bergwelt schildern. Die Stunden hier oben schienen mir zugleich ruhiger und fruchtbarer zu sein; und als hätte sich der Umgang der Gestirne in der Stille des Alls verlangsamt, verspürte ich in der Langsamkeit und Kraft meines Denkens eine Fortgang, der, obwohl durch nichts zur Eile gedrängt, seinem gewohnten Laufe voraus war. Als ich seine Dauer schätzen wollte, gewahrte ich, daß die Sonne hinter ihm zurückgeblieben war; und ich fand, daß in der Unruhe der Menschenwelt das Gefühl des Daseins in Wahrheit viel drückender und unfruchtbarer ist. Ich bemerkte, daß, trotz der Langsamkeit der sichtbaren Bewegungen, in den Bergen, auf ihren stillen Gipfeln das Denken minder hastig und eben darum in echterer Weise tätig ist; der Mensch in den Tälern verzehrt sein unruhiges, reizbares Leben, ohne es zu nutzen; er gleicht jenen pausenlos umherschwirrenden Insekten, die ihre Kräfte im nutzlosen Hin und Her verschleudern, während andere, ebenso kleine, aber ruhigere in ihrem geraden, stets gleichmäßigen Fluge viel leichter vorankommen.

Es war ein heißer Tag, der Horizont lag im Dunst, die Täler unter einem Nebelschleier. Das gleißende Licht der Gletscher erfüllte die tieferen Luftschichten mit seinem hellen Widerschein; aber die Luft, die ich atmete, schien von einer seltenen Reinheit zu sein. In dieser Höhe trübte keine Ausdünstung des Tieflands, zerteilte kein Lichterspiel den unbestimmten dunklen Abgrund des Himmels. Seine scheinbare Farbe war nicht mehr jenes helle, blasse Blau, die sanfte Hülle der Ebenen, die wohltuend zarte Trübung, die für die bewohnte Erde eine sichtbare Einfriedung bildet, auf der das Auge ruht und verweilt. Hier oben verlor sich der Blick in der grenzenlosen Unermeßlichkeit des unsichtbaren Äthers, suchte er mitten im Lichtglanz von Sonne und Eis, wie unter dem unendlichen Himmel der Nacht nach anderen Welten und anderen Sonnen, und drang er durch die vom Taggestirn erleuchtete Atmosphäre tief in eine nächtliche Welt ein.

Unmerklich stiegen von den Gletschern Dämpfe auf, die sich zu meinen Füßen zu Wolken formten. Das gleißende Firnelicht blendete mein Auge nicht länger, und der Himmel wurde noch dunkler, abgründiger. Allmählich versanken die Alpen im Nebel, nur einzelne Gipfel ragten einsam über den dampfenden Ozean auf; glitzernde Schneebänder, die in den Spalten ihrer Rauhflächen zurückgeblieben waren, ließen den Granit noch schwärzer, noch schroffer erscheinen. Das Schneegewölbe des Mont-Blanc erhob sich als eine unerschütterliche Masse über dies graue, bewegte Meer, über diese aufgehäuften Nebel, die der Wind blähte und in gewaltigen Wogen emporhob. Aus ihrem Abgrund tauchte ein schwarzer Punkt auf; rasch gewann er an Höhe; er kam geradewegs auf mich zu; es war der gefürchtete Alpenadler, seine Schwingen waren feucht, sein Blick schrecklich; er spähte nach Beute, aber als er einen Menschen gewahrte, wandte er sich mit einem drohenden Schrei zur Flucht; er stieß in die Wolken hinab und verschwand. Noch zwanzigmal war der Schrei zu vernehmen; aber ohne jeden Nachhall, scharf und trocken, wie ebensoviele vereinzelte Schreie im allgemeinen Schweigen. Dann kehrte wieder vollkommene Ruhe ein; wie wenn der Schall selber erstorben und die Eigenschaft der tönenden Körper aus der Welt getilgt worden wäre. Drunten im Lärm der Täler hat man noch nie erfahren, was die Stille ist; nirgends sonst als auf den eisigen Gipfeln herrscht diese Reglosigkeit, diese feierliche Stetigkeit, die keine Sprache auszudrücken vermöchte und an die keine Vorstellung heranreicht. Ohne die Erinnerungen ans Flachland könnte der Mensch hier oben nicht glauben, daß außerhalb seiner selbst in der Natur irgendeine Bewegung sei; selbst der Lauf der Gestirne bliebe ihm unerklärlich; und bis hin zu den Umbildungen der Wolken schiene ihm alles selbst in der Veränderung fortzubestehen. Jedes Jetzt erschiene ihm als ein dauerndes, und so gelangte er zu Gewißheit, ohne je die Empfindung eines Nacheinander besessen zu haben; und die fortwährenden Veränderungen der Welt blieben für sein Denken ein unergründliches Geheimnis.

Ich hätte gern etwas Bestimmteres in Erinnerung behalten, nicht von meinen allgemeinen Empfindungen in diesen Regionen des Schweigens, sie sind unvergeßlich, aber von den Ideen, die sie weckten und von denen mir fast nichts im Gedächtnis geblieben ist. In einer so völlig anderen Welt vermag sich die Einbildungskraft nur schwer auf eine Ordnung von Vorstellungen zurückzubesinnen, die von allen vorliegenden Tatsachen widerlegt zu werden scheinen. Ich hätte aufschreiben müssen, was ich empfand; aber dann hätte ich alsbald aufgehört, auf eine so außerordentliche Weise zu empfinden. Die Sorge, seine eigenen Gedanken aufzuheben, um sie ein andermal wiederzufinden, hat etwas

Sklavisches und gehört zu den Sorgen eines abhängigen Lebens. In den kraftvollen Augenblicken kümmert man sich nicht um andere Zeiten oder andere Menschen; man würde dann nicht um künstlicher Rücksichten, um des Ruhms, ja auch nicht um des öffentlichen Nutzens willen denken. Man ist natürlicher, man denkt nicht einmal, um den Augenblick zu nützen; man befiehlt seinen Gedanken nichts, man will nicht überlegen, man verlangt von seinem Geiste nicht, daß er in einen Stoff eindringe, daß er Verborgenes aufdecke oder etwas finde, was noch nie gesagt worden ist. Das Denken ist nicht aktiv und festgelegt, sondern passiv und frei; man sinnt vor sich hin, man läßt sich gehen; man ist tief ohne Geist, groß ohne Begeisterung, kraftvoll ohne Willen; man meditiert nicht, man träumt. Wundere dich also nicht darüber, daß ich dir so gar nichts zu erzählen weiß, nachdem ich während mehr als sechs Stunden Empfindungen und Gedanken hatte, die mir vielleicht mein Lebtag nie wiederkehren werden. Du weißt, wie jene Leute aus der Dauphinée, die mit Jean-Jacques botanisieren gingen, in ihrer Erwartung enttäuscht wurden. Sie gelangten auf einen Hügel, dessen Lage jedes poetische Gemüt in Wallung gebracht hätte; sie erwarteten ein Glanzstück der Beredsamkeit; aber der Schöpfer der Julie setzte sich nieder, begann mit ein paar Grashalmen zu spielen und schwieg still.
Es mochte fünf Uhr sein, als ich bemerkte, wie die Schatten länger wurden, und ich in meinem Felswinkel, der sich nach dem Sonnenuntergang öffnete, zu frösteln begann, denn ich hatte lange Zeit bewegungslos auf dem Granit gesessen. Ich konnte mir da droben keine Bewegung verschaffen, das Gehen war auf diesen Steilhängen zu beschwerlich. Der Nebel hatte sich aufgelöst; und ich sah, daß der Abend schön sein würde, auch drunten in den Tälern.
Hätten sich die Wolken verdichtet, so wäre ich in große Gefahr gekommen; aber daran hatte ich bis zu diesem Augenblick gar nicht gedacht. Die Schicht dicker Luft, die die Erde umhüllt, war mir allzu gleichgültig, hier draußen an der Grenze des Äthers, in der reinen Luft, die ich atmete; und alle Vorsicht war von mir gewichen, so als gehörte sie sich nur für das künstliche Leben.
Beim Abstieg auf die bewohnte Erde spürte ich, daß ich die lange Kette von Sorgen und Langerweile wieder aufnahm. Um zehn Uhr war ich zurück; der Mond schien durch mein Fenster herein.

Die Rhone ließ sich mit ihrem Donnern vernehmen; kein Lüftlein regte sich; in der Stadt schlief alles. Ich dachte an die Bergwelt, die ich zurückgelassen hatte, an Charrières, wo ich bald einziehen werde, an die Freiheit, die ich mir gegeben habe.

ACHTER BRIEF

Saint-Maurice, 14. September 1

Ich bin eben von einer mehrtägigen Bergwanderung zurück. Doch davon für heute nichts, ich habe dir etwas ganz anderes zu berichten. Ich hatte eine herrlich schöne Gegend entdeckt und mir vorgenommen, noch mehr als einmal dahin zurückzukehren, denn sie ist nicht weit von Saint-Maurice. Bevor ich zu Bett ging, öffnete ich einen Brief; er war nicht von deiner Hand; das Wort *eilig*, in auffälligem Schriftzug, machte mich unruhig. Alles ist verdächtig für den, der mit knapper Not einer langen Gefangenschaft entflohen ist. In meinem Frieden mußte mir jegliche Veränderung zuwider sein; ich erwartete nichts Gutes und hatte Vieles zu befürchten.

Du errätst ja wohl leicht, worum es geht. Ich war wie vom Blitz getroffen, niedergeschmettert; dann raffte ich mich auf und beschloß, alles zu vergessen, alles zu überwinden und für alle Zeit hinter mir zu lassen, was mich in jene Verhältnisse zurückziehen könnte, denen ich entflohen war. Indessen bin ich, nach langem Hin und Her, vernünftiger geworden, oder auch schwächer, und meine nun doch, es sei klüger, wenn ich eine gewisse Zeit opfere, um mir meinen Frieden für die Zukunft zu sichern. Ich gebe nach; ich trenne mich von Charrières und rüste mich zur Abreise. Wir reden miteinander über diese unselige Angelegenheit.

Noch diesen Morgen war mir die Vorstellung einer so großen Veränderung unerträglich; ich war drauf und dran, mich anders zu besinnen. Endlich ging ich nach Charrières, um neue Anordnungen zu treffen und meine Abreise bekanntzugeben. Erst dort entschloß ich mich unwiderruflich. Ich wollte mir die Gedanken an die vorrückende Jahreszeit und an die Langeweile, deren Last ich schon jetzt spüre, aus dem Kopf schlagen. Ich war draußen auf den Wiesen; sie wurden zum letztenmal gemäht. Ich habe mich auf einen Felsen zurückgezogen, um nur noch den Himmel zu sehen, er verschleierte sich im Nebel. Ich habe die Kastanienbäume betrachtet, habe die Blätter fallen gesehen. Dann bin ich zum Bach hinübergegangen, wie aus Angst, auch er sei vertrocknet; aber er floß noch immer.

Unerklärliche Notwendigkeit in den menschlichen Dingen! Ich gehe nach Lyon. Dann nach Paris, das steht nun fest. Leb wohl. Beklagt sei, wer wenig findet und dem auch dies Wenige noch genommen wird.

Wir sehen uns in Lyon, wenigstens das.

NEUNTER BRIEF

Lyon, 22. Oktober 1

Zwei Tage nach deiner Abreise von Lyon begab ich mich nach Méterville. Dort bin ich achtzehn Tage geblieben. Du weißt, was für eine Unruhe mich umgibt und mit was für elenden Sorgen ich mich abmühe, ohne daß ich mir irgend etwas Befriedigendes davon verspreche. Aber da ich einen Brief erwartete, der frühestens nach zwölf bis vierzehn Tagen eintreffen mochte, wollte ich diese Zeit in Méterville verbringen.

Wenn ich schon nicht ruhig und gleichgültig bleiben kann mitten in all den Widerwärtigkeiten, mit denen ich mich herumschlagen soll, weil der Ausgang anscheinend von mir abhängt, so fühle ich mich wenigstens imstande, sie ganz und gar zu vergessen, sobald ich nichts mehr ausrichten kann. Die Zukunft mag noch so bedrohlich aussehen, ich kann sie gelassen abwarten, sobald die Sorge, ihr zuvorzukommen, meine gegenwärtige Aufmerksamkeit nicht mehr erheischt und ich die Erinnerung daran unterbinden und meine Gedanken ablenken kann.

In der Tat, ich wünschte mir selbst für die schönsten Tage meines Lebens keinen tieferen Frieden als die Gelassenheit dieses kurzen Aufschubs. Sie war ja doch den Sorgen abgerungen, deren Ende unabsehbar bleibt, und wie? mit so einfachen Mitteln, wie sie manchen zum Lachen brächten, der nie eine solche Ruhe erlebt hat.

Das Landgut ist eher bescheiden, und nicht besonders schön gelegen, dafür ruhig. Du kennst die Besitzer, kennst ihren Charakter, ihre Lebensart, ihre ungezwungene Herzlichkeit, ihre liebenswürdige Art. Ich kam zu gelegener Stunde. Tags darauf sollte mit der Traubenernte begonnen werden, in einem großen Weinspalier, der nach Süden liegt und gegen die Wälder von Armand blickt. Beim Nachtessen wurde beschlossen, daß die Trauben, die für ein Faß Auslese bestimmt waren, von uns allein gelesen werden sollten, und zwar einzeln, um den weniger reifen Beeren noch ein paar Tage Zeit zu lassen. Am folgenden Morgen, sobald sich der Nebel ein wenig lichtete, legte ich eine Getreideschwinge in einen Schubkarren und begab mich als erster zuäußerst in den Weinberg hinaus, um mit der Lese zu beginnen; ich blieb fast immer allein, es lag mir auch nichts daran, schneller voranzukommen, mir behagte diese Gemächlichkeit; ich sah es ungern, wenn andere mithalfen; zwölf Tage, glaub' ich, hat die Lese gedauert. Mein Schubkarren fuhr hin und her, und hin und her, auf verwilderten Wegen, voll Unkraut und feucht vom Tau, ich wählte stets die mühsamsten, die holprigsten; und so flossen die Tage dahin im Vergessen, mitten im Nebel, zwischen den Früchten, in der herbstlichen Sonne. Und wenn es Abend geworden war, goß man sich Tee in die noch warme Milch, lachte über die Menschen, die nach dem Glück suchen, spazierte im alten Hainbuchengang und legte sich müde zu Bett. Die Eitelkeiten des Lebens, ich habe sie kennengelernt! und ich verwahre in meinem Herzen die feurige Wirkkraft seiner ehrgeizigsten Leidenschaften. Ich verwahre darin auch den Sinn für die großen gesellschaftlichen Angelegenheiten, und auch denjenigen philosophischer Ordnung; ich habe Marc Aurel gelesen, was er sagt, war mir nicht neu; ich habe Verständnis für die schwierigen Tugenden, selbst für das mönchische Heldentum. All dies mag meine Seele anregen, aber füllt sie nicht aus. Da ist ihr dieser Schubkarren, den ich mit Trauben belade und behutsam vor mir herstoße, schon eine bessere Stärkung. Es scheint, daß er still meine Stunden befördert und daß seine langsame, nützliche Fahrt, sein gleichmäßiger Lauf der gewohnten Regel des Lebens entspricht.

ZEHNTER BRIEF

Paris, 20. Juni, zweites Jahr

Es will kein Ende nehmen: Die elenden Geschäfte, die mich hier festhalten, ziehen sich Tag um Tag hinaus; und je mehr ich mich über diese Verschleppung ärgere, umso ungewisser ist der Ausgang. Diese Geschäftemacher fördern die Sache mit der Kaltblütigkeit von Leuten, die an ihre Trölerei gewöhnt sind, ja sie haben ihren Spaß an diesem schleppenden Fortgang, der ihrer Schurkenseele würdig ist und ihrem Ränkespiel sehr zustatten kommt. Ich könnte dir noch mehr Schlimmes davon erzählen, würden sie mir weniger zuleide tun; im übrigen kennst du meine unveränderliche Meinung über diesen Beruf, den ich allezeit für den erbärmlichsten und schädlichsten gehalten habe. Ein Jurist führt mich von einer Verlegenheit in die andere; da er von vornherein annimmt, ich sei habsüchtig und unredlich, feilscht er um seinen Teil; mit Verzögerungen und Förmlichkeiten will er mich mürbe machen, damit ich ihm gebe, was ich nicht geben kann, weil ich es nicht habe. So bin ich, nach einem halben Jahr des unfreiwilligen Aufenthalts in Lyon, erst noch dazu verurteilt, wer weiß, vielleicht noch länger hier in Paris zu bleiben.

Das Jahr geht dahin – noch einmal eins, das ich von meinem Leben abziehen muß. Den Frühling hab' ich fast ohne Murren darangegeben, aber nun erst der Sommer in Paris! Einen Teil der Zeit verbringe ich im Ekel, der unweigerlich mit allem verbunden ist, was man *seine Geschäfte besorgen* nennt; und wenn ich für den Rest des Tages meine Ruhe haben möchte und in meiner Wohnung eine Art Zuflucht vor dieser endlosen Langenweile suche, so wartet meiner eine noch unerträglichere Langeweile. Ich bin in der Stille, und ringsum nichts als Lärm; ich als einziger weiß nicht, was tun in dieser betriebsamen Welt. Einen Mittelweg zwischen Unrast und Nichtstun gibt es hier nicht; hat man keine Geschäfte und keine Leidenschaft, so bleibt einem nur die Langeweile. Da sitze ich in meinem Zimmer, das vom beständigen Widerhall all der Rufe, all der Beschäftigungen und der ganzen Plackerei eines rastlosen Volkes erzittert, und weiß nicht, was anfangen. Unter meinem Fenster ist so etwas wie ein öffentlicher Platz, auf dem es von Quacksalbern und Taschenspielern und Obsthändlern und Ausrufern aller Art wimmelt. Gegenüber erhebt sich die Fassade

eines öffentlichen Gebäudes; von zwei Uhr bis am Abend steht sie im Sonnenlicht; die öde weiße Fläche sticht grell vom blauen Himmel ab, so daß gerade die schönsten Tage für mich am unausstehlichsten sind. Ein nimmermüder Ausrufer leiert fortwährend die Titel seiner Zeitungen herunter; seine rauhe, eintönige Stimme scheint die Trockenheit des in der Sonne glühenden Platzes zu verstärken; und wenn ich dann noch eine Waschfrau an ihrem Dachfenster singen höre, reißt mir die Geduld und ich laufe davon. Seit drei Tagen postiert sich ein armer schwäriger Krüppel an einer Straßenecke, ganz in meiner Nähe, und bettelt mit lauter, klagender Stimme zwölf lange Stunden lang. Denk dir die Wirkung dieser in immer gleichem Abstand wiederholten Klage bei dem unverändert schönen Wetter! Ich muß den ganzen Tag außer Hauses bleiben, bis er den Platz wechselt. Aber wohin gehen? ich kenne fast niemanden hier; und es wäre ein großer Zufall, wenn unter den paar wenigen ein einziger wäre, mit dem ich zusammenpassen würde; und überdies gehe ich nirgends hin. Öffentliche Promenaden gibt es sehr schöne in Paris, aber nicht eine, wo ich es länger als eine halbe Stunde ohne Langeweile aushalten würde.
Ich kenne nichts, was unser Dasein so sehr ermüden würde wie diese fortwährende Langsamkeit von allem. Sie hält uns andauernd in einem Zustand des Abwartens zurück; sie macht, daß das Leben vergeht, bevor man nur erst an den Punkt kommt, wo man mit dem Leben anfangen möchte. Aber was klage ich? wie wenige sind es, die ihr Leben nicht verpassen! Und erst jene, die es, dank der Wohltat der Gesetze, im Kerker verbringen! Aber wie soll sich einer zum Leben entschließen, der zwanzig Jahre der Jugend in einem Kerker erduldet? er weiß nie, wie lang er noch drinbleiben muß, und wäre der Augenblick der Befreiung nahe! Ich vergaß jene, die nicht wagen, freiwillig Schluß zu machen; die Menschen wollen ihnen nicht einmal das Sterben erlauben. Und wir wagen zu seufzen über uns!

ELFTER BRIEF

Paris, 27. Juni 11

Ich bin ziemlich oft für zwei Stunden in der Bibliothek, nicht eigentlich um mein Wissen zu erweitern, dieses Verlangen erkaltet merklich; aber weil ich diese Zeit, die ja doch unwiederbringlich verrinnt, nicht recht auszufüllen weiß und ich sie daher weniger langweilig finde, wenn ich sie auswärts verbringe, statt sie zuhause zu vergeuden. Ein wenig Zwang zu einer Beschäftigung bekommt mir gut in meiner Mutlosigkeit; zu viel Freiheit würde mich in der Trägheit versinken lassen. Unter Leuten, die wie ich schweigsam sind, bin ich ruhiger als allein in einer lärmenden Menge. Ich liebe diese langen Säle, verlassen die einen, die andern voll gelehriger Menschen, uralte kühle Ablagerungsstätte mühsamen Forschens und all des menschlichen Irrens.

Wenn ich im Bougainville, Chardin oder Laloubère lese, so erfüllt mich die uralte Erinnerung versunkener Welten, der Glanz einer fernen Weisheit oder die Jugendlichkeit glückseliger Inseln; doch am Ende vergesse ich Persepolis, Benares, ja selbst Tinian, ich vereinige die Zeiten und Gegenden im Punkte der Gegenwart, wo sie alle durch die menschlichen Vorstellungen erfaßt werden. Ich sehe diese strebsamen Geister, die in der Stille und in geistiger Sammlung ihr Wissen mehren, während über ihre gelehrten, verblendeten Häupter das ewige Vergessen hinwegrollt, um ihren unabwendbaren Tod herbeizuführen und ihr Dasein, ihr Denken und ihr Jahrhundert in einer Sekunde der Natur zu vernichten.

Die Säle umschließen einen langen, stillen, von Gras überwachsenen Hof mit zwei oder drei Statuen, ein paar Trümmerstücken und einem Teich mit grünem Wasser, anscheinend ebenso alt wie jene Denkmale. Selten gehe ich weg, ohne eine Viertelstunde in diesem umfriedeten Raum zu verweilen. Ich liebe es, sinnend über die alten Kopfsteine zu schreiten, die man einst aus Steinbrüchen heranschaffte, um dem Fuß eine trockene, unfruchtbare Fläche zu bereiten. Doch die Zeit und die Vernachlässigung verleiben sie gleichsam wieder der Erde ein, indem sie eine neue Schicht darüberlegen und dem Boden sein Pflanzenkleid und seine natürliche Tönung erstatten. Zuweilen dünkt mich dieses Kopfsteinpflaster beredter als die Bücher, die ich noch eben bewunderte.

Gestern, als ich die Enzyklopädie befragen wollte, schlug ich das

Buch an einem Ort auf, den ich nicht suchte, ich weiß nicht mehr unter welchem Stichwort, aber es war die Rede von einem Manne, der, von quälenden Sorgen und Schicksalsschlägen niedergedrückt, ausbrach und sich in einer vollkommen einsamen Gegend vergrub, und dies durch einen jener Entschlüsse, die alle Hindernisse überwinden und bewirken, daß man sich jeden Tag dazu beglückwünscht, wenigstens dies einemal seinen Willen durchgesetzt zu haben. Die Vorstellung dieses ungebundenen Daseins lenkte meine Phantasie weder auf die freie Einsamkeit von Emmaus noch auf die heiteren Inseln der Südsee, auch nicht in die Alpen, die mir näher sind und die ich schon so sehr misse. Sondern eine deutliche Erinnerung führte mir plötzlich, wie durch einen Geistesblitz oder eine Erleuchtung, die öden Felsen und die Wälder von Fontainebleau vor Augen.
Ich muß dir mehr erzählen von dieser Gegend, die sich ein wenig fremdartig ausnimmt in unseren Landschaften. Du wirst dann besser verstehen, warum ich sie ins Herz geschlossen habe.
Du weißt, als Knabe lebte ich einige Jahre in Paris. Die Verwandten, bei denen ich wohnte, verbrachten trotz ihrer Vorliebe für die Stadt einige Male den Monat September bei Freunden auf dem Land. Im einen Jahr war dies in Fontainebleau; später gingen wir noch zweimal zu den gleichen Leuten, die dannzumal am Fuße des Waldes wohnten, nahe am Fluß. Ich glaube, ich war vierzehn, fünfzehn und siebzehn, als ich in Fontainebleau weilte. Nachdem ich die Kindheit als Stubenhocker zugebracht hatte, müßig und gelangweilt, empfand ich in gewissen Dingen wie ein Mann, in manch anderer Hinsicht blieb ich noch ein Kind. Ich war ängstlich und gehemmt, ahnte vielleicht alles, wußte aber nichts, fühlte mich fremd in meiner Umgebung und hatte nur den einen hervorstechenden Zug: daß ich unruhig war und unglücklich. Beim ersten Aufenthalt ging ich nie allein in den Wald; ich erinnere mich kaum, was ich dabei empfand, ich weiß nur noch, daß mir diese Gegend lieber war als alles, was ich bis dahin gesehen hatte, und daß sie die einzige war, in die es mich zurückzog. Im Jahr darauf zog ich wie besessen durch die Einsamkeit; ich verlief mich absichtlich und war es zufrieden, wenn ich meine Spur verloren hatte und keinen begangenen Weg mehr fand. Geriet ich irgendwo an den Waldrand, so blickte ich verdrießlich in die weiten kahlen Ebenen hinaus, wo in der Ferne die Kirchtürme aufragten.

Alsbald kehrte ich um und verzog mich in den Wald, wo er am tiefsten war; und wenn ich an eine einsame Lichtung kam, wo ich nichts als Sand und Wacholder sah, so überkam mich ein Gefühl von Frieden und Freiheit und unbändiger Freude, vermöge der Natur, die ich zum erstenmal in einem Alter empfand, das wenig bedarf, um glücklich zu sein. Froh wurde ich dennoch nicht; nur halbwegs glücklich, besaß ich vom Wohlgefühl nur die Erregung. In der Freude empfand ich Langeweile, und so kehrte ich stets traurig zurück. Einigemale war ich schon vor Sonnenaufgang im Wald. Noch in der Dämmerung erklomm ich die Höhen; ich war durchnäßt vom taufeuchten Heidekraut; und wenn die Sonne aufging, so trauerte ich dem Zwielicht nach, das der Morgenröte vorangeht. Ich liebte die Sümpfe, die schattigen Talgründe, das dichte Gehölz, liebte die Hügel voll Heidekraut; noch lieber waren mir die übereinander gestürzten Sandsteine und die geborstenen Felsen, am liebsten aber die weiten verwehten Sandfelder, deren unfruchtbare Fläche, von keines Menschen Fuß berührt, nur hier und da von der unruhigen Spur eines fliehenden Hirsches oder Hasen durchfurcht war. Wenn ich ein Eichhörnchen hörte, wenn ich einen Damhirsch aufscheuchte, so stand ich still, ich war ziemlich vergnügt, und für den Augenblick begehrte ich nach nichts sonst. In jener Zeit begann ich auf die Birke zu achten, diesen einsamen Baum, der mich schon damals traurig gestimmt hat und dem ich bis heute nie ohne Freude begegne. Ich liebe die Birke, liebe diese weiße, glatte und aufgesprungene Rinde, diesen wildwüchsigen Stamm, das Astwerk, das sich zu Boden neigt, das Zittern der Blätter, und diese Einsamkeit, diese Schlichtheit der Natur, dies Gepräge der Einöde.
O entschwundene Zeit, und dennoch unvergeßlich!
O allzuflüchtige Täuschung einer überströmenden Empfindsamkeit! Wie groß ist der Mensch in seiner kindlichen Unerfahrenheit – wie reich, wie fruchtbar könnte er werden, wenn nicht der kalte Blick der Mitmenschen, wenn nicht der tödliche Hauch des Unrechts sein Herz schon so bald vertrocknen ließe! Ich sehnte mich nach Glück. Ich war zum Leiden geboren. Du kennst jene dunklen Tage, wenn der Winter naht; sie selber, die Morgenröte verdichtet die Nebel und verkündet das Licht nur mit unheildrohenden glühenden Streifen auf den Wolkenbänken. Jener düstere Schleier, jene stürmischen Böen, jenes fahle Dämmerlicht, das

Pfeifen in den Bäumen, die zittern und beben, das langgezogene
Ächzen, das sich wie Todesseufzer anhört: dies ist der Morgen des
Lebens; am Mittag kältere, anhaltende Stürme, am Abend noch
tiefere Finsternis – und der Tageslauf des Menschen ist zu Ende.
Der unendliche blendende Zauber, der mit dem Herzen des
Menschen erwacht und wie jenes zu überdauern schien, erhielt
eines Tages neue Nahrung; ja ich gab mich dem Glauben hin,
gewisse Hoffnungen würden sich mir erfüllen. Die jähe, allzu
heftige Flamme verzehrte sich im Leeren und erlosch, ohne daß sie
etwas erhellt hätte. So zucken, in der Jahrszeit der Gewitter, die
Blitze durch die finstere Nacht und schrecken die Schlafenden
auf.
Es war März, ich war in Lu✶✶✶. Veilchen blühten im Hag, zu Füßen
des Flieders, auf einer kleinen, friedlichen Frühlingswiese, der
Mittagssonne zugeneigt. Das Haus stand droben, viel höher. Ein
Garten, in Stufen ansteigend, verdeckte die Sicht auf die Fenster.
Unterhalb der Wiese schroffe Felsen, glatt wie eine Wand; im
Abgrund ein breiter Wildbach; und jenseits wieder Felsen, darüber Wiesen, Hecken und Tannen! Quer durch alles hindurch lief
die alte Stadtmauer, in einem der Wehrtürme war eine Eule. Am
Abend schien der Mond, Hörner gaben sich Antwort in der Ferne;
und die Stimme, die ich nie mehr hören werde ...! Dies alles hat
mich betört. Es blieb bis heute die einzige Täuschung in meinem
Leben. Warum dann die Erinnerung an Fontainebleau, und nicht
die an Lu✶✶✶?

ZWÖLFTER BRIEF

28. Juli II

Endlich glaub' ich mich in der Einsamkeit. Über weite Strecken
trifft man hier keine Spur von Menschen. Ich habe mich für
eine Zeit den unruhigen Sorgen entzogen, die unsere Dauer
verzehren und unser Leben mit der Finsternis durchziehen, die
ihm vorangeht, und der Finsternis, die ihm folgt, und die ihm
keinen andern Vorteil läßt, als daß es selber ein weniger ruhiges
Nichts ist.
Am Abend, als ich den Forst entlang ging und nach Valvins
hinabstieg, unter dem Wald, in der Stille, schien es mir, als würde

ich mich in Bächen und Sümpfen, in schauerlich romantischen Gegenden verirren. Ich stieß auf Hügeln aus umgeworfenen Sandsteinfelsen, kleinförmig alles, das Gelände ziemlich flach und wenig malerisch; aber die Stille, die Verlassenheit, die unfruchtbare Kargheit, das war mir genug.

Begreifst du wohl die Lust, die ich empfinde, wenn mein Fuß in den losen heißen Sand einsinkt, wenn ich nur mühsam vorankomme, und weit und breit kein Wasser, keine Kühle, kein Schatten? Rings um mich alles öde und stumm; Felsruinen, vom Einsturz bedroht, verwitternd und kahl; und die Kräfte der Natur bezwungen von der Macht der Zeit. Ist es mir doch, als ob ich ruhiger wäre, wenn ich, draußen unter dem glühenden Himmel, andern Bedrohungen und anderen Maßlosigkeiten begegne als denen meines Herzens.

Ich merke mir nie, wo ich bin, im Gegenteil, ich verlaufe mich, wo ich kann. Oft gehe ich geradeaus, ohne mich an Wege zu halten. Ich versuche alle Ortsangaben zu vergessen und mich im Wald nicht auszukennen, damit mir stets etwas zu finden bleibt. Es gibt einen Weg, dem ich gerne folge; er beschreibt einen Kreis, wie der Wald selbst, so daß er weder in die Ebene hinaus noch in die Stadt führt; er hält sich an keine der üblichen Richtungen; er ist weder in den Tälern noch auf den Höhen; er scheint kein Ende zu nehmen; er führt durch alles hindurch und geht nirgendwo hin; ich glaube, ich könnte mein Leben lang auf ihm wandern.

Am Abend muß schließlich jeder nach Hause, hör' ich dich sagen; und du lächelst schon über meine angebliche Einsamkeit; doch du irrst dich; du glaubst mich in Fontainebleau, oder in irgendeinem Dorf, in einer Strohhütte. Nichts von alledem! Ich mag die *bukolischen* Behausungen dieses Landstriches so wenig wie ihre Dörfer, und ihre Dörfer so wenig wie ihre Städte. So wie ich den Luxus verurteile, so hasse ich die Armut. Sonst wäre ich besser in Paris geblieben, dort wäre ich beidem begegnet.

Nun aber zu dem, was ich dir im letzten Brief nicht erzählt habe; er war ja so ganz von der Unruhe diktiert, die mich manchmal umtreibt.

Eines Tages, als ich durch die Wälder streifte, sah ich im dichten Gehölz zwei Hirschkühe vor einem Wolfe fliehen. Er war schon hinter ihnen her, ich dachte, er müsse sie gleich einholen, ich eilte in dieselbe Richtung, um ihren Kampf zu verfolgen und ihnen wenn möglich beizustehen. Sie flüchteten auf eine Lichtung hinaus, die von Felsen und Heidekraut bedeckt war; aber als ich eintraf, sah ich sie nicht mehr. Ich kletterte durch die verborgensten Winkel dieses zerklüfteten, heideartigen Geländes, aus dem man Unmengen Sandstein für die Pflästerung gebrochen hatte – ich fand nichts. Als ich eine andere Richtung einschlug, um in den Wald zurückzukehren, erblickte ich einen Hund, der mich zunächst ruhig beobachtete und erst Laut gab, als ich mich von ihm entfernen wollte. Und in der Tat, da stand ich knapp neben dem Eingang zur Behausung, die er bewachte. Es war eine Art Höhle, teils von anstehendem Fels, teils von aufgeschichteten Sandsteinen, von Wacholderästen, Heidekraut und Moos umschlossen. Ein Arbeiter, der mehr als dreißig Jahre lang in den benachbarten Steinbrüchen Pflastersteine geklopft hatte, der ohne Familie und ohne Besitz war, hatte sich hieher zurückgezogen, um noch vor seinem Ableben eine unfreiwillige Arbeit loszuwerden und der Verachtung und dem Armenhaus zu entgehen. Ich bemerkte bei ihm nur ein Bett und einen Kasten; neben seinem Felsen wuchs auf kargem Boden ein wenig Gemüse; er, sein Hund und seine Katze lebten nur von Wasser und Brot und Freiheit. »Ich habe mich abgerackert, habe es nie zu etwas gebracht«, sagte er, »aber nun habe ich meine Ruhe, und dann geht es ja doch bald zu Ende mit mir.« Dieser grobschlächtige Kerl erzählte mir das Leben der Menschheit. Ob er es wohl kannte? Ob er andere für glücklicher hielt? Ob es ihn quälte, wenn er sich mit andern verglich? Ich werde das nie herausfinden. Ich war ja noch sehr jung. Seine rohe, etwas menschenscheue Art gab mir sehr zu denken. Ich hatte ihm einen Taler gereicht, er griff zu und sagte, nun komme er wieder zu Wein. Dies Wort schmälerte meine Achtung für ihn. Ich dachte mir: Ach so, Wein! anderes wäre doch dringender; am Ende ist es der Wein, ein liederlicher Lebenswandel, was ihn hieher geführt hat, und nicht das Bedürfnis nach Einsamkeit. Vergib mir, genügsamer Mensch! unglücklicher Einsiedler! ich hatte ja noch nichts davon gehört, daß man den Kummer auch hinabschwemmen kann. Inzwischen bin ich zum Manne geworden, ich kenne die Bitternis, die das Herz zerfrißt, den Ekel, der die Kräfte verzehrt; ich weiß den zu achten, der nichts so sehr begehrt, als einen Augenblick lang nicht seufzen zu müssen. Es ärgert mich, wenn ich Menschen sehe, die ein leichtes

Leben haben und meinen, sie müßten über einen armen Teufel herfahren, weil er Wein trinkt und kein Brot hat. Was für ein Herz haben diese Leute mitbekommen, daß sie kein größeres Elend kennen, als daß einer Hunger hat?

Nun begreifst du, warum mich jene Erinnerung in der Bibliothek so jäh überfiel und mit solcher Heftigkeit. Ihre plötzliche Vorstellung überließ mich völlig der Empfindung eines wirklichen Lebens, einer weisen Genügsamkeit und der Unabhängigkeit des Menschen in einer willfährigen Natur.

Nicht als ob ich hier eben ein solches Leben zu führen glaube oder mir in meinen Felsen mitten in den trostlosen Ebenen wie ein Naturmensch vorkäme. Da könnte ich ebensogut, wie ein Bewohner des Quartier Saint-Paul, meinen Nachbarn die Schönheiten des Landlebens an einem Resedentopf vorführen, der in der Dachtraufe steht, oder an einem Petersiliengärtchen, das sich ans Fenster drängt, oder könnte einer halben Juchart Land, das von einem Bächlein umspült wird, die Namen von Vorgebirgen und einsamen Meeren auf der anderen Erdhälfte geben, um zwischen Gips und Strohdächern eines Champagner Kirchsprengels an große Abenteuer und fremde Sitten zu erinnern.

Wenn ich hier den Versuch unternehme, vollkommen abgeschieden und einsam dahinzuleben, so hat dies den einzigen Grund, daß ich dazu verurteilt bin, immer und immer auf das Leben zu warten; ich zog es vor, die vier Monate hier draußen zu verbringen, statt sie in Paris an größere, verächtlichere Albernheiten zu verlieren. Sobald wir uns sehen, will ich dir erzählen, was für einen Landsitz ich mir ausgesucht und wie ich ihn abgeschirmt habe; wie ich meine paar Habseligkeiten herausschaffte, ohne jemanden ins Vertrauen zu ziehen; wie ich mich von Früchten und allerlei Gemüsen nähre; wo ich das Wasser hole; wie ich mich kleide, wenn es regnet; und was für Anstalten ich treffe, um unentdeckt zu bleiben, damit auch ja kein Pariser, der für eine Woche über Land fährt, hier vorüberkomme und sich über mich lustig macht.

Auch du wirst lachen, aber das soll mir recht sein; denn dein Lachen klingt anders als das ihre; und übrigens habe ich über all dies gelacht, bevor du. Und doch finde ich, dieses Leben hat auch sein Schönes, wenn ich, um seine Vorzüge stärker zu empfinden, den Wald verlasse und ins bebaute Land vordringe, wenn ich in der Ferne ein prunkvolles Schloß aus der kahlen Ebene aufragen sehe, dann, nach einer Meile durch einsame bebaute Felder, plötzlich auf hundert zusammengepferchte Strohhütten stoße, ein häßliches Nest, wo die Gassen und Ställe und Vorgärten, die Mauern und Dielen und fauligen Dächer, und noch die Möbel und Lumpen aussehen wie aus demselben Dreck, und alle Weiber keifen, alle Kinder plärren und die Männer sich alle abschinden. Und wenn ich in all der Erniedrigung und all dem Elend nach einem Seelentrost und nach einer frommen Verheißung für diese Unglücklichen ausschaue, so finde ich statt des Patriarchen einen habsüchtigen, finsteren Priester, von Reue verbittert, allzufrüh der Welt entwöhnt, ein jugendlicher Griesgram, ohne Würde, ohne Weisheit, ohne Salbung, den niemand verehrt, den man wohlleben sieht, der die Schwachen verdammt und die Guten nicht tröstet, und statt eines Zeichens der Hoffnung und der Versöhnung nur dies eine Zeichen der Furcht und der Entsagung, diesen geheiligten Marterpfahl, entsetzliches Sinnbild, erbärmliches Überbleibsel altehrwürdiger Institutionen, die man aufs kläglichste zugrunde gerichtet hat.

Und doch gibt es Menschen, die all das gelassen mitansehen und nicht im entferntesten daran denken, daß man es auch anders betrachten könnte.

O trauriger nutzloser Gedanke an eine bessere Welt! O unaussprechliche Weitung der Liebe! O Klage über die Zeit, die umsonst vergeht! O Allgefühl, nähre du und verschlinge mein Leben!* was wäre es ohne deine unheilvolle Schönheit? Durch dich ist es empfunden, durch dich wird es vernichtet.

---

* Man hat gewöhnlich einen zu engen Begriff vom empfindsamen Menschen; man stellt sich darunter eine närrische Person vor oder, was auch schon vorgekommen ist, eine Frau, ich meine eine von jenen, die Tränen vergießen über ein Unwohlsein ihres Vogels, die kein Tröpflein Blut sehen können, ohne in Ohnmacht zu fallen, oder die nur schon vom Klang bestimmter Wörter, wie Spinne, Schlange, Totengräber, Pocken, Grab, Greisenalter, in Schrecken versetzt werden.

Ich denke mir darunter eine gewisse Mäßigung in dem, was uns bewegt; eine augenblickliche Verbindung entgegengesetzter Empfindungen; eine anerzogene Überlegenheit auch über die noch so gebieterische Neigung; eine ernste Seele und Tiefe des Gedankens; eine Empfänglichkeit, die in uns sogleich die verborgene Wahrnehmung hervorruft, welche die Natur dem sinnlichen Eindruck entgegensetzen wollte; ein Herz, das in seiner fortwährenden Unruhe dennoch gelassen bleibt; und endlich eine ausgewogene Mischung von

O dürft' ich doch nur ein paarmal noch, unter herbstlichem Himmel, in jenen letzten schönen Tagen, die der Nebel in Ungewißheit hüllt, am Bache sitzen, der das vergilbte Blatt fortträgt, und den innigen, schlichten Tönen einer urtümlichen Weise lauschen! Dürft' ich doch eines Tages, allein mit dem bergkundigen Führer, die Grimsel oder den Titlis besteigen und oben, im kurzen Gras am Rande des Schnees, den romantischen Klängen lauschen, für die das Vieh im Hasli und in Unterwalden bekannt ist, und dürft' ich dann, dies eine Mal vor dem Tode, zu einem Menschen sagen, der mich hört: O, hätten wir doch gelebt!

DREIZEHNTER BRIEF

Fontainebleau, 31. Juli 11

Wenn uns ein unwiderstehliches Gefühl weit von allem fortreißt, was wir besitzen, und uns erst mit Lust, dann mit Klage erfüllt, indem es uns Wonnen erahnen läßt, die uns niemand und nichts zu geben vermag, so ist diese tiefe Empfindung, wie flüchtig immer, nur ein innerer Beweis für die Überlegenheit unserer Vermögen über unser Schicksal. Ja gerade darum dauert sie so kurz und geht alsbald in Klage über, ist sie erst köstlich,

allem, was nur einem tief empfindenden Menschen eigen ist; in seiner Kraft hat er alles erahnt, was dem Menschen beschieden ist; in seiner Mäßigung hat er wie niemand sonst die Melancholie der Freude und die Schönheiten des Leidens erfahren. Ein Mensch, der lebhaft, ja sogar tief empfindet, aber keine Mäßigung kennt, vergeudet diese fast übernatürliche Kraft an die unbedeutendsten Dinge. Ich will nicht leugnen, daß er sie in erhabenen Augenblicken zurückgewinnen mag; es gibt große Menschen, die ihre Größe in kleinen Dingen beweisen, sie aber in bedeutenden Umständen behalten. Trotz ihrer wirklichen Verdienste trägt ihnen diese Eigenart zwei Nachteile ein. Sie werden von einfältigen, nicht selten aber auch von verständigen Menschen für verrückt gehalten, und sie werden vorsichtigerweise von Menschen gemieden, die ihren Wert spüren und von ihnen eine hohe Meinung haben. Sie würdigen das Genie herab, indem sie es an die alltäglichsten Dinge und an das niedrigste Gesindel verraten. Dadurch liefern sie der Menge einen fadenscheinigen Vorwand für die Behauptung, der gesunde Menschenverstand sei mehr wert als das Genie, da er vor dessen Verirrungen gefeit sei, und, schlimmer noch, der aufrichtige, kraftvolle, überströmende, sich verschenkende Mensch stehe kein bißchen höher als der ausgeklügelte, vorsichtige, pünktliche, stets zurückhaltende und oft eigensüchtige Mensch.

dann zutiefst schmerzlich. Jedem übermäßigen Aufschwung folgt die Niedergeschlagenheit. Wir leiden, weil wir nicht sind, was wir sein könnten; befänden wir uns jedoch in jener Ordnung der Dinge, die unserem Verlangen versagt ist, so ginge uns beides ab: das Übermaß des Verlangens wie die Überfülle der Vermögen; wir genössen dann nicht mehr das Hochgefühl, über unserem Schicksal zu stehen, erhaben zu sein über alles, was uns umgibt, und reicher, als wir begehren. Selbst im Augenblick jener höchsten Wonne, die unsere Vorstellung so glühend erahnte, würden wir kalt bleiben und oft wie abwesend, gleichgültig, ja gelangweilt; denn man kann nicht wirklich mehr sein als sich selber; wir spüren dann nämlich die unüberwindliche Grenze der menschlichen Natur, und wenn wir unsere Vermögen auf wirkliche Dinge richten, so finden wir sie nicht mehr, um uns darüber aufzuschwingen in die erdachte Sphäre der idealen Dinge, die der Herrschaft des wirklichen Menschen gehorchen.

Aber warum sollten jene Dinge ausschließlich idealisch sein? Dies eben kann ich nicht begreifen. Warum scheint das, was nicht ist, der Natur des Menschen eher zu entsprechen als das, was ist? Auch das wirkliche Leben ist ja wie ein Traum; gerade ihm fehlt jeder Zusammenhang, jede Folgerichtigkeit, jedes Ziel. Teile davon sind bestimmt und gewiß, andere sind rein zufällig und ungereimt, huschen vorüber wie Schatten, und man findet darin nie, was man gesehen hat. Genauso ist es im Schlaf, wo man gleichzeitig wirkliche, folgerichtige Dinge denkt und daneben andere, die ausgefallen, unzusammenhängend und unwirklich sind und sich mit jenen, ich weiß nicht, wie verbinden. Die Träume der Nacht wie die Empfindungen des Wachens, beides besteht aus ein und demselben Gemisch. Die Weisheit der Alten besagt, daß der Augenblick des Erwachens erst noch kommen soll...

VIERZEHNTER BRIEF

Fontainebleau, 7. August II

Kürzlich sagte jemand, es war R., den du kennst: Wenn ich meine Tasse Kaffee trinke, bringe ich die Welt hübsch in Ordnung. Derlei Träume gestatte ich mir auch; und wenn ich durchs taufeuchte Heidekraut und durch den Wacholder streife, so ertappe ich mich manchmal dabei, daß ich mir die Menschen glücklich denke. Im Ernst, mir scheint, sie könnten es sein. Ich will keinen anderen Menschen schaffen, auch keine andere Welt; ich will nicht alles erneuern; derlei Hypothesen führen zu nichts, sagst du, denn sie lassen sich auf nichts Bekanntes anwenden. Recht so! halten wir uns an das, was mit Notwendigkeit ist; nehmen wir es so, wie es ist, und bringen wir daran nur gerade das in Ordnung, was zufällig ist. Ich will kein erträumtes Menschengeschlecht, auch kein neues; dieses da sei mein Werkstoff, nach ihm will ich meinen Plan machen, wie er mir vorschwebt.

Ich möchte zwei Dinge wünschen: ein beständiges Klima, aufrichtige Menschen. Weiß ich im voraus, wann der Regen die Bäche über die Ufer treten läßt, wann die Sonne meine Kulturen ausdörrt, wann der Sturm an meinem Hause rüttelt, so ist es meiner Erfindung überlassen, wie ich gegen Naturkräfte ankämpfe, die meinen Bedürfnissen zuwider sind; wenn ich hingegen nicht weiß, wann jedes Ding seine Zeit hat, wenn mich das Unheil überfällt, ohne daß mich die Gefahr gewarnt hat, wenn mich übertriebene Vorsicht verderben kann und mir die Obhut für andere jede Sorglosigkeit oder gar Kurzsichtigkeit verbietet, muß dann nicht notwendig mein Leben ruhelos und unglücklich sein? Und könnte es anders sein, als daß den überstürzten Arbeiten die Untätigkeit folgt und daß ich, wie Voltaire so trefflich sagt, all meine Tage in den Zuckungen der Unruhe oder im bleiernen Schlaf der Langenweile verzehre?

Wenn fast alle Menschen Heuchler sind, oder wenn zumindest die Doppelzüngigkeit der einen die anderen zur Vorsicht und Zurückhaltung zwingt, ist es dann nicht eine Notwendigkeit, daß sie das unvermeidliche Böse, das einige, nur auf ihren eigenen Vorteil bedacht, anderen antun wollen, um eine weit größere Menge von überflüssigem Unheil vermehren, das niemandem nützt? Ist es nicht eine Notwendigkeit, daß man sich gegenseitig schadet, ohne es zu wollen; daß sich ein jeder vorsieht und wappnet; daß die Feinde ränkesüchtig, die Freunde vorsichtig werden? Ist es nicht eine Notwendigkeit, daß ein ehrbarer Mensch durch eine einzige taktlose Äußerung oder durch ein Fehlurteil um seinen Ruf gebracht wird? daß eine Abneigung, die einem unbegründeten Verdacht entspringt, zur Todfeindschaft werden kann?

daß jene, die Gutes tun wollten, entmutigt davon abstehen? daß sich eine verlogene Moral durchsetzt; daß Hinterlist weiterführt als Klugheit, Verdienst und Edelmut; daß Kinder einem Familienvater vorwerfen, daß er sich nicht für eine Roßtäuscherei hat hergeben wollen; und daß Staaten untergehen, weil sie nicht zu einem Verbrechen bereit waren? Was soll, frage ich, bei dieser fortwährenden Unsicherheit aus der Moral, bei der Ungewißheit der Verhältnisse aus der Sicherheit werden? Ich frage: ist ohne Sicherheit, ohne Moral das Glück nicht ein Kindertraum?

Der Augenblick des Todes mag ungewiß bleiben, aber kein Übel ist ohne Dauer; und aus zwanzig andern Gründen darf der Tod nicht zu den Übeln gezählt werden. Es ist gut, daß man nicht weiß, wann alles zu Ende ist; man würde sonst schwerlich mit etwas beginnen, wovon man weiß, daß man es nicht vollenden könne. Ich behaupte deshalb, es hat für den Menschen, so wie er nun einmal ist, mehr Vor- als Nachteile, daß er über seine Lebensdauer in Unkenntnis bleibt; aber die Ungewißheit über die Ereignisse im Leben ist nicht die gleiche wie die über sein Ende. Ein Zwischenfall, den du unmöglich vorhersehen konntest, bringt deinen Plan durcheinander und bereitet dir Verdruß über Verdruß; der Tod hingegen bringt deinen Plan nicht durcheinander: er vernichtet ihn; und an etwas, wovon du nichts weißt, kannst du auch nicht leiden. Zwar können dadurch die Pläne derer, die dich überleben, durchkreuzt werden; aber es mag genügen, wenn man in den eigenen Angelegenheiten Gewißheit hat; und ich will nicht Verhältnisse ersinnen, die vom Gesichtspunkt des Menschen vollkommen gut wären. Die Welt, in die ich Ordnung bringen will, wäre mir verdächtig, wenn es darin kein Übel mehr gäbe, ja die Vorstellung einer vollkommenen Harmonie würde mich in eine Art Schrecken versetzen; mir scheint, die Natur lasse derlei nicht zu.

Ein beständiges Klima, und vor allem aufrichtige Menschen, unbeirrt aufrichtig – mehr will ich nicht. Ich bin glücklich, wenn ich weiß, woran ich bin. Ich lasse dem Himmel seine Unwetter und seine Blitze, der Erde den Schlamm und die Trockenheit, dem Boden die Unfruchtbarkeit, unserem Leib seine Schwächen, seine Bedürfnisse, seinen Zerfall, lasse den Menschen ihre Verschiedenheiten, ihre Unverträglichkeit, ihren Wankelmut, ihre Irrtümer, ja selbst ihre Laster und ihren unvermeidlichen Egoismus, lasse der

Zeit ihre Trägheit und ihre Unwiderruflichkeit: Mein Staat ist glücklich, wenn die Verhältnisse geordnet, die Gedanken bekannt sind. Er braucht nur noch eine gute Gesetzgebung, und sind die Gedanken bekannt, so wird er sie unfehlbar erhalten.

FÜNFZEHNTER BRIEF

Fontainebleau, 9. August II

Unter ein paar Büchern handlichen Formats, die ich mit mir genommen habe – warum, weiß ich selber nicht recht – bin ich auf den kunstvollen Roman von Melidor und Euphrosyne gestoßen. Ich habe ihn durchflogen, den Schluß hab' ich wieder und wieder gelesen. Es gibt Tage, die dem Schmerz gehören; wir spüren ihm nach in uns, möchten ihm bis in alle Tiefen folgen und uns über seine Maßlosigkeit wundern. So kosten wir wenigstens in den menschlichen Leiden jene Unendlichkeit, die wir unserem Schatten verleihen möchten, bevor ihn ein Hauch der Zeit auslöscht.

Was für ein jammervoller Augenblick, dieses finstere Verhängnis, dieser nächtliche Tod mitten im seligsten Verlangen! Welches Übermaß an Liebe, an Entbehrung, an schrecklichster Vergeltung inmitten des finsteren Nebels! und dieser Aufschrei eines getäuschten Herzens, als Euphrosyne, während sie schwimmend nach Fackel und Felsen ausspäht und sich vom trügerischen Schein verführen läßt, auf offenem Meer vor Erschöpfung ertrinkt ...!

Ich kenne keinen schöneren Ausgang, keinen traurigeren Tod. Der Tag ging zu Ende, der Mond schien nicht; nichts rührte sich; der Himmel war still, die Bäume reglos. Ein paar Käfer im Gras, weitab sang ein einzelner Vogel in der abendlichen Wärme. Ich setzte mich, ich blieb lange; mich dünkt, ich hatte nur verschwommene Gedanken. Ich durchlief die Welt und die Zeiten; mir schauderte vor dem Menschenwerk. Ich kehre zu mir zurück, ich finde mich in diesem Chaos, erblicke darin mein verlorenes Leben; ich ahne die künftigen Weltalter. O ihr Felsen der Rigi! hätte ich da euren Abgrund vor mir gehabt!*

---

* Die Rigi ist ein Gebirge bei Luzern; am Fuß der senkrecht abfallenden Felsen liegt der See.

Es war schon dunkle Nacht. Ich entfernte mich langsam, ich überließ mich dem Zufall, ich war voll Langerweile. Ich hätte weinen mögen, doch ich konnte nur seufzen. Die frühen Jahre sind dahin; von der Jugend bleiben mir nur die Qualen, ihre Tröstungen kenne ich nicht. Mein Herz, noch immer geschwächt von der Fieberglut eines Alters, das umsonst war, ist welk und vertrocknet, als ob es an der Erschöpfung des erkalteten Alters litte. Ich bin erloschen, aber nicht besänftigt. Es gibt Leute, die noch an ihren Leiden Genuß finden; aber für mich ist alles vorbei; ich habe weder Freude, noch Hoffnung, noch Ruhe; es bleibt mir nichts mehr, nicht einmal Tränen.

SECHZEHNTER BRIEF

Fontainebleau, 12. August 11

Was für erhabene Empfindungen! was für Erinnerungen! was für eine stille Majestät in einer milden, ruhigen, klaren Nacht! Welche Größe! und doch ist die Seele von Ungewißheit gequält. Sie sieht, daß die Empfindung, die sie von den Dingen empfangen hat, dem Irrtum ausliefert; sie sieht, daß es Wahrheiten gibt, daß sie aber in weiter Ferne sind. Wer vermöchte beim Anblick des immer gleichen Himmels mit seinen unermeßlichen Gestirnen die Natur zu begreifen?
Es gibt hier eine Fortdauer, die uns verwirrt; für den Menschen ist dies eine erschreckende Ewigkeit. Alles vergeht, der Mensch vergeht, und die Welten vergehen nicht? Das Denken ist in einem Abgrund zwischen dem Wechsel auf Erden und dem reglosen Firmament[*].

SIEBZEHNTER BRIEF

Fontainebleau, 14. August 11

Ich gehe in den Wald, bevor die Sonne scheint; ich sehe sie aufgehen für einen herrlichen Tag; ich schreite durch den taufeuchten Farn, durchs Brombeergesträuch, zwischen den Hirschen, unter den Birken am Mont Chauvet; eine Empfindung von

[*] Der Himmel ist nicht ohne Bewegung; jeder Schüler weiß das.

jenem Glück, das einst möglich war, ergreift mich mit Macht, treibt mich vorwärts und nimmt mir den Atem. Ich klettere hinauf und hinunter, ich laufe wie ein Mensch, der genießen will – dann ein Seufzer, eine geringe Verstimmung, und ein ganzer Tag nichts als Trübsal.

ACHTZEHNTER BRIEF

Fontainebleau, 17. August 11

Auch hier mag ich nur die Abende. Im ersten Augenblick gefällt mir auch die Morgenröte, mich dünkt, ich müßte ihre Schönheit empfinden können, aber warum muß der Tag nachher so lang sein! Wohl bin ich in einer Gegend, wo ich ungehindert wandern kann, aber sie ist nicht wild, nicht großartig genug. Die Anhöhen sind niedrig, die Felsen eintönig und klein; die Vegetation hat im allgemeinen nicht die Kraft, die Üppigkeit, die ich suche; nirgends rauscht ein Wildbach in unzugänglicher Schlucht; es ist eine Gegend des Flachlands. Nichts bedrückt mich und nichts befriedigt mich hier. Ich glaube sogar, die Langeweile nimmt zu; wohl weil ich zu wenig leide. Bin ich darum glücklicher? Keineswegs. Leiden und unglücklich sein ist nicht dasselbe; so wenig wie genießen und glücklich sein.

Meine Lage ist durchaus angenehm, und doch führe ich ein trauriges Leben. Es geht mir hier so gut wie nur möglich; ich bin frei, unbesorgt, gesund, ohne Geschäfte, die Zukunft, von der ich nichts erwarte, kümmert mich nicht, die Vergangenheit, von der ich nichts hatte, vergesse ich leicht. Aber es ist eine Unruhe in mir, die mich wohl nie verläßt; es ist ein Verlangen, über das ich mir nicht klar bin, das ich nicht begreife, das mich beherrscht, mich aufzehrt, mich über die sterblichen Menschen hinausträgt ... Du täuschst dich, und ich habe mich selber darüber getäuscht: Es ist nicht das Verlangen nach Liebe. Zwischen der Leere in meinem Herzen und der Liebe, nach der es so sehnlich begehrt hat, liegt eine Welt; aber es liegt eine Unendlichkeit zwischen dem, was ich bin, und dem, was ich sein möchte. Die Liebe ist grenzenlos, aber nicht unendlich. Ich will nicht genießen; ich möchte hoffen, ich möchte wissen! Ich brauche unendliche Trugbilder, die vor mir zurückweichen, um mich beständig zu täuschen. Was liegt mir

schon an dem, was ein Ende haben mag? Die Stunde, die in sechzig Jahren kommen wird, ist da, ist dicht bei mir. Mir ekelt vor dem, was sich vorbereitet, näherkommt, eintrifft und dann vorbei ist. Ich will endlich ein Glück, einen Traum, will eine Hoffnung, die mir für immer vorausbleibt, über mich hinausgeht, ja selbst größer ist als meine Erwartung, größer als alles, was vergeht. Ich möchte ganz Vernunft sein, möchte, daß die ewige Ordnung der Welt ... nun, sie war schon da, vor dreißig Jahren, nicht aber ich!
Ich war nicht da, werde nicht dasein, ein flüchtiger, belangloser Zufall, was ich bin – Mit Erstaunen stelle ich fest, daß mein Denken weiter reicht als mein Sein; und bedenke ich, daß mein Leben mir selber lächerlich erscheint, so verliere ich mich in undurchdringliche Finsternis. Gewiß ist der glücklicher, der Holz fällt, Kohle brennt und, wenn der Donner rollt, zum Weihwasser greift. Ob er wie ein Tier lebt? Nein, aber er singt bei der Arbeit. Seinen Frieden werde ich nie besitzen, aber wir vergehen einer wie der andere. Die Zeit läßt ihm sein Leben still verrinnen, das meine wird von Unrast und Unruhe, von den Trugbildern einer kindischen Größe in die Irre geführt und zu Tode gehetzt.

NEUNZEHNTER BRIEF

Fontainebleau, 18. August 11

Es gibt denn doch Augenblicke, wo ich mich voll Hoffnung und Freiheit sehe; die Zeit und die Begebenheiten steigen in majestätischer Harmonie vor mir herab, und ich fühle mich glücklich, als ob ich es sein könnte; ich habe mich dabei überrascht, daß ich in meine früheren Jahre zurückgekehrt bin; ich habe in der Rose die Schönheiten der Lust und ihre himmlische Sprache wiedergefunden. Glücklich? ich? Und doch, ich bin's, bin überglücklich wie einer, der aus einem Angsttraum erwacht und in ein Leben voll Frieden und Freiheit zurückkehrt; wie einer, der das schmutzige Kerkerloch verläßt und nach zehn Jahren den heiteren Himmel wiedersieht; glücklich wie ein Mensch, der liebt... sie liebt, die er vom Tode errettet hat! Aber der Augenblick geht vorüber; eine Wolke schiebt sich vor die Sonne und unterbricht ihr belebendes Licht; die Vögel verstummen, der Schatten breitet sich aus, entreißt mir meinen Traum, meine Wonne und scheucht sie vor sich her und hinweg.

Dann breche ich auf, ich laufe, ich eile, und komme traurig nach Hause – und alsbald kehre ich wieder in den Wald zurück, vielleicht daß die Sonne noch einmal hervorbricht. All dies hat etwas Beruhigendes, Tröstliches. Was es sein mag? ich weiß es nicht recht; aber wenn mich der Schmerz betäubt, steht ja doch die Zeit nicht still; und ich sehe gern, wie die Frucht reift, die einst im Herbstwind fallen wird.

ZWANZIGSTER BRIEF

Fontainebleau, 27. August 11

Wie wenig braucht ein Mensch, der nur gerade leben will; und wie viel braucht jener, der zufrieden leben und seine Zeit nutzen will! Weit glücklicher aber wäre der, der die Kraft hätte, dem Glück zu entsagen, weil er einsieht, daß es zu beschwerlich ist – aber muß er denn immer einsam bleiben? Selbst der Frieden ist ein trauriger Besitz, wenn keine Hoffnung besteht, daß man ihn teilen darf.

Ich weiß, daß für einige ein momentaner Besitz dauerhaft genug ist; und daß sich andere mit einer unordentlichen, gleichgültigen Lebensart abfinden. Ich habe selber einen gesehen, wie er vor einem zerschlagenen Spiegel seinen Bart schabte, im Fenster waren Windeln aufgehängt, am Ofenrohr baumelte ein Kinderrock, die Mutter machte Wäsche neben dem Eßtisch, ein Tischtuch gab es nicht, auf geflicktem Geschirr lag aufgewärmtes Siedfleisch mit Zwiebelchen samt den Resten vom Sonntagsbraten. Es hätte daraus eine fette Suppe gegeben, wenn nicht die Katze die Brühe verschüttet hätte. Und so etwas nennt sich ein genügsames Leben! Ich nenne es unglücklich, wenn es bloß vorübergehend ist; ich nenne es ein Elendsleben, wenn es erzwungen ist und andauert; ist es aber frei gewählt und man stößt sich nicht daran, ja glaubt darin leidlich bestehen zu können, so nenne ich es ein Narrenleben.

In den Büchern mag die Verachtung des Reichtums schön und gut sein; aber mit einem Haushalt und ganz ohne Geld muß man entweder abgestumpft sein oder eine unerschütterliche Standhaftigkeit besitzen; im übrigen bezweifle ich, daß sich ein großer Charakter einem solchen Leben unterwirft. Man erträgt alles, was zufällig ist; aber in ein solches Elend für allezeit einwilligen heißt, es billigen. Ob solchen Stoikern das Gefühl für das Schickliche abgeht, welches dem Menschen anzeigt, daß ein derartiges Leben keineswegs seiner Natur entspricht? Mich dünkt, ihre Genügsamkeit, so ganz ohne Ordnung, ohne Feingefühl, ohne Scham, gleicht eher der widerlichen Selbstverleugnung eines Bettelmönchs oder dem rohen Büßerwesen eines Fakirs als der philosophischen Entsagung und Unerschütterlichkeit.

Auch ein genügsames Leben hat seine Reinlichkeit, seine Sorgfalt, sein Gleichgewicht, seine Stimmigkeit. Aber die Leute, von denen ich sprach, scheuen die paar Batzen für einen Spiegel und gehen dafür ins Theater; sie essen aus schartigem Steingut und tragen Kleider aus feinem Tuch; ihre grobleinen Hemden haben plissierte Manschetten; gehen sie spazieren, so nur in den Champs-Elysées, so menschenscheu sie sind, sie sagen, sie wollten sich dort die Vorübergehenden anschauen, und um sich diese Vorübergehenden anzuschauen, laden sie deren Verachtung auf sich und setzen sich, mitten im Staub der lustwandelnden Menge, auf die wenigen Restchen Gras. In ihrem stoischen Phlegma pfeifen sie auf den Anstand, der ja doch nur Willkür ist, und vertilgen ihr Brioche am Boden, zwischen Kindern und Hunden und den Füßen derer, die kommen und gehen. Hier also studieren sie den Menschen, indem sie mit Ammen und Mägden schäkern; hier vertiefen sie sich in irgendeine Flugschrift, welche die Könige vor den Gefahren des Ehrgeizes warnt, den Luxus der besseren Gesellschaft abschaffen will und männiglich belehrt, man solle seine Begierden mäßigen, solle naturgemäß leben, und eßt Kuchen von Nanterre! Eistee feil!

Nichts weiter davon! denn wenn ich dich allzusehr in die Stimmung versetze, um über gewisse Dinge zu witzeln, so könntest du dich leicht auch über mein wunderliches Waldleben lustig machen; denn es hat ja wohl etwas Kindisches, wenn sich einer vor der Großstadt draußen in die Wildnis zurückzieht. Zwar, du mußt zugeben: zwischen meinen Wäldern draußen vor Paris und einer Tonne mitten in Athen bleibt immerhin ein Unterschied; meinerseits will ich dir einräumen, daß die Griechen, obwohl nicht weniger gesittet als wir, sich noch eher etwas Ausgefallenes leisten konnten, weil sie den Urzeiten noch näher waren. Die Tonne mußte her, damit einer öffentlich und in gestandenem Alter das

Leben eines Weisen vorführe. Das war nun freilich außergewöhnlich; aber damals erregte das Außergewöhnliche kein übertriebenes Mißfallen. Für die Griechen war die Gewohnheit, war das Überkommene kein göttliches Gesetz. Bei ihnen durfte alles sein Besonderes haben, und es gab selten etwas, was sie für normal und allgemein üblich gehalten hätten. Nach Art eines Volkes, das den Versuch eines gesellschaftlichen Lebens unternimmt oder weiterführt, scheinen sie mit Einrichtungen und Verhaltensregeln Erfahrungen gesammelt zu haben, ohne schon zu wissen, welche Bräuche eindeutig gut seien. Wir hingegen, die wir hierüber längst nicht mehr im Zweifel sind, die wir uns von allem das Beste angeeignet haben, wir sind wohlberaten, wenn wir auch unsere gleichgültigsten Verhaltensregeln heiligen und jeden Menschen mit Verachtung strafen, der töricht genug ist, aus einem so sicheren Weg auszubrechen. Und was übrigens mich, der ich nicht die geringste Lust zum Zyniker habe, ernstlich entschuldigen mag, ist dies, daß ich mir weder eine Jünglingslaune zur Ehre anrechne, noch in Dingen, wo mir die Pflicht nichts vorschreibt, mein Verhalten in aller Öffentlichkeit demjenigen der andern entgegensetzen will. Ich gestatte mir eine Absonderlichkeit, die an sich völlig gleichgültig ist, die mir aber in gewisser Hinsicht zuträglich erscheint. Sie würde gegen die Denkungsart der andern verstoßen; das scheint mir das einzige Unschickliche daran zu sein, und um dies zu vermeiden, verberge ich sie vor ihnen.

EINUNDZWANZIGSTER BRIEF

Fontainebleau, 1. September 11

Die paar Tage sind herrlich schön, und ich lebe in tiefstem Frieden. Einstmals hätte mich diese Freiheit, dieses Leben fern von Geschäften und jeglichen Plänen, die Gleichgültigkeit gegen alles, was kommen mag, froher gestimmt als heute.
Allmählich spüre ich, daß ich im Leben fortschreite. Jene wonnevollen Eindrücke, jene plötzlichen Gefühle, die mich einst erregten und weit aus einer traurigen Welt entführten, sie kehren nur schwächer und gewandelt wieder. Jenes unsägliche Verlangen, das sich an jeder Empfindung von etwas Schönem in der Natur entzündete, jene Hoffnung voll Zauber und Ungewißheit, jenes

himmlische Feuer, welches ein Jünglingsherz blendet und verzehrt, jene überströmende Wollust, mit der es vor ihm das unermeßliche Trugbild erleuchtet, dies alles ist schon erloschen. Mehr und mehr achte ich auf das Nützliche, Praktische, nicht mehr auf das, was schön ist.
Du, der du meine grenzenlosen Bedürfnisse kennst, sage mir, was soll ich mit dem Leben beginnen, wenn jene Augenblicke der Täuschung, die mir sein Dunkel erhellten wie Wetterleuchten die finstere Nacht, wenn sie einst ausbleiben sollten? Sie ließen es dunkler erscheinen, ich will es nicht leugnen, und doch verhießen sie, daß es anders werden könne und daß das Licht noch immer nicht erloschen sei. Nun aber, was soll aus mir werden, wo ich genötigt bin, mich auf das zu beschränken, was ist? in meiner Lebensweise befangen zu bleiben, in meinem persönlichen Vorteil, in der Sorge ums Aufstehen, Arbeiten und Zubettgehen?
Wie war ich ein anderer, damals, als es noch möglich war, daß ich einst lieben könnte! In meiner Kindheit war ich ein Träumer gewesen; damals noch malte ich mir eine einsame Zuflucht aus, die meiner Sehnsucht entsprach. In einem Irrtum befangen, hatte ich mir an einem Punkte der Dauphinée eine Alpenlandschaft mit einem Himmel vereinigt gedacht, unter dem Oliven und Zitronen wuchsen; später dann war es das Wort *Chartreuse*, das mich traf und erregte, und fortan war mein erträumter Aufenthalt dort, in der Nähe von Grenoble. Damals war ich des Glaubens, ein glücklicher Ort trage viel zu einem glücklichen Leben bei; und ich könnte dort, an der Seite einer geliebten Frau, jenes unzerstörbare Glück genießen, von dem sich mein sehnsuchtsvolles Herz täuschen ließ.
Nun aber etwas sehr Merkwürdiges, aus dem ich nicht klug werden kann und von dem ich nichts für gewiß ausgebe, als daß es sich genau so verhielt. Ich hatte meines Wissens nie etwas gesehen oder gelesen, was mir irgendeine Anschauung von der Örtlichkeit der Grande-Chartreuse vermittelt hätte. Ich wußte lediglich, daß diese Einsamkeit in den Bergen der Dauphinée liege. Meine Phantasie malte sich nach dieser verschwommenen Idee und nach ihren eigenen Neigungen die Landschaft aus, wo das Kloster sein mußte, und neben ihm meinen Wohnsitz. Sie kam der Wahrheit überraschend nahe; denn als ich lange danach einen Stich von eben dieser Gegend zu Gesicht bekam, sag' ich zu mir selbst, noch ehe

ich gelesen hatte: Das ist die Grande-Chartreuse! so sehr erinnerte mich das Bild an meinen einstigen Traum. Und als sich bestätigt fand, daß es sie wirklich war, zitterte ich vor Überraschung und Schmerz, denn mir war, als hätte ich etwas verloren, was gleichsam nur für mich bestimmt gewesen war. Seit jenem Jünglingstraume hör' ich das Wort Chartreuse nie ohne die schmerzlichste Rührung.

Je weiter ich in meine Jugend zurückgehe, umso tiefere Eindrücke finde ich. Wenn ich jenes Alter vorbeiziehen lasse, wo die Vorstellungen schon Weite besitzen; wenn ich in meiner Kindheit nach jenen frühesten Erdichtungen eines melancholischen Herzens suche, dem nie eine wirkliche Kindheit vergönnt war und das sich an starke Erregungen und an das Außergewöhnliche klammerte, noch bevor es recht wußte, ob es am Spiel sein Ergötzen finden würde oder nicht; wenn ich, wie gesagt, danach forsche, was ich mit sieben, mit sechs, mit fünf Jahren empfand, so stoße ich auf Eindrücke, die genauso unauslöschlich sind, argloser, zarter, gänzlich von jenen seligen Träumen geprägt, deren Glück keinem späteren Alter beschieden war.

Ich täusche mich nicht in der Zeit; ich weiß genau, wie alt ich war, als ich dies oder jenes gedacht, dies oder jenes Buch gelesen habe. Ich habe Kämpfers Geschichte Japans an meinem vertrauten Plätzchen gelesen, an einem bestimmten Fenster in jenem Haus an der Rhône, das mein Vater kurz vor seinem Tod aufgab. Im Sommer darauf las ich Robinson Crusoe. Es war damals, als ich jene Exaktheit verlor, die man an mir beobachtet hatte; es gelang mir nicht mehr, ohne Feder selbst einfachere Rechnungen zu lösen als jene, die ich mit viereinhalb Jahren gelöst hatte, ohne daß ich etwas aufgeschrieben oder eine arithmetische Regel gekannt hätte, außer vielleicht die Addition, du weißt, einst auf jener Abendgesellschaft bei Madame Belp., wo ich alle in Erstaunen versetzt hatte.

Die Fähigkeit, unbegrenzte Beziehungen wahrzunehmen, gewann damals die Oberhand über die Gabe, mathematische Beziehungen zu verknüpfen. Die geistigen Beziehungen traten ins Bewußtsein, die Empfindung für das Schöne erwachte ...

2. September

Ich bemerkte, daß ich unversehens ins Grübeln kam, und brach ab. Wo es um Empfindungen geht, kann man nur sich selber befragen, aber in Dingen, die man bereden soll, ist es immer von Vorteil, wenn man weiß, was andere hierüber gedacht haben. Es trifft sich, daß ich einen Band Diderot mit mir habe, der neben anderem seine *Philosophischen Gedanken* und die *Abhandlung über das Schöne* enthält. Ich steckte ihn ein und begab mich hinaus.

Wenn ich Diderots Auffassung teile, so mag es scheinen, ich tue dies nur, weil er als letzter gesprochen hat, und ich gebe zu, daß dies gewöhnlich viel ausmacht; ich forme jedoch seine Gedanken auf meine Weise um, ich spreche ja schließlich nach ihm.

Lasse ich Wolff, Crouzas und Hutchesons sechsten Sinn außer Betracht, so denke ich ungefähr wie alle andern, und eben darum meine ich, das Schöne lasse sich nicht derart kurz und bündig definieren, wie es Diderot tat. Ich teile seine Ansicht, daß die Empfindung der Schönheit stets an die Wahrnehmung von Beziehungen gebunden ist; aber von was für Beziehungen? Geschieht es, daß man bei Betrachtung irgendwelcher Beziehungen über das Schöne nachdenkt, so ist es nicht etwa durch die Wahrnehmung gegeben; es ist nur gedacht. Weil man Beziehungen erblickt, setzt man einen Bezugspunkt voraus, man denkt an Analogien, man verspricht sich eine neue Erweiterung der Seele und des Denkens; aber was schön ist, läßt uns nicht bloß an all dies denken wie durch Erinnerung oder Zufall, sondern es enthält und zeigt es. Zweifellos ist es von Vorteil, wenn eine Definition in einen einzigen Begriff gefaßt werden kann; sie darf aber durch ihre Knappheit nicht zu allgemein und dadurch falsch werden.

Ich würde sagen: *Schön ist das, was in uns die Vorstellung von Beziehungen weckt, die ein und demselben Zweck zugeordnet sind, und dies durch Übereinstimmungen, die unserer Natur entsprechen.* Diese Definition schließt die Begriffe der Ordnung, der Proportion, der Einheit und auch der Zweckmäßigkeit ein.

Diese Beziehungen sind auf einen Mittelpunkt oder Zweck ausgerichtet; daher die Ordnung und die Einheit. Sie gehorchen Übereinstimmungen, die nichts anderes sind als die Proportion, die Regelmäßigkeit, die Symmetrie, die Einfachheit, je nachdem die eine oder die andere dieser Übereinstimmungen für die Natur des Ganzen, das aus diesen Beziehungen geformt wird, mehr oder weniger wesentlich ist. Dieses Ganze ist die Einheit, ohne die es weder eine zweckmäßige Wirkung noch ein Werk gibt, die schön sein könnten, weil es ohne sie überhaupt kein Werk gibt. Alles Erschaffene muß eine Einheit haben; man richtet nichts aus, wenn man in das, was man erschafft, keinen Zusammenhang bringt. Ein Ding ohne Zusammenhang ist nicht schön; es ist gar kein Ding, sondern eine Zusammenfügung von Dingen, die vielleicht Einheit und Schönheit hervorbringen könnten, wenn sie, zu dem vereinigt, was ihnen noch fehlt, ein Ganzes bilden würden. Bis dahin sind es nur Bestandteile, ihre Zusammenfügung bewirkt keinerlei Schönheit, auch wenn sie einzeln für sich schön sein mögen, wie etwa jene persönlichen Aufzeichnungen, die vielleicht vollständig und abgeschlossen sind, deren Zusammenstellung aber noch nicht durchgeformt und eben darum kein Werk ist; so bildet eine Sammlung verstreuter, unverbundener Gedanken über die Moral, sie mögen noch so schön sein, keine Abhandlung über die Moral.

Sobald ein solches mehr oder weniger fest gefügtes, immer aber einheitliches und vollständiges Ganzes spürbare Analogien mit der Natur des Menschen aufweist, ist es für ihn mittelbar oder unmittelbar förderlich. Es mag seinen Bedürfnissen dienen oder wenigstens sein Wissen erweitern; es mag für ihn ein neues Mittel sein oder der Anstoß zu einer neuen Einsicht; es mag sein Sein erweitern und seine ungeduldige Hoffnung, sein ruheloses Verlangen befriedigen.

Ein Gegenstand besitzt noch größere Schönheit und wirkliche Einheit, wenn die wahrgenommenen Beziehungen streng übereinstimmen, wenn sie in einem gemeinsamen Mittelpunkt zusammenlaufen; und wenn nur gerade so viel aufgewendet wird, als zur Erreichung dieses Zweckes erforderlich ist, ist die Schönheit noch einmal größer, sie steigert sich zur Schlichtheit. Jede Eigenschaft wird durch Vermengung mit einer fremden Eigenschaft getrübt; wo jede Vermengung fehlt, ist der Gegenstand stimmiger, symmetrischer, schlichter, einheitlicher, schöner: Er ist vollkommen.

Der Begriff der Zweckmäßigkeit ist in dem der Schönheit vor allem auf zwei Arten enthalten. Zunächst als Zweckmäßigkeit aller Teile hinsichtlich ihrer gemeinsamen Bestimmung; dann als

Zweckmäßigkeit des Ganzen für uns, die wir Ähnlichkeiten mit diesem Ganzen besitzen.
In der *Philosophie de la Nature* heißt es: »Mir scheint, der Philosoph könne Schönheit definieren als ausdrucksvolle Übereinstimmung eines Ganzen mit seinen Teilen.«
Einer Notiz entnehme ich, daß du sie einmal folgendermaßen definiert hast: »Übereinstimmung der verschiedenen Teile einer Sache mit ihrem gemeinsamen Zweck, dies mit Hilfe der wirksamsten und zugleich einfachsten Mittel.« Was Crouzas Auffassung nahekommt, bis auf die Würze. Er zählt nämlich fünf Eigenschaften des Schönen auf und definiert eine davon, die Proportion, als »Einheit, *gewürzt* mit Abwechslung, mit Regelmäßigkeit und mit Ordnung in jedem Teil«.
Wenn uns ein wohlgestalteter Gegenstand, mit dem uns Analogien verbinden und in dem wir Schönheit erblicken, demjenigen, was wir in uns tragen, überlegen oder gleichwertig zu sein scheint, so nennen wir ihn *schön*. Erscheint er uns geringer, so nennen wir ihn *hübsch*. Beziehen sich seine Analogien zu uns auf unbedeutende Dinge, die aber unseren Gewohnheiten und unseren augenblicklichen Wünschen unmittelbar dienlich sind, so nennen wir ihn *angenehm*. Entspricht er den Bedürfnissen unserer Seele, indem er unser Denken belebt und erweitert, unsere Empfindungen verallgemeinert und steigert, indem er uns in der äußeren Welt weitreichende oder bisher unbekannte Analogien zeigt, die uns eine überraschende Erweiterung und das Bewußtsein von einer unermeßlichen Weltordnung, von einem gemeinsamen Endzweck zahlloser Lebewesen vermitteln, so nennen wir ihn *erhaben*.
Die Wahrnehmung der geordneten Beziehungen erweckt die *Vorstellung* der Schönheit; und die Erweiterung der Seele, die durch ihre Analogie zu unserer Natur verursacht wird, ist die *Empfindung* der Schönheit.
Wenn die angedeuteten Beziehungen irgendwie unbestimmt und unerschöpflich sind, wenn wir ihre Übereinstimmung mit uns und mit einem Teil der Natur vielmehr empfinden als erkennen, so stellt sich ein herrliches Gefühl ein, voll Hoffnung und Zaubergewalt, eine grenzenlose Wonne, die unbegrenzte Wonnen verheißt. Dies ist die Gattung der bezaubernden, hinreißenden Schönheit.
Das Hübsche erfreut das Denken, das Schöne stärkt die Seele, das Erhabene erstaunt oder begeistert sie; aber was die Herzen

verführt und hinreißt, sind die unbestimmteren, unbegrenzteren Schönheiten – wenig bekannt, nie geklärt, geheimnisvoll und nicht in Worte zu fassen.

Nicht anders verfährt die Liebe mit Herzen, die zur Liebe bestimmt sind: Sie verklärt und verschönert alles und jedes und erfüllt die Empfindung der ganzen Natur mit der höchsten Wonne. Indem sie in uns die umfassendste Beziehung schafft, die wir außer uns wahrnehmen können, befähigt sie uns zur Empfindung jeglicher Beziehungen, jeglicher Harmonien: Sie schließt unserem Liebessehnen eine neue Welt auf. Hingerissen von diesem jähen Verlangen, verführt von dieser Kraft, die alles verheißt und uns noch nie enttäuscht hat, suchen und empfinden und lieben und begehren wir alles, was die Natur für den Menschen bereithält.

Aber die Enttäuschungen des Lebens lassen nicht auf sich warten, sie drängen uns in die Enge und zwingen uns in uns selbst zurück. Auf unserem Rückzug trachten wir einzig danach, auf die äußeren Dinge zu verzichten und uns auf die tatsächlichen Bedürfnisse einzuschränken – Schwerpunkt der Trauer, wo der Schmerz und das Verstummen so mancher Dinge nicht erst den Tod abwarten, um unserem Herzen das gähnende Grab zu schaufeln, in dem alles, was es einst an Reinheit, Zärtlichkeit, Hoffnung und ursprünglicher Güte besitzen mochte, hinschmachtet und erlischt.

ZWEIUNDZWANZIGSTER BRIEF

Fontainebleau, 12. Oktober 11

Wie gerne möcht' ich noch einmal all die Gegenden sehen, wo ich so gerne verweilte! Ich eile, die entferntesten aufzusuchen, bevor die Nächte kühl werden, die Bäume ihr Laub verlieren und die Vögel wegziehen.

Gestern machte ich mich vor Tag auf den Weg; noch schien der Mond, und trotz der Morgenröte waren noch die Schatten zu sehen. Die Senke von Changis lag noch im nächtlichen Dunkel; schon war ich auf den Höhen von Avon. Ich stieg in die Basses-Loges hinab und erreichte Valvins, als über Samoreau die Sonne aufging und den Rocher de Samois rötete.

Valvins ist kein Dorf und hat kein bebautes Land. Die Herberge steht einsam am Fuß einer Anhöhe, auf einem schmalen zugänglichen Uferstreifen zwischen dem Fluß und dem Wald. Man müßte einen beschwerlichen Herweg mit einer Kutsche, einem sehr ungemütlichen Gefährt, auf sich nehmen und dann Valvins oder Thomery zu Wasser erreichen, am Abend, wenn das Gestade in der Dämmerung liegt und der Hirsch im Wald röhrt. Oder bei Sonnenaufgang, wenn noch alles ruht, nur der Ruf des Fährmanns das Wild aufscheucht und in den hohen Pappeln und Heidehügeln verhallt, die im Frühlicht dampfen.

Es will schon etwas heißen, wenn man im Flachland auf solche bescheidenen Wirkungen stößt, die wenigstens zu gewissen Tageszeiten ihren Reiz haben. Aber schon die geringste Veränderung macht alles zunichte. Würde in den nahen Wäldern das Wild ausgerottet oder der Uferhang abgeholzt, so wäre Valvins nichts mehr. Ja auch so würde ich nicht an ein Bleiben denken. Am Tag ist der Ort sehr gewöhnlich, und die Herberge ist ein Elendsquartier.

Von Valvins stieg ich nordwärts hinan. Ich kam bei einem Felslager vorbei, dessen Lage, in einem eintönigen offenen Gelände, rings von Wald umschlossen und gegen Sommerabend gerichtet, ein Gefühl von Verlassenheit erweckt, vermischt mit einer gewissen Traurigkeit. Im Weitergehen verglich ich die Gegend mit einer andern, bei Bourron, die mir einen entgegengesetzten Eindruck gemacht hatte. Abgesehen von der verschiedenartigen Lage, fand ich die beiden Orte einander sehr ähnlich, und nun erst erriet ich, warum ich damals in den Voralpen in scheinbar gleichartigen Gegenden entgegengesetzte Wirkungen empfunden hatte. Genauso haben mich Bulle und Planfayon traurig gestimmt, obwohl dort die Weiden am Übergang zum Greyerzerland bereits dessen Charakter aufweisen und man bei ihrem Anblick sogleich an die Eigenart und den Ausdruck der Bergwelt erinnert wird. Genauso bedauerte ich einst, daß ich nicht in einer abgelegenen kahlen Felsschlucht an den Dents du Midi bleiben konnte. Nicht anders fand ich Yverdun langweilig, und am Ufer des gleichen Sees, in Neuenburg, fühlte ich mich auffallend wohl. Genauso erklären sich wohl die Anmut von Vevey und die Melancholie von Unterwalden, ja vielleicht aus ähnlichen Gründen die verschiedenen Eigenarten der Völker. Sie werden nicht weniger als durch

ihre Sitten und Gesetze, ja vielleicht noch stärker durch die Unterschiede der Lage, des Klimas und der Dünste geprägt*. Denn in Wirklichkeit gehen auch Gegensätze in den Sitten und Gesetzen ursprünglich auf physische Ursachen zurück.
Anschließend wandte ich mich gegen Westen und suchte den Brunnen am Mont Chauvet auf. Man hat dort aus Felsblöcken, mit denen die ganze Gegend bedeckt ist, eine Grotte hergerichtet, welche die Quelle vor der Sonne und dem Versanden schützt, sowie eine Rundbank, wo man essen kommt und Wasser schöpft. Zuweilen begegnet man hier Jägern, Wanderern oder Arbeitern, manchmal aber auch einem traurigen Gesindel von Pariser Dienstleuten und Händlerinnen aus dem Quartier Saint-Martin oder aus der Rue Saint-Jacques, die in eine Stadt hinausziehen, wohin der König *auf Reisen geht*. Der Ort lockt sie an, weil man das Wasser gleich zur Hand hat, wenn man unter seinesgleichen eine kalte Pastete verspeisen will, und auch wegen einer natürlichen Sandsteinhöhle, die am Wege liegt und von der sie viel Aufhebens machen. Sie verehren sie und nennen sie *Beichtstuhl* und sehen darin ganz gerührt eins jener *Naturspiele*, die Heiliges nachahmen und davon zeugen, daß die Religion des Gekreuzigten der Endzweck der Welt ist.
Ich jedoch stieg das verborgene Tälchen hinab, wo sich das Rinnsal verliert, ohne daß es zum Bach würde. Während ich auf die Croix du Grand Veneur zuhielt, geriet ich in eine herbe Einöde von jener Einsamkeit, nach der ich begehre. Ich wanderte hinter dem Rocher Cuvier vorbei; ich war voll Traurigkeit; ich verweilte lange in den Gorges d'Apremont. Gegen Abend gelangte ich an die verlassene Stätte des Grand-Franchard, eines abgelegenen Klösterchens zwischen Hügeln und Sandfeldern – verlassene Ruinen, wo sich einst Hochmut und Eitelkeit, selbst hier draußen, fernab von den Menschen, dem fanatischen Eifer der Demut hingab und der Sucht, das Volk zu verblüffen. Es heißt, die Mönche seien später von Briganten abgelöst worden; diese brachten freiheitlichere Grundsätze mit, freilich zum Leidwesen derer, die ihre Freiheit nicht teilten. Die Nacht rückte näher; ich nahm Herberge in einer Art Parlatorium, nachdem ich das alte Tor

* Hievon auszunehmen wäre allerdings der Nationalcharakter von Völkern, die ihre Gesetzgeber hatten, wie die Spartaner, die Hebräer, die Peruaner, die Perser.

eingedrückt hatte, und machte mir aus Holztrümmern, Farn und anderen Kräutern ein Lager zurecht, um die Nacht nicht auf dem Steinboden verbringen zu müssen. Dann begab ich mich noch für ein paar Stunden hinaus, denn der Mond sollte scheinen.
Und er schien wirklich, matt und bläßlich, wie um die Einsamkeit des verlassenen Bauwerks zu steigern. Kein Laut, kein Vogelruf, keine Regung unterbrach die Stille, die ganze Nacht über nie. Aber wenn alles innehält, was uns bedrückt, wenn alles schläft und uns in Ruhe läßt, so erwachen die Gespenster in der eigenen Brust.
Tags darauf wanderte ich gegen Süden. Als ich zwischen den Anhöhen war, beobachtete ich mit größtem Vergnügen, wie sich ein Gewitter zusammenzog. Ich fand leicht einen Unterschlupf in den Felsen, die fast überall Höhlen bilden oder, übereinander gelagert, vorkragen. Ich hatte meinen Spaß daran, aus meinem sicheren Winkel dem Wacholder und den Birken zuzuschauen, wie sie der Gewalt der Böen trotzten, obwohl ihnen die fruchtbare Erde und der günstige Boden fehlen; wie sie ihr dürftiges, aber freies Dasein behaupten, obwohl ihr einziger Halt die Flanken der enggedrängten Felsen sind, zwischen denen sie sich wiegen, und die einzige Nahrung die erdige Feuchte, die sich in den Spalten angesammelt hat, in die sie ihre Wurzeln zwängen.
Sobald der Regen nachließ, tauchte ich ins feuchte, erfrischte Gehölz ein. Ich folgte dem Waldrand in Richtung Recloses, La Vignette und Bourron. Dann hielt ich auf den Petit Mont Chauvet zu, bis zur Croix St.-Hérem, und nahm dann meinen Weg zwischen der Route aux Nymphes und der Malmontagne hindurch. Gegen Abend kehrte ich heim, ein wenig wehmütig, aber befriedigt von meinem Ausflug – wenn mich überhaupt etwas richtig freuen oder traurig stimmen kann.
Ich spüre in mir eine Verwirrung, etwas wie ein Fieber, nicht das der Leidenschaften, auch nicht des Wahnsinns; es ist die Verwirrung der Langenweile; es ist das gestörte Verhältnis zwischen mir und der Welt, in das sie mich allmählich bringt; es ist die Unruhe, die von lange unterdrückten Bedürfnissen an die Stelle der Hoffnung gesetzt worden ist.
Ich will keine Hoffnungen mehr, sie täuschen mich nicht länger. Ich will nicht, daß sie erlöschen, dies vollkommene Schweigen wäre noch bedrohlicher. Indessen sind sie wie die vergebliche

Schönheit einer Rose vor dem Auge, das sich nicht mehr öffnet; sie zeigen, was ich nie zu erlangen, ja kaum zu erblicken vermag. Wenn die Hoffnung noch immer ein wenig Licht in die Nacht zu werfen scheint, die mich umfängt, so kündigt sie doch nichts als die Bitternis an, die sie bei ihrem Erlöschen verströmt; sie erhellt nur die unermeßlich weite Leere, in der ich gesucht, in der ich nichts gefunden habe.

Ein mildes Klima, anmutige Gegenden, der nächtliche Himmel, unsägliche Töne, alte Erinnerungen; die Zeiten, die Gelegenheiten; eine schöne, ausdrucksvolle Natur, erhabene Empfindungen – alles ist vor meinen Augen vorbeigezogen; alles ruft mich, und alles läßt mich. Ich bin einsam; die Kräfte meines Herzens wirken nicht mehr hinaus, sie wirken zurück und verharren in Ungeduld. So irre ich durch die Welt, einsam inmitten der Menge, die mir nichts bedeutet; wie einer, der seit langem von einer unbegreiflichen Taubheit befallen ist, dessen Blick sich verlangend an all diese stummen Wesen heftet, die sich tummeln und vor ihm vorübereilen. Er sieht alles, und alles ist ihm versagt; er ahnt die Töne, die ihm teuer sind, er lauscht, und er hört nichts; mitten in der tosenden Welt erleidet er die Qual, daß ihm alles schweigt. Alles bietet sich ihm dar, er vermag nichts zu fassen; die allgemeine Harmonie ist in der Außenwelt, sie ist in seiner Vorstellung, in seinem Herzen nicht mehr; er ist vom Seienden geschieden, es gibt keine Beziehung mehr; was er vor sich sieht, ist umsonst, er ist einsam, ist abwesend in der lebendigen Welt.

DREIUNDZWANZIGSTER BRIEF

Fontainebleau, 18. Oktober 11

Ob dem Menschen, nach der Unruhe der kraftvollen Jahre, auch der langwährende Frieden des Herbstes beschieden ist? So wie das Feuer, nachdem es seine Nahrung gierig verzehrt hat, im Verglimmen fortdauert?

Längst vor der Tag- und Nachtgleiche fielen die Blätter in Menge; und doch bewahrt der Wald noch immer viel von seinem Grün und seine ganze Schönheit. Es sind mehr als vierzig Tage, seit es schien, als sollte alles vor der Zeit enden; und nun lebt noch alles fort, über das erwartete Ende hinaus, und empfängt, am Rande der

Vernichtung, ein verlängertes Dasein, das mit viel Anmut und Sicherheit über dem Abgrund seines Untergangs verweilt und sich, in stiller Gemächlichkeit hinschwindend, sowohl der Ruhe des lockenden Todes wie dem Zauber des verlorenen Lebens zu verdanken scheint.

VIERUNDZWANZIGSTER BRIEF

Fontainebleau, 28. Oktober 11

Wenn sich der Winter verzieht, so acht' ich's kaum; der Frühling geht vorüber und läßt mich ungerührt; der Sommer vergeht, ich traur' ihm nicht nach; aber es behagt mir, durchs Laub zu schreiten, im kahlen Wald, an den letzten sonnigen Tagen.

Woher kommt dem Menschen diese bleibendste Wonne seines Herzens, diese Wollust der Melancholie, diese geheimnisvolle Bezauberung, die ihn aus seinem Schmerze leben und noch im Gefühl seiner Vernichtung sich selber lieben läßt? Ich klammere mich an diese glückliche Jahreszeit, die so bald schon vorbei ist. Ein spätes Mitgefühl, eine scheinbar widersprüchliche Lust führt mich zu ihr, jetzt, wo sie dem Ende entgegengeht. Das nämliche moralische Gesetz bewirkt, daß mir der Gedanke der Vernichtung unerträglich ist, daß mir aber die Empfindung davon in dem, was vor mir vergehen muß, teuer ist. Es ist natürlich, daß wir das vergängliche Dasein eher genießen, wenn wir um seine Hinfälligkeit wissen und es gleichwohl in uns fortdauern spüren. Wenn uns der Tod von allem trennt, so bleibt dennoch alles; alles lebt weiter, auch ohne uns. Aber wenn das Laub fällt, hört das Wachstum auf, es erstirbt; wir aber, wir überdauern für ein neues Werden; und darum ist der Herbst so köstlich, weil wieder für uns ein Frühling kommt.

Der Frühling ist in der Natur die schönere Jahreszeit; aber der Mensch hat sich so gestellt, daß ihm der Herbst mehr Trost gibt. Das sprießende Grün, der Vogelgesang, die Blüte, die sich öffnet; das strahlende Licht, das dem Leben neue Kraft gibt, ihr Schatten, die ihr schützend euch über geheime Plätzchen breitet; und ihr üppigen Kräuter, ihr wildwachsenden Beeren, ihr lauen Nächte, die ihr Unabhängigkeit gewährt! o Jahreszeit des Glückes! allzu sehr fürchte ich dich in meiner brennenden Unruhe. Wenn das Jahr sich gen Abend neigt, wird mir eher Ruhe, und diese Zeit, wo alles zu enden scheint, ist die einzige, wo ich in Frieden schlafen kann auf des Menschen Erde.

FÜNFUNDZWANZIGSTER BRIEF

Fontainebleau, 6. November 11

Ich verlasse meine Wälder. Ich war zunächst unschlüssig, ob ich über den Winter hierbleiben solle; aber wenn ich endlich die Geschäfte loswerden will, die mich in die Nähe von Paris zurückgerufen haben, so darf ich ihnen nicht länger den Rücken kehren. Man mahnt mich, man drängt mich, man gibt mir zu verstehen, wenn ich so unbesorgt auf dem Lande bleibe, sei mir wohl an einer raschen Erledigung wenig gelegen. Die Leute ahnen wohl nicht, in welchen Umständen ich hier lebe; denn wüßten sie davon, so würden sie eher das Gegenteil sagen und wahrhaftig noch meinen, es geschehe aus Sparsamkeit.

Ich glaube allerdings, daß ich mich auch sonst zum Verlassen des Walds entschieden hätte. Ich kann von Glück reden, daß es mir gelungen ist, bis heute unentdeckt zu bleiben. Im Winter würde mich der Rauch verraten; ich könnte den Holzfällern, Köhlern oder Jägern nicht entgehen; ich weiß genau, daß ich in einem sehr zivilisierten Land bin. Überdies habe ich nicht das Nötige vorkehren können, um dies Leben in jeder Jahreszeit zu bestehen; es könnte mir geschehen, daß ich bei Schnee- und Tauwetter oder in kalten Regenzeiten in arge Verlegenheit käme.

So nehme ich denn Abschied vom Wald, vom Wandern, vom liebgewordenen Träumen und vom zerbrechlichen, aber friedlichen Bild einer freien Welt.

Du fragst mich, was ich von Fontainebleau halte, abgesehen von den Erinnerungen, durch die es mir reizender erscheinen mochte, und von der Lebensweise meines diesmaligen Aufenthalts.

Im ganzen ist diese Gegend wenig bedeutend, und es brauchte ebensowenig, um auch noch die schönsten Winkel zu verderben. Empfindungen, die wir von Orten empfangen, denen die Natur keinen großen Charakter aufgeprägt hat, sind notgedrungen veränderlich und, wie sie immer sein mögen: kurzlebig. Es braucht zweitausend Jahre, bis eine Alp ihr Gesicht ändert. Aber es genügt eine stürmische Bise, das Fällen von ein paar Bäumen, eine neue Bepflanzung, der Vergleich mit anderen Gegenden, damit eine mittelmäßige Landschaft völlig anders ist als zuvor. Ein Wald mit großem Wildbestand verliert viel, wenn dieser ausgerottet wird; und ein Ort, der nur eben gefällig ist, verliert noch mehr, wenn man ihn mit den Augen des Ältergewordenen betrachtet.

Was mir hier zusagt: die Weitläufigkeit der Wälder, der großartige Baumwuchs hier und dort, die Einsamkeit der kleinen Täler, die Unberührtheit der sandigen Heiden, die vielen Birken und Buchen; eine gewisse Reinlichkeit und Hablichkeit in der Stadt; der nicht zu verachtende Vorteil, nirgends auf Schmutz zu stoßen und, was noch seltener ist, wenig Armut anzutreffen; die schönen Straßen und die große Auswahl an Wegen; und eine Menge von *Überraschungen*, auch wenn sie in Wahrheit allzu unbedeutend sind und allzu gleichartig. Dennoch wird hier ein Aufenthalt nur demjenigen wirklich zusagen, der nichts anderes kennt und sich nichts anderes vorstellen kann. Es gibt keine Gegend von großem Charakter, mit der sich dieses Tiefland vergleichen ließe, das weder Wellen noch Wildbäche hat, nichts Außerordentliches, nichts, was uns fesseln würde, langweilige Ebenen, die jegliche Schönheit verlören, würden die Wälder umgelegt; eine reizlose, stumme Vereinigung von kleinen Heidekrautfeldern, kleinen Tobeln und mickrigen Felsen in immer gleicher Ansammlung; ein Flachland, wo man auf viele Leute trifft, die nach dem Schicksal dürsten, das sie sich erhoffen, aber nicht auf einen, der mit dem seinen zufrieden wäre.

Der Frieden von dergleichen Gegenden ist nur die Stille einer zeitweiligen Verlassenheit; ihre Einsamkeit ist längst nicht wild genug. Diese Verlassenheit bedarf eines heiteren Abendhimmels, eines veränderlichen, aber ruhigen Herbstwetters, der Morgensonne, die um zehn Uhr durch den Nebel bricht. Es bedarf des Wildes, das durch diese einsamen Gegenden irrt; sie sind verlockend und reizvoll, wenn man durch die Nacht, bald fern, bald nah, die Hirsche röhren hört, wenn, in den schönen Wäldern von Tillas, das Eichhörnchen mit seinem scheuen Warnruf von Ast zu Ast springt. O ihr vereinzelten Stimmen des Getiers! mitnichten bevölkert ihr die Einsamkeit, wie es eine Redeweise wahrhaben will; durch euch wird sie tiefer, geheimnisvoller; durch euch erst wird sie romantisch.

SECHSUNDZWANZIGSTER BRIEF

Paris, 9. Februar III

Ich muß dir all meine Schwächen beichten, damit du mir beistehst; denn ich bin so ratlos. Manchmal habe ich Mitleid mit mir, zuweilen ist mir auch anders zumute.

Wenn mir ein Zweiräder entgegenkommt, den eine Frau lenkt, und sie ähnelt meinem Wunschbild, so dränge ich mich am Pferd vorbei, bis mich das Rad beinahe streift; dann schaue ich weg, ziehe den Arm ein, indes ich mich ein wenig zur Seite beuge, und das Rad rollt vorüber.

Einmal war ich eben so in höheren Regionen, die Augen beschäftigt, doch ohne gerade hinzublicken. Da mußte sie anhalten, ich hatte nicht ans Rad gedacht; sie besaß Jugendlichkeit und Reife zugleich; sie war fast schön, und überaus reizend. Sie verhielt die Zügel, lächelte um ein kleines und schien nicht lächeln zu mögen. Ich schaute unverwandt hin, und ohne auf Pferd oder Rad zu achten, hörte ich mich ihr antworten ... Ich bin sicher, daß mir schon der Schmerz in den Augen stand. Das Pferd ward zur Seite gelenkt, sie beugte sich heraus, um zu sehen, ob mich das Rad ja nicht streife. Ich blieb weiter in meinem Traum; aber kurz danach stieß ich mit dem Fuß an ein Reisigbündel, wie sie die Obsthändler an die Armen verkaufen; da sah ich von allem nichts mehr. – Wäre es nicht an der Zeit, daß ich Festigkeit annähme, daß ich vergessen lernte? Ich meine, daß ich mich nur noch mit dem beschäftigte, was ... einem Manne geziemt? Sollte ich nicht all diese Kindereien bleiben lassen, da sie mich doch nur schwächen und aufreiben?

Ich würde sie mir ja noch so gern aus dem Kopf schlagen; aber ich weiß nicht, was ich an ihre Stelle setzen soll; und wenn ich mir sage, es gelte nun endlich ein Mann zu sein, so komme ich vollends in Ratlosigkeit. Bitte, sag mir doch, was es heißt, ein Mann zu sein.

SIEBENUNDZWANZIGSTER BRIEF

Paris, 11. Februar III

Ich begreife nicht, was man gemeinhin unter Eigenliebe versteht. Einmal wird sie getadelt, dann wieder heißt es, man komme ohne sie nicht aus. Ich möchte daraus schließen, daß die Liebe zu sich selbst und zum Schicklichen notwendig und gut ist, daß sie vom Ehrgefühl nicht getrennt werden kann und daß, wie überall, nur die Übertreibung schädlich ist; daß man also vielmehr abwägen muß, ob das, was man aus Eigenliebe tut, gut oder schlecht ist, statt alles in Bausch und Bogen zu verwerfen, nur weil es von der Eigenliebe diktiert zu sein scheint.
Und doch ist es offenbar anders. Man muß Eigenliebe besitzen; wer keine hat, ist ein Plattfuß – und man soll nichts aus Eigenliebe tun; was an sich gut ist oder zumindest unschädlich, wird schlecht, wenn uns die Eigenliebe dazu drängt. Ich bitte dich, erkläre mir dieses Rätsel, du weißt über die Gesellschaft besser Bescheid. Ich denke, es wird dir leichter fallen, mir auf diese Frage zu antworten als auf jene in meinem letzten Brief. Und übrigens, da du dich mit dem Ideal überworfen hast, will ich gleich ein Beispiel folgen lassen, damit das fragliche Problem eins für die praktische Wissenschaft ist.
Ein Ausländer wohnt seit kurzem auf dem Lande bei wohlhabenden Freunden. Er glaubt es seinen Freunden und sich selber schuldig zu sein, sich im Urteil der Hausdiener nicht herabzusetzen, und er nimmt an, daß für diese Menschenklasse nur das Äußere zählt. Er empfängt nie Besuch, sieht niemanden aus der Stadt, bis auf einen, einen Verwandten, der zufällig vorbeikommt, ein Original, übrigens wenig bemittelt, dessen absonderliches Benehmen und ziemlich verwahrlostes Äußeres ihn in den Augen der Dienerschaft zum Plebejer herabsetzen. Jedoch mit Bedienten redet man nicht; man kann sie nicht mit wenig Worten ins Bild setzen, kann sich ihnen nicht erklären, sie wissen nicht, wer du bist, sie sehen dich nur mit einem Menschen verkehren, der ihnen nicht die geringste Achtung einflößt, über den sie sich ungeniert lustig machen. Der gute Mann, von dem ich erzähle, gerät darüber in Zorn, und man verdenkt ihm dies umso mehr, als der Anlaß ja nicht er, sondern ein Verwandter ist – in der Tat eine Ehrenrettung begründeter Eigenliebe; und doch dünkt sie mich sehr unangebracht.

ACHTUNDZWANZIGSTER BRIEF

Paris, 27. Februar III

Übrigens hast du mich nicht mehr fragen können, woher der Ausdruck *Plattfuß* kommt. Heute morgen wußte ich es so wenig wie du, und ich zweifle, ob ich es heute abend besser weiß, obwohl man mir inzwischen die hier folgende Antwort gegeben hat.

Da die Gallier von den Römern unterworfen wurden, waren sie zum Dienen bestimmt; und da die Franken Gallien eroberten, waren sie zum Herrschen bestimmt – dies wie jenes ein einleuchtender Schluß. Nun aber hatten die Gallier oder Welschen extrem platte, die Franken jedoch extrem gewölbte Füße. Die Franken verachteten all diese Plattfüße, diese Unterlegenen, diese Leibeigenen, diese Ackerbauern. Und noch heute, wo die Abkömmlinge der Franken sehr leicht in den Fall kommen, den Söhnen Galliens gehorchen zu müssen, ist ein Plattfuß ein Mensch, der zum Dienen geboren ist. Kürzlich las ich, ich weiß nicht mehr wo, daß es in Frankreich keine Familie gebe, die mit guten Gründen behaupten könne, sie stamme von jener nordischen Horde ab, die ein bereits erobertes Land, das seine Unterwerfer nicht zu verteidigen wußten, noch einmal eroberte. Aber daß es solche Abkömmlinge gibt, auch wenn sie der vortrefflichsten aller Künste: der Heraldik entgangen sind, wird durch die Tatsachen bewiesen: Auch aus einer noch so bunt zusammengewürfelten Menge wird man leicht die Urenkel der Skythen* herausfinden, und ein jeder Plattfuß wird seinen Herrn anerkennen. Ich entsinne mich der mehr oder weniger edlen Gestalt deiner Füße leider nicht mehr; aber daß du es weißt: die meinen sind die der Eroberer. Sieh nun zu, ob dir der vertrauliche Ton mit mir fürderhin ansteht.

---

* Mehrere Gelehrte behaupten, die Franken seien das gleiche Volk wie die Russen und stammten deshalb aus jener Gegend, deren Horden offenbar seit unvordenklichen Zeiten bestimmt sind, andere Nationen zu unterwerfen und – deren Werk von vorne zu beginnen.

NEUNUNDZWANZIGSTER BRIEF

Paris, 2. März III

Ich habe für ein Land nichts übrig, wo der Arme genötigt ist, im Namen Gottes betteln zu müssen. Was ist das für ein Volk, bei dem der Mensch um seiner selbst willen nichts gilt! Wenn dieser Unglückliche mir sagt: Vergelt's der gütige Jesus, vergelt's die Jungfrau Maria! wenn er mir derart seine erbärmliche Dankbarkeit bezeugt, so vergeht mir die Lust, mich in geheimem Stolz zu brüsten, nur weil ich frei bin von lächerlichen oder angebeteten Fesseln und von jenen schädlichen Vorurteilen, die auch die Welt regieren. Schon eher senkt sich mein Kopf, ohne daß ich's bemerke, und mein Blick richtet sich zu Boden; ich fühle mich betrübt, gedemütigt, wenn ich sehe, wie der menschliche Geist so verständig und so beschränkt ist.

Ist es ein Krüppel, der den ganzen Tag bettelt, mit dem Ruf endloser Schmerzen, mitten im Gewimmel der Großstadt, so kommt mir die Galle hoch, und ich möchte die Leute, die einen Bogen um ihn machen, die ihn sehen und nicht erhören, am liebsten verprügeln. Ich stehe voll Zorn mitten in diesem Pöbel von platten Tyrannen und stelle mir das gerechte, urkräftige Behagen vor, all diese Städte und ihr Treiben, diese modischen Künste, diese unnützen Bücher, diese Werkstätten und Schmieden und Lager von den rächenden Flammen verzehrt zu sehen. Indessen, weiß ich denn, was not tut, was man machen kann? Mir steht der Sinn nach gar nichts.

Ich betrachte die wirklichen Verhältnisse; ich falle in den Zweifel zurück; ich bin vor einer undurchdringlichen Finsternis. Sogar der bloßen Idee einer besseren Welt entschlage ich mich! Müde und angewidert beklage ich nur noch ein unfruchtbares Dasein und die zufälligen Bedürfnisse. Ich weiß nicht, wo ich bin, ich warte nur auf den Tag, der alles beenden und nichts aufklären wird.

An einer Theaterpforte, am Eingang zu den ersten Logen fand der Unglückliche nicht einen, der ihm etwas gegeben hätte; keiner hatte etwas übrig für ihn; und die Wache, welche auf die feinen Herrschaften achtgab, stieß ihn derb zurück. Er schleppte sich zur Billettkasse im Parterre, wo ihn ein Wächter, der eines minder erhabenen Amtes waltete, geflissentlich übersah. Ich hatte ihn im Auge behalten. Endlich geriet er an einen jungen Mann, den ich

für einen Ladendiener hielt und der schon das Geldstück für sein
Billett in der Hand hielt; dieser wies ihn sanft ab, besann sich
dann, suchte in seiner Tasche und fand nichts; da reichte er ihm das
Silberstück und kehrte um. Der Ärmste fühlte das Opfer, er sah
ihm nach und tat ein paar Schritte, so viel seine Kräfte erlaubten, es
drängte ihn, ihm nachzugehen, ich sah, daß es ihm damit ernst
war.

DREISSIGSTER BRIEF

Paris, 7. März III

Es war trübe und ein wenig kühl; ich war niedergeschlagen; ich
ging spazieren, weil ich zu nichts sonst imstande war. Ich kam
an ein paar Blumen vorbei, die auf einer halbhohen Mauer
standen. Eben war ein Jonquille aufgegangen. Nichts drückt die
Sehnsucht inniger aus; es war der erste Duft in diesem Jahre. Ich
fühlte alles Glück, das den Menschen erwartet. Die unaussprechliche Harmonie des Seienden, das Trugbild der idealischen Welt,
dies füllte mich gänzlich aus. Nie empfand ich etwas Größeres,
und so jäh überraschend. Ich wüßte nicht, welche Form, welche
Ähnlichkeit, welche geheime Beziehung es war, die mich in dieser
Blume eine unermeßliche Schönheit, den Ausdruck, die Grazie,
die Haltung einer glücklichen, schlichten Frau in der ganzen
Anmut und im Glanz früher Liebe hat erblicken lassen. Es bleibt
mir für immer unfaßlich, dies Überwältigende, Grenzenlose, für
das es kein Wort gibt, diese Form, die sich keinem Gefäß fügt,
diese Idee einer besseren Welt, die man ahnt und die zu schaffen
die Natur sich versagte; dieser himmlische Lichtblick, den wir zu
erhaschen glauben, der uns entflammt und fortnimmt, und der
doch nichts als ein blasser, irrender, verlorener Schimmer ist im
finsteren Abgrund.

Aber dieser Schimmer, dieses elysische Bild, reizender in seiner
Unfaßlichkeit, unwiderstehlich durch den Zauber des Unbekannten, unentbehrlich geworden in unseren Leiden und den bedrängten Herzen vertraut – wer, der es nur einmal erblickt hat, kann es
je wieder vergessen?

Wenn die Beharrlichkeit, wenn die Trägheit einer dumpfen,
rohen, abscheulichen Gewalt uns in Fesseln legt, uns einschnürt

und zusammenpreßt, uns im Zweifel, im Ekel, in Albernheiten, in törichten oder grausamen Wahnbildern gefangenhält; wenn man nichts mehr weiß, nichts mehr besitzt; wenn vor uns alles vorbeizieht wie die närrischen Ausgeburten eines bösen Traums, wer vermag dann in unseren Herzen das Verlangen nach einer anderen Ordnung, einer andern Natur zu unterdrücken?
Sollte dies Licht nur ein Irrlicht sein? Es verführt, es bezaubert uns in der unendlichen Nacht. Wir lassen kein Auge davon, wir folgen ihm nach; auch wenn es uns irreführt: es erleuchtet und wärmt uns. Träumend blicken wir hinüber in ein Land des Friedens, der Ordnung, der Verbrüderung, der Gerechtigkeit; wo alle mit jenem Zartgefühl empfinden, begehren, genießen, das der Wonne ruft, und mit jener Unschuld, die sie vervielfacht. Wer in diese ungetrübte und unvergängliche Seligkeit einen Blick tat, wer von der Reinheit dieser Wollust geträumt hat, wie eitel und elend erscheinen ihm dann die Sorgen und Wünsche und Zerstreuungen der sichtbaren Welt! Alles ist kalt, alles schal und leer; man schmachtet am Ort der Verbannung; und mitten im Ekel befestigt man dies gequälte Herz in seiner erträumten Heimat. Alles, was es hier bedrängt und zurückhält, ist nichts als eine erniedrigende Fessel: Man würde lächeln vor Mitleid, wäre man nicht von Schmerzen erschöpft. Und wenn sich die Phantasie in jene höheren Gefilde zurücktragen läßt und eine vernünftige Welt mit dieser Welt voll Langerweile und Mühsal vergleicht, so weiß man nicht mehr, ob diese herrliche Vorstellung nur ein schöner Wunschtraum ist, der uns von der Wirklichkeit ablenkt, oder ob nicht vielmehr das gesellschaftliche Leben selber eine endlose Zerstreuung ist.

EINUNDDREISSIGSTER BRIEF

Paris, 30. März III

Auf das Unbedeutende, Kleine verwende ich alle Sorgfalt; da bin ich auf meinen Vorteil bedacht. In Einzelheiten, in Kleinigkeiten, für die ein vernünftiger Mensch nur ein mitleidiges Lächeln übrig hätte, lasse ich mir nichts durchgehen; und während mich die wichtigen Dinge gering dünken, sind es die geringen, die für mich wichtig sind. Es ist an der Zeit, daß ich mir von dieser wunderlichen Neigung Rechenschaft gebe; daß ich mich prüfe, ob ich nicht von Natur aus beschränkt und kleinlich bin? Ginge es um etwas wahrhaft Bedeutendes, hätte ich für das Wohl eines Volkes zu sorgen, ich spüre, daß ich unter einer so schweren edlen Bürde eine Kraft gewönne, die meiner Aufgabe gewachsen wäre. Aber ich schäme mich der Angelegenheiten des bürgerlichen Lebens; all diese Sorgen um die Menschen sind zu meiner Betrübnis nichts als Kindersorgen. So manches, was man für bedeutungsvoll hält, erscheint mir als eine verächtliche Plackerei, für die man weit mehr Leichtsinn als Kraft einsetzt und worin der Mensch wohl kaum seine Größe suchte, wenn er nicht in einer Scheinvollkommenheit erlahmt und verdorben wäre.

Ich sage dir in aller Bescheidenheit, daß es nicht meine Schuld ist, wenn ich die Dinge so sehe, und es ist nicht anmaßende Rechthaberei; ich habe mich oft bemüht, sie anders zu sehen, jedoch stets umsonst. Was soll ich dir sagen? obwohl unglücklicher als sie, leide ich unter ihnen, weil sie schwach sind; und selbst wenn ich von kräftigerer Natur wäre, litte ich noch immer, denn sie haben mich schwach gemacht wie sie.

Wenn du sehen könntest, wie ich an all dem Kleinkram hänge, von dem man sich schon als Zwölfjähriger getrennt hat; wie versessen ich bin auf jene Scheiben aus sauberem, hartem Holz, die man in den Bergen als Teller braucht; wie ich alte Zeitungen aufbewahre, nicht um sie wiederzulesen, aber man könnte vielleicht etwas einschlagen darin, weiches Papier ist so handlich! wie ich vor einem glatt gehobelten Brett am liebsten ausrufen möchte: wie schön das ist! während mir ein kunstvoll gearbeitetes Kleinod kaum der Rede wert scheint und ich für ein Diamantengeschmeide nur ein Achselzucken übrig habe.

Ich sehe nur auf den unmittelbaren Nutzen; an mittelbare Wirkungen gewöhne ich mich nur mit Mühe. Hätte ich zehn Louisdor verloren, sie würden mich weniger dauern als ein handliches Sackmesser, das ich lange Zeit bei mir trug.

Es ist schon einige Zeit her, als du mir sagtest: Schau zu deiner Sache; verlier nicht, was du noch hast, denn das Geldscheffeln liegt dir nicht. Ich denke, du wirst deine Meinung nicht geändert haben.

Bin ich so beschränkt, nur auf die kleinen Vorteile zu achten? Soll ich diese Absonderlichkeit dem Sinn für das Unscheinbare, der

Gewöhnung an die Langeweile zuschreiben, oder ist sie nicht vielmehr eine kindische Marotte, ein Zeichen meiner Untauglichkeit zu ernsthaften, männlichen, kühnen Taten? – Wenn ich so viele große Kinder, die durch Alter und Eigennutz vertrocknet sind, von ihren *wichtigen Geschäften* rede höre; wenn ich, das Auge voll Ekel, auf mein unterdrücktes Leben blicke; wenn ich mir durch den Kopf gehen lasse, was alles die Menschheit sehnsüchtig verlangt und was doch niemand tut, so verfinstert sich meine Stirn, der Blick erstarrt, und ein unwillkürliches Zucken geht durch meine Lippen. Daher auch die tiefliegenden Augen, die schweren Lider, so daß ich aussehe wie übernächtigt. Ein Großhans fragte mich neulich: Mensch, arbeiten Sie denn so viel? Zum Glück habe ich nicht gelacht. Es fehlt gerade noch, daß ich aussehe wie ein Schwerarbeiter.

All diese Leute, die in Wirklichkeit nichts sind und denen man dennoch ab und zu begegnen muß, entschädigen mich ein wenig für die Langeweile, die ihre Städte erwecken. Die vernünftigsten unter ihnen mag ich noch leiden; die andern erheitern mich.

ZWEIUNDDREISSIGSTER BRIEF

Paris, 29. April III

Unlängst, als ich in der Bibliothek war, hörte ich, daß jemand in der Nähe den berühmten L... ansprach. Ein andermal saß ich mit ihm am gleichen Tisch; es fehlte an Tinte, ich reichte ihm mein Schreibzeug hinüber; heute morgen, als ich eintrat, erblickte ich ihn und setzte mich an seine Seite. Er hatte die Gefälligkeit, mir einige Idyllen zu zeigen, die er in einer alten lateinischen Handschrift gefunden hatte und die von einem wenig bekannten griechischen Autor stammen. Ich schrieb mir nur gerade die kürzeste ab, denn die Bibliothek sollte bald schließen. Ich teile sie dir mit, so gut ich sie übersetzen konnte.

»Ich bin außerstande, mich für irgend etwas zu erwärmen, und es gibt nichts mehr, was mich fesseln könnte. Wie sehr ich mich dagegen wehre, ich kehre doch immer nur zu dir zurück; und meine Gedanken, wenn ich sie für einen Augenblick woandershin richten möchte, zeigen mir immer nur dein Bild. Es scheint, als sei mein Dasein an das deinige gebunden und als könne ich nicht gänzlich dort sein, wo du nicht bist: Alle meine Gaben wären dahin, wenn ich dich nicht liebte.

Höre, ich will zu dir aufrichtig reden, als ein Mensch, der sein Verlangen nicht zu verheimlichen braucht. Seit ich dich sah, hat der Winter schon zweimal unsere Bäche mit Eis und unsere Weiden mit Schnee bedeckt; mein Herz jedoch hat er nicht erkalten lassen. Was soll aus mir werden, wenn meine Liebe zu dir versiegt? Wo bliebe meine Wonne, womit fristete ich mein Dasein? Wenn du mir die Hoffnung raubst, was hält mich dann noch am Leben? Sieh die Blume, die in der Sonne dürstet; vergißt man sie zu tränken: sie welkt, sie leidet, sie stirbt.

Ich bin noch so jung: Ist es dein Wunsch, so will ich dich lange lieben. Wir werden im gleichen Tale leben, und unsere Herden haben die gleiche Weide. Wenn die gierigen Wölfe deine Lämmer entführen, eil' ich herbei, stürze mich auf die grimmige Bestie und bringe dir das verängstigte Lamm zurück. Du besänftigst es und lächelst mir zu; und ich vergesse gleich ihm die Gefahr. Wenn der Tod über meine Schafe herfällt und die deinen verschont, so ist es mein Trost, daß er dir keins der deinen entrissen hat. Wenn er deine Herde heimsucht, so will ich dir meine frömmsten Schafe und meine stattlichsten Widder zum Geschenk darbringen; wenn du sie annimmst, sind sie mir umso lieber, und wenn ich sie dir geschenkt, gehören sie mir umso mehr.

Wenn der Winter mit seinen rauhen Winden ins Tal zieht und sich der Reif auf unsere Weiden legt, so zieh' ich hinaus in die Wälder, will Äste brechen von Eiben und Kiefern, die der Winter nicht ihres Kleides beraubt, will dann dein Dach bedecken mit neuem Grün, auf daß nicht der Schnee in deine Kammer dringe. Wenn das Gras aufs neue zu sprießen beginnt, aber der Himmel ist noch verhängt, so rufe ich deine Schafe; sie ziehen vereint mit den meinen hinaus, doch du bleibst geborgen in deiner Hütte. Sowie die Sonne für Augenblicke hervorbricht, wacht mein Auge über den knospenden Blumen; ich verscheuche den hemmenden Schatten, ich will dir die erste bringen, die aufblüht.

Doch gebietest du, daß ich dich meide, so sei es vergessen, das junge Grün. Die Frühlingssonne, die Sommerszeit, sie sind dann für mich wie die grauen Nebel, die das Jahr beschließen, wie die finsteren Nächte des Winters. Einsam bin ich dann unter den

Hirten, als wäre ich verlassen in einem öden Lande; wo sie singen, bleibe ich stumm, und von den Opferfesten, den Tänzen stehle ich heimlich mich fort, um nicht mit meiner Trauer jene zu betrüben, die die Wonne genießen dürfen«*.

* Man mag sich diese Szene im Hochland des Peloponnes denken. Jene Hirtenstämme waren für ihre einfache, glückliche Lebensweise bekannt, sehr anders als zwischen Korinth und Sparta. Zweifellos ist vieles Erdichtung an dem, was über die Arkader gesagt worden ist; aber Arkadien war für Griechenland, was die Schweiz für Westeuropa: gleicher Boden, gleiches Klima, gleiche Sitten, soweit eine solche Ähnlichkeit möglich ist zwischen einander fernen Ländern und sehr andersartigen Zeitläuften.
Die Arkader hatten die Unart, ihre Männer den benachbarten Herrschern zu überlassen und sie dem Erstbesten zu verkaufen, so daß sie sich zuweilen genötigt sahen, im Kriege gegeneinander anzutreten. Siehe Thukydides, Buch VII. Diese Reisläuferei hat in anderer Hinsicht den Schweizern mehr Schaden zugefügt als den Arkadern. Die Arkader unterschieden sich zwar stark von den Völkern, bei denen ihre Söhne Dienst leisteten. Aber die Schweizer Talschaften unterschieden sich noch weit stärker von den Großstädten der Nachbarländer. Die modernen Sitten sind kaum mehr als modische Gewohnheiten; sie besitzen nicht die Kraft, die Bestätigung, deren sich die Institutionen des Altertums durch Mittel versicherten, die seither verloren gegangen sind. Die Schweizer hatten umso mehr Grund, den Verlust ihrer Sitten zu befürchten, als die Jugend, deren Kühnheit, Unerfahrenheit und Tatendrang so leicht der alten Bräuche spottet, die verschwenderische Lebensweise der Großstädte in die, wie sie meinten, allzu bäurischen Bergtäler heimbringen würde.
Die Schweizer sind für klug erkannt worden, weil sie tatsächlich nationale Gesichtspunkte vertraten, während die andern Regierungen ministerielle Politik machten; aber wozu dann ihre Feldzüge nach Italien? wozu? ... und vor allem wozu diese Reisläuferei? Um das Volk im Kriegshandwerk zu üben, ohne die Plagen der fortwährenden Unruhe mit dem übrigen Europa teilen zu müssen. Ein einleuchtender Grund, aber er reicht nicht aus. Erst die Zeit hat die wahren Gründe aufgedeckt, aber sie würden Bände füllen. Man wollte die überschüssige Bevölkerung loswerden. Das ist die Ohnmacht unserer Politik: Sie weiß einem Übelstand auszuweichen, nicht aber ihn zu beheben; vor allem hat sie nicht den Mut, ihm vorzubeugen.
Warum haben die alten Schweizer diesen Übelstand nicht verhindert, obwohl ihnen die Gefahren und die Schmach nicht verborgen bleiben konnten? Darum, weil ein armes Volk, das mitten unter Völkern lebt, die am Geld hängen und es auch haben, selber danach lechzt, sobald es damit in Berührung kommt. Darum, weil in den einzelnen Kantonen die besonnenen Männer, die die Regierung bildeten, nur zweitrangige Geschäfte erledigten, während die bedeutenden Fragen durch Stimmenmehrheit in denjenigen Körperschaften entschieden wurden, welche die Souveränität besaßen, nämlich in den Räten und Landsgemeinden. Nun bestand dieser Souverän hauptsächlich aus jungen Leuten, die mit der Führung der Staatsgeschäfte noch wenig vertraut waren oder die eher nach Streifzügen, Abenteuern und Ruhm drängten als nach

DREIUNDDREISSIGSTER BRIEF

Paris, 7. Mai III

»Ich darf wohl annehmen, daß sie meine Idyllen nicht sonderlich interessieren«, sagte mir gestern der Autor, von dem ich dir schrieb. Er hatte nach mir Ausschau gehalten und mich zu sich gewinkt, als ich eintrat. Ich suchte eben nach einer höflichen, aber

friedlicher, unauffälliger Wohlfahrt; denen es mehr darum ging, ihre Macht zu zeigen und die Alten in ihre Gewalt zu bringen, als sich selber den überlieferten Sitten und Grundsätzen zu beugen, an denen die Alten festhielten. Und schließlich darum, weil die Schweiz keine handlungsfähige Tagsatzung besaß; und weil ihre unvollkommene und je nach der Zeitlage bald durch den Ehrgeiz einzelner Verbündeter, bald durch konfessionelle Gegensätze getrübte Einigkeit es kaum zuließ, daß etwas beschlossen wurde, was die Unabhängigkeit der einzelnen Orte zu schmälern schien.
Obwohl dieser Staatenbund kaum geringeren Respekt verdient als irgendeiner, von dem die Geschichte zu berichten weiß, ist die Bemerkung erlaubt, daß die Kantone, einmal in größerer Zahl zusammengeschlossen und von der Angst vor den Österreichern befreit, ihre Verfassung in einer Generalversammlung hätten überprüfen müssen. Auch ohne ihre Souveränität und die Unterschiedlichkeit ihrer Gesetze aufzugeben, hätten sie wohl alle einer Ordnung zugestimmt, die das, was zum Wohl des Vaterlandes von allen gefordert werden mußte, zu ihrem gemeinsamen Vorteil geregelt hätte. Die Fehler einer falschen oder persönlichen Politik wären so zu beheben gewesen. Jene einfachen, rechtschaffenen Männer, jene damaligen Ratsherren, die ein Vaterland und ein redliches Herz besaßen, hätten das Glück eines Landes vollendet und befestigt, das durch seine Lage, durch seine sehr erfolgreiche Revolution und durch weitere Umstände zum Glück bestimmt war. Sie hätten zum Beispiel eingesehen, daß Bern und Freiburg und andere kurzsichtig verfahren waren, als sie, um den Adel zu entmachten, ihn in Bedrängnis brachten, aber am Leben ließen; so schuf man sich zuleid einen inneren Feind. Man kann den Adel nicht in Schranken halten, indem man ihm Vorrechte wegnimmt und an andere überträgt; so weckt man seinen Unmut und legt den Keim für spätere Unruhen. Eine Gesellschaftsgruppe, die naturgemäß nach Würden trachtet, die diesen Anspruch nicht aufgeben kann, ja deren Existenz darauf beruht, muß entweder vertrieben oder zu völliger Machtlosigkeit verurteilt oder aber an die Spitze gestellt werden, wenn nicht durch die Macht, so wenigstens durch besondere Ehren. Aber es ist widersinnig, Adlige zu dulden und ihnen das zu verbieten, wonach der Adel unweigerlich strebt; ihrem Aufstieg Grenzen zu setzen, während es in der Natur des Adels liegt, höher und höher zu steigen; und von denjenigen unter ihnen, denen man Macht gewährt, den Verzicht auf Titel zu verlangen, die das Ansehen erhöhen und die gewöhnlich das einzige Ziel sind, um dessentwillen Adlige nach Macht streben.
Diese lange Anmerkung entfernt sich allzusehr von ihrem anfänglichen Thema; es ist Zeit, sie zu schließen.

aufrichtigen Antwort, als er, dies gewahrend, mich der Sorge enthob und sogleich hinzufügte: »Vielleicht liegt ihnen mehr an einem moralischen oder philosophischen Fragment, das dem Aristipp zugeschrieben wurde und dessen Varro Erwähnung tat, das man aber seither verloren geglaubt hat. Dem ist aber nicht so, denn es wurde im 15. Jahrhundert ins damalige Französisch übersetzt. Ich fand es als Manuskript einem Plutarch beigebunden, einem von Amyot gedruckten Exemplar, das unbenutzt blieb, weil viele Seiten fehlen.«
Ich gestand, da ich kein Gelehrter sei, befände ich mich allerdings in der unglücklichen Lage, lieber auf die Sache als auf die Worte zu achten, und ich sei deshalb auf die Ansichten eines Aristipp weit neugieriger als auf eine Ekloge, ob von Bion oder von Theokrit.
Man hat, soweit ich sehe, keinen hinreichenden Beweis dafür, daß diese kleine Schrift von Aristipp stammt, und man ist es seinem Andenken schuldig, daß man ihm nichts zuschreibt, was er vielleicht mißbilligt hätte. Stammt sie aber wirklich von ihm, so besaß dieser berühmte Grieche, der genauso zu Unrecht verurteilt wurde wie Epikur und für einen weichlichen Lüstling oder einen oberflächlichen Philosophen galt, immerhin jenen Ernst, den die Klugheit und die Ordnung fordern, den Ernst allein, der einem Menschen geziemt, welcher bestimmt ist, auf Erden zu genießen und zu vergehen.
Ich habe die zuweilen glückliche, aber veraltete Ausdrucksweise, die ich mehrerenorts nur mühsam verstand, in die heutige Sprache übersetzt, so gut ich konnte. Hier also das ganze Stück, mit Ausnahme von etwa zwei Zeilen, die nicht zu entziffern waren; es ist im Manuskript mit *Manual des Pseudophanes* überschrieben.

Manual

Du bist aufgewacht, trübsinnig, mutlos, müde der Zeit, kaum daß sie begonnen hat. Du hast deinen Blick voll Ekel auf das Leben gerichtet: Es ist dir nichtig erschienen, erdrückend; noch eine Stunde, und du wirst es erträglicher finden – ob es anders geworden ist?
Es hat keine bestimmte Gestalt. Alles was der Mensch empfindet, ist drinnen in seinem Herzen; was er weiß, ist in seinem Denken. Er ist gänzlich in ihm selber.

Was für ein Verlust kann dich denn also betrüben? Was kannst du verlieren? Was gäbe es draußen, das dir gehörte? Was kümmert dich, was vergänglich ist? Alles vergeht, außer die Gerechtigkeit, die unter dem Schleier der unbeständigen Erscheinungen verborgen ist. Alles ist umsonst für den Menschen, wenn er nicht mit ruhigem, stetigem Schritt nach den Gesetzen der Vernunft voranschreitet.
Rings um dich ist alles im Aufruhr, alles bedroht dich; überlässest du dich der Angst, so wird deine Sorge kein Ende finden. Du wirst nie besitzen, was nie zum Besitz werden kann, und du wirst dein Leben, das du besaßest, verlieren. Was geschieht, geht vorbei, für immer. Es sind notwendige Zufälle; in ewigem Kreislauf sich zeugend, verschwinden sie jäh wie flüchtige Schatten.
Woran du leidest? an eingebildeten Ängsten, an vermeintlichen Bedürfnissen, an den Widerwärtigkeiten des Tags. Schwächlicher Sklave! du hängst dich an das, was nicht ist, du dienerst Gespenstern. Überlaß der betrogenen Menge, was bloßer Schein, was nichtig ist und des Todes. Richte dein Denken allein auf die Vernunft, diesen Ursprung der geordneten Welt, und auf den Menschen, der ihr Werkzeug ist: auf die Vernunft, der man folgen, auf den Menschen, dem man beistehen soll.
Die Vernunft kämpft gegen die Trägheit der Materie, gegen jene blinden Gesetze, deren unergründliche Wirkung Zufall genannt worden ist. Wenn die Kraft, die dir verliehen, der Vernunft gehorcht hat, wenn du der Ordnung der Welt gedient hast, was willst du noch mehr? Du hast nach deiner Natur gehandelt, und was wäre besser für das Ich, das empfindet und erkennt, als nach seiner Natur zu bestehen?
Erinnere dich jeden Morgen, wenn du zu einem neuen Leben erwachst, daß du beschlossen hast, nicht vergebens auf dieser Erde zu weilen. Die Welt rückt ihrem Ziele näher. Du aber hältst inne? du schreitest zurück, du bleibst in einem Zustand des Abwartens und der Schlaffheit? Werden deine verflossenen Tage wiederkehren in einer besseren Zeit? Das Leben gründet gänzlich in dieser Gegenwart, die du versäumst, um sie der Zukunft zu opfern. Die Gegenwart ist die Zeit, die Zukunft nichts als ihr Trugbild.
Leb in dir selbst, nach dem Unvergänglichen trachte! Erwäge, was unsre Leidenschaften so leichtsinnig begehren: Ist unter dem Vielen etwas, das den Menschen befriedigt? Die Vernunft findet

ihre Nahrung nur in sich selber: Sei gerecht und stark! Niemand kennt den kommenden Tag; in den Dingen wirst du deinen Frieden nie finden; in deinem Herzen sollst du ihn suchen. Die Kraft ist das Gesetz der Natur; der Wille, nur er ist die Macht; Festigkeit im Leiden ist besser als Schlaffheit in der Wollust. Wer gehorcht und leidet, ist oft größer als der, dem es gut geht oder der befehlen kann. Was du ersorgst, ist nichtig; was du erhoffst, ist nichtig. Nur eins ist dir schicklich: das zu sein, was die Natur beabsichtigt hat.

Du bist Vernunft und Materie. Und so auch die Welt. Die Harmonie verwandelt die Körper; und das Ganze strebt durch fortwährende Veredelung seiner mannigfaltigen Teile zur Vollkommenheit. Dieses Weltgesetz ist auch das Gesetz des Einzelnen: ....
....
....

Demnach ist alles gut, wenn die Vernunft es leitet; und alles ist schlecht, wenn die Vernunft es sich selbst überläßt. Nutze die Freuden des Leibes, aber mit jener Klugheit, die sie der Ordnung unterwirft. Eine Lust zu genießen, die die Allnatur gewährt, ist besser als eine Entbehrung, die sie nicht fordert. Und noch die geringste Kundgebung unseres Lebens ist weniger schlecht als der Kraftakt jener zwecklosen Tugenden, die die Weisheit hinauszögern.

Es gibt keine andere Moral als die des menschlichen Herzens; keine andere Wissenschaft noch Weisheit als das Wissen um die eigenen Bedürfnisse und die richtige Einschätzung der Mittel zum Glück. Laß ab von der unnützen Wissenschaft, von den übersinnlichen Anschauungen und von den Geheimlehren! Überlaß höheren oder andersartigen Vernunftwesen, was deiner Vorstellung entzogen ist, was deine Vernunft nicht wohl zu unterscheiden vermag, denn solches ist nicht ihr Beruf.

Stärke deine Mitmenschen durch Trost, Erleuchtung und Beistand. Deine Aufgabe ist dir bestimmt durch den Platz, den du in der Unendlichkeit des Seienden einnimmst. Erkenne und befolge die inneren Gesetze des Menschen; so wirst du auch den anderen Menschen behilflich sein, sie zu erkennen und zu befolgen. Erkenne und weise ihnen den Kern und den Endzweck der Dinge; so durchschauen sie die Ursache dessen, was sie überrumpelt, die

Unbeständigkeit dessen, was sie verwirrt, die Nichtigkeit dessen, was sie hinreißt.

Sondere dich nicht ab vom Erdkreis; blicke immerfort auf die Welt, und vergiß nicht die Gerechtigkeit. So wird einst dein Leben erfüllt sein: Du hast getan, was dem Menschen beschieden ist.

VIERUNDDREISSIGSTER BRIEF

Auszug aus zwei Briefen   Paris, 2. und 4. Juni III

Manchmal gehen die ersten Schauspieler nach Bordeaux, Marseille oder Lyon; gutes Theater sieht man aber nur in Paris. Die Tragödie und die gute Komödie verlangen ein Ensemble, das sich anderswo kaum finden läßt. Die besten Stücke wirken flau oder gar lächerlich, wenn sie nicht mit einem Talent gespielt werden, das annähernd vollkommen ist; wer Geschmack hat, findet daran keinerlei Gefallen, sofern er nicht einer würdigen, genauen Nachahmung des natürlichen Ausdrucks Beifall spenden kann. Bei Stücken von derb-komischem Charakter mag es angehen, wenn wenigstens der Hauptdarsteller wahres Talent besitzt. Die Posse erfordert nicht denselben Einklang, dieselbe Harmonie; sie erträgt Mißklänge eher, gerade weil sie auf der leisen Empfindung von irgendwelchen Mißklängen beruht; aber bei einem heroischen Gegenstand sind Fehler, die das Parterre zum Lachen reizen, völlig unerträglich.

Es gibt die glücklichen Zuschauer, die nicht groß nach Wahrscheinlichkeit verlangen; sie glauben alleweil eine wirkliche Begebenheit zu sehen, und wie auch immer tragiert werden mag, sie weinen unweigerlich bei jedem Liebesseufzer, jedem Dolch. Die andern aber, die nicht weinen, gehen kaum ins Theater, um sich anzuhören, was sie ebensogut zuhause lesen können; sie gehen hin, um zu sehen, wie es dargestellt wird, und sie vergleichen, wie der und jener Schauspieler die gleiche Szene spielt.

. . . .

Ich habe binnen wenigen Tagen die schwierige Rolle des Mahomet von drei Schauspielern dargestellt gesehen, von den einzigen, die sich daran wagen können. M. war schlecht kostümiert, trug seine Tiraden allzu feurig vor, viel zu wenig feierlich, besonders die letzte, die er maßlos übereilte, und er gefiel mir eigentlich nur an drei oder vier Stellen, wo er mir als der wahrhaft große Tragöde erschien, als der er in Rollen bewundert wird, die ihm besser liegen. S. spielte die Rolle gut, hat sie gründlich studiert und gestaltet sie recht klug; aber er bleibt immer nur Schauspieler und ist nie Mahomet.

B. schien mir diese großartige Rolle wirklich erfaßt zu haben. Schon seine ungewöhnliche Haltung hatte etwas von einem morgenländischen Propheten; aber vielleicht war sie nicht großartig, nicht erhaben, nicht majestätisch genug für einen Eroberer und Gesetzgeber, einen Sendling des Himmels, der durch den Eindruck des Wunderbaren überzeugen, der besiegen, unterwerfen und herrschen soll. Es stimmt zwar, daß Mohammed, *dem die Sorge obliegt für Thron und Altar*, nicht derart auf Pomp bedacht, übrigens auch nicht so scheinheilig war, wie ihn Voltaire darstellt. Aber jener Schauspieler mag nicht eben der Mohammed der Geschichte, sollte jedoch der Mahomet der Tragödie sein. Immerhin hat er mir besser gefallen als die beiden andern, obwohl der zweite eine schönere Figur und der erste im ganzen viel größere Möglichkeiten hat. Dem Fluch der Palmyra vermochte nur B. überzeugend entgegenzutreten. S. zog seinen Säbel, so daß ich fürchtete, man beginne zu lachen. M. griff mit der Hand danach, während Palmyra schon unter seinem Blick zusammensank; aber wozu dann diese Hand auf dem Türkensäbel, diese Drohung gegen eine Frau, gegen die junge, geliebte Palmyra? B. war nicht einmal bewaffnet, was ich gut fand. Als er, des Anhörens müde, Palmyra endlich zum Schweigen bringen wollte, schien sein durchdringender, fürchterlicher Blick es ihr im Namen einer Gottheit zu gebieten und sie zu zwingen, zwischen der Furcht vor ihrem angestammten Glauben und der Verzweiflung des Gewissens und der enttäuschten Liebe in der Schwebe zu bleiben.

. . . .

Wie kann man im Ernst behaupten, die Ausdrucksweise sei Sache der Willkür? Das ist so falsch wie jenes Sprichwort, so wie man es gewöhnlich mißversteht: Über Geschmäcker und über Farben soll man nicht streiten.

Was bewies doch M. R., als er in Glucks *Orpheus* mit den gleichen Tönen die Worte sang: *Ach! ich habe sie verloren – Ach! ich habe sie gefunden*? Dieselben Töne können zum Ausdruck des höchsten Entzückens wie des bittersten Schmerzes dienen; niemand

wird das leugnen. Liegt denn der musikalische Gehalt ausschließlich in den Tönen? Setze an die Stelle von *verloren*: *gefunden*, vertausche den Schmerz durch die Freude, so ändert sich an den Tönen nichts; völlig anders jedoch sind die höheren Mittel des Ausdrucks. Es ist unbestreitbar, daß ein Fremder, der weder das eine noch das andere Wort versteht, trotzdem nicht im Zweifel bleibt. Diese höheren Ausdrucksmittel gehören genauso zur Musik; so daß man gar behaupten könnte, eher seien die Töne beliebig; . . . .
. . . .

Dieses Stück (Mahomet) ist eins der schönsten von Voltaire; aber hätte er einem andern Volk angehört, er hätte den eroberungslustigen Propheten wohl kaum zum Geliebten der Palmyra gemacht. Freilich, Mahomets Liebe ist männlich, bedingungslos, ja ein wenig unbeherrscht; er liebt anders als Titus; aber vielleicht wäre es besser, wenn er nicht lieben würde. Mohammeds Leidenschaft für die Weiber ist bekannt; aber es ist wenig wahrscheinlich, daß in diesem ehrgeizigen, abgründigen Herzen nach so vielen Jahren der Verstellung, der Einsamkeit, der Abenteuer und Siege noch Raum blieb für eine so leidenschaftliche Liebe.
Diese Liebe zu Palmyra vertrug sich schlecht mit seiner hohen Bestimmung und seinem Genius. Liebe hat nichts zu suchen in einem unerbittlichen Herzen, das nichts anderes kennt als seine hohen Ziele, das durch das Streben nach Macht gealtert erscheint, das frohen Genuß nur aus Versehen kennt und für das selbst das Glück eine bloße Zerstreuung wäre.
Was soll das heißen: *Nur Liebe kann mich trösten*? Wer zwang ihn denn schon, den Thron des Morgenlandes zu begehren, seine Frauen im Stich zu lassen, auf sein unauffälliges, zwangloses Leben zu verzichten, um zu Rauchfaß, Szepter und Waffen zu greifen? *Nur Liebe kann mich trösten!* Das Schicksal von Völkern lenken, Religion und Gesetze eines ganzen Erdteils umstürzen, auf den Trümmern der Welt ein arabisches Reich errichten – ist denn das ein so trauriges Leben, ein so einschläfernder Müßiggang? Ein mühsames Unterfangen, gewiß, aber gerade darum nicht der Augenblick für eine Liebschaft. Solche Notwendigkeiten des Herzens* entspringen der seelischen Leere; wer zu großen Taten berufen ist, bedarf der Liebe umso weniger.

* Bekanntlich hat Cicero diesen Ausdruck auf die Freundschaft angewendet.

Wenn doch dieser Mann, der seit langem nicht mehr seinesgleichen hat und der als Gott über eine argwöhnische Welt herrschen soll, wenn dieser Günstling des Schlachtengottes doch wenigstens ein Weib lieben würde, das ihm helfen könnte, die Welt zu betören, oder das zum Herrschen geboren wäre, eine Zenobia; oder wenn er wenigstens geliebt würde – doch dieser Mahomet, gewohnt, die Natur seinem eisernen Willen zu unterwerfen, gerade er entflammt für ein Kind, das keinen Gedanken für ihn übrig hat.

Ich weiß, eine Nacht mit Palmyra ist das höchste Vergnügen für einen Mann, aber denn doch nur ein Vergnügen. Sich mit einer außergewöhnlichen Frau einzulassen und von ihr auch geliebt zu werden, wiegt mehr: Es ist ein äußerstes Vergnügen, ja sogar eine Pflicht, aber denn doch nur eine zweitrangige Pflicht.

Ich begreife jene *Potentaten* nicht, die sich vom Blick einer Mätresse beherrschen lassen. Ich glaube zu spüren, was Liebe vermag; aber ein Mann, der regiert, gehört ihr nicht. Liebe verleitet zu Irrtümern, zu Täuschungen, zu Fehlern; und bei einem Machthaber sind Fehler zu wichtig, zu verhängnisvoll, sie sind ein öffentliches Unglück.

Ich habe nichts übrig für jene Männer, die mit großer Macht ausgestattet sind und, kaum daß sie etwas anderes lockt, das Regieren bleiben lassen; die ihre Liebhabereien über ihr Geschäft stellen und meinen, wenn ihnen alle Macht in die Hände gelegt ist, so einzig zu ihrem Zeitvertreib; die die Bedürfnisse der Nation nach den Launen ihres Privatlebens regeln und eher ihr Heer kurz und kleinschlagen ließen, als auf eine Visite bei ihrer Mätresse zu verzichten. Mich dauern jene Völker, die unter allen Interessen ihres Herrschers die letzte Stelle einnehmen; die ans Messer geliefert werden, wenn die Kammerzofe einer Buhlerin wittert, daß durch einen Verrat etwas zu gewinnen ist.

FÜNFUNDDREISSIGSTER BRIEF

Paris, 8. Juli III

Endlich habe ich einen vertrauenswürdigen Menschen gefunden, der die Angelegenheit, die mich hier festhält, zu Ende führen wird. Übrigens ist sie fast abgeschlossen: Es gibt nichts mehr zu retten, und es gilt als ausgemacht, daß ich ruiniert bin. Es bleibt mir nicht einmal genug, um mich über Wasser zu halten, bis irgendein Zufall meine Lage verbessert, und das kann lang gehen. Ich verspüre keine Unruhe; und ich sehe nicht, daß ich viel verloren hätte, indem ich alles verlor, denn ich besaß ja nichts. Ich mag freilich unglücklicher werden, als ich war, aber ich werde darob nicht weniger glücklich. Ich bin allein, ich habe nur für mich zu sorgen, und sicherlich wird mein Leben, falls ich nicht krank oder ans Eisen gelegt werde, noch immer erträglich sein. Ich fürchte das Unglück wenig, so sehr bin ich meines unnützen Glückes müde. Schicksalsschläge gehören zum Leben; das sind Augenblicke, wo man Widerstandskraft und Mut gewinnt. Man hofft dann; man sagt sich: Ich gehe durch eine Zeit der Prüfung, ich will mein Unglück durchstehen, es ist wahrscheinlich, daß die Freude nachfolgen wird. Im Wohlstand jedoch, wenn man nach den äußeren Umständen zu den Glücklichen zu gehören scheint, das Herz aber dennoch nicht froh wird, kann man es kaum mitansehen, wie sich all dies verflüchtigt, was das Glück so bald nicht wiederbringen wird. Man seufzt über die Trübsal der schönsten Lebenstage, man ängstigt sich vor jenem unbekannten Unglück, das die Unbeständigkeit der Verhältnisse befürchten läßt, man ängstigt sich umso mehr, als man ohnedies schon unglücklich ist und eine zusätzliche Last unsere Kräfte vollends überfordern könnte. Genau so ertragen Landleute die Langeweile des Winters, den sie im voraus die trübe Jahreszeit nennen, leichter als den Sommer, von dem sie Glück und Wonne des Landlebens erwarten.

Ich habe keine Möglichkeit mehr, am Geschehen irgend etwas zu ändern; und wozu ich mich nun entschließen soll, bleibt mir so lange unklar, bis wir es miteinander beredet haben; also denke ich nur an die Gegenwart. Endlich bin ich aller Sorgen ledig, ich bin noch nie so ruhig gewesen. Ich breche nach Lyon auf; ich verbringe bei dir zehn Tage in friedlichster Sorglosigkeit; dann wollen wir weitersehen.

Erstes Fragment

Fünftes Jahr

Entspräche das Glück dem Verhältnis zwischen dem, was wir entbehren, und dem, was wir besitzen, so wäre die Ungleichheit

unter den Menschen zu groß. Hinge das Glück einzig vom Charakter ab, so wäre diese Ungleichheit noch immer zu groß. Hinge es ausschließlich von der jeweiligen Verbindung des Charakters mit den Umständen ab, so hätten Menschen, die sowohl durch ihre Klugheit wie durch ihr Schicksal begünstigt sind, einen zu großen Vorteil. Es gäbe dann überglückliche und maßlos unglückliche Menschen; aber unser Los hängt nicht allein von den Umständen ab, auch nicht nur vom Zusammenwirken der gegenwärtigen Umstände mit der Erinnerung oder mit der Gewöhnung an frühere Umstände oder mit den besonderen Neigungen unseres Charakters. Die Kombination dieser Ursachen hat gewiß weitreichende Folgen, ist aber nicht allein verantwortlich für unser schwieriges, hypochondrisches Gemüt, unsere Langeweile, unsere Verdrießlichkeit, unseren Ekel vor den Verhältnissen, vor den Menschen, ja vor dem gesamten menschlichen Leben. Die Hauptursache der Entfremdung, des Widerwillens oder der Gleichgültigkeit liegt in uns selber, und zwar in uns allen, ganz gleichgültig, was unsere persönlichen Neigungen und unsere Gewohnheiten zur Verstärkung oder Abschwächung der Wirkungen beitragen mögen. Es muß wohl eine gewisse Veränderung unserer Säfte, eine bestimmte Verfassung unserer ganzen Persönlichkeit sein, was in uns diese Verstimmung des Gemüts bewirkt. Das Leiden ist uns ebenso unentbehrlich wie die Freude; wir müssen uns über die Dinge genauso ärgern wie freuen können.
Der Mensch kann nicht ununterbrochen verlangen und genießen, so wie er auch nicht immer entbehren und leiden kann. Eine Reihe von glücklichen oder unglücklichen Empfindungen kann sich nicht beliebig lange fortsetzen, wenn entgegengesetzte Empfindungen vollkommen fehlen. Die Veränderlichkeit der Lebensumstände läßt eine solche Stetigkeit der Gemütsstimmungen nicht zu; und selbst wenn es anders wäre, unsere Organe sind nicht für Unveränderlichkeit eingerichtet.
Wenn ein Mensch, der an sein Glück glaubt, das Unglück nicht von außen kommen sieht, so wird er es über kurz oder lang in sich selber entdecken. Wenn der Unglückliche nicht von außen Trost empfängt, wird er ihn alsbald in seinem Herzen finden.
Auch wenn wir alles vorgekehrt, uns alles verschafft haben, um für immer glücklich zu sein, so haben wir doch wenig für das Glück getan. Wir brauchen stets etwas, das uns ärgert und betrübt; und

gelingt es uns, jedes Leid von uns fernzuhalten, so ist es am Ende die Freude selber, die uns verdrießt.
Aber wenn weder das Vermögen der Freude noch das des Leidens derart ausgeübt werden kann, daß jenes, das unsere Natur als Gegengewicht bestimmt, völlig unterdrückt bleibt, so kann doch von Fall zu Fall das eine weit stärker zum Zuge kommen als das andere; so haben denn die Umstände, auch wenn sie für uns nicht alles sind, doch einen großen Einfluß auf unsere Gemütsstimmung. Wenn Menschen, die vom Schicksal begünstigt sind, keinen ernstlichen Grund zum Leiden haben, so finden sie ihn gewiß in jeder Kleinigkeit; wo Ursachen fehlen, wird alles zum Anlaß. Die andern hingegen, die andauernd vom Pech verfolgt sind und wirklich Grund zum Leiden haben, erfahren das Leid in aller Stärke; aber da sie aufs Mal genug zu leiden haben, wird ihnen das Leiden nicht zur Gewohnheit; sobald sie die Umstände sich selber überlassen, leiden sie nicht mehr, denn das innere Bedürfnis des Leidens ist befriedigt; ja sie werden sogar Freude empfinden, weil sich das gegenteilige Bedürfnis umso beharrlicher meldet, je weiter uns die Befriedigung des andern Bedürfnisses in die entgegengesetzte Richtung geführt hat*.
Beide entgegengesetzten Kräfte streben nach dem Gleichgewicht; aber sie erlangen es nie, wenigstens nicht für die ganze Gattung. Würde dieses Streben nach dem Gleichgewicht fehlen, so gäbe es keine Ordnung. Würde sich das Gleichgewicht in den einzelnen Teilen herstellen, so wäre alles starr, es gäbe keine Bewegung. Unter jeder dieser Annahmen gäbe es kein einiges und mannigfaltiges Ganzes, mithin keine Welt.
Mir scheint, ein Mensch, der sehr unglücklich ist, jedoch ungleichmäßig und mit Unterbrüchen, müsse einen natürlichen Hang zur Freude, zur Ruhe, zum Liebesgenuß, zum Vertrauen, zur Freundschaft, zur Aufrichtigkeit besitzen.
Ein Mensch jedoch, der sehr unglücklich ist, und dies in schleppendem Gleichmaß und ohne Abwechslung, wird in einem fortwährenden Widerstreit der beiden Triebkräfte leben; sein Gemüt ist unbeständig, empfindlich und reizbar. Da er immerfort ans Gute denkt und sich eben darum beständig über das Böse ärgert,

* Im Zustand des Unglücks wird diese Gegenwirkung stärker sein; denn die Natur des Lebewesens drängt vor allem nach seinem Wohlbefinden, das heißt nach seiner Erhaltung.

da er ein überwaches Gefühl für dieses Entweder-Oder besitzt, wird ihn der geringste Hoffnungsschimmer eher verdrießen als verlocken; er sieht sich sogleich enttäuscht; es entmutigt ihn alles, so wie ihn alles bewegt.

Derjenige, der beständig halb glücklich, halb unglücklich ist, wenn man so sagen darf, nähert sich dem Gleichgewicht; da er einigermaßen ausgeglichen ist, wird er eher gutmütig als von großem Charakter sein; sein Leben ist nicht so sehr glücklich als friedlich. Er besitzt Urteilskraft, aber wenig Genie.

Ein Mensch, dem es andauernd gut geht und der von jedem sichtbaren Unglück verschont bleibt, kennt keine Verlockungen mehr, denn er hat kein weiteres Verlangen nach Freude; und trotz seines äußeren Wohlbefindens verspürt er fortwährend ein geheimes Bedürfnis zu leiden. Er ist weder mitteilsam, noch wohlwollend, noch herzlich; vielmehr genießt er die größten Vorteile, als wären sie selbstverständlich, und neigt dazu, im geringsten Übelstand ein Unglück zu sehen. Da er an Rückschläge nicht gewöhnt ist, hat er Vertrauen, jedoch Vertrauen zu sich selber oder in sein Schicksal, nicht aber zu den Mitmenschen; er spürt kein Bedürfnis nach ihrem Beistand; und da sein Los besser ist als das der großen Mehrheit, kommt er sich gern klüger vor als alle andern. Er will unablässig genießen, und vor allem möchte er für einen großen Lebenskünstler gelten, und doch spürt er ein inneres Bedürfnis zu leiden; so daß er jederzeit leicht einen Anlaß findet, um sich über irgend etwas zu ärgern oder gegen andere verstimmt zu sein. Da er sich nicht wirklich wohlfühlt, aber auch keine Besserung erwarten darf, hat er auch kein ernsthaftes Verlangen; dennoch schätzt er im allgemeinen die Veränderung, und er schätzt sie im einzelnen mehr als im ganzen. Da er zu viel besitzt, ist er bereit, auf alles zu verzichten. Es bereitet ihm eine gewisse Lust und er gefällt sich irgendwie darin, gereizt, befremdet, leidend, verdrießlich zu sein. Er ist unverträglich, unnachsichtig, denn was bliebe ihm sonst von seiner angeblichen Überlegenheit über die anderen, die er auch dann noch zur Schau trüge, wenn er sie nicht mehr zu behaupten wagte? Er ist hartherzig, er versucht sich mit Sklaven zu umgeben, damit andere seine Überlegenheit anerkennen, damit sie wenigstens darunter leiden, wenn er schon selber keinen Genuß daran hat.

Ich zweifle, ob es dem heutigen Menschen gut bekommt, wenn er fast immer vom Glück begünstigt ist, ohne daß er das Schicksal je gegen sich hatte. Vielleicht ist unter uns derjenige glücklich, der viel gelitten hat; aber nicht anhaltend und nicht in jener Art der allmählichen Einschnürung, die unsere Fähigkeiten lähmt und vernichtet, ohne doch heftig genug zu sein, als daß sie die geheime Kraft der Seele aufreizen und diese zu ihrem eigenen Vorteil nötigen würde, in sich selber nach den Heilmitteln zu suchen, die sie sich nicht zugetraut hat*.

Es ist für das ganze Leben von Vorteil, wenn man im Alter, wo Kopf und Herz erwachen, unglücklich gewesen ist. Das ist die Art, wie das Schicksal erzieht; es formt die guten Menschen**; es erweitert den Gesichtskreis und reift die Herzen, ehe das Alter sie schwächt; es bildet den Menschen beizeiten, damit er ein ganzer Mensch werde. Wenn es Lust und Freude verweigert, so weckt es das Gefühl für Ordnung und den Sinn für das häusliche Wohl. Es schenkt uns das höchste Glück, das wir erhoffen mögen, nämlich kein anderes Glück zu erhoffen, als still dahinzuleben und uns nützlich zu machen. Man ist viel weniger unglücklich, wenn man nichts weiter als leben will; man ist eher geneigt, sich nützlich zu machen, wenn man als Erwachsener für sich selber nichts mehr begehrt. Nichts anderes als das Unglück, scheint mir, vermag die gewöhnlichen Menschen zur Reife zu bringen, ehe sie ins Greisenalter eintreten.

Wahre Güte erfordert offenes Verständnis, eine große Seele und die Bezwingung der Leidenschaften. Wenn Güte die höchste Tugend des Menschen ist, wenn es für das Glück der moralischen Läuterung bedarf, so wird man unter denjenigen, die in den frühen Jahren der Herzensbildung viel gelitten haben, die Menschen finden, die für ihr eigenes wie für das Wohl aller die besten Voraussetzungen mitbringen, die gerechtesten, die vernünftigsten Menschen, die, die vom Glück am wenigsten weit entfernt sind und die sich von der Tugend am wenigsten leicht abbringen lassen.

Was nützt es der Gesellschaft, daß ein Greis den Zielen der

---

* Dies alles, obwohl im Ton der Gewißheit vorgetragen, braucht nicht unbedingt wahr zu sein.
** Es kann auch Menschen verbittern, und zwar jene, die nicht böse sind, nicht jene, die gut sind.

Leidenschaften entsagt, oder daß ein willensschwacher Mensch nicht den Plan faßt, Schaden zu stiften? Brave Leute sind nicht schon gute Menschen; wer nur aus Schwäche Gutes tut, kann unter veränderten Umständen viel Unheil anrichten. Als ein blindes Werkzeug der und jener löblichen Handlung, zu der ihn seine Schwäche bewog, zum Argwohn neigend, zur Ranküne, zum Aberglauben und vor allem zum Starrsinn, wird er leicht zum niederträchtigen Sklaven einer verrückten Idee, die seinen Kopf verwirrt, eines Wahns, der sein Herz verwüstet, oder eines schändlichen Vorhabens, für das ihn ein Schurke einzuspannen weiß.

Ein guter Mensch jedoch läßt sich nicht beirren; er verschreibt sich weder dem Fanatismus irgendeiner Clique noch den Lastern irgendeines Standes; er läßt sich nicht einspannen; er kennt weder Haß, noch Prahlerei, noch Fanatismus; er wundert sich weder über das Gute, denn er hätte es ebenso getan, noch über das Böse, denn es liegt in der Natur; er empört sich über das Verbrechen, ohne den Schuldigen zu hassen. Er verachtet die Niedertracht der Seele, aber zürnt nicht dem Wurm, da doch der Unglückliche keine Flügel hat.

Er haßt den Abergläubischen nicht, denn ihm fehlt ein entgegengesetzter Aberglauben; er forscht nach dem nicht selten vernünftigen Ursprung von so manchen unsinnig gewordenen Überzeugungen, und er lacht darüber, daß man sich derart hat hinters Licht führen lassen*. Er ist tugendhaft nicht aus Fanatismus, sondern weil er nach der Ordnung trachtet; er tut das Gute, um die Sinnlosigkeit seines Daseins zu vermindern; das Wohlergehen der anderen ist ihm wichtiger als das eigene, denn sie können es genießen, er jedoch kaum; er behält für sich nur das zurück, was ihm die Mittel in die Hand gibt, um sich irgendwie nützlich zu machen und auch um unbesorgt leben zu können, denn wer auf keine Freude mehr hofft, bedarf der Ruhe. Er ist nicht argwöhnisch; aber da er sich nichts vormacht, spielt er zuweilen mit dem

---

* Dunkle oder tiefsinnige Gedanken erleiden mit der Zeit Verfälschungen, und man gewöhnt sich an, sie unter einem anderen Blickwinkel zu betrachten. Werden sie allmählich unsinnig, so beginnt sie das Volk für göttlich zu halten, und sind sie es endlich ganz, so lassen sich die Leute dafür umbringen. Es braucht mindestens zweitausend Jahre, bis ihnen Arbeit und tägliches Brot ebensoviel wert sind.

Gedanken, seine Großmut einzuschränken; er kann darüber lachen, wenn er ein wenig geprellt worden ist, aber er begreift nicht, daß man ihn für dumm hält. Er mag unter dem und jenem Gauner zu leiden haben, sein Spielzeug ist er nicht. Dann und wann wird er bestimmten Leuten, denen er nützlich ist, die kleine Freude nicht verargen, sich hinten herum als seine Gönner auszugeben. Mit dem, was er tut, ist er nie zufrieden, denn er fühlt, daß man weit mehr tun könnte; ein wenig zufrieden ist er höchstens mit seinen Vorsätzen, aber auf diese innere Veranlagung ist er so wenig stolz, wie er es auf eine wohlgeformte Nase sein würde. So müht er sich durchs Leben, beständig das Bessere vor Augen, manchmal mit kräftigem, wenn auch schwerem Schritt, öfter aber unsicher, ein wenig ermattet, das Lächeln der Enttäuschung im Gesicht.

Sieht er sich genötigt, irgendwelchen erdichteten, schädlichen Tugenden, mit denen alles durcheinandergebracht und zuschanden gemacht werden soll, die wahre Tugend des Menschen entgegenzustellen, so antwortet er, die höchste Tugend des rechtschaffenen Menschen sei die unbeirrbare Redlichkeit, denn sie sei am gewissesten nützlich; man erwidert ihm, er sei hochmütig, und er lacht. Er erträgt das Ungemach und verzeiht die Fehler der häuslichen Bedienten; man fragt ihn, warum er sich nicht mit Größerem abgebe? er lacht. Solche größeren Dinge kommen ihm zu Ohren: er werde von den Kumpanen eines Verräters angeschwärzt und vom Verratenen selber für schuldig gehalten: Er lächelt und geht weiter. Die Seinen sagen ihm, das sei doch eine unerhörte Ungerechtigkeit; und er lacht weiter. . . . .
. . . .

Zweites Fragment

Sechstes Jahr

Es wundert mich nicht, daß die Ansichten der Moral so selten das Richtige treffen. Die Alten, die noch nicht über eine jahrhundertelange Erfahrung verfügten, dachten mehr als einmal daran, das Wohl des menschlichen Herzens in die Hände von Weisen zu legen. Die neuzeitliche Politik verfährt klüger; sie hat die erhabenste Wissenschaft den Kanzelrednern und jenem Gesindel ausgeliefert, das die Buchdrucker Schriftsteller nennen, während sie selber die Zuckerblumenkunst und die Erfindung modischer Perücken unter ihren obrigkeitlichen Schutz stellt.

Sobald man die Leiden einer bestimmten Menschenklasse betrachtet und allmählich deren Ursachen erkennt, gelangt man zur Einsicht, daß es kaum etwas Neuartigeres und Nützlicheres zu tun gibt, als diese Leute vor zweierlei zu schützen: vor Wahrheiten, durch die sie irregeführt, und vor Tugenden, durch die sie zugrundegerichtet werden. . . . .

Die Geringschätzung des Geldes ist ein Unsinn. Das Geld höher zu achten als die Pflicht, ist ein Verbrechen; aber hat man denn vergessen, daß die Vernunft gebietet, beides: den Reichtum wie das Leben der Pflicht nachzusetzen? Wenn schon das Leben, wenigstens aufs ganze gesehen, eine Wohltat ist, warum dann nicht auch das Geld? Es gibt unabhängige, alleinstehende Leute, die sehr recht haben, wenn sie darauf verzichten; aber nicht alle sind im gleichen Fall; und die wertlosen Beteuerungen, die von einer Seite falsch sind, fügen der Tugend großen Schaden zu. Ihr habt in die Leitsätze des Verhaltens Widersprüche eingeführt; wenn die Tugend nichts anderes ist als das Streben nach Ordnung, wollt ihr dann die Menschen mit eurer Unordnung und Verworrenheit zur Tugend erziehen? Ich schätze die Vorzüge des Herzens noch höher ein als die des Verstandes, und dennoch meine ich, ein Volkserzieher finde eher einen Weg, böse Herzen in Schranken zu halten als Wirrköpfe auszusöhnen.

Die Christen und auch andere haben darauf bestanden, fortwährende Enthaltsamkeit sei eine Tugend. Zwar haben sie diese von niemandem gefordert und sie selbst denen, die nach Vollkommenheit strebten, lediglich empfohlen. Wie unbedingt immer und wie ungehörig ein Gebot sein mag, das vom Himmel kommt, weiterzugehen hat es sich nicht getraut. Wenn man von den Menschen verlangt, sie sollten nicht am Geld hängen, so könnte man sich dabei kaum zu viel Zurückhaltung und Redlichkeit auferlegen. Religiöse oder philosophische Entsagung hat ein paar Einzelne zu aufrichtiger Verachtung des Reichtums, ja selbst jedes Eigentums geführt; im gewöhnlichen Leben jedoch kann man dem Verlangen nach Geld nicht ausweichen. Wo immer ich an einem bewohnten Ort auftrete, setze ich mit dem Geld ein Zeichen, und dieses Zeichen bedeutet: Man möge mir Aufmerksamkeit schenken, mir zur Hand gehen, mir Speise geben und Kleider, möge mir die

Langeweile nehmen, mich achten, mir und den meinen zu Diensten sein; ein jeder möge es sich in meiner Umgebung wohl sein lassen, und wenn er leidet, möge er sich melden, und seine Not soll behoben werden! Und wie gesagt, so getan.

Wer das Geld verachtet, gleicht dem, der den Ruhm verachtet, die Frauen verachtet, das Talent verachtet, die Tüchtigkeit und das Verdienst. Wenn Dummheit, körperliche Ungeschicklichkeit oder seelische Roheit es verunmöglichen, ein Gut zu nutzen, ohne es zu verderben, so verteufelt man dieses Gut und merkt nicht, daß man in Wirklichkeit die eigene Niedertracht anklagt. Ein Lüstling verachtet die Frauen; wer nichts im Kopf hat, tadelt den Geist; ein Sophist moralisiert gegen das Geld. Ohne Zweifel sind willenlose Sklaven ihrer Leidenschaften, hinterlistige Dummköpfe und verblüffte Philister unglücklicher oder schamloser, wenn sie zu Geld kommen. Solche Leute sollten wenig besitzen, denn Besitzen und Mißbrauchen sind für sie eins. Und ebenso gewiß wird derjenige, welcher zu Reichtum gekommen ist und auf großem Fuß leben will, durch die veränderten Verhältnisse nichts gewinnen, sondern oftmals verlieren. Es geht ihm nicht besser als zuvor, weil er nämlich gar nicht reicher ist; je mehr er hat, umso tiefer gerät er in Bedrängnis und Sorgen. Er hat hohe Einkünfte und richtet sich so großartig ein, daß ihm schon der kleinste Zwischenfall einen Strich durch die Rechnung macht und die Schulden über den Kopf wachsen läßt. Es ist klar, daß dieser Mann arm ist. Wer seine Bedürfnisse verhundertfacht, alles tut, um sich ein Ansehen zu geben, zwanzig Pferde hält, weil ein anderer fünfzehn hat, und hat dieser morgen zwanzig, ihn alsbald mit dreißig übertrumpft, der verstrickt sich in die Fesseln einer weit schlimmeren und sorgenvolleren Armut als die frühere. Hingegen ein wohnliches gesundes Haus besitzen, sauber und aufgeräumt, das Nötige zum Leben haben und sich bescheidene Annehmlichkeiten leisten können, nicht höher hinauswollen, auch wenn das Vermögen aufs Vierfache wachsen sollte, den Rest dafür verwenden, um einem Freund aus der Verlegenheit zu helfen, um gegen Schicksalsschläge gewappnet zu sein, um einem braven Mann, der ins Unglück geraten ist, das wiederzugeben, was er in seiner Jugend einem Glücklicheren zukommen ließ, oder um einer Mutter und ihren Kindern die einzige Kuh zu ersetzen, einem Landwirt, dem das Feld verhagelt worden ist, Saatkorn zu schicken, oder um einen

Weg auszubessern, auf dem die Leiterwagen* umstürzen und die Pferde Schaden nehmen; sich selber eine Tätigkeit verschaffen, die einem zusagt und den Fähigkeiten entspricht, seinen Kindern Wissen, Fertigkeiten und Ordnungssinn vermitteln: dies, meine ich, ist weit mehr wert als die Armut, die fälschlicherweise von einer verlogenen Weisheit gepredigt wird.

Indem man der Jugend völlig unbedacht die Verachtung des Geldes einschärft, obwohl sie seinen Wert noch gar nicht begreifen kann, hat man schon manchem, der zu Großem berufen war, eines der wichtigsten, ja vielleicht das sicherste Mittel entzogen, um das Leben nicht unnütz zu vertun wie die Menge.

Wieviele junge Leute, die ihren Lehrmeister suchen, bilden sich etwas darauf ein, daß ihnen Besitz nichts bedeutet, und stürzen sich damit in all die Widerwärtigkeiten eines bedrängten, unsicheren Lebens und in die alltägliche Langeweile, die allein schon so viele Übel einschließt!

. . . .

Ein ruhiger, besonnener Mann, der den Leichtsinn verabscheut, verliebt sich, da er eine gleichartige Gesinnung zu erkennen glaubt. Er überläßt den Humor, das heitere Wesen, ja selbst die Lebensfreude, die Unternehmungslust dem niederen Volk und heiratet ein sittenstrenges, trübsinniges Weib, das beim erstbesten Verdruß melancholisch wird, vor Kummer und Sorgen versauert, mit zunehmendem Alter verschlossen und herrschsüchtig wird, finster und schroff, und sich aus Verbitterung in den Kopf setzt, allem zu entsagen, und alsbald aus Verbitterung und um andern ein Beispiel zu geben allem entsagt, so daß am Ende das ganze Haus ins Unglück gezogen wird.

Epikur hat nicht umsonst gesagt: Der Weise nimmt sich einen frohgemuten, gefälligen Charakter zum Freund. Ein philosophischer Kopf sieht, wenn er zwanzig ist, unbedacht über diesen Rat hinweg, ja es will schon etwas heißen, wenn er sich nicht dagegen auflehnt, da er doch gemeine Vorurteile verabscheut; er wird aber seinen wahren Wert erkennen, sobald er sich auch von den Vorurteilen der Weisheit befreit hat.

---

* Das Wort *Leiterwagen* ist in großen Teilen Frankreichs, wo vorwiegend der zweirädrige Karren gebraucht wird, nicht geläufig. In der Schweiz und auch andernorts versteht man darunter ein leichtes Fuhrwerk, einen vierrädrigen Feldwagen, der anstelle des Karrens verwendet wird.

Nicht so zu sein wie das gemeine Volk will wenig bedeuten; aber sich vom großen Haufen der Weisen lösen, heißt einen Schritt zur Weisheit tun.

SECHSUNDDREISSIGSTER BRIEF

Lyon, 7. April VI

. . . .
. . . .

Ihr stolzen Berge, ihr niederdonnernden Lawinen, einsamer Friede des Waldtals, vergilbte Blätter, die der stille Bach mit sich fortträgt – was würdet ihr dem Menschen bedeuten, wenn ihr ihm nicht von anderen Menschen sprächet? Wären sie nicht, die Natur würde stumm sein. Bliebe ich allein auf der Erde zurück, was gingen mich noch die Töne der finsteren Nacht an? und die feierliche Stille der großen Täler? und das Abendlicht an einem Himmel voll Wehmut, auf stillen Gewässern? Die empfundene Natur ist nur von Mensch zu Mensch, und die Sprache der Dinge ist nichts als die Sprache des Menschen. Die fruchtbare Erde, der unendliche Himmel, die flüchtige Welle sind nur ein Ausdruck der Beziehungen, die unsere Herzen stiften und in sich bewahren.
Vollkommene Übereinstimmung: dies war Freundschaft bei den Alten! Wenn derjenige, der die unbegrenzte Zuneigung besaß, auf den Brieftäfelchen die Schriftzüge des Freundes erkannte, hatte er dann noch ein Auge, um die Schönheit einer Landschaft, das Ausmaß eines Gletschers zu prüfen? Aber das menschliche Zusammenleben ist vielfältig geworden; die Wahrnehmung seiner Beziehungen ist voll Unsicherheit und Argwohn, voll Enttäuschungen und Ekel; die Freundschaft der Alten ist unserem Herzen und unserem Leben noch immer fremd. Die Verbindungen bleiben unvollkommen, bleiben in der Schwebe zwischen Hoffnung und Vorsicht, zwischen der Wonne, die man sich verspricht, und dem Verdruß, den man erlebt. Selbst die innigste Vertrautheit wird entweder durch den Überdruß beeinträchtigt oder durch die Trennung geschwächt oder durch die Umstände unterbunden. Der Mensch altert, und sein enttäuschtes Herz altert vor ihm. Alles, was der Mensch lieben kann, ist in ihm selber, und so auch alles, was er entbehrt. Gerade dort, wo die

gesellschaftlichen Übereinstimmungen am weitesten gehen, finden sich mit zwingender Notwendigkeit auch am meisten Mißklänge. So daß der, der mehr fürchtet, als er zu erhoffen wagt, sich lieber vom Menschen ein wenig fernhält. Die leblosen Dinge sind weniger aufdringlich, sie gehören uns mehr, sie sind das, wozu wir sie machen. Sie enthalten nicht gerade das, was wir suchen, dafür sind wir umso gewisser, darin nach unserem Wunsche zu finden, was sie enthalten. Es sind Freuden des genügsamen Mittelmaßes, begrenzt zwar, dafür sicher. Die Leidenschaft bewirbt sich um den Menschen; zuweilen sieht sich die Vernunft genötigt, ihn an eine weniger gute und weniger gefährliche Sache zu verweisen. Eben darum hat sich eine starke Bindung des Menschen an einen Gefährten außerhalb seiner Gattung entwickelt, der so gut zu ihm paßt, weil er weniger ist als wir und doch mehr als die fühllosen Dinge. Müßte sich der Mensch aufs Geratewohl jemanden zum Freund nehmen, so täte er besser daran, ihn unter den Hunden statt unter den Menschen zu suchen. Der Geringste unter seinesgleichen würde ihm weniger Trost und Frieden geben als der verächtlichste Hund.

Und wenn eine Familie in der Einsamkeit lebt, nicht in der Einöde, sondern von allen im Stich gelassen oder in Armut; wenn diese hilflosen, leidenden Geschöpfe, die so viele Mittel haben, um unglücklich, so wenige, um zufrieden zu sein; die kaum einen Augenblick Freude und nur für einen Tag zu leben haben; wenn Vater und Mutter, Mutter und Kinder einander nicht zu Willen sind und stets uneins, wenn sie nie das gleiche mögen, nie in die gleiche Not sich teilen und gemeinsam in gleichmäßigem Abstand die Kette der Leiden tragen wollen; wenn jeder aus Selbstsucht oder aus Laune mit seinen Kräften zurückhält, so daß die Kette schwer über den unebenen Boden schleift und eine lange Furche aufreißt, aus der mit unheimlicher Fruchtbarkeit die Dornen sprießen, um sie alle zu zerfleischen – o Mensch! was bist du dem Menschen?

Wenn eine kleine Freundlichkeit, wenn ein gütiges, wohlwollendes, großmütig verzeihendes Wort auf Geringschätzung stößt, auf Übellaunigkeit, auf kalte Gleichgültigkeit ... o Allnatur! du hast es so gewollt, damit die Tugend erhaben sei und das Herz des Menschen unter der erdrückenden Last sich läutere und Entsagung lerne.

SIEBENUNDDREISSIGSTER BRIEF

Lyon, 2. Mai VI

Es gibt Augenblicke, wo ich kaum weiß, wie ich diese Unruhe bezwingen soll, die mich umtreibt; dann reißt mich alles fort und hebt mich mit unbändiger Kraft empor; und von dieser Höhe falle ich schaudernd zurück und versinke im Abgrund, den sie aufgerissen hat.

Wäre ich völlig einsam, ich hielte diese Augenblicke nicht aus; doch ich schreibe, und es dünkt mich, der Versuch, dir zu schreiben, was ich fühle, sei eine Zerstreuung, welche diese Empfindung mildere. Wem sonst könnte ich mich derart anvertrauen? wer anders ertrüge diesen ermüdenden Sermon eines finsteren Wahns, einer völlig unfruchtbaren Empfindsamkeit? Es ist meine einzige Genugtuung, dir zu erzählen, was ich nur dir sagen kann, was ich niemand anderem sagen möchte und was andere nicht hören möchten. Was kümmert's mich, was in meinen Briefen steht? je länger sie sind und je mehr Zeit ich darauf verwende, umso wichtiger sind sie für mich, und täusche ich mich nicht, so hat dich die Dicke des Pakets noch nie angewidert. Könnte man zehn Stunden lang miteinander plaudern, warum dann nicht zwei Stunden lang einander schreiben?

Ich will dir keineswegs einen Vorwurf machen. Du hältst dich kürzer, bist weniger weitschweifig. Du bist müde von deinen Geschäften, du schreibst selbst an die, die du magst, mit geringerer Freude. Du sagst mir, was du mir im Vertrauen zu sagen hast; ich jedoch, der ich einsam bin, ein wunderlicher Träumer (wenn nichts Schlimmeres), ich habe nichts zu sagen und werde nur umso länger. Alles, was mir durch den Kopf geht, alles, was ich beim Plaudern aussprechen würde, schreibe ich nieder, wenn sich gerade die Gelegenheit bietet; aber alles, was ich denke, alles, was ich empfinde, sage ich dir aus einer Notwendigkeit; es ist ein Bedürfnis für mich. Sollte ich aufhören, so magst du dir sagen, ich empfände nichts mehr, meine Seele sei am Verlöschen, ich sei ruhig und vernünftig geworden und verbrächte nun endlich meine Tage mit Essen, Schlafen und Kartenspiel. Ich wäre ja so viel glücklicher!

Ich möchte ein Handwerk haben; es gäbe meinen Armen zu tun und würde den Kopf beruhigen. Ein Talent würde nicht das gleiche taugen; vielleicht wenn ich malen könnte, ich glaube, ich wäre weniger unruhig. Ich bin lange Zeit in einer Betäubung gewesen; schade, daß ich wieder zu mir kam. Jene Mattigkeit war friedlicher als die jetzige.

Von allen flüchtigen, ungewissen Augenblicken, in denen ich einfältig genug war, zu glauben, man sei auf der Welt, um zu leben, war keiner von einem ebenso dauerhaften Irrtum verklärt, hat keiner in der Erinnerung so tiefe Spuren zurückgelassen wie jene drei Wochen des Vergessens und Hoffens, als ich, um die Zeit der März-Tagundnachtgleiche, unter den Felsen am rauschenden Bach, zwischen lächelnden Narzissen und schlichten Veilchen, mich im Glauben wiegte, es sei mir vergönnt zu lieben.

Ich rührte an das, was ich nie ergreifen sollte. Ich hätte, ohne Verlangen und Hoffnung, still vor mich hinleben mögen, zwar müde und lustlos, aber ruhig; ich ahnte, was menschliche Tatkraft vermöge, aber in meinem dahindämmernden Leben ertrug ich genügsam meinen Schlaf. Welche finstere Macht hat mir die Welt geöffnet, um mir die Tröstungen des Nichts zu rauben?

Zu überströmendem Wirken gedrängt und danach dürstend, mich zu verschenken, jedem zu helfen und jeden zu trösten; fortwährend hin- und hergerissen zwischen dem Verlangen, so viel Elend behoben zu sehen, und der Einsicht, daß sich nichts ändern läßt, sinke ich stets wieder zurück, niedergeschlagen von der Mühsal des Lebens, von Mal zu Mal unwilliger über den verlogenen Reiz seiner Freuden, und immerfort das Unmaß von Haß, von Unrecht, von Schmach und Leiden vor Augen, das die Menschheit verwirrt.

Und ich selber! schon bin ich im siebenundzwanzigsten Jahr, die schönen Tage sind vorbei, ich habe sie nicht einmal gesehen. Was soll ich, unglücklich im Alter des Glücks, vom restlichen Leben erwarten? Die frohe Zeit des Verlangens, der Hoffnung, ich habe sie in der Leere und Langenweile verbracht. Von allen Seiten eingeengt, das Herz zerquält und leer, bin ich, ein Jüngling noch, schon zur Entsagung des Alters gelangt. Gewohnt, alle Blumen des Lebens unter meinen vergeblichen Schritten welken zu sehen, bin ich wie der Greis, dem alles entflohen ist, ja unglücklicher noch, denn längst vor dem eigenen Ende hab' ich schon alles verloren. Aber mit einer verlangenden Seele ist mir in dieser Totenstille keine Ruhe vergönnt.

O Erinnerung längst vergangener Zeiten, für immer entschwundener Dinge, an Orte, die man nie wiedersieht, an Menschen, die nicht mehr die gleichen sind! O Empfindung des verlorenen Lebens!
Welcher Ort war je für mich, was er für andere ist? welche Zeit war erträglich und unter welchem Himmel fand ich Ruhe für mein Herz? Ich sah das rastlose Treiben in den Städten, die Entbehrungen auf dem Land und die Härte des Berglebens; ich sah die Roheit der Unbildung, die Plackerei der Künste; ich sah, wie fruchtlos die Tugend, wie hinfällig der Erfolg ist, und wie jegliche Freude hinter all den Leiden verschwindet; sah, wie der Mensch und das Schicksal, stets ungleich an Kräften, einander fortwährend überlisten, sah, wie im ungezügelten Kampf sämtlicher Leidenschaften der nichtswürdige Sieger zum Lohne das schwerste Glied empfängt aus der Kette der Leiden, die er bereitet hat.
Wäre der Mensch für das Unglück geschaffen, ich würde ihn weit weniger bedauern; und im Blick auf sein kurzes Leben würde ich, für ihn wie für mich, die Mühsal eines einzigen Tages geringschätzen. Jedoch er ist rings von allen Gütern umgeben, und alle seine Fähigkeiten heißen ihn zugreifen, und alles ruft ihm zu: Sei glücklich! Aber der Mensch hat verkündet: Das Glück gehöre dem Tier; mein Teil sei die Kunst, die Wissenschaft, der Ruhm, die Größe! Sein Sterben, seine Leiden, ja selbst seine Verbrechen sind nur die kleinere Hälfte seines Elends. Ich beklage seine Entbehrungen; die Gleichgültigkeit, die Freundschaft, den stillen Besitz. Ich beklage all die Millionen von empfindsamen Menschen, die über Jahrhunderte in Bedrängnis und Sorgen verschmachtet sind, während rings umher alles bereitlag, was Sicherheit, Freiheit und Freude gewähren könnte; die sich in dieser wonnevollen Welt vom Kummer nährten, weil sie nach eingebildeten Freuden begehrten, nach ausschließlichem Glück.
Dennoch wiegt dies alles wenig; denn noch vor einem halben Jahrhundert wußte ich nichts davon, und in noch einmal fünfzig Jahren weiß ich davon so wenig wie vormals.
Ich dachte mir: Wenn es meinem unfruchtbaren Dasein nicht beschieden ist, eine umgrenzte, abgelegene Gegend zu einer ursprünglichen Lebensart zurückzuführen, wenn ich mich dazu überwinden soll, die Menschen zu vergessen und mich für einigermaßen glücklich zu halten, wenn ich mir in dieser verblendeten

Welt ein paar leidliche Tage verschaffen kann, so will ich nur um eins bitten, um einen kleinen Lichtschimmer in diesem vergänglichen Traum, aus dem ich nicht mehr erwachen möchte. Es bleibt in der Welt, so wie sie ist, noch eine Täuschung, die mich verlocken kann, nur diese eine; ich wäre besonnen genug, ihr zu erliegen; der Rest lohnt die Mühe nicht. So dachte ich damals; doch einzig der Zufall konnte mich zu diesem teuren Irrtum ermächtigen. Der Zufall ist träge und ungewiß; das Leben kurz, unwiderruflich, sein Frühling flieht vorüber, und dieses ungestillte Verlangen, das mein Leben vollends verzehrt, wird endlich mein Herz verfinstern und meine Natur zerrütten. Schon jetzt spür' ich ab und zu, daß ich bitter werde; ich bin ungehalten, meine Gefühle verschließen sich; der Unwillen macht mich dann trotzig, und eine Art von Verachtung läßt mich große, aber nüchterne Pläne schmieden. Doch dauert diese Bitterkeit nicht unvermindert an, und ich lasse mich dann gehen, wie wenn ich fühlte, daß die leichtsinnigen Menschen und die unsicheren Verhältnisse und mein allzu kurzes Leben nicht einen Tag Unruhe wert sind und daß ein bitteres Erwachen umsonst ist, wenn man so bald schon für immer einschlafen muß.

ACHTUNDDREISSIGSTER BRIEF

Lyon, 8. Mai VI

Ich war in Blammont bei jenem Wundarzt, der einst jenem Offizier, der auf dem Rückweg von Chessel vom Pferde gestürzt war, den Arm so geschickt eingerenkt hat.
Du erinnerst dich gewiß, wie wir bei jener Gelegenheit – es sind mehr als zwölf Jahre her – bei ihm eintraten und er sich sogleich in den Garten begab, um uns die schönsten Aprikosen zu holen; wie dann der Alte mit vollen Händen zurückkam und, schon etwas gebrechlich, mit dem Fuß an die Türschwelle stieß, so daß fast der ganze Früchtesegen zu Boden fiel. Seine Tochter fuhr ihn schroff an: Es ist immer das gleiche mit dir, du mischst dich in alles ein, und jedesmal geht es schief; kannst du nicht sitzenbleiben? das ist ja nun wieder eine Bescherung! Uns ward es weh ums Herz, denn er litt und sagte kein Wort. Der Unglückliche! sein Unglück hat sich noch verschlimmert, er ist gelähmt, ist an ein wahrhaftes

Schmerzenslager gefesselt und hat nur diese Kanaille um sich, seine Tochter. Reden kann er schon seit Monaten nicht mehr, aber der rechte Arm ist noch unversehrt, er braucht ihn, um Zeichen zu geben. Er machte eine Andeutung, die ich zu meinem Kummer nicht übersetzen durfte: Er wollte seiner Tochter sagen, sie solle mir etwas anbieten. Sie verstand ihn nicht, und das ist meistens so. Als sie draußen etwas zu besorgen hatte, benützte ich die Gelegenheit, um den unglücklichen Vater wenigstens wissen zu lassen, daß ich seine Qualen mitfühle, denn er hört noch recht gut. Er gab mir zu verstehen, daß diese Tochter, die sein Ende nahe glaubt, sich alles versage, was die nicht unbeträchtliche Erbschaft auch nur um ein paar Heller verringern könnte, daß er ihr aber trotz seines Grams alles verzeihe, um nicht in seinen letzten Tagen die Liebe zu dem einzigen Menschen zu verlieren, der ihm noch zu lieben bleibt. Daß ein Greis sein Leben so aushauchen, ein Vater im eigenen Haus ein so bitteres Ende erleben muß! Und unsre Gesetze vermögen nichts!
Ein solch abgrundtiefes Elend führt unweigerlich zum Nachdenken über die Unsterblichkeit. Wäre es möglich, daß ich im verständigen Alter meinem Vater die schuldige Achtung versagt hätte, ich wäre mein Lebenlang unglücklich, denn er lebt nicht mehr und mein Vergehen wäre ebenso abscheulich wie nicht mehr gutzumachen. Man könnte freilich einwenden, etwas Böses, das man jemandem zugefügt hat, der es nicht mehr fühlt, der nicht mehr lebt, sei in der Gegenwart irgendwie unwirklich und belanglos, wie alles, was restlos vergangen ist. Ich wüßte nichts dagegen zu sagen, aber untröstlich wäre ich trotzdem. Ein Grund für dieses Gefühl läßt sich nur schwer finden; wäre es nur das Gefühl eines schmachvollen Versagens, bei dem man die Gelegenheit versäumt hat, sich mit derjenigen Würde zu erheben, die innerlich zu trösten vermöchte, so fände man eben diesen Trost schon in der ehrlichen Absicht. Denn wenn es nur um unsere Selbstachtung geht, gibt uns das Verlangen nach einer löblichen Tat die gleiche Befriedigung wie ihre Ausführung. Diese unterscheidet sich vom Verlangen nur durch ihre Folgen, und davon hätte ja ein Gekränkter, der verstorben ist, nichts mehr. Nun erlebt man es aber immer wieder, daß das Gefühl einer Ungerechtigkeit, deren Wirkung erloschen ist, uns weiterhin bedrückt, uns erniedrigt, uns quält, als ob sie in alle Ewigkeit Folgen hätte. Man meint dann, der

Gekränkte sei nur abwesend und wir müßten die Beziehungen, die wir zu ihm hatten, wiederfinden, aber nun in einem Dauerzustand, der keinerlei Änderung und keinerlei Wiedergutmachung mehr erlaubt und worin das Böse trotz unserer Gewissensbisse ewiglich fortwährt.

Der menschliche Geist findet stets von neuem Anlaß, sich in dieser Verknüpfung von begangenen Taten mit ihren unbekannten Folgen zu verlieren. Er könnte auf den Gedanken kommen, daß jene Vorstellungen eines künftigen Verhängnisses und einer endlosen Fortwirkung des Gegenwärtigen keine andere Grundlage habe als ihre mögliche Denkbarkeit und daß sie zu denjenigen Mitteln zu zählen seien, die den Menschen in der Zerstreuung, in Widersprüchen und in fortwährender Ungewißheit gefangenhalten, weil er von der Wirkungsweise und von der Verkettung der Dinge nur eine unvollkommene Kenntnis hat.

Da mein Brief noch nicht geschlossen ist, will ich dir Montaigne zitieren; eben bin ich bei ihm zufällig auf eine Stelle gestoßen, die der Überlegung, die mich beschäftigt hat, so ähnlich ist, daß ich betroffen und glücklich war. Eine solche Übereinstimmung der Gedanken ist eine Quelle geheimer Freude; sie ist es, die den Menschen dem Menschen unentbehrlich macht, denn sie verhilft unsern Gedanken zu Fruchtbarkeit, sie gibt unserer Phantasie Sicherheit und bestärkt uns im Glauben an uns selbst.

Man findet bei Montaigne nie, was man sucht, man stößt auf das, was man findet. Man muß ihn aufs Geratewohl aufschlagen, und darin liegt eine Art Huldigung an seine Denkungsart. Sie ist überaus eigenwillig, aber nie ausgefallen oder geziert, und es wundert mich nicht, daß ein Engländer die *Essais* für das Höchste gehalten hat. Man hat Montaigne zwei Dinge vorgeworfen, die ihn gerade bewundernswert machen und die unter uns keiner Entschuldigung bedürfen.

Im achten Kapitel des zweiten Buches sagt er: »Wie ich aus völlig sicherer Erfahrung weiß, gibt es beim Hinschied von Freunden keinen süßeren Trost als den, den uns das Bewußtsein verschafft, daß wir ihnen nichts zu sagen unterließen und daß zwischen uns ein rückhaltloser, vollkommener Gedankenaustausch bestanden hat.

Dieser unbeschränkte Verkehr mit einem verwandten Geiste, der uns in einem Verhältnis der Achtung zur Seite tritt, scheint ein wichtiger Teil der Rolle zu sein, die uns zugeteilt ist, um unser Leben zu nutzen. Wir sind unzufrieden mit uns, wenn der Vorhang fällt und wir die Gunst für immer verscherzt haben, den Auftritt zu spielen, der uns anvertraut war.

Ihr werdet mir vielleicht sagen, dies eben beweise, daß wir eine Vorahnung eines anderen Lebens besitzen. Ich pflichte euch bei, und wir werden auch hierin übereinstimmen, daß der Hund, der sein Leben nicht länger fristen mag, weil sein Meister das seine verloren hat, und der sich in den brennenden Holzstoß wirft, der dessen Leib verzehrt, daß dieser Hund mit seinem Herrn sterben will, weil er unerschütterlich an das Dogma der Unsterblichkeit glaubt und die tröstliche Gewißheit besitzt, daß er ihn in einer anderen Welt wiederfinden wird.

Ich mag nicht spotten über das, was man an die Stelle der Verzweiflung setzen möchte, und doch kann ich ein Lächeln kaum unterdrücken. Das Vertrauen, das der Mensch in Überzeugungen hegt, die ihm lieb geworden sind und worüber er nichts Sicheres weiß, ist achtenswert, denn es lindert zuweilen die Bitterkeit seines Elends; dennoch hat die religiöse Unantastbarkeit, mit der er es gern umgibt, etwas Komisches. Er würde jemanden, der behauptet, ein Sohn könne seinen Vater ermorden, ohne ein Verbrechen zu begehen, nicht einen Gotteslästerer nennen, sondern würde ihn ins Irrenhaus bringen und sich nicht weiter darüber aufhalten; aber er wird wütend, wenn man ihm zu sagen wagt, daß er sterben wird wie eine Eiche oder ein Fuchs, so sehr hat er Angst, dies zu glauben. Sieht er denn nicht, daß er damit seine eigene Unsicherheit beweist? Sein Glaube ist ebenso verlogen wie derjenige gewisser Frömmler, die über die Gottlosigkeit jammern, wenn einer zu bezweifeln wagt, daß man in die Hölle kommt, wenn man am Freitag ein Hühnchen verspeist – und die es insgeheim selber tun, denn so genau stimmt das Gleichgewicht zwischen der Furcht vor den Höllenstrafen und der Lust, zwei Happen Fleisch zu essen, bevor es Sonntag ist.

Warum will man sich nicht dazu entschließen, die Dinge, über die man lachen mag, ja auch die Hoffnungen, zu denen sich nicht alle im gleichen Maße bekennen können, der freien Phantasie eines jeden zu überlassen? Für die Moral wäre viel gewonnen, wenn sie auf die Gewalt eines kurzlebigen Fanatismus verzichtete, um sich mit Würde auf die unumstößliche Wahrheit zu stützen. Verlangt

ihr nach Leitsätzen, die zu Herzen gehen, so besinnt euch auf jene, die ein jeder ausgeglichene Mensch in seinem Herzen trägt.
So bekennt denn: In einer Welt voll Freude und Trauer ist es dem Menschen bestimmt, die Empfindungen der Freude zu mehren und die hinauswirkende Kraft zu beleben; und in allem, was Empfindung besitzt, die Ursache der Erniedrigung und des Leidens zu bekämpfen.« . . . .
. . . .
. . . .

Drittes Fragment

Über den romantischen Ausdruck und über den Kuhreigen

... Das Romanhafte verführt eine lebhafte, blühende Phantasie; das Romantische befriedigt nur die tiefe Seele, die wahrhafte Empfindsamkeit. In unverdorbenen Gegenden ist die Natur voll romantischer Wirkungen; in gealterten Ländern sind sie von einer langwirkenden Kultur zerstört, so vor allem im Flachland, das sich der Mensch mühelos in allen Teilen unterwirft.
Die romantischen Wirkungen sind die Töne einer Ursprache, die nicht alle Menschen verstehen und die in mehreren Gegenden ausstirbt. Man verlernt sie, wenn man nicht mehr mit ihr zusammenlebt; und doch ist es allein dieser romantische Wohllaut, der unserem Herzen die Farben der Jugend und die Frische des Lebens bewahrt. In der Gesellschaft spürt der Mensch solche Wirkungen nicht mehr, da sie von seinen Gewohnheiten zu weit entfernt sind; er sagt schließlich nur noch: Was geht mich das an? Er gleicht jenen Temperamenten, die vom austrocknenden Feuer eines langsamen, zur Gewohnheit gewordenen Giftes ermattet sind; im Zenith des Lebens ist er schon verwelkt, und die Wirkkräfte des Lebens sind in seinem Innern erschlafft, auch wenn er das Äußere eines Menschen bewahrt.
Ihr aber, die das niedere Volk für seinesgleichen hält, weil ihr in Schlichtheit lebt, weil ihr Charakter habt, aber keinen Geistesdünkel, oder einfach weil sie euch leben sehen, essen und schlafen wie sie; ihr Urmenschen, die ihr da und dort verstreut in diesem eitlen Jahrhundert lebt, um die Spuren des Natürlichen zu bewahren, ihr erkennt einander wieder, ihr versteht einander in einer Sprache, die der Menge fremd ist, wenn die Oktobersonne über goldenen

Wäldern durch den Nebel bricht, wenn, im letzten Mondlicht, ein silbernes Rinnsal herabfällt und durch die Wiese eilt, die von Bäumen umsäumt ist, wenn an einem wolkenlosen Sommertag eine Frauenstimme singt zur Vesperszeit, ein wenig entfernt, mitten in den Mauern und Dächern einer Großstadt.
Denk dir eine klare weiße Wasserfläche. Sie ist weit, aber umgrenzt; ihre längliche, leicht gerundete Form dehnt sich gegen den Winter-Sonnenuntergang. Majestätische Bergketten mit hoch aufragenden Gipfeln umschließen sie auf drei Seiten. Ihr sitzt am Abhang über dem nördlichen Strand, wo die Wellen kommen und gehen. Hinter euch ragen die Felswände bis in die Wolken auf; noch nie hat der finstere Nord dies glückliche Gestade erreicht. Zu eurer Linken treten die Berge auseinander, ein stilles Tal öffnet sich in ihre Abgründe hinein, ein Wildbach eilt von den Schneegipfeln herab, die das Tal abriegeln, und wenn zwischen ihren Firnen die Sonne über den Nebel steigt, wenn der Morgenruf der Hirten die Hütten verrät, droben über den Weiden, die noch im Dämmerlicht bleiben, so ist dies das Erwachen einer Urwelt, ist dies ein Denkmal unseres verleugneten Lebens.
Und dann die Augenblicke des Vernachtens, die Stunde der Ruhe und der erhabenen Trauer! Das Tal liegt im Dunst und beginnt zu verdämmern. Südwärts legt sich die Nacht auf den See, den der finstere Gürtel der schrecklichen Felsen umfängt, und darüber wölbt sich der eisige Dom, der in seinem Froste das Taggestirn wie zurückhält. Seine letzten Strahlen vergolden die vielen Kastanienbäume, droben auf den felsigen Klippen; sie fallen in langen Streifen unter den hohen Wipfeln der Bergfichte herein; sie bräunen die Berge, röten die Firne, entflammen die Lüfte; und das Wasser, reglos, im Lichte glänzend, eins mit dem Himmel, wird unendlich wie er, noch reiner, ätherischer, schöner! Seine Stille verwirrt, seine Klarheit trügt, der himmlische Glanz, den es spiegelt, scheint hinabzudringen in seine Tiefe; und unter seinen Bergen, die, von der Erde gelöst, wie in den Lüften schweben, tut sich zu euren Füßen der Abgrund des Himmels auf, die Unendlichkeit der Welt. Es ist ein Augenblick des Vergessens, der Entrückung. Man weiß nicht mehr, wo der Himmel ist, wo die Berge sind, weiß nicht, wovon man getragen wird; man verliert das Gefühl der Höhe, der Horizont entfällt; das Denken ist verändert, die Empfindung ganz neu, du hast das gewohnte Leben

verlassen. Und wenn dann die Finsternis dies Tal des Wassers verhüllt hat, wenn das Auge weder Dinge noch Entfernungen wahrnimmt, wenn der Nachtwind die Wellen aufwirft: dann bleibt, gegen Abend, nur das ferne Ende des Sees von einem fahlen Schimmer erhellt, alles übrige aber, was die Berge umschließen, ist ein einziger undurchdringlicher Abgrund; und inmitten der Finsternis und der Stille hörst du, tausend Fuß unter dir, das Gleichmaß der wandernden Wellen, die unaufhörlich über den Strand hinrauschen, sich in den Felsen verschlürfen, sich am Ufer brechen, und deren romantisches Geräusch im unsichtbaren Abgrund als ein unablässiges Murmeln zu widerhallen scheint.
Die Natur hat den stärksten Ausdruck des Romantischen in die Töne gelegt; deshalb läßt sich das Außergewöhnliche an Landschaften und Dingen am leichtesten dem Gehör mitteilen, nachhaltig und in wenigen Zügen. Die Düfte bewirken rasche, unbegrenzte, aber auch undeutliche Wahrnehmungen; die des Auges scheinen eher den Geist als das Herz anzusprechen; man bewundert, was man sieht, aber man empfindet, was man hört*. Die Stimme einer geliebten Frau mag noch schöner sein als ihr Antlitz; die Töne, die eine herrliche Landschaft aussendet, machen einen tieferen, nachhaltigeren Eindruck als ihr Anblick. Kein Gemälde hat mir die Alpen jemals so nahe gebracht, wie dies ein echtes Lied aus den Alpen zu tun vermag.
Der Kuhreigen weckt nicht nur Erinnerungen: er malt.
Ich weiß, daß Rousseau das Gegenteil gesagt hat, aber ich glaube, zu Unrecht. Diese Wirkung ist keine Einbildung; es ist vorgekommen, daß zwei Personen, die jede für sich die *Tableaux pittoresques de la Suisse* durchblätterten, beide beim Anblick der Grimsel sagten: Hier müßte man ihn hören, den Kuhreigen! Wird er in seiner ursprünglichen Art und nicht allzu kunstfertig vorgetragen und vom Sänger gut empfunden, so entführen dich schon die ersten Töne in die höchsten Täler, unter die kahlen Felsen mit ihrem rötlichen Grau, in die rauhe Bergluft und unter die glühende Sonne. Man steht oben auf den weidebedeckten rundlichen Gipfeln. Man ist durchdrungen von der Gemächlichkeit des Berglebens, von der Majestät der Bergwelt; der ruhige Gang der Kühe ist darin, die gemessene Bewegung ihrer großen Glocken, nahe den

---

* Das Farbenklavier war eine geistreiche Erfindung; noch neugieriger wäre man auf das Düfteklavier.

Wolken, droben am weiten Hang, der vom trotzenden Granit des Grates sanft abfällt, bis hinab zum zertrümmerten Granit der eisigen Runsen. In den fernen Lärchen rauschen die rauhen Winde; man hört das Donnern des Wildbachs, tief in der Schlucht, die er sich in langen Jahrhunderten gehöhlt hat. Diesen vereinzelten Geräuschen der Ferne folgen die gedrängten, schweren Töne der Küher*, ein nomadischer Ausdruck eines glücklichen Berglebens, eines Frohmuts ohne Fröhlichkeit. Der Gesang bricht ab; der Mann zieht weiter; die Glocken sind jenseits der Lärchen; man hört nichts als das Aufschlagen rollender Kiesel und das ununterbrochene Donnern der Stämme, die der Bach zu Tal reißt. Der Wind trägt diese Bergtöne bald heran, bald hinweg, und wenn er sie verweht, erscheint alles kalt, reglos und tot.
Und dies ist das Heimwesen des Menschen, der keine Eile kennt: Das Dach ist tief herabgezogen und breit, mit schweren Steinen gegen die Stürme gesichert; wenn die Sonne brennt, wenn der Wind pfeift, wenn drunten im Tale der Donner rollt – er achtet es nicht. Er tritt vor seine Hütte, bricht auf und schreitet in die Richtung, wo die Kühe sein müssen; dort sind sie; er ruft sie heran, sie sammeln sich, eine um die andere kommt heran; und mit der gleichen Langsamkeit kehrt er zurück, auf dem Rücken die Milch, die für das Tiefland bestimmt ist, das er seiner Lebtag nie sehen wird. Die Kühe bleiben zurück, sie käuen wieder; weit und breit regt sich nichts, kein Mensch läßt sich blicken. Die Luft ist kühl, der Wind hat sich gelegt, so wie das Abendlicht erloschen ist; es bleibt nur der Schimmer der uralten Firne und die hinabstürzenden Wasser, deren wildes Tosen aus dem Abgrund aufsteigt, wie um das stille Dauern der hohen Gipfel, der Gletscher, der Nacht zu vergrößern.

---

* *Küher*, romanisch *armailli*: der Mann, der die Kühe zu Berg führt, den Sommer auf der Alp verbringt und dort den Käse herstellt. Gewöhnlich bleiben die Küher vier oder fünf Monate in den Hochalpen, fern von ihren Frauen und oft ohne einen einzigen Menschen zu sehen.

NEUNUNDDREISSIGSTER BRIEF

Lyon, 11. Mai VI

Die Vielfalt der Beziehungen, die den Einzelnen mit seinesgleichen und mit der Welt verbinden, mag noch so bestrickend sein – diese grenzenlose Erwartung, die das Jünglingsherz eine ganze Welt erproben läßt, diese geheimnisvolle, traumhafte Außenwelt, dieser magische Zauber ist verblichen, entwichen, verschwunden. Diese irdische Welt, die meinem Wirken sich darbot, ist öde geworden und schmucklos; ich suchte in ihr das Leben der Seele, ich suchte umsonst.

Ich habe das Tal im milden Schein der Dämmerung gesehen, unter dem feuchten Schleier, dem duftigen Zauber des Morgens; es war schön. Ich habe es welken sehen, als das verzehrende Gestirn darüber hinwegging und es versengte mit seinem Licht, es vertrocknet zurückließ, gealtert und unfruchtbar, ein trauriger Anblick. So hat sich der schöne Schleier langsam von unserem Leben gehoben und hat sich verflüchtigt. Jenes Dämmerlicht, in dem mein Blick sich ausruhen könnte, es ist gewichen. Alles ist öd und langweilig, wie der glühende Sand unter dem Himmel der Sahara; und alle Dinge des Lebens, ihrer schmückenden Hülle beraubt, zeigen in abschreckender Wahrheit den kunstvollen, traurigen Mechanismus ihrer bloßgelegten Skelette. Ihre fortwährenden Bewegungen, so notwendig wie unbezwinglich, reißen mich hin, aber lassen mich kalt, erregen mich, aber beleben mich nicht.

Es ist nun schon ein paar Jahre, seit das Übel droht und sich rüstet, sich entscheidet und fortsetzt. Wenn das Unglück nicht wenigstens die eintönige Langeweile bricht, und bald, so mag dies alles ein Ende haben.

VIERZIGSTER BRIEF

Lyon, 14. Mai VI

Ich war an der Saône draußen, hinter der langen Mauer, wo wir einst, am Ende der Kindheit, miteinander auf- und abgingen und von Tinian sprachen, nach Glück uns sehnten und nach dem Leben. Ich betrachtete den Fluß, der dahinzog wie einst, den

herbstlichen Himmel, so ruhig und klar wie zu jenen Zeiten, von denen nichts geblieben ist. Ein Wagen nahte heran, ich trat ein wenig zur Seite; dann ging ich weiter, indes mein Blick den vergilbten Blättern folgte, die der Wind über die vertrocknete Wiese und durch den Straßenstaub wirbelte. Der Wagen hielt an, Mme Del*** war mit ihrer sechsjährigen Tochter allein. Ich stieg zu und fuhr bis zu ihrem Landgut, wo ich aber nicht eintreten mochte. Mme Del*** ist, wie du weißt, noch nicht fünfundzwanzig, hat sich aber sehr verändert; doch sie spricht mit der gleichen schlichten, vollkommenen Anmut; ihr Blick ist schmerzlicher, aber nicht minder schön. Von ihrem Gatten sprachen wir nicht, du erinnerst dich, er ist fast dreißig Jahre älter als sie, der Typ des Finanzmanns, äußerst beschlagen, wenn es ums Geld geht, aber sonst eine Null. Unglückliche Frau! Es schien ihr ein glückliches Los verheißen, und nun dies verlorene Leben! Wie wenig hätte ihr gefehlt, um glücklich zu werden und einen anderen glücklich zu machen! Welcher Geist! welche Seele! welche Lauterkeit der Vorsätze! Alles umsonst. Fast fünf Jahre hatte ich sie nicht mehr gesehen. Sie schickte den Wagen in die Stadt zurück, ich verließ ihn am Ort, wo sie mir begegnet war; dort weilte ich lange.
Als ich nach Hause ging, trat ein alter, schwächlicher, wohl vom Elend gebrochener Mann auf mich zu und blickte mich unverwandt an; er redete mich mit dem Namen an und bat um ein Almosen. Im Augenblick vermochte ich ihn nicht zu erkennen, wenig später durchfuhr es mich jäh, dies könne nur jener Professor aus der Dritten gewesen sein, der so überaus tüchtig und gut gewesen war. Ich erkundigte mich noch diesen Morgen, aber ich weiß nicht, ob ich den traurigen Dachboden ausfindig mache, wo er sicherlich seine alten Tage verbringt. Der Unglückliche wird wohl gedacht haben, ich wolle ihn nicht mehr kennen. Finde ich ihn, so soll er ein Zimmer erhalten und ein paar Bücher, die ihm seine alte Beschäftigung zurückgeben; mich dünkt, er sieht noch ganz danach aus. Ich weiß nicht, was ich ihm von deiner Seite versprechen darf, laß es mich wissen; da es nicht um den Augenblick geht, vielmehr um den Rest seines Lebens, unternehme ich nichts, ohne deine Meinung zu kennen.
Es mochte eine Stunde oder mehr vergangen sein, bis ich mich entschloß, in welche Richtung ich noch ein wenig spazierengehen wollte. Obwohl jene Gegend weiter entfernt war von meiner

Wohnung, fühlte ich mich wie hingezogen, wohl darum, weil ich einer Traurigkeit bedurfte, die zu jener stimmte, von der ich erfüllt war.
Ich hätte schwören mögen, daß ich sie nie wieder sehen werde. Das war so gut wie entschieden, und doch ... Der Gedanke an sie, obwohl geschwächt durch die Entmutigung, durch die Zeit und auch durch mein gesunkenes Vertrauen in eine Art Zuneigung, die allzusehr enttäuscht war und so ganz umsonst – der Gedanke an sie erwies sich wie verknüpft mit der Empfindung meines Daseins und meiner Dauer inmitten der Dinge. Ich sah sie in mir, in meinem Innern, aber wie das unauslöschliche Nachbild eines einstigen Traums, wie jene Vorstellungen vom Glück, deren Eindruck überdauert, auch wenn sie für mein Alter nicht mehr schicklich sind.
Denn ich bin ein fertiger Mensch; ich bin durch Enttäuschungen gereift. Ich danke es meinem Schicksal, daß ich keinen andern Herrn habe als das bißchen Verstand, das man von oben empfängt, ohne zu wissen wozu. Ich bin kein Sklave der Leidenschaft, die Begierden verwirren mich nicht, die Wollust soll mich nicht entnerven. Von all diesen Nichtigkeiten der starken Seelen habe ich mich losgesagt. Ich werde nie mehr so närrisch sein, mich für Abenteuer zu begeistern, von denen man ernüchtert zurückkehrt, nie mehr so albern, mich von einer schönen Empfindung betören zu lassen. Ich bin imstande, eine anmutige Landschaft, einen heiteren Himmel, ein tugendhaftes Verhalten, eine rührende Szene völlig teilnahmslos zu betrachten; und wenn es darauf ankäme, könnte ich, wie der manierlichste Mensch, immerfort lächeln zum Gähnen, mich vom Kummer gequält vergnügen und mit der äußersten Fassung und Würde sterben vor Langerweile.
Im ersten Augenblick war ich überrascht, gerade *ihr* zu begegnen, und ich bin es noch, denn ich sehe nicht, wozu das führen soll. Aber warum soll dies mit Notwendigkeit zu etwas führen? wo doch im Lauf der Welt so vieles geschieht, was vereinzelt bleibt oder wovon wir kein Ergebnis zu sehen vermögen! Ich bringe es nicht fertig, mir diese Art von Instinkt abzugewöhnen, der in allem einen Zusammenhang und Folgen wittert, zumal in dem, was der Zufall bringt. Noch immer möchte ich darin die Wirkung eines Willens und ein Mittel der Notwendigkeit erkennen. Ich habe meine Kurzweil an diesem seltsamen Trieb; er hat uns beide

mehr als einmal zum Lachen gebracht; und in diesem Augenblick kommt er mir gar nicht so ungelegen.

Hätte ich gewußt, daß ich ihr begegnen würde, so hätte ich bestimmt eine andere Richtung eingeschlagen, doch ich glaube, zu Unrecht. Ein Träumer sieht eben alles; und ein Träumer hat leider nicht viel zu fürchten. Und soll man denn allem ausweichen, was dem Leben der Seele entspringt, und allem, was sie vor Niederlagen warnt? dürfte, könnte man es? Ein Duft, ein Ton, ein Lichtstrahl, auch sie sagen mir, daß zur menschlichen Natur noch anderes gehört als Essen und Schlafen. Eine frohe Regung im Herzen des Unglücklichen, oder der Seufzer dessen, der sich dem Genuß hingibt, alles mahnt mich an jenen geheimnisvollen Zusammenhang, an dessen endloser Fortsetzung die Vernunft unablässig wirkt und ändert und dessen Körper nur Materialien sind, die ein ewiger Gedanke wie Figuren eines unsichtbaren Spiels arrangiert oder wie Würfel rollt oder wie Zahlen verrechnet.

Zurück am Ufer der Saône, sagte ich mir, nachdem ich sie verlassen hatte: wie unbegreiflich das Auge ist! Nicht nur, daß es das Unendliche gleichsam in sich aufnimmt, sondern es scheint es auch widerzuspiegeln. Es faßt eine ganze Welt, und was es wiedergibt, was es malt, was es ausdrückt, ist noch viel größer. Eine unwiderstehliche Anmut, eine süße geheimnisvolle Überredung, ein Ausdruck, der mehr enthält als das Ausgedrückte, die Harmonie, die die Welt zusammenhält, all dies ist im Blick einer Frau. All dies und noch mehr ist in der verschwebenden Stimme einer empfindenden Frau. Wenn sie redet, rührt sie an verborgene Gefühle und Gedanken, weckt sie die Seele aus ihrem Schlaf und lockt und führt sie in die Gefilde ihres Geisteslebens. Wenn sie singt, so ist es, als ob sie die Dinge belebe, bewege, bilde und neue Empfindungen schaffe. Das natürliche Leben ist nicht mehr das gewöhnliche Leben: Alles ist romantisch, beseelt, berauschend. Sie ist da, ruht sich aus oder ist mit etwas beschäftigt, und auf einmal entführt sie uns, nimmt uns mit sich, hinein in die unendliche Welt, und unser Leben wird weit von diesem herrlichen ruhigen Flug. Wie fühllos und kalt erscheinen dann all die Menschen, die sich für nichts und abernichts sputen und tummeln; in was für einer Leere halten sie uns zurück, und wie ermüdend ist es, unter ruhelosen, stummen Wesen zu leben!

Aber wenn alle Anstrengungen, alle Gaben, jegliches Gelingen und jede Gunst des Zufalls zusammengewirkt haben, um ein herrliches Antlitz, einen vollkommenen Leib, eine edle Haltung, eine große Seele, ein zartfühlendes Herz, einen weiten Geist hervorzubringen, so genügt ein einziger Tag, und schon beginnen Enttäuschung, Entmutigung und Langeweile dies alles in der Öde eines Klosters, in den Verdrießlichkeiten einer Scheinehe, in der Sinnlosigkeit eines eintönigen Lebens zugrundezurichten.
Ich will sie weiterhin besuchen; sie erwartet nichts mehr; wir passen zusammen. Sie wird sich nicht wundern, daß mich die Langeweile verzehrt, und ich brauche nicht zu fürchten, daß ich die ihre vergrößere. Unser Zustand ist endgültig, und zwar so, daß sich an meinem nichts ändert, wenn ich sie aufsuche, sobald sie vom Land zurück ist.
Ich male mir schon aus, wie sie mit müde lächelnder Anmut eine Gesellschaft empfängt, die sie langweilt; und mit welcher Ungeduld sie bei solchen Lustbarkeiten den folgenden Tag erwartet.
Ich sehe, wo ich hinblicke, jeden Tag ungefähr das gleiche Elend. Konzerte, Abendgesellschaften, all diese Zerstreuungen sind die Fron der angeblich Glücklichen; sie ist ihnen eine Last wie dem Taglöhner die Arbeit im Rebberg, ja schwerer noch, denn sie führt keine Entschädigung mit sich, sie bringt nichts ein.

EINUNDVIERZIGSTER BRIEF

Lyon, 18. Mai VI

Fast möchte man meinen, das Schicksal sei darauf aus, den Menschen immer wieder an die Kette zu legen, die er dem Schicksal zum Trotz hat abschütteln wollen. Was half es mir, daß ich alles im Stiche ließ, um nach einem freieren Leben zu suchen? Wenn ich Dinge gesehen habe, die meiner Natur entsprachen, so nur im Vorbeigehen, ohne ihrer zu genießen, und wie um die Ungeduld nach ihrem Besitz zu verdoppeln.
Ich bin nicht etwa ein Sklave der Leidenschaften, mein Unglück ist schlimmer, ihre Eitelkeit kann mich nicht mehr verführen; aber muß das Leben nicht doch mit etwas ausgefüllt sein? Kann ein leeres Dasein befriedigen? Wenn das innere Leben nur ein ruheloses Nichts ist, wäre es dann nicht besser, es für ein ruhigeres

Nichts dahinzugeben? Mir scheint, die Vernunft will Ergebnisse sehen: Wenn man mir doch sagte, welches Ergebnis mein Leben hat! Ich brauche etwas, was meine Stunden verschleiert und hinwegführt; denn ich vermöchte sie nicht immer so schwer und träge über mich hinwegrollen zu spüren, eine um die andere ohne Hoffnungen, ohne Träume, ohne Sinn und Zweck. Wenn ich vom Leben nur das Elend erfahren soll, ist es dann noch ein Segen, es empfangen zu haben? ist es weise, es zu behalten?
Denk nicht, daß ich, wehrlos gegen die Leiden der Menschheit, nicht einmal die Angst davor zu ertragen vermöge; du kennst mich besser. Im Unglück dächte ich nie daran, mich dem Leben zu verweigern; der Widerstand rüttelt die Seele auf und gibt ihr eine würdigere Haltung; man findet zu sich selber zurück, wenn man gegen hartes Leid ankämpfen muß; man mag sich gefallen in seiner Kraft, man hat wenigstens etwas zu tun. Nein, es ist die Ratlosigkeit, die Langeweile, die Enge und Schalheit des Lebens, was mich anwidert und aufreibt. Der leidenschaftliche Mensch mag sich zum Leiden überreden, denn er ist zuversichtlich, daß er es eines Tages überwinden wird; aber an welchem Gedanken soll sich ein Mensch aufrichten, der keine Erwartungen hat? Ich bin eines Lebens müde, das so ganz umsonst ist. Freilich, ich könnte mir weiterhin Geduld einreden; aber mein Leben vergeht, ohne daß ich irgend etwas Nützliches vollbringe, ohne Freude, ohne Hoffnung und dazu ohne Ruhe. Meinst du, selbst eine stolze Seele vermöchte all dies über Jahre hin zu ertragen?
Ich glaube, es gibt auch eine Vernunft der sinnlichen Welt; und auch die Notwendigkeit hat ihre Folgerichtigkeit, eine Art Ziel, das der Geist zu erahnen vermag. Manchmal frage ich mich, wohin mich dieser Zwang, der mich an die Langeweile fesselt, noch führen mag, diese Teilnahmslosigkeit, der ich nie entkomme, dieses fade, nichtige Verhängnis der Dinge, von dem ich mich nicht befreien kann, wo alles ausbleibt, auf sich warten läßt, in die Ferne rückt; wo sich jede Wahrscheinlichkeit verflüchtigt, jedes Streben durchkreuzt wird, wo jede Veränderung mißlingt, die Erwartung fortwährend enttäuscht wird, selbst die eines wenigstens harten Unglücks; wo man annehmen möchte, ein feindseliger Wille habe es darauf abgesehen, mich in einem Zustand des Zögerns und Nichtkönnens gefangenzuhalten, mit vagen Versprechungen und flüchtigen Hoffnungen zu ködern, um schließlich

mein ganzes Leben aufzuzehren, ohne daß es je etwas gewonnen oder vollbracht oder besessen hätte. Die traurige Erinnerung an die lange Reihe verlorener Jahre steigt vor mir auf. Ich sehe, wie die unablässig lockende Zukunft im Herannahen sich verändert und wie sie zusammenschrumpft. Im düsteren Licht der Gegenwart von einem Todeshauch berührt, verbleicht sie im Augenblick, wo man genießen möchte; und ihr Lockgewand, ihre abgelebten Reize hinter sich zurücklassend, zieht sie einsam vorbei, verlassen, gespenstisch, und schleppt schwer an ihrer erschöpften, häßlichen Jammergestalt, als wollte sie sich lustig machen über die Lähmung, in die uns das grausige Vorüberschleifen ihrer endlosen Kette versetzt; wenn ich jene entzauberten Räume erahne, in die sich der Rest meiner Jugend und meines Lebens hinschleppt, und wenn mein Gedanke im voraus dem eintönigen Abhang zu folgen versucht, wo alles hinabgleitet und entschwindet, was denkst du, was mich an seinem Ende erwartet, und wer könnte mir den Abgrund verbergen, wo dies alles ein Ende nehmen wird? Und wenn ich, müde und angewidert, zur Überzeugung komme, daß ich nichts mehr vermag, soll ich dann nicht wenigstens nach Ruhe suchen? Und wenn eine unausweichliche Macht auf mir lastet und nicht locker läßt, wie anders soll ich Ruhe finden, als indem ich mich selber hinabstürze?
Ein jedes Ding soll das Ende haben, das seiner Natur entspricht. Mein Leben in seiner ganzen Bedürftigkeit – es ist abgeschnitten vom Lauf der Welt; wozu also noch lange dahinvegetieren, zu niemandes Nutzen, mir selber zur Last? Dem lächerlichen Lebenstrieb zuliebe! Um zu atmen und älter zu werden! Um mit bitterem Gefühl aufzuwachen, wenn alles schläft, und mich in die Finsternis zurückzuziehen, wenn die Erde in Blüte steht; um vom Verlangen nur das Entbehren zu kennen und nur den Traum vom Leben; um auf dem Schauplatz menschlichen Leidens nutzlos abseits zu stehen, wenn niemand glücklich wird durch mich und wenn ich die Rolle eines Menschen nur der Idee nach kenne; um an einem verpaßten Leben zu hangen, ein feiger Sklave, den das Leben zurückstößt und der sich an dessen Schatten klammert, voll Lebensgier, als besäße er noch immer das wirkliche Leben, und der ein jämmerliches Dasein vorzieht, da ihm der Mut zum Nichtsein fehlt!
Was sollen mir all die Spitzfindigkeiten einer tröstlichen, einschlä-

fernden Philosophie, dieser eitlen Verstellungskunst des Kleinmuts, dieser hohlen Dulderweisheit, die das brav ertragene Elend verewigt und unsere Knechtschaft durch eine erdichtete Notwendigkeit rechtfertigt.
Nur Geduld! hör' ich sagen; das seelische Leiden läßt von selber nach, je länger es dauert. Geduld! die Zeiten ändern sich, und du wirst deine Ruhe haben; oder sie ändern sich nicht, aber du selber bleibst nicht der gleiche. Nimm die Gegenwart, wie sie ist, und das übersteigerte Gefühl einer besseren Zukunft wird sich mäßigen; und wenn du das Leben ertragen gelernt hast, so wird es deinem ruhigeren Herzen gut bekommen. – Eine Leidenschaft nimmt ein Ende, ein Verlust läßt sich vergessen, ein Unglück wiedergutmachen: Ich aber, ich habe weder eine Leidenschaft, noch klage ich über einen Verlust oder ein Unglück; da ist nichts, was aufhören, nichts, was vergessen oder wiedergutgemacht werden könnte. Eine neue Leidenschaft mag von einer alten ablenken, die schal geworden ist, aber wo soll ich Nahrung finden für mein Herz, wenn einmal der Hunger erlischt, der es jetzt peinigt? Nach allem verlangt es, alles ersehnt es, und alles umfängt es. Was könnte mir diese Unendlichkeit ersetzen, die mein Geist so gebieterisch fordert? Entbehrungen lassen sich verschmerzen, wenn sich dafür anderes erfüllt; aber welche Erfüllung vermöchte über die Entbehrung von Allem hinwegzutäuschen? Mein Ich schließt alles in sich ein, was der menschlichen Natur eigen ist; es hat sich, seiner Natur gehorchend, davon nähren wollen, und es ist zu einem wesenlosen Schatten geworden. Weißt du eine Erfüllung, die über die Entbehrung der Welt hinwegtröstet? Wenn die Leere in meinem Leben mein Unglück ist, wie soll dann die Zeit die Leiden lindern, welche die Zeit nur verschlimmert? Wie soll ich auf ihr Ende hoffen, wenn es gerade ihre Dauer ist, die sie so unerträglich macht? – Geduld! vielleicht bringen dir bessere Zeiten, was dir die Gegenwart anscheinend versagt. – O ihr Eintagsmenschen, die ihr alternd eure Pläne schmiedet und auf eine ferne Zukunft spekuliert, wenn euch der Tod schon auf den Fersen ist; die ihr euch in tröstlichen Illusionen wiegt, mitten in der Unbeständigkeit aller Dinge – spürt ihr denn nichts von ihrem hurtigen Lauf? seht ihr nicht, daß euer Leben im wiegenden Hin und Her einschlummert, und daß dieser beständige Wechsel, der euer betörtes Herz am Leben erhält, es nur dazu bewegt, um es mit einem baldigen letzten Stoß zu

vernichten? Wäre das Leben des Menschen ewig, ja wäre es nur schon länger oder bliebe es bis in die letzten Stunden so, wie es bisher gewesen ist, vielleicht, daß ich mich dann von der Hoffnung verführen ließe, daß ich warten würde auf das, was wenigstens als möglich erschiene. Aber gibt es denn etwas Bleibendes im Leben? Bringt der morgige Tag die gleichen Bedürfnisse wie der heutige, und wird, was für heute nötig ist, auch morgen noch gut sein? Unser Herz ändert sich rascher als die Jahreszeiten; deren Wechsel duldet immerhin eine gewisse Unveränderlichkeit, indem er sich über Jahrhunderte wiederholt. Aber unsere Tage kehren nicht wieder, und sie haben nicht zwei Stunden, die einander ähnlich sind; kein Lebensalter erneuert sich, jedes hat seine eigenen Bedürfnisse; verliert es seine Besonderheit, so bleibt sie für immer verloren, und keine Zeit vermag nachzuholen, was dem Mannesalter versagt blieb. – Nur ein Narr will gegen die Notwendigkeit kämpfen. Der Weise nimmt die Dinge so, wie ihm sein Schicksal sie gibt; er ist bestrebt, sie nur in den Beziehungen zu betrachten, die sie ihm zum Vorteil gereichen lassen; ohne sich unnütz darum zu sorgen, auf welchen Pfaden er durch die Welt irrt, weiß er bei jedem Obdach, das an seinem Weg liegt, die Annehmlichkeiten der Umstände so wie die ruhige Geborgenheit zu genießen; und da er, komme, was wolle, das Ziel seiner Wanderung alsbald finden wird, schreitet er mühelos dahin, selbst dann noch unbesorgt, wenn er sich verirren sollte. Was hätte er schon davon, wenn er mehr begehrte, wenn er der Macht der Welt Widerstand leisten, wenn er den Fesseln und einem unausweichlichen Unglück entfliehen wollte? Kein Einzelner kann den allgemeinen Lauf aufhalten, und nichts ist sinnloser, als über Leiden zu klagen, die notwendig mit unserer Natur verknüpft sind. – Wenn schon alles notwendig ist, was wollt ihr dann meiner Langeweile entgegenhalten? Wozu sie tadeln, kann ich anders empfinden? Wenn aber im Gegenteil unser je eigenes Schicksal in unseren Händen liegt, wenn der Mensch wählen und wollen kann, so erwarten ihn auf jeden Fall Hindernisse, die er nicht bezwingt, und Leiden, die er seinem Leben nicht ersparen kann; jedoch all sein Streben vermag höchstens ihn selbst zu vernichten. Nur wer um jeden Preis leben will, ist von allem abhängig und allem unterworfen; aber wer nichts begehrt, kann auch von nichts abhängig sein. Ihr verlangt, ich solle mich in unvermeidliche Leiden schicken; das ist auch mein Wille; aber wenn ich willens bin, allem zu entsagen, so gibt es für mich auch keine unvermeidlichen Leiden mehr.

Die zahlreichen Freuden, die dem Menschen auch noch im Unglück bleiben, vermöchten mich nicht zurückzuhalten. Es gibt mehr Freuden als Leiden, sehr richtig, und doch würde man sich gewaltig täuschen, wenn man so rechnen wollte. Ein einziges Leid, das wir nicht vergessen können, bringt uns um die Wirkung von zwanzig Freuden, die wir zu genießen scheinen; und allen wohlbegründeten Versicherungen zum Trotz gibt es viele Leiden, die man nur mit größter Anstrengung und erst nach langer Zeit vergessen kann, sofern man nicht ein Sektierer und ein wenig fanatisch ist. Die Zeit heilt Wunden, gewiß, und die Ausdauer des Weisen wird noch schneller fertig damit; aber die erfinderische Phantasie der übrigen Menschen hat die Leiden dermaßen vervielfacht, daß, ehe das eine vorbei ist, sich schon ein anderes meldet; und da die Freuden so vergänglich sind wie die Leiden, und käme auf zehn Freuden ein einziges Leid – wenn die Bitternis eines einzigen Kummers, solange er währt, hundert Freuden verdirbt, so wird dem, der sich keine falschen Hoffnungen mehr macht, das Leben zumindest gleichgültig erscheinen und wertlos. Das Übel bleibt, das Gute ist dahin: Um welchen Reiz und zu welchem Zweck soll ich das Leben noch weiter ertragen? Der Ausgang ist bekannt; was bleibt noch zu tun? Wahrhaft unersetzlich ist nur ein Verlust: der des Verlangens, der Hoffnung.

Ich weiß, daß uns Menschen ein Naturtrieb ans Leben fesselt; aber das ist gewissermaßen ein Gewohnheitsinstinkt, und er beweist keinesfalls, daß das Leben gut sei. Alles, was lebt, muß, eben weil es lebt, am Leben hangen; einzig die Vernunft läßt es dem Nichts furchtlos ins Auge blicken. Es ist seltsam, daß der Mensch, dessen Vernunft so gern den Instinkt verachtet, sich ausgerechnet auf den blindesten Trieb stützt, um die Trugschlüsse eben dieser Vernunft zu rechtfertigen.

Man wird einwenden, die Erbitterung über das Leben rühre vom Ungestüm der Leidenschaften her; der Greis klammere sich umso fester ans Leben, je mehr ihn das Alter zu ruhiger Einsicht führe. Ich mag nicht prüfen, ob die Vernunft eines abgelebten Menschen mehr wert ist als die seiner besten Jahre; ob nicht jedes Alter seine schickliche Art des Empfindens hat, die einem andern Alter nicht ansteht; und ob nicht unsere kraftlosen Institutionen und unsere

Greisentugenden, die zumindest in den Grundsätzen das Werk der Gebrechlichkeit sind, stark zugunsten des Greisenalters sprechen. Ich würde lediglich entgegnen: Jeder auch nur halbwegs befriedigende Genuß weckt im Augenblick des Verlustes ein schmerzliches Verlangen; was nach langem Besitz unwiederbringlich verloren ist, läßt sich nie kühl betrachten; und unsere Phantasie, die, wie das Leben noch und noch zeigt, jeden Vorteil fahren läßt, kaum daß er erreicht ist, um unser Streben auf das zu lenken, was uns noch zu erringen bleibt, achtet im Verlornen nur auf das Gute, das uns genommen worden, und nicht auf das Übel, von dem wir befreit sind.

Auf diese Weise läßt sich nun freilich der Wert, den das wirkliche Leben für die meisten Menschen hat, nicht richtig einschätzen. Fragt sie vielmehr an jedem Tag dieses zeitlichen Lebens, auf das sie ohne Unterlaß hoffen, ob sie der gegenwärtige Augenblick befriedige oder enttäusche oder gleichgültig lasse; nur so werdet ihr zuverlässige Auskunft erhalten. Mit jeder andern Einschätzung macht man sich nur selber etwas vor, und ich will, daß verworrene Vorstellungen und altbekannte Scheinargumente einer klaren, einfachen Wahrheit weichen.

Man wird mir im Ernst zureden und sagen: Zügle dein Verlangen, setze deinen unersättlichen Bedürfnissen Grenzen; hänge dein Herz an erreichbare Dinge – wozu denn begehren, was dir die Umstände verweigern? warum fordern, was die Menschen so leicht entbehren? warum etwas Nützliches wollen, das den meisten gar nicht erst in den Sinn käme? warum klagen über das öffentliche Elend, wo doch nicht ein Glücklicher darüber den Schlaf verliert? was helfen diese Gedanken einer starken Seele, dieses Streben nach dem Erhabenen? kannst du nicht von Vollkommenheit träumen, ohne gleich die Menge davon überzeugen zu wollen, die ja nur lacht darüber, während du seufzt? und brauchst du denn, um deines Lebens froh zu werden, ein heroisches oder ein genügsames Dasein, Verhältnisse, die nach Taten verlangen, eine erwählte Gegend, Menschen und Dinge nach deinem Sinn? Dem Menschen frommt alles, wenn er nur lebt; und überall, wo er leben kann, lebt er gut, wenn er nur will. Steht er in gutem Ruf, hat er ein paar Freunde, die ihm wohlwollen, ein Haus und so viel als nötig, um etwas zu gelten, was braucht er noch mehr? Gewiß, auf diesen Ratschlag eines gestandenen Mannes wüßte ich nichts zu erwidern; er dünkt mich wirklich sehr gut für alle, die ihn gut finden.

Indes bin ich jetzt ruhiger, und langsam werde ich auch meiner Ungeduld überdrüssig. Düstere, aber stille Gedanken werden mir allmählich vertraut. Ich sinne gern jenen nach, die schon an ihrem Lebensmorgen in ihre ewige Nacht eingehen durften; diese Empfindung gibt mir Ruhe und Trost; es ist das Nachtverlangen. Aber warum diese Sehnsucht nach dem Dunkel? warum schmerzt mich das Licht? Einst werden sie es wissen; wenn sie anders geworden sind; wenn ich nicht mehr bin.

Wenn du nicht mehr bist! du denkst doch nicht an ein Verbrechen? – Wenn ich, müde der Leiden dieses Lebens und zumal von seinen Freuden enttäuscht, schon über dem Abgrunde schwebend, der für die Todesstunde bestimmt ist, zurückgehalten vom Freunde, vom Moralisten angeklagt, von meinem Vaterlande verurteilt, im Urteil der Gesellschaft schuldig, wenn ich dann auf dieses Freundeswort und auf diese Anschuldigungen antworten müßte, so dürfte ich, scheint mir, das Folgende vorbringen:

Ich habe alles gesehen, alles erwogen; ich habe, wenn nicht alles erlebt, so doch alles geahnt. Meine Seele ist matt geworden ob eurer Leiden. Sie sind unerträglich, denn sie sind ohne Ende und Zweck. Eure Freuden sind unwirklich, flüchtig, ein Tag genügt, um sie zu kosten und zu lassen. Ich habe das Glück in mir selbst gesucht, doch ohne verblendeten Eifer; ich sah ein, daß es nicht taugt für den einsamen Menschen; so trug ich es jenen an, die in meiner Nähe lebten, sie hatten nicht die Muße, um daran zu denken. Ich befragte die Menge, die im Elend darbt, befragte die Reichen, die vor Langerweile seufzen, und sie gaben mir zur Antwort: Heute leiden wir, morgen geht es uns besser. Ich für mich weiß, daß jeder neue Tag dem Beispiel des vergehenden folgen wird. So lebt denn, ihr, die ein schönes Trugbild noch immer zu täuschen vermag! ich aber, der ich der falschen Hoffnungen müde bin, nichts mehr erwarte und kaum nach etwas begehre, ich brauche nicht länger zu leben. Ich blicke auf das Leben zurück wie ein Mensch, der ins Grab steigt; so mag es sich denn öffnen für mich. Soll ich das Ende hinausschieben, wenn es schon da ist? Die Natur wartet mit Täuschungen auf, die für wahr genommen, die vergöttert sein wollen; sie hebt den Schleier erst weg, wenn es Zeit ist zum Sterben; euch läßt sie ihn noch, so lebt denn! Mir nahm sie ihn, mein Leben ist schon vorbei.

Mag sein, daß der wahre Vorteil des Menschen in seiner moralischen Unabhängigkeit liegt, und daß sich in seinen Leiden nur das Gefühl seiner eigenen Schwachheit in vervielfältigten Umständen ausdrückt? daß die äußere Welt nur ein Traum ist, und daß sich der Frieden nur drinnen im Herzen finden läßt, das den Täuschungen keinen Einlaß gewährt. Aber worauf soll sich sein Geist verlassen, wenn er die Illusionen verloren hat? was soll man anfangen im Leben, wenn alles in diesem Leben gleichgültig geworden ist? Wenn die Leidenschaft für alles, wenn dieses allumfangende Verlangen der starken Seele unser Herz verzehrt hat, wenn der Zauber aus unseren enttäuschten Hoffnungen gewichen ist, so steigt aus der erkaltenden Asche die unheilbare Langeweile auf, unheimlich, schauerlich, vertilgt jede Hoffnung, herrscht über die Trümmer, vernichtend, verdunkelnd, tödlich. Mit unbesieglicher Kraft schaufelt sie uns das Grab, eine Zuflucht, die wenigstens im Vergessen Ruhe schenkt und den Frieden im Nichts.

Was soll man, so ganz ohne Hoffnung, mit dem Leben anfangen? Stumpf dahinleben; sich lustlos auf dem mühsamen Pfad der Sorgen und Geschäfte fortschleppen; kraftlos in der Niedrigkeit des Sklaven oder in der Nichtigkeit der Menge kriechen; denken, ohne der Weltordnung zu dienen; empfinden, ohne zu leben! Auf diese Weise überläßt der Mensch, elender Sklave eines rätselhaften Schicksals, sein Leben dem Zufall und den Umständen und dem Zeitlauf. So eilt er, irregeführt durch die Einwendungen seiner Wünsche, seiner Vernunft, seiner Gesetze, seiner Natur, in keckem frohem Schritt der Grabesnacht entgegen. Mit flammendem Blick, jedoch verwirrt von all den Trugbildern rings umher und das Herz von Entbehrungen gequält, so sucht er und verirrt er sich, so lebt er dahin und entschlummert.

Harmonie der Welt! – erhabener Traum! Ihr heiligen Worte der Menschheit: Sittlicher Zweck, Dank gegen die Gesellschaft, Gesetz und Pflicht! Wenn ich eurer spotte, so nur im Blick auf die Menge, die sich verblenden läßt.

In Wahrheit lasse ich Freunde zurück, die betrübt sein werden, mein Vaterland, dem ich seine Wohltaten zu wenig vergolten habe, all die Menschen, denen ich hätte dienen sollen; das sind Klagen, aber keine Gewissensqualen. Wer könnte den Wert der

Freundschaft, das Gebot der Pflichten, das Glück des Dienens stärker empfinden als ich? Ich hatte gehofft, ich könnte dies und jenes Gute tun, das war der schmeichelndste, der unsinnigste meiner Träume. Bei der fortwährenden Ängstlichkeit eures immerfort unruhigen, schwankenden, unterwürfigen Daseins folgt ihr alle, blind und gefügig, dem ausgetretenen Pfad der bestehenden Ordnung, liefert ihr euer Leben euren Gewohnheiten aus und verscherzt es wie einen einzigen Tag. Ich könnte mich genauso wie ihr in diese allgemeine Verwirrung hineinziehen lassen und auf diesem Irrweg dann und wann etwas Nützliches tun; aber dies Gute kann ein jeder leicht erbringen, und redliche Menschen werden es auch ohne mich tun. Denn es gibt sie; sie mögen leben, mögen sich nützlich machen und dabei glücklich werden. Was mich anbelangt, ich muß gestehen, daß ich in diesem Abgrund des Leidens keinen Trost mehr finde, wenn ich nicht mehr tun kann. Vielleicht, daß ich einem Unglücklichen in meiner Nähe das Leben erleichtern könnte; Hunderttausende würden weiter seufzen, und ich müßte hilflos mitansehen, wie sie die bittern Früchte menschlicher Verirrungen immerfort der Natur der Dinge zuschreiben und wie sich das Elend ewig fortzeugt, als wäre es das Werk einer ehernen Notwendigkeit, wo ich darin nur die zufälligen Launen einer Vervollkommnungsfähigkeit sehe, die in den Versuchen steckenbleibt! Man möge streng richten über mich, falls ich mich geweigert haben sollte, ein glückliches Leben dem Gemeinwohl zu opfern; aber wenn ich, zu einem unnützen Leben verurteilt, den längst ersehnten Tod herbeirufe, so empfinde ich, noch einmal! keine Gewissensqualen, höchstens Trauer. Wäre es ein vorübergehendes Unglück, das ich erleide, und zöge ich die Veränderlichkeit der Eindrücke und der Verhältnisse in Betracht, so müßte ich ohne Zweifel auf bessere Tage warten. Aber das Leid, das auf meinem Leben lastet, ist kein vergängliches Leid. Wer wird die Leere füllen, in der meine Jahre langsam verrinnen? Wer wird meinem Leben die Hoffnung zurückgeben und meinem Willen die Zuversicht? Es ist gerade das Gute, das mir wertlos erscheint; wenn doch die Menschen dafür sorgten, daß man nur noch über das Schädliche zu klagen hätte! Während das Gewitter tobt, stärkt uns die Hoffnung; und man hält der Gefahr stand, weil ein Ende zu erwarten ist. Aber wenn es die Stille ist, die dich anwidert, was erhoffst du dann noch? Wenn der morgige Tag eine Besserung verspricht, so mag ich mich gedulden, aber wenn es mein Schicksal will, daß er nicht besser, sondern nur schlimmer wird, so will ich diesen traurigen Tag nicht erleben.

Ist es tatsächlich ein Gebot, daß ich das Leben, das ich empfangen habe, zu Ende lebe, nun gut, so will ich seinen Leiden trotzen; die reißende Zeit nimmt sie bald fort. Unsere Tage, wie kummervoll immer, sind gezählt und also erträglich. Tod und Leben sind in meiner Macht; weder hange ich an diesem, noch begehre ich jenes; mag die Vernunft entscheiden, ob ich das Recht habe, zwischen beidem zu wählen.

Man hält mir entgegen, es sei ein Verbrechen, aus dem Leben zu fliehen; aber die gleichen Klügler, die mir den Tod verwehren, liefern mich ihm aus oder schicken mich hinein. Ihre Reformen vervielfachen ihn, wo ich hinschaue, ihre Grundsätze lassen mir keine andere Wahl, ihre Gesetze verurteilen mich dazu. Es ist rühmlich, dem Leben zu entsagen, wenn es schön ist; es ist gerecht, den zu töten, der leben möchte; und dieser Tod, dem man sich stellen soll, wenn man ihn fürchtet, soll ein Verbrechen sein, wenn man ihn herbeiwünscht! Unter tausend Vorwänden, so fadenscheinig wie lächerlich, treibt ihr ein Spiel mit meinem Leben; und ich selber sollte kein Recht mehr haben über mich? Wenn ich am Leben hange, soll ich es verachten; wenn ich glücklich bin, schickt ihr mich in den Tod; und wenn ich den Tod will, kommt ihr mit eurem Verbot; ihr zwingt mich zum Leben, wenn ich es hasse*.

---

* Beccaria hat Vortreffliches gegen die Todesstrafe gesagt; aber ich denke darüber anders als er. Er behauptet, »da der Bürger nur einen möglichst kleinen Teil seiner Freiheit habe abtreten können, habe er auch nicht dem Entzug seines Lebens zustimmen können«; und er fügt hinzu, »da er kein Recht habe, sich selber zu richten, habe er dem Staat auch kein Recht abtreten können, ihn hinzurichten«.

Wenn es um Grundsätze geht, auf die sich eine wirksame Gesetzgebung oder die Moral stützen sollen, so ist es nach meiner Meinung unerläßlich, daß man begründete, unanfechtbare Argumente vorbringt. Eine Sache mag noch so gut sein – wenn man sie mit Gründen untermauert, die bloß den Schein der Wahrheit haben, ist dies immer gefährlich. Sollte sich eines Tages der Schein verflüchtigen, so wird auch die Wahrheit wanken, die sie hätten befestigen sollen. Eine Wahrheit hat ihre echten Gründe, man braucht nicht nach künstlichen zu suchen. Wäre die sittliche und politische Gesetzgebung des Altertums auf einleuchtende Grundsätze gestützt worden, so wäre ihre Macht unerschüttert geblieben, auch wenn, zugegeben, ihre Überzeugungskraft und

Wenn ich mir das Leben nicht nehmen darf, so darf ich mich auch nicht einem wahrscheinlichen Tode aussetzen. Ist das die Vernunft, die ihr von euren Untertanen verlangt? Sie brauchen auf dem Schlachtfeld nur erst die Wahrscheinlichkeiten zu berechnen, bevor sie gegen den Feind antreten, und schon sind eure Helden allesamt Verbrecher. Euer Befehl spricht sie nicht frei: Ihr habt kein Recht, sie in den Tod zu schicken, wenn sie nicht das Recht zur Einwilligung besessen haben. Ein und dieselbe Unvernunft ermächtigt euch zu euren Verrücktheiten und diktiert eure moralischen Vorschriften; und so viel Inkonsequenz soll so viel Ungerechtigkeit rechtfertigen? Wenn ich über mich selbst nicht das Recht auf den Tod habe, von wem hat es dann die Gesellschaft? Habe ich etwas abgetreten, was ich selbst nicht besaß? Welches Grundrecht habt ihr ersonnen, das mir erklären könnte, wie sich eine Körperschaft eine innere, wechselseitige Macht aneignet, die ihre einzelnen Mitglieder zuvor nicht besessen haben, und wie ich zu meiner Unterdrückung ein Recht habe geben können, das mir nicht einmal zustand, um mich der Unterdrückung zu entziehen? Oder will man behaupten, der einzelne sei wohl im Besitz dieses Naturrechts, aber mit seinem Eintritt in die Gesellschaft trete er es ab? Dieses Recht ist doch seinem Wesen nach unveräußerlich, und niemand wird einen Vertrag abschließen, der ihm jede Möglichkeit nimmt, ihn zu brechen, wenn man ihn zu seinem Nachteil

die Begeisterung dafür anfänglich noch nicht so groß gewesen wären. Wollte man heute versuchen, dieses noch fehlende Gebäude aufzurichten, so würde es seinen Nutzen vielleicht erst ganz erweisen, wenn es durch die Jahre zementiert worden wäre, aber diese Überlegung mindert seine Schönheit keineswegs und entbindet nicht von der Aufgabe, es in Angriff zu nehmen.

O. geht über Zweifel, Mutmaßungen und Wunschträume nicht hinaus; er denkt, aber klügelt nicht; er erwägt, aber entscheidet nicht, beweist nichts. Was er sagt, ist, wenn man so will, eigentlich nichts, aber es kann zu etwas führen. Wenn er in seiner unabhängigen, unsystematischen Art dennoch einem gewissen Leitsatz folgt, so vor allem dem: Wahrheiten einzig zugunsten der Wahrheit vorzubringen und nichts gelten zu lassen, als was zu allen Zeiten zugegeben werden müßte; Redlichkeit der Absicht nicht mit der Stichhaltigkeit von Beweisen zu verwechseln, und nicht zu glauben, es sei gleichgültig, auf welchem Wege man jemanden vom Besten überzeugt. Das Schicksal so mancher religiöser und politischer Sekten zeigt, daß mit Mitteln, die rasch bei der Hand sind, nur kurzlebige Werke geschaffen werden. Dieser Gesichtspunkt scheint mir überaus wichtig zu sein, und hauptsächlich aus diesem Grunde geschieht es, daß ich diese Briefe herausgebe, es mag ihnen in anderer Hinsicht noch so sehr an Gehalt und Deutlichkeit mangeln.

verwendet. Man hat längst vor mir bewiesen, daß der Mensch nicht das Recht hat, auf seine Freiheit oder, anders gesagt, auf seine Menschheit zu verzichten. Und wie sollte er dann das wesentlichste, das gewisseste, das unabweislichste Recht verlieren können, das diese Freiheit in sich schließt, das einzige Recht, das ihm seine Unabhängigkeit garantiert und das ihm jederzeit gegen das Unglück verbleibt? Wie lange noch lassen sich Menschen von einem solch dreisten Unsinn einschüchtern?

Sollte es ein Verbrechen sein, dem Leben abzusagen, so würde ich zuallererst euch anklagen, euch und eure unheilvollen Neuerungen, die mich dahin gebracht haben, den Tod zu wollen, den ich ohne euch verworfen hätte: diesen totalen Verlust, den nichts wiedergutmacht, diese letzte, traurige Zuflucht, die ihr mir auch noch zu verwehren wagt, als ob euch irgendein Zugriff auf meine letzte Stunde zustünde und die Art eurer Gesetzgebung auch da noch, außerhalb der Welt, die ihr regiert, Rechte beschneiden könnte. Unterdrückt doch mein Leben! das Gesetz ist ja oft genug das Recht des Stärkeren – aber der Tod soll die Grenze sein, die ich eurer Macht setze. Andernorts seid ihr stark im Befehlen, so zeigt es auch hier!

Sagt klar und ohne die üblichen Umschweife, ohne eure hohle Beredsamkeit, die bei mir nicht mehr verfängt, ohne die großen, mißverstandenen Begriffe der Standhaftigkeit, der Tugend, der ewigen Ordnung, der sittlichen Bestimmung, sagt mir schlicht und einfach, ob die Gesetze der Gesellschaft für die jetzige, wirkliche Welt gemacht sind oder für ein fernes zukünftiges Leben? Sind sie für die jetzige Welt gemacht, so sagt mir, wie Gesetze, die sich auf eine Lebensordnung beziehen, mich auch dann noch binden können, wenn diese Ordnung nicht mehr existiert? wie das, was das Leben regeln soll, über das Leben hinauswirkt? wie die Form, in der wir unsere Beziehungen festgelegt haben, weiterbestehen mag, wenn diese Beziehungen aufgehört haben? und wie ich je habe einwilligen können, daß unsere Abmachungen mich auch dann binden, wenn ich keine mehr will? Welches ist die Begründung, oder besser: der Vorwand für eure Gesetze? Verhießen sie nicht das *Glück für alle*? Wenn ich den Tod will, so bin ich offenbar nicht glücklich. Soll der Vertrag, der mir zur Last wird, unwiderruflich sein? In den persönlichen Angelegenheiten finden wir für eine lästige Verpflichtung wenig-

stens einen Ausgleich; und man kann einen Vorteil opfern, wenn uns die Möglichkeit bleibt, dafür andere einzutauschen; aber könnte es einem Menschen, der von Recht und Wahrheit wenigstens noch einen schwachen Begriff hat, je in den Sinn kommen, auf alles zu verzichten? Jede Gesellschaft beruht auf einem Zusammenwirken von Fähigkeiten, auf dem Austausch von Diensten; wenn ich jedoch der Gesellschaft schade, wird sie mir dann nicht ihren Beistand versagen? Wenn sie hingegen nichts für mich tut oder sogar manches gegen mich tut, so habe auch ich das Recht, ihr meine Dienste zu verweigern. Unser Vertrag paßt ihr nicht mehr, sie bricht ihn; oder er paßt mir nicht mehr, so breche ich ihn. Ich revoltiere nicht, ich gehe.
Eure tyrannische Eifersucht macht einen letzten Anlauf. Zu viele Opfer würden euch entrinnen; zu viele Beweise des öffentlichen Elends zeugten gegen eure großmäuligen Versprechungen und deckten die herzlose Kälte und die nackte Gewinnsucht in euren arglistigen Gesetzbüchern auf. Ich war einfältig genug, zu euch von Gerechtigkeit zu reden! ich sehe das mitleidige Lächeln in eurem väterlichen Blick! Es sagt mir, daß Gewalt und Habsucht die Menschen regieren. Ihr habt es so gewollt, nun gut! wie wird sich euer Gesetz behaupten? Wen wird es für seine Übertretung bestrafen? Wird es auch den belangen, der nicht mehr lebt? Wird es seine verlästerte Tat an den Seinen rächen? Nutzlose Raserei! Vervielfältigt unser Elend, das ist nötig für die großen Dinge, die ihr vorhabt, nötig für die Art Ruhm, die ihr begehrt. Knechtet uns, martert uns, aber tut es wenigstens zu einem Zweck; seid ungerecht, kaltblütig und grausam, aber hoffentlich nicht umsonst. Hohn und Spott über ein Sklavengesetz, das weder Gehorsam noch Sühne kennt!
Wo eure Gewalt aufhört, fängt eure Heuchelei an; es gehört eben notwendig zu eurer Herrschaft, daß ihr nicht aufhören könnt, mit den Menschen euer Spiel zu treiben. Nun soll es also die Natur sein, soll es die göttliche Vernunft sein, die verlangen, daß ich mein Haupt unter das schimpfliche drückende Joch beuge. Sie also wollen, daß ich mich brav an meine Kette lege, daß ich mich folgsam daran fortschleppe, bis zum Zeitpunkt, wo es euch beliebt, sie auf meinem Kopf zu zerschlagen. Ihr mögt tun, was ihr wollt, ein Gott hat euch mein Leben anvertraut; und die Ordnung dieser Welt würde sich umkehren, wenn euch euer Sklave entwischte.

Der Ewige hat mir das Leben geschenkt und in der großen Harmonie seiner Werke meine besondere Rolle zugeteilt; ich soll sie zu Ende spielen, und ich habe kein Recht, mich seiner Allmacht zu entziehen. – Ihr vergeßt etwas allzu rasch die Seele, die ihr mir gegeben habt. Dieser irdische Leib ist ja nur Staub, wißt ihr es nicht mehr? Doch mein Geist, dieser unvergängliche Hauch, wird sich, ein Ausfluß des Weltgeistes, dessen Gesetz nicht entziehen können. Wie vermöchte ich das Reich des Herrschers über alle Dinge jemals zu verlassen? Ich wechsle nur den Ort; die Orte aber sind nichts vor dem, der alles umfängt und regiert. Er hat mir meinen Platz so wenig ausschließlich auf der Erde angewiesen wie in jenen Gefilden, von wo er mich ins Leben entließ.

Die Natur wacht über meine Erhaltung; also soll ich mich auch dazu am Leben erhalten, um ihren Gesetzen zu gehorchen; und da sie mir die Todesfurcht gegeben hat, darf ich den Tod nicht begehren. Das klingt recht schön, aber die Natur erhält oder opfert mich ganz nach ihrem Belieben; wenigstens folgt der Lauf der Dinge in dieser Hinsicht keinem ersichtlichen Gesetz. Möchte ich gern leben, so öffnet sich ein Abgrund und verschlingt mich; oder ein Blitz fährt herab und rafft mich hinweg. Nimmt mir die Natur das Leben, das sie mich lieben lehrte, so mag ich es mir selber nehmen, wenn ich es nicht mehr liebe; entreißt sie mir eine Freude, so beklage ich ein Leid; liefert sie mein Dasein dem willkürlichen Lauf der Ereignisse aus, so werfe ich's weg, oder behalte es, wie ich will. Sie hat mir das Vermögen des Wählens und Wollens gegeben, also brauche ich es auch für den Fall, daß ich zwischen den alleräußersten Vorteilen wählen soll; und ich kann mir nicht vorstellen, daß ich sie beleidigen sollte, wenn ich die von ihr empfangene Freiheit dazu brauche, mich für das zu entscheiden, was sie mir einflüstert. Als ein Geschöpf der Natur befrage ich ihre Gesetze und finde darin meine Freiheit. Als ein Glied der Gesellschaft wende ich mich gegen die irrigen Vorschriften der Moralisten und klage über Gesetze, die aufzustellen kein Gesetzgeber das Recht gehabt hat.

In allem, was nicht durch ein höheres, unanfechtbares Gesetz verboten ist, gilt mir mein Verlangen als mein Gesetz, denn es ist das Zeichen des natürlichen Instinkts; es ist einzig darum mein Recht, weil es mein Verlangen ist. Das Leben ist nicht gut für mich, wenn mich seine Freuden enttäuschen und mir nichts als seine Leiden verbleiben; dann wird es tödlich für mich; ich entsage ihm, das ist das Recht desjenigen Lebewesens, das wählt und will*.

Wenn ich mich zu reden getraue, wo so viele andere gezögert haben, so folge ich einer innersten Überzeugung: Stimmt meine Entscheidung mit meinen Bedürfnissen überein, so ist sie wenigstens durch keinerlei Parteilichkeit diktiert; bin ich auf einem Irrweg, so wage ich zu behaupten, daß ich nicht schuldig bin; ich wüßte nicht wodurch.

Ich habe wissen wollen, was ich tun könne; ich entscheide nicht, was ich tun werde. Ich bin weder verzweifelt noch überspannt. Mir genügt es für meine Ruhe, wenn ich sicher weiß, daß ich die unnütze Last abschütteln kann, wenn sie zu schwer wird. Lange schon bin ich des Lebens überdrüssig, und ich bin es jeden Tag mehr; aber ich bin nicht zum Äußersten getrieben. Ich empfinde sogar eine gewisse Abscheu davor, mein Leben unwiderruflich zu verlieren. Müßte ich im Augenblick entscheiden, ob ich alle Bande zerreißen oder ob ich notgedrungen noch zwanzig Jahre darin gefangen bleiben solle, ich glaube, ich würde nicht lange zögern; aber es eilt mir damit nicht so sehr, denn in ein paar Monaten kann ich es so gut tun wie heute, und die Alpen sind der einzige Ort, wo ich so sterben könnte, wie ich möchte.

ZWEIUNDVIERZIGSTER BRIEF

Lyon, 29. Mai vi

Ich habe deinen Brief ein paarmal von Anfang bis Ende gelesen. Er ist von einem allzu lebhaften Mitgefühl diktiert. Ich achte die Freundschaft, die dich dazu verleitet hat. Ich habe gespürt, daß ich nicht so einsam bin, wie ich meinte. Du machst geschickt sehr löbliche Motive geltend, aber glaube mir, wenn man gegenüber

* Ich bemerke, wie sehr dieser Brief zum Ärgernis Anlaß geben wird. Ich beeile mich deshalb, den Leser darauf hinzuweisen, daß in der Folge das nämliche Problem aus der Sicht eines höheren Alters dargestellt wird. Ich habe den diesbezüglichen Brief bereits gelesen; er tadelt den Selbstmord, und vielleicht erregt er nicht weniger Unwillen als dieser; aber nur bei den gleichen Lesern.

einem leidenschaftlichen Menschen, den die Verzweiflung übermannt, manches vorbringen kann, so läßt sich einem gefaßten Menschen, der auf seinen Tod sinnt, kein einziges stichhaltiges Wort entgegenhalten.

Nicht, als ob ich irgend etwas entschieden hätte. Die Langeweile drückt mich nieder, der Ekel wirft mich zu Boden. Ich weiß, daß ich diese Krankheit in mir habe. Warum kann ich mich nicht mit Schlafen und Essen zufriedengeben? ich tue ja ohnehin beides. Das Leben, das ich friste, ist so unglücklich nicht. Für sich genommen, ist jeder Tag erträglich, aber alle zusammen drücken mich zu Boden. Ein ausgeglichener Mensch muß tätig sein, so tätig sein, wie es seiner Natur entspricht. Es mag ihm genügen, wenn er ein rechtes Obdach hat, ein warmes, weiches Nachtlager, wenn ihn köstliche Früchte nähren, wenn er ein murmelndes Bächlein und zartduftende Blumen in der Nähe hat. Zwinge ihn zur Muße, und das weiche Lager verdrießt ihn, die Düfte ekeln ihn an, die herrlichen Früchte nähren ihn nicht. Nimm ihm deine Gaben, deine Fesseln wieder ab und laß ihn arbeiten, ja sich abrackern: Tätigsein ist ihm Genuß und Leben.

Indessen ist mir die Teilnahmslosigkeit fast wie natürlich geworden; es scheint, der Gedanke an ein tätiges Leben schreckt oder ängstigt mich. Das eng Begrenzte stößt mich ab, sein täglicher Umgang jedoch nimmt mich gefangen. Das Große wird mich immer locken, aber meine Trägheit scheut davor zurück. Ich weiß nicht, was ich bin, was mir liegt, was ich will; ich klage und weiß nicht worüber, hoffe und weiß nicht worauf, ich sehe nichts, als daß ich nicht am rechten Platz bin.

Ich betrachte diese unverlierbare Möglichkeit des Menschen, seinem Leben ein Ende zu setzen, nicht als Gegenstand eines fortwährenden Verlangens oder eines unwiderruflichen Entschlusses, sondern als den letzten Trost in langwierigen Leiden, als den jederzeit möglichen Schlußpunkt eines unerträglich werdenden Lebensekels. Mein Hirngespinst? Noch ein jeder, sagt man, hat seine Luftschlösser gebaut. Zuweilen will es das Schicksal, daß sie Wirklichkeit werden.

Du erinnerst mich an das eindringliche Wort, mit dem *Milord Edouard* einen seiner Briefe beschließt. Ich kann darin keinen Beweis gegen mich sehen. Im Grundsätzlichen bin ich gleicher

Meinung; aber ein ausnahmsloses Gesetz, das es verböte, freiwillig aus dem Leben zu scheiden, scheint mir nicht zwingend daraus hervorzugehen.

Das sittliche Bedürfnis des Menschen, seine Begeisterung, seine ruhelose Sehnsucht, sein natürliches Verlangen nach Ausweitung, all dies scheint anzudeuten, daß ihm sein Ziel nicht in dieser vergänglichen Welt gesetzt ist; daß sein Wirkungskreis nicht auf die sichtbaren Erscheinungen eingeschränkt ist; daß sein Denken die notwendigen, ewigen Begriffe zum Gegenstand hat; daß es seine Aufgabe ist, zur Verbesserung oder Erneuerung der Welt beizutragen; daß es gewissermaßen seine Bestimmung ist, zu schaffen, zu verfeinern, zu ordnen, der Materie mehr Leben, dem Lebendigen mehr Kraft, den Organen größere Vollkommenheit, den Keimen höhere Fruchtbarkeit, den Beziehungen der Dinge mehr Verbindlichkeit, der Ordnung mehr Macht zu geben.

Man hält ihn für den Sachwalter der Natur, den sie dazu bestellt hat, ihr Werk zu verfeinern, die ihm zugänglichen Teile der rohen Materie zu bearbeiten, grobschlächtige Verbindungen den Gesetzen der Harmonie zu unterwerfen, Metalle zu läutern, Pflanzen zu veredeln, Wirkkräfte zu scheiden und zu verbinden, feste Stoffe in flüchtige Stoffe und träge Materie in aktive Materie zu verwandeln, die minder entwickelten Lebewesen zu sich emporzuziehen und sich selber der Urkraft des Feuers, des Lichtes, der Ordnung, der Harmonie und des lebendigen Wirkens entgegenzuheben.

Nach dieser Auffassung bleibt der Mensch, der eines so hohen Amtes würdig ist und Hindernisse wie Enttäuschungen überwindet, bis zum letzten Atemzug bei seinem Auftrag. Ich achte eine solche Standhaftigkeit, aber nichts beweist mir, daß dies wirklich sein Auftrag ist. Wenn der Mensch seinen scheinbaren Tod überlebt, warum, so frage ich abermals, warum sollte sein einziger Auftrag eher hier auf Erden zu erfüllen sein als am Ort und unter den Bedingungen seiner Herkunft? Wenn aber im Gegenteil der Tod das unwiderrufliche Ende seines Lebens ist, kann ihm dann etwas anderes aufgetragen sein als eine Verbesserung der Gesellschaft? Sein Auftrag bleibt derselbe, aber da er notwendig auf das gegenwärtige Leben beschränkt ist, kann er ihn darüber hinaus nicht verpflichten, auch nicht dazu verpflichten, ihm verpflichtet zu bleiben. Er soll hier, in der gesellschaftlichen Ordnung zur

Ordnung beitragen. Er soll unter den Menschen den Menschen dienen. Und gewiß wird ein guter Mensch nicht aus dem Leben scheiden, solange er sich darin nützlich machen kann. Nützlich sein und glücklich sein ist für ihn ein und dasselbe. Er mag es schwer haben, aber wenn er gleichzeitig viel Gutes tut, so ist seine Befriedigung größer als sein Kummer. Hingegen wenn seine Leiden größer sind als das Gute, das er wirkt, so darf er allem aufsagen, ja er sollte es tun, wenn er beides: unnütz und unglücklich ist und wenn er damit rechnen darf, daß sein Los sich in beiderlei Hinsicht nicht mehr verbessern wird. Er hat sein Leben ohne seine Einwilligung empfangen; wäre er nun weiterhin gezwungen, es zu behalten, welche Freiheit bliebe ihm noch? Er kann auf seine übrigen Rechte verzichten, auf dieses aber nie; ohne diesen letzten Ausweg wäre seine Abhängigkeit grausam. Viel Leid zu erdulden, um ein klein wenig nützlich zu sein, ist eine Tugend, zu der man jemandem raten mag, der im Leben steht, aber nicht eine Pflicht, die man dem vorschreiben dürfte, der sich davon abwendet. Es ist eine verbindliche Tugend, solange man Nutznießer ist; unter dieser Bedingung bist du ein Mitglied des Staates; aber wenn du den Vertrag aufkündigst, verpflichtet er dich nicht länger. Und übrigens, was versteht man unter Nützlichkeit, wenn man sagt, ein jeder könne sich nützlich machen? Ein Schuhmacher, der seine Arbeit gut macht, bewahrt dadurch seine Kunden vor Hühneraugen; aber es leuchtet mir nicht ein, daß ein unglücklicher Schuhmacher im Ernst verpflichtet sein soll, an nichts anderem als an Schwindsucht zu sterben, nur um weiterhin mit aller Sorgfalt das Fußmaß zu nehmen. Wenn es das ist, womit wir uns nützlich machen, so ist es uns doch wohl erlaubt, damit aufzuhören. Der Mensch erträgt das Leben oftmals bewunderungswürdig, aber das heißt nicht, daß er dazu jederzeit verpflichtet wäre.
Mich dünkt, das sind viele Worte für einen völlig klaren Sachverhalt. Aber für wie klar ich ihn immer halte, so glaube nur ja nicht, daß ich nur noch diesen einen Gedanken im Kopf hätte und daß ich der Willenstat, die das Leben zu beenden vermag, mehr Bedeutung beimesse als irgendeiner andern Tat in diesem Leben. Ich sehe nicht, warum der Tod eine so ernste Sache sein soll; viele sterben, ohne daß ihnen Zeit bleibt, daran zu denken, ja ohne daß sie es wissen. Gewiß, einen freiwilligen Tod soll man sich gut

überlegen, aber das gilt schließlich für alle Handlungen, die über den Augenblick hinauswirken.

Wenn eine bestimmte Lage wahrscheinlich wird, so prüfe man beizeiten, was sie von uns fordern mag. Es ist nur gut, wenn man schon vorher daran gedacht hat, sonst kommt man leicht in den Fall, entweder unüberlegt zu handeln oder vor lauter Überlegung den Zeitpunkt des Handelns zu verpassen. Ein Mann, der, ohne seine Grundsätze gefaßt zu haben, mit einer Frau alleine zusammen ist, beginnt nicht erst seine Pflichten zu bedenken, sondern setzt sich gleich über die heiligsten Gebote hinweg und denkt dann vielleicht später daran. Und wie manche Heldentat wäre unterblieben, hätte man sich eine Stunde Zeit nehmen müssen, um über die Sache zu reden, statt das Leben voreilig aufs Spiel zu setzen.

Noch einmal: Ich habe keinen Entschluß gefaßt; aber ich bin froh, zu wissen, daß mir ein Ausweg nicht verwehrt werden kann, und zwar ein Ausweg, der seiner Natur nach sicher ist und der nur schon, wenn ich daran denke, meine Unruhe oftmals zu lindern vermag.

DREIUNDVIERZIGSTER BRIEF

Lyon, 3. Mai VI

La Bruyère hat gesagt: Ich hätte nichts dagegen, wenn ich durch mein Vertrauen von einem klugen Menschen abhängig wäre, der mich in allen Dingen leiten würde, immer und überall. Ich wäre sicher, daß ich richtig handelte, und hätte nicht die Qual der Entscheidung; ich wäre genauso ruhig wie einer, der sich von der Vernunft leiten läßt.

Ich sage dir freimütig, ich möchte noch so gern ein Sklave sein, damit ich unabhängig wäre; aber das soll unter uns bleiben. Vielleicht hältst du dies für einen albernen Scherz. Ein Mensch, der in dieser Welt eine Rolle spielt und die Ereignisse von seinem Willen abhängig machen kann, hat natürlich mehr Freiheit als ein Sklave oder er hat zumindest mehr Befriedigung von seinem Leben, da er es ja nach seinen Vorstellungen gestalten kann. Aber es gibt Menschen, die nach allen Seiten behindert sind. Sobald sie eine Bewegung machen, zwingt sie diese unentwirrbare Fessel, die sie wie ein Netz umfängt, sogleich wieder in ihr Unvermögen zurück; sie ist eine Gegenkraft, die umso mehr wirkt, je kräftiger der Stoß ist. Was soll, meinst du, ein armer Teufel in solcher Bedrängnis tun? Trotz seiner scheinbaren Freiheit vermag er in seinem Leben ebensowenig *hinauszuwirken* wie einer, der das seine im Gefängnis fristet. Diejenigen, die an ihrem Käfig eine schwache Stelle entdeckt haben, wo das Schicksal die Stäbe zu nieten vergaß, und die sich diesen glücklichen Zufall selber zuschreiben, sind rasch bei der Hand und sagen dir: Nur Mut! man muß sich nur an etwas wagen, muß etwas unternehmen; mach es wie wir! Sie wollen nicht einsehen, daß nicht sie es waren, die gehandelt haben. Ich behaupte nicht, daß alles vom Zufall abhängt, aber ich glaube, daß alles, was geschieht, mindestens zum Teil von einer uns Menschen entzogenen Kraft gelenkt wird und daß zum Gelingen eine von unserem Willen unabhängige Beihilfe nötig ist.

Gäbe es nicht eine sittliche Kraft, die das, was wir die Wahrscheinlichkeit des Zufalls nennen, nach ihrem Willen umformt, so wäre der Lauf der Dinge weit ungewisser. Öfter als bisher vermöchte ein einziger Schachzug das Los eines Volkes zu ändern. Jegliches Schicksal wäre einer rätselhaften Berechnung ausgeliefert. Die Welt wäre anders; es gäbe keine Gesetze mehr, denn sie wären unwirksam. Wer sähe nicht ein, daß dies unmöglich wäre? Es gäbe ja Widersprüche: Rechtschaffene Menschen könnten glücklich werden!

Gibt es keine höhere Macht, die alles lenkt, welche sonderbare Täuschung bewahrt dann die Menschen vor der schrecklichen Einsicht, daß sie, um ihre Toilettenspiegel, ihre bengalischen Kerzen, ihre elastischen Krawatten und ihre Taufbonbons zu ergattern, alles so eingerichtet haben, daß ein einziges Mißgeschick oder ein einziger Zwischenfall ein ganzes Leben verpfuschen kann? Eine Frau braucht bloß eine Minute lang nicht an die Zukunft zu denken, und schon bringt ihr diese Zukunft neun Monate bitterster Sorgen und ein Leben voll Schande und Verachtung. Der unbesonnene Bösewicht, der eben sein Opfer umgebracht hat, verspielt vielleicht schon morgen seine Gesundheit für immer, weil auch er an nichts denkt. Seht ihr denn nicht, daß dieser Zustand der Dinge, in dem ein einziger Zwischenfall das sittliche Leben ruiniert, eine einzige Laune Tausende von Menschen hinwegrafft und den ihr die Gesellschaftsordnung nennt, nichts anderes ist als eine Unsumme versteckter Leiden und falscher Illusionen und daß ihr wie jene Kinder seid, die meinen, sie besäßen teure Spielsachen, weil diese mit Goldpapier überzogen sind? Und da sagt ihr seelenruhig: So ist nun einmal die Welt. Nun freilich, und ist dies nicht Beweis genug, daß wir in dieser Welt nur Possenfiguren sind, die ein Scharlatan in Bewegung versetzt und gegeneinander und herauf- und herabführt, der sie lachen und fechten und weinen und Kapriolen machen läßt, zu wessen Vergnügen ...? Ich weiß es nicht. Aber gerade darum möchte ich ein Sklave sein: Mein Wille hätte sich zu fügen, mein Denken bliebe frei. Umgekehrt, wenn ich dem Anschein nach unabhängig bin, müßte ich eigentlich handeln können, wie es meinem Denken entspricht; ich kann es jedoch nicht, und ich vermag auch nicht klar zu erkennen, warum ich es nicht können sollte; folglich ist mein Ich in vollkommener Abhängigkeit, ohne sich selbst dafür entschieden zu haben.

Ich weiß nicht recht, was ich will. Glücklich, wer sich nur gerade seinen Geschäften widmen will! er kann sich sein Ziel vor Augen halten. Es gibt nichts Großes (ich fühle es zutiefst), nichts, wozu der Mensch fähig ist und was ihm erhaben erscheint, das nicht auch meiner Natur zugänglich wäre; und dennoch fühle ich nicht minder deutlich, daß ich mein Ziel verfehlt habe, daß mein Leben verloren und um seine Früchte gebracht ist. Es ist schon jetzt vom Tode gezeichnet: Seine Rastlosigkeit ist so maßlos wie vergeblich; es ist voll Kraft, aber unfruchtbar, voll Leidenschaft und doch müßig inmitten des ewigen stillen Wirkens des Lebendigen ringsumher. Ich kann nichts als wollen, ich muß daher Alles wollen; denn ich finde keine Ruhe, wenn mich das Verlangen quält, und ich kann mich im Leeren an nichts festhalten. Ich möchte glücklich sein! Aber welcher Mensch hätte das Recht, in einer Welt sein Glück zu fordern, wo sich die meisten nur schon damit gänzlich aufreiben, ihr eigenes Elend ein wenig zu verkleinern?

Fehlt mir der Frieden des Glücks, so brauche ich die Tätigkeit eines einflußreichen Lebens. Freilich will ich mich nicht mühsam von Stufe zu Stufe emporarbeiten, einen Platz in der Gesellschaft erringen, angeblich Bessere über mir haben, um auf Geringere hinabschauen zu können. Nichts ist so lächerlich wie diese Hierarchie der Verachtung, die sich nach säuberlich festgelegten Proportionen abstuft und den ganzen Staat umfaßt, angefangen beim Prinzen, der, wie er behauptet, nur Gott über sich hat, bis hinab zum allerärmsten Stiefelputzer draußen in der Vorstadt, der wieder dem Weibe untertan ist, das ihn auf dem schimmligen Stroh nächtigen läßt. Ein Haushofmeister getraut sich kaum in die Gemächer seines Herrn, aber sobald er in die Küche zurückkehrt, ist er wieder Herr und Meister. Den Küchenjungen, der vor ihm zittert, würde jeder für den letzten Menschen halten – zu Unrecht! denn er wiederum gebietet mit aller Härte der Bettlerin, die die Abfälle fortnimmt und in seiner Gunst ein paar Batzen verdient. Der Diener, der Aufträge zu bestellen hat, ist eine Vertrauensperson; er selber gibt seine Aufträge einem andern Diener weiter, der eine weniger gute Figur macht und deshalb für gewöhnlich die schwere Arbeit zu verrichten hat; und der Bettler, der sich in Gunst zu bringen versteht, ruiniert mit seiner Hinterlist den andern, der kein Geschwür vorzeigen kann.

Nur der hat in vollem Maße gelebt, der sein ganzes Leben in einer Stellung verbringt, zu der ihn sein Charakter befähigt; oder auch der, dessen Geist alle Möglichkeiten umschließt, die ihm das Schicksal in jeder erdenklichen Lage zuspielen mag, und der in einer jeden das zu sein vermag, was sie von ihm verlangt. In der Gefahr ist er Morgan; als Volksführer ist er Lykurg; bei den Barbaren ist er Odin, bei den Griechen Alkibiades, im abergläubischen Orient Zerduscht; in der Einsamkeit lebt er wie Philoktet; als Weltherrscher regiert er wie Traian*; in der Einöde sammelt er Kräfte für bessere Zeiten, zähmt Kaimane, durchschwimmt Flüsse, verfolgt den Steinbock über eisige Felsen, entzündet seine Pfeife an der Lava von Vulkanen**, erlegt im Umkreis seines Asyls den nordischen Bären mit selbstverfertigten Pfeilen. Aber dem Menschen ist ein so kurzes Leben beschieden, und es ist völlig ungewiß, ob das, was er hinterläßt, Bestand haben wird. Wäre sein Herz nicht unersättlich, so würde ihm seine Vernunft vielleicht

---

* Hätte O. erst mehr gelesen und dann geschrieben, so hätte er zur Kenntnis nehmen müssen, daß Theodosius weit größer war als Traian; dies ist das heutige Urteil, und es ist zu erwarten, daß man es dereinst auch von Konstantin sagen wird.

** Dies erinnert auffallend an eine Mitteilung im *Abrégé de l'Histoire des Voyages*. Ein Isländer soll einem dänischen Gelehrten erzählt haben, er habe sich seine Pfeife an einem Lavastrom angezündet, der in Island während fast zwei Jahren austrat.

raten, er solle sich mit einem Leben ohne Kummer begnügen und nur ein paar Freunde an seinem Glück teilhaben lassen, die würdig sind, es zu genießen, ohne daß sie sein Werk zunichte machen. Die Weisen, sagt man, kennen keine Leidenschaft und also auch keine Ungeduld; und da sie alles mit dem gleichen Blick betrachten, finden sie in ihrer unerschütterlichen Ruhe den Frieden und die Würde des Lebens. Oft aber stellen sich diesem ruhigen Gleichmut beträchtliche Hindernisse entgegen. Es gibt nur ein sicheres, müheloses und einfaches Mittel, um die Gegenwart so zu nehmen, wie sie sich gibt, und um sich aller Hoffnungen und Sorgen hinsichtlich der Zukunft, die fortwährend ungewiß ist und darum das Denken fortwährend beunruhigt, ganz aus dem Bewußtsein zu verweisen. Um von Furcht und Hoffnung verschont zu bleiben, überläßt man am besten alles dem Zufall als einer Art Notwendigkeit und freut sich oder leidet, wie es eben kommt; und mag die nächste Stunde den Tod bringen, so soll man den gegenwärtigen Augenblick nicht weniger ruhig nutzen. Eine unerschütterliche Seele, die an eine erhabene Betrachtungsweise gewöhnt ist, kann gegenüber dem, was unruhige oder voreilige Menschen als Freude oder Leid bezeichnen, zur Gleichgültigkeit des Weisen gelangen; aber wie soll man ruhig bleiben, wenn man an diese Zukunft denken muß? wie kann man sie vergessen, wenn man sich dafür vorsehen muß? wenn man vorbereiten, planen, Anordnungen treffen muß, wie kann man da ohne Sorgen bleiben? Man soll Zwischenfälle, Hindernisse, Erfolge voraussehen, aber sie voraussehen heißt sie fürchten oder sie erhoffen. Um zu handeln, muß man wollen, und wollen heißt abhängig sein. Es ist das größte Unglück, wenn man gezwungen ist, in Freiheit zu handeln. Der Sklave hat es viel leichter, wahrhaft frei zu sein. Er kennt nur persönliche Pflichten; er läßt sich vom Gesetz seiner Natur leiten; und dieses dem Menschen angeborene Gesetz ist unkompliziert. Auch wenn er von seinem Herrn abhängig bleibt – dieses Gesetz ist klar. Epiktet war glücklicher als Marc Aurel. Der Sklave hat keine Sorgen, diese sind für den Menschen, der frei ist. Der Sklave braucht nicht immerfort zu versuchen, sich selber mit dem Lauf der Dinge in Einklang zu bringen – eine ohnehin stets gefährdete, zweifelhafte Übereinstimmung, eine fortwährende Schwierigkeit für denjenigen Menschen, der sich von seinem Leben Rechenschaft geben will. Freilich, wenn man für andere

Menschen verantwortlich ist, kommt man nicht umhin, ja ist es eine Pflicht, daß man an die Zukunft denkt, sich mit ihr beschäftigt, sich ihr sogar begeistert zuwendet. In diesem Fall ist Gleichgültigkeit nicht mehr erlaubt; und wo ist der Mensch, und mag er dem Anschein nach einsam sein, der nicht zu irgend etwas gut sein könnte und folglich dazu die Mittel suchen müßte? Wo ist er, dessen Sorglosigkeit für niemanden schädliche Folgen haben könnte als nur gerade für ihn selber?

Nach Epikur soll der Weise auf Frau und Kinder verzichten, aber selbst dies genügt noch nicht. Sobald das Wohlergehen irgendeines Mitmenschen von unserer Umsicht abhängt, trüben unzählige kleine, aber lästige Sorgen unseren Frieden, quälen unsere Seele, ja oft ersticken sie unsere Geistesgaben.

Was widerfährt dem, der in solche Fesseln eingeschnürt ist und der sich von Natur aus dagegen aufbäumt? Er wird sich elendiglich abquälen zwischen diesen Sorgen, denen er sich gegen seinen Willen überläßt, und der Verachtung, die ihn dafür gleichgültig macht. Weder wird er über die Ereignisse erhaben sein, denn das darf er nicht, noch ist er fähig, sie zum besten zu wenden. In der Entscheidung ist er unsicher, im Handeln voreilig oder ungeschickt; und so bleibt es ihm verwehrt, etwas Gutes zu tun, denn er kann nichts tun, was seiner Natur entspricht. Wenn man unabhängig leben will, darf man weder Gatte noch Vater sein, ja vielleicht sollte man auch keine Freunde haben; aber derart einsam sein heißt unglücklich sein, heißt umsonst leben. Ein Staatsmann, der über die öffentlichen Geschicke entscheidet, der auf Großes sinnt und es ins Werk setzt, kann nicht auf Einzelne Rücksicht nehmen; er hat Völker zu Freunden, und als Beschützer der Menschheit ist er davon entbunden, es für einen Einzelnen zu sein. Aber mir scheint, wer im Verborgenen lebt, müßte sich zumindest nach jemandem umsehen, mit dem er sich durch Pflichten verbinden könnte. Ein Leben in philosophischer Unabhängigkeit hat gewiß seine Annehmlichkeiten, ist aber fühllos und kalt. Um es nicht schal und langweilig zu finden, muß man schon sehr viel Begeisterung aufbringen. Denn eigentlich ist es doch schrecklich, wenn man sich am Ende seines Lebens sagen muß: Kein einziges Herz ist durch mich glücklich geworden, niemanden habe ich froh gemacht, gefühllos und kalt bin ich durchs Leben gegangen, wie das Firneis, das in felsiger Kluft der Mittagssonne trotzt, aber nie ins Tal herabkommt, um mit seinem Wasser die Weiden zu erquicken, die in der Hitze verdorrt sind.

Die Religion setzt all diesen Ängsten ein Ende; sie befestigt so vieles, was ungewiß ist; sie setzt ein Ziel, das nie erreicht und also auch nie aufgedeckt wird; sie unterwirft uns, um uns mit uns selber auszusöhnen; sie verheißt uns Freuden, die stets Hoffnungen bleiben, weil wir sie nie wirklich erleben können; sie räumt auf mit dem Gedanken des Nichts, mit den Leidenschaften des Lebens; sie befreit uns von unseren quälenden Leiden, von unseren vergänglichen Freuden und ersetzt sie durch einen Traum, dessen Hoffnungen vielleicht besser sind als alle wirklichen Freuden, und der wenigstens bis zum Tod anhält. Sie ist so wohltätig wie feierlich; aber sie scheint nur da zu sein, um dem menschlichen Herzen neue Abgründe zu öffnen. Sie stützt sich auf Lehren, die einige nicht glauben können; diese hoffen dann auf ihre Wirkungen, können aber davon nichts spüren. Sie suchen nach jenen himmlischen Verheißungen, sehen aber nur einen Traum sterblicher Menschen. Es gefällt ihnen, daß der Gute belohnt wird, sie sehen aber nicht, wie sie nach ihrer Natur des Lohns würdig sein sollen; sie möchten ein ewiges Leben haben, und sie sehen, daß alles vergeht. Während der Novize, kaum hat er die Tonsur empfangen, deutlich hört, wie die Engel seine Fasten und seine Verdienste rühmen, ist es jenen, die den Sinn für die Tugend besitzen, nur allzu bewußt, daß sie nie zu ihrer erhabenen Würde gelangen werden. Von ihrer Schwachheit und von der Nichtigkeit ihres Schicksals niedergedrückt, haben sie keine andere Zuversicht, als zu hoffen, sich zu rühren und regen, und dann zu verschwinden wie ein Schatten, der von nichts weiß.

VIERUNDVIERZIGSTER BRIEF

Lyon, 15. Juni VI

Ich habe deine Einwendungen oder, wenn du willst, deine Vorwürfe wiedergelesen und reiflich erwogen; es geht ja um eine ernste Frage, und ich möchte sie schlecht und recht zu beantworten versuchen. Die Stunden, die man im Gespräch verbringt, sind gewöhnlich verloren, nicht aber die, in denen man einander schreibt.

Glaubst du im Ernst, jene Überzeugung, die, wie du sagst, mein Unglück vergrößert, hänge von mir selber ab? Die größte Sicherheit gibt der Glaube, das will ich nicht bestreiten. Auch gibst du mir zu bedenken, was immer wieder gesagt worden ist, daß nämlich dieser Glaube zur Rechtfertigung der Moral notwendig sei.

Ich schicke voraus, daß ich nichts entscheiden will, ja am liebsten nichts leugnen möchte, es aber doch zumindest gewagt fände, einfach zuzustimmen. Gewiß ist es ein Unglück, wenn man dazu neigt, etwas für unmöglich zu halten, von dem man wünschen möchte, daß es die Wirklichkeit sei; aber ich weiß nicht, wie man diesem Unglück entgehen soll*, wenn man ihm einmal verfallen ist.

Du sagst, für den Menschen gebe es keinen Tod. Du findest das *Hic iacet* ruchlos. Der große Wohltäter der Menschheit, der große Erfinder, sie ruhen nicht unter diesem kalten Marmor, in dieser toten Asche. Behauptet das jemand? In diesem Sinne ist das *Hic iacet* auch auf dem Grab eines Hundes falsch: Sein treuer, findiger Instinkt ist nicht mehr da. Wo ist er? Er *ist* nicht mehr.

Du fragst mich, was aus dem Leben, dem Geist und der Seele dieses Körpers geworden ist, der hier modert? Die Antwort ist allerdings sehr einfach. Wenn das Feuer in deinem Kamin erlischt, so entweicht, wie jeder weiß, sein Licht, seine Wärme, sein Leben in eine andere Welt hinüber, um dort ewigen Lohn zu empfangen, falls es dir die Füße gewärmt, oder ewige Strafe, falls es dir die Pantoffeln versengt hat.

Nicht anders ist es bei der Leier, die der Ephor in Stücke schlug; ihr Wohlklang wird sich durch Lockpfeifen und Rohrflöten quälen müssen, bis sie in rauheren Tönen für jene wollüstigen Klänge gebüßt hat, welche die Moral verdarben.

Nichts kann vernichtet werden. Nein, ein Wesen, ein Korpuskel kann nicht vernichtet werden, wohl aber eine Gestalt, ein Zusammenhang, ein Vermögen. Natürlich möchte auch ich einem guten, aber unglücklichen Menschen wünschen, daß ihn seine Seele überlebe, um sich unvergängliches Glück zu erwerben. Aber wenn der Gedanke einer solch himmlischen Glückseligkeit selber etwas Himmlisches hat, so beweist das keineswegs, daß er nicht

---

* indem man das *Evangelische Zeugnis* liest.

doch ein Traum ist. Dieser Glaube ist gewiß tröstlich und schön; aber das Schöne, das ich darin sehe, und das Tröstliche, das er für mich haben könnte, sind mir kein Beweis, ja lassen mich nicht einmal hoffen, daß ich würde glauben können. Sollte mir ein Sophist einreden wollen, wenn ich mich zehn Tage lang seiner Belehrung unterzöge, so würde ich nachher übernatürliche Vermögen besitzen, würde unverwundbar sein und ewig jung, im Besitz von allem, wessen es zum Glück bedarf, würde die Kraft besitzen, das Gute zu tun und das Böse zu meiden, so vermöchte dieser Traum gewiß meiner Phantasie zu schmeicheln, ja seine schönen Versprechungen würden vielleicht mein Verlangen wekken, aber die Wahrheit könnte ich darin nicht sehen.

Er wird mir umsonst entgegenhalten, ich riskierte mit einem solchen Glauben nichts. Ja selbst wenn er mir noch mehr verspräche, um mich glauben zu machen, daß die Sonne um Mitternacht scheint, so stünde das nicht in meinem Belieben. Und würde er mir nachher gestehen: Es stimmt, ich habe dir einen Bären aufgebunden und ich pflege auch die andern so anzuschwindeln, aber sag ihnen nichts, ich will sie ja nur trösten – könnte ich ihm dann nicht erwidern, auf dieser unwirtlichen, staubigen Erde, wo einige hundert Millionen Menschen, froh oder betrübt, trunken oder mürrisch, lebensprühend oder stumpfsinnig, enttäuscht oder grausam, miteinander in derselben Ungewißheit leben und reden und leiden, habe noch keiner bewiesen, daß es eine Pflicht sei, zu sagen, was man für tröstlich, und zu verschweigen, was man für wahr hält?

Voll Unruhe und mehr oder weniger unglücklich warten wir noch und noch auf die nächste Stunde, den nächsten Tag, das nächste Jahr. Wir brauchen am Ende ein nächstes Leben. Wir sind dagewesen und haben nicht gelebt; einmal werden wir doch wohl leben! Ein verlockender Schluß, aber leider kaum wahr! Dient er dem Unglücklichen als Trost, so habe ich einen Grund mehr, an seiner Wahrheit zu zweifeln. Es ist ein recht schöner Traum, der so lange hinhält, bis man für immer entschlummert. Behalten wir diese Hoffnung! Glücklich, wer sie hat! Aber geben wir zu, daß der Grund ihrer allgemeinen Verbreitung unschwer zu finden ist.

Es ist wahr, man riskiert nichts, wenn man daran glaubt, glauben kann. Aber es ist ebenso wahr, daß der große Pascal etwas

Kindisches tat, als er sagte: Seid gläubig! denn ihr riskiert nichts dabei, aber ihr riskiert viel, wenn ihr ungläubig bleibt. Dieses Argument ist entscheidend, wenn es um das Betragen geht, aber es ist unsinnig, wenn man damit zum Glauben aufruft. Hing denn der Glaube jemals vom Willen ab?

Der gute Mensch kann nicht anders als auf Unsterblichkeit hoffen. Man hat daraus zu folgern gewagt, daß nur der Böse nicht glaube. Dieser kühne Schluß verbannt einige der weisesten und berühmtesten Männer in den Stand derer, die eine ewige Vergeltung zu fürchten haben. Eine solche Intoleranz wäre schrecklich, wenn sie nicht ganz einfach dumm wäre.

Jeder, der glaubt, mit dem Tod sei alles aus, ist ein Feind der Gesellschaft; er ist notwendig ein Egoist und vorsätzlich böse. Ein weiterer Irrtum! Helvetius kannte die Unterschiede des Herzens besser, wenn er sagte: Gewisse Menschen sind so unglücklich veranlagt, daß sie ihr Glück nur durch Taten erreichen, die der Scharfrichter sühnt. Und es gibt andere, denen es nur unter zufriedenen Menschen wohl ist, die mit allem mitfühlen, was froh ist oder leidet, und die nur mit sich selber zufrieden sind, wenn sie zu geordneten Verhältnissen und zum Glück der Menschen beitragen können. Sie versuchen Gutes zu tun, ohne groß ans Fegefeuer zu glauben.

Man mag dem entgegenhalten, zumindest der große Haufen sei nicht so veranlagt. Unter dem gemeinen Volk suche jeder nur seinen eigenen Vorteil und verfiele vollends dem Bösen, würde er nicht zu seinem Vorteil hintergangen. Das mag bis zu einem gewissen Punkt stimmen. Könnten oder dürften die Menschen niemals aufgekärt werden, so bliebe immerhin noch zu entscheiden, ob das öffentliche Interesse eine Täuschung rechtfertigt und ob es nicht für ein Verbrechen oder zumindest für ein Übel gelten müsse, die schädliche Wahrheit zu sagen. Wenn aber diese nützliche oder angeblich nützliche Täuschung nur eine gewisse Zeit vorhalten kann und es sich nicht vermeiden läßt, daß man eines Tages aufhören wird, aufs Wort zu glauben, müßt ihr dann nicht zugeben, daß euer ganzes moralisches Gebäude der Stütze entbehrt, sobald einmal jenes Lügengerüst zusammengebrochen ist? Ihr schlagt den bequemsten und kürzesten Weg ein, um euch der Gegenwart zu versichern, und darüber setzt ihr die Zukunft der Gefahr eines unheilvollen und vielleicht nie wieder gut zu machenden Umsturzes aus. Hättet ihr dagegen im menschlichen Herzen nach den natürlichen Grundlagen seiner Sittlichkeit gesucht und hättet ihr es verstanden, die gesellschaftlichen Verhältnisse und staatlichen Institutionen um jenes zu ergänzen, was ihnen abgehen mochte, so wäre euer Werk ungleich schwieriger gewesen, gewiß, anspruchsvoller, dafür aber beständig wie die Welt.

Sollte nun jemand, der nicht überzeugt ist von dem, was selbst einige der Geehrtesten unter euch nicht geglaubt haben, aufstehen und sagen: Die Völker beginnen allmählich nach Wahrheiten zu verlangen und die Dinge so zu sehen, wie sie wirklich sind; die Moral verkommt und der Glaube ist tot. Man muß den Menschen schleunigst klar machen, daß auch unabhängig von einem künftigen Leben ihr Herz nicht ohne Gerechtigkeit auskommen kann; daß es gerade auch für den Einzelnen kein Glück gibt ohne Vernunft; und daß für den Menschen in Gesellschaft die sittlichen Tugenden ebenso notwendige Naturgesetze sind wie die Gesetze der sinnlichen Bedürfnisse: Wenn nun, sage ich, solche von Natur aus gerechten und der Ordnung verpflichteten Männer aufstünden, die nichts so innig begehrten, als die Menschen zu mehr Einigkeit, Verträglichkeit und Glück zurückzuführen, wenn sie nun, dem Zweifel überlassend, was nie bewiesen worden ist, den Menschen die Grundsätze der allgemeinen Gerechtigkeit und Liebe in Erinnerung riefen, an denen niemand zweifeln kann; wenn sie sich die Freiheit herausnähmen, zu ihnen über die unveränderlichen Wege zum Glück zu reden; wenn sie, begeistert von der Wahrheit, die sie ahnen, die sie erblicken und die auch ihr wiedererkennt, ihr Leben dafür hingeben, diese Wahrheit auf verschiedene Arten zu verkünden und mit der Zeit zur allgemeinen Überzeugung werden zu lassen: so verzeiht ihnen, ihr Priester der Wahrheit, wenn sie zu Mitteln greifen, die vielleicht nicht die euren sind, aber der Wahrheit dienen mögen, und bedenkt, ich bitte euch, daß es nicht mehr üblich ist, jemanden zu steinigen, daß die Wunder der Neuzeit zum Gespött geworden sind, daß sich die Zeiten geändert haben und daß ihr euch mit ihnen ändern solltet.

Nun genug von den Dolmetschern des Himmels, die sich durch ihren überragenden Charakter als höchst nützlich oder höchst schädlich, als ganz und gar gut oder ganz und gar böse, die einen

als der Verehrung, die andern als der Abscheu würdig erweisen.
Zurück zu deinem Brief! Ich gehe nicht auf jeden seiner Punkte
ein, sonst würde der meine zu lang; einen Einwand jedoch, dem
Anschein nach bestechend, kann ich nicht hingehen lassen, ohne
anzumerken, daß er nicht so unbegründet ist, wie es zunächst
aussieht.
Die Natur wird von unbekannten Kräften und geheimnisvollen
Gesetzen gelenkt; ihr Maß ist die Ordnung, ihre Triebkraft die
Vernunft. Von diesen bezeugten, aber verborgenen Tatsachen bis
zu unseren unerklärlichen Glaubenssätzen sei es nicht allzu weit,
sagt man. Weiter, als man denkt!*
Viele berühmte Menschen haben an Vorahnungen, an Träume, an
verborgene Wirkungen unsichtbarer Kräfte geglaubt; viele
berühmte Menschen waren demnach abergläubisch; nun gut, sie
waren es wenigstens nicht nach Art der Kleingeister. Von Alexander sagt der Biograph, er sei abergläubisch gewesen; Bruder Labre
war es auch. Alexander und Bruder Labre waren es jedoch nicht
auf gleiche Art; ihr Denken war denn doch ziemlich verschieden.
Ich meine, wir kommen ein andermal darauf zurück.
Die fast übernatürlichen Anstrengungen, welche die Religion
gefordert hat, sind mir kein starker Beweis für ihren göttlichen
Ursprung. Noch jede Art von Fanatismus hat Dinge hervorgebracht, die selbst den Kaltblütigsten in Erstaunen versetzen.
Wenn eure Gläubigen 30000 Franken Rente haben und davon
viele Batzen an die Armen verschenken, so werden sie für ihre
Mildherzigkeit gelobt. Wenn ihnen der Scharfrichter *den Himmel
auftut*, so verkündet man laut, sie hätten ohne die Gnade von oben
nie die Kraft besessen, ein ewiges Seelenheil anzuerkennen. Alles
in allem kann ich in ihren Tugenden nichts sehen, was mich an
ihrer Stelle in Bewunderung versetzen würde. Der Preis ist recht
hoch, sie selber aber sind oft recht klein. Um geradeaus zu gehen,
müssen sie fortwährend die Hölle zur Linken, das Fegefeuer zur
Rechten und den Himmel vor sich sehen. Ich behaupte nicht, es

---

* Es ist tatsächlich nicht einerlei, ob man zugibt, daß der Mensch gewisse
Dinge nicht erklären kann, oder ob man behauptet, die unbegreifliche
Erklärung dieser Dinge sei richtig und notwendig. Es ist schließlich auch
zweierlei, ob man im Dunkeln sagt: Ich sehe nichts, oder ob man sagt: Ich sehe
ein göttliches Licht; ihr, die ihr mir nachfolgt, sagt nur ja nicht, ihr sähet
nichts; ihr habt es zu sehen, sonst trifft euch der Bannfluch.

gebe keine Ausnahmen; aber daß sie so selten sind, sagt mir genug.
Wenn die Religion große Dinge gewirkt hat, so nur mit ungeheurem Aufwand. Jene, die die Herzensgüte ganz natürlich hervorgebracht hat, sind vielleicht weniger aufsehenerregend, weniger hartnäckig, weniger eigensinnig, weniger ruhmreich, dafür umso überzeugender wie nützlicher.
Auch der Stoizismus hatte seine Helden. Und zwar ohne himmlische Verheißungen und endlose Einschüchterungen. Hätte ein Gottesdienst mit so wenig so viel bewirkt, so dürfte dies als ein schöner Beweis seiner göttlichen Einsetzung gelten.

Morgen mehr.

Überleg dir beides: ob die Religion nicht eins der schwächsten Mittel ist, um über denjenigen Stand zu herrschen, der eine sogenannte Bildung empfängt; und ob es nicht unvernünftig ist, nur dem zehnten Teil der Menschen eine Bildung zu geben?
Wenn man sagt, der Stoiker habe einer falschen Tugend nachgelebt, weil er nicht nach dem ewigen Leben begehrte, so heißt das die Unklugheit des Glaubenseifers auf die Spitze treiben.
Ein nicht minder befremdliches Beispiel der Unvernunft, zu der sich selbst ein klarer Kopf vom religiösen Fanatismus hinreißen lassen kann, ist der Ausspruch des berühmten Tilotson: der wahre Grund, warum sich einer zum Atheismus bekenne, sei seine Schlechtigkeit.
Ich behaupte, daß sich die bürgerlichen Gesetze für jene Menge, die ohne Bildung bleibt, um die sich niemand kümmert, die heranwächst und dem blinden Walten unvernünftiger Leidenschaften und lasterhafter Gewohnheiten überlassen bleibt, als ungenügend erweisen. Das beweist nur, daß sich hinter dem scheinbaren Frieden der großen Staaten nichts als Elend und Unordnung verbergen; daß die Politik, im wahren Sinn dieses Wortes, aus unserer Welt verschwunden ist und daß Diplomatie und Finanzverwaltung ihre blühenden Länder für die Dichtung erfinden und ihre Erfolge für die Zeitungen erringen.
Ich will mich nicht über die schwierige Frage auslassen, ob letztlich die Geschichte zu entscheiden habe. Aber ist es nicht offenkundig, daß sich durch die Angst vor der Zukunft nur sehr wenige Leute haben zurückhalten lassen, die nach ihrer Veranla-

gung durch nichts anderes hätten zurückgehalten werden können? Für alle andern Menschen gibt es natürlichere, unmittelbarere und deshalb auch wirksamere Hemmnisse. Da dem Menschen das Gefühl für Ordnung mitgegeben war und es zu seiner Natur gehörte, hätte man in einem jeden das Bedürfnis danach wieder wecken müssen. Dann wären weniger Verbrecher geblieben, als euer Glaube übrigließ, und ihr hättet euch all jene erspart, die er hervorbringt.

Man sagt, daß die ersten Verbrechen sogleich die Gewissensqualen ins Herz bringen und es für immer der Unruhe überlassen; und man sagt, daß ein konsequenter Atheist seinen Freund ohne weiteres berauben und seinen Feind umbringen wird; das ist einer der Widersprüche, die mir in den Schriften der Glaubensverfechter aufgefallen sind. Aber es kann ja darin gar keine geben, denn Männer, die über Gegenstände der Offenbarung schreiben, hätten keinen Vorwand, um sich ein Schwanken oder eine Ungewißheit durchgehen zu lassen; ja sie sind davon so weit entfernt, daß sie jenen Laien, die von sich bekennen, sie hätten eine schwache, unerleuchtete Vernunft und statt der Unfehlbarkeit nur den Zweifel als Mitgift erhalten, nicht einmal den Schein solcher Unsicherheit nachsehen.

Was hilft es, werden sie wiederum sagen, daß man mit sich selber zufrieden ist, wenn man nicht an das künftige Leben glaubt? Nun, so hilft es für den Frieden des jetzigen, das dann eben alles ist.

Und weiter: Wenn es keine Unsterblichkeit gäbe, ja, was für einen Lohn soll dann der tugendhafte Mensch für seine guten Werke erwarten? Nun, er hat alles zum Lohn, was der tugendhafte Mensch schätzt, und er verliert lediglich das, was er nicht schätzt, nämlich das, wonach eure Leidenschaften oft trotz eures Glaubens begehren.

Außer der Furcht und der Hoffnung im Blick auf das künftige Leben laßt ihr keinen Beweggrund gelten. Aber ist nicht das Streben nach Ordnung ein wesentlicher Bestandteil unserer Neigungen, unseres *Instinkts*, so wie das Streben nach Erhaltung und Fortpflanzung? Gilt es denn nichts, in der Geborgenheit und im Frieden der Gerechtigkeit zu leben?

In eurer Engstirnigkeit pflegt ihr jegliche Großmut und jeden redlichen, reinen Gedanken sogleich mit eurem Verlangen nach Unsterblichkeit, mit euren Himmelsträumen zu verbinden, und

so kann es für euch gar nicht anders sein, als daß alles, was nicht übernatürlich ist, notwendig gemein ist, daß alles, was den Menschen nicht bis zum Himmel emporhebt, ihn unweigerlich zum Tier erniedrigt; daß irdische Tugenden bloß ein dürftiges Mäntelchen sind; und daß eine Seele, die auf das gegenwärtige Leben eingeschränkt ist, nur niederträchtige Begierden und unreine Gedanken haben kann. So wird also ein redlicher Mensch, der vierzig Jahre Kummer und Leiden erduldet hat, mitten unter Schurken Gerechtigkeit übte und eine Großmut bewiesen hat, die der Himmel lohnen müßte, und der dann auf einmal erkennt, daß der Glaube, der ihn getröstet hat, der ihm sein mühseliges Leben durch die Aussicht auf einen himmlischen Frieden erleichterte, falsch ist – so wird dieser Weise, der seinen Seelenfrieden aus der Tugend empfängt und für den Leben so viel wie Gutes tun heißt, wird er also, indem er seine gegenwärtigen Bedürfnisse ändert, weil er seine Ansichten über die Zukunft geändert hat, und da er fortan nicht mehr nach irdischem Glück begehrt, weil es ja wohl nicht von Dauer sein mag, wird er nun, so frage ich, einem alten Freund in den Rücken fallen, der nie an seiner Treue gezweifelt hat? wird er sich hinterlistiger, schändlicher Mittel bedienen, um zu Geld und zu Macht zu gelangen? und wird er, falls er dem Arm der weltlichen Justiz entgeht, seinen Vorteil künftig nur noch darin sehen, die Guten hinters Licht zu führen, die Unglücklichen niederzudrücken, nach außen Rechtschaffenheit zu heucheln und sein Herz allen Lastern zu öffnen, die er bis dahin verabscheut hat? Im Ernst, ich möchte diese Frage lieber nicht an eure Sektierer richten, diese engherzigen Tugendbolde; denn würden sie mir mit Nein antworten, so müßte ich ihnen vorwerfen, sie seien sehr inkonsequent, aber man sollte ja nie vergessen, daß Erleuchtete in dergleichen Dingen keinen Pardon kennen; und getrauten sie sich mit einem Ja herauszurücken, so täten sie mir leid.
Während die Idee der Unsterblichkeit alle Eigenschaften eines wunderbaren Traumes hat, entzieht sich die Idee der Vernichtung einem bündigen Beweis. Jeder Gute hofft notwendig, daß er nicht völlig vergänglich sei; ist ihm das nicht genug Trost?
Bedürfte es, um gerecht zu sein, der Hoffnung auf ein künftiges Leben, so würde diese ungewisse Aussicht noch genügen. Sie ist überflüssig für den, der sein jetziges Leben bedenkt; die Betrachtung der Gegenwart mag ihm weniger Befriedigung geben, sie

bestärkt ihn aber genauso; denn er hat das Bedürfnis, hier und jetzt gerecht zu sein. Die anderen Menschen achten nur auf den augenblicklichen Vorteil. Sie denken ans Paradies, wenn es um kirchliche Zeremonien geht, aber in moralischen Dingen lassen sie sich einzig und allein durch die Furcht vor den Folgen, vor dem Gerede, vor den Gesetzen und durch ihre Neigungen und Triebe bestimmen. Die angeblichen Pflichten werden von einigen wenigen getreulich befolgt, die wirklichen Pflichten jedoch von fast allen vernachlässigt, wenn nicht irdische Vergeltung droht.

Sorgt endlich für die Bildung von Herz und Verstand, so werden die rechtschaffenen Menschen in so großer Überzahl sein, daß der Rest sogar durch seine nächsten und gemeinsten Interessen zum Guten verführt wird. Im andern Fall wirkt ihr nur verlogene Geister und ruchlose Seelen. Seit dreitausend Jahren stimmen Vernunft oder Unvernunft der Mittel mit ihren Ergebnissen überein. Alle Arten von Zwang bringen nur Unheil und vergängliche Wirkungen hervor; man wird endlich überzeugen müssen.

Das Thema ist derart wichtig und unerschöpflich, daß ich nur schwer davon loskomme.

Parteilichkeit gegen das Christentum liegt mir so fern, daß ich beklage, was selbst seine eifrigsten Verfechter kaum je beklagen. Ich würde den Untergang des Christentums nicht weniger bedauern als sie, freilich mit dem Unterschied, daß sie es so zurückwünschen, wie es einst praktiziert wurde, ja wie es sich noch vor einem halben Jahrhundert behauptet hat, während ich meine, jenem Christentum brauche man nicht groß nachzutrauern.

Eroberer, Sklaven, Dichter, heidnische Priester und Ammen brachten es fertig, die Überlieferung der antiken Weisheit zu verunstalten, indem sie die Völker vermischten, die Handschriften vernichteten, die Gleichnisse auslegten und verdunkelten, den verborgenen wahren Sinn übergingen, um Hirngespinste zu erfinden, die man ehrfürchtig bewundern könne, und indem sie die übersinnlichen Wesenheiten personifizierten, damit man möglichst viel anzubeten habe.

Die erhabenen Begriffe wurden herabgewürdigt. Der Ursprung des Lebens, die Vernunft, das Licht, die Ewigkeit waren nichts weiter als Junos Gemahl; die Harmonie, die Fruchtbarkeit, die Kette des Lebendigen nichts weiter als die Geliebte des Adonis; die unsterbliche Weisheit kannte man nur noch an ihrer Eule; die großen Ideen der Unsterblichkeit und der Vergeltung überlebten gerade noch in der Furcht, ein Rad drehen zu müssen, und in der Hoffnung, dereinst unter grünen Zweigen zu wandeln. Die unteilbare Gottheit wurde in eine hierarchische, von jämmerlichen Leidenschaften besessene Menge zerspalten; die Sinnbilder der allesdurchwaltenden Gesetze, Geistesfrucht der Urvölker, entarteten zu abergläubischen Bräuchen, den Kindern in den Städten zum Gespött.

Rom hatte die Welt verändert, und Rom veränderte sich selbst. Die Menschheit, unruhig geworden, unterdrückt oder bedroht, aufgeklärt und hinters Licht geführt, unwissend und ernüchtert, hatte alles verloren, ohne etwas dafür einzutauschen; sie schlief noch immer im Irrtum und wurde doch schon vom verworrenen Lärm der Wahrheiten aufgeschreckt, nach denen die Wissenschaft suchte.

Dasselbe Joch, dieselben Anliegen, derselbe Schrecken, derselbe Geist des Hasses und der Rache gegen das Herrschervolk, all das brachte die Nationen einander näher. Ihr Eigenleben war abgebrochen, ihre Regierungsformen waren zerstört; die Liebe zum Vaterland, der Geist der Absonderung, der Isolation und des Fremdenhasses waren dem gemeinsamen Verlangen gewichen, den Welteroberern Widerstand zu leisten, oder aber der Unterwerfung unter die fremden Gesetze: Der Name Rom hatte alles vereinigt. Die alten Volksreligionen sanken zu lokalen Überlieferungen ab; der Gott des Kapitols hatte ihre Götter vergessen lassen, und dieser wiederum ging in der Apotheose der Herrscher vergessen; die meistbesuchten Altäre waren allerorts die der Cäsaren.

Es war die großartigste Epoche der Weltgeschichte, und darum mußte auf jenen zerstörten Denkmalen der verschiedenen bekannten Weltgegenden ein majestätisches, schlichtes Denkmal errichtet werden.

Es bedurfte eines erhabenen Glaubens, da die Moral darniederlag. Es bedurfte einer unergründlichen, keinesfalls aber lächerlichen Lehre, denn die Aufklärung gewann an Boden. Da die Religionen alle heruntergekommen waren, bedurfte es einer majestätischen Religion, würdig des Menschen, der seine Seele durch die Idee eines Weltengottes zu erweitern sucht. Es bedurfte eines außergewöhnlichen, überwältigenden Kultes, geheimnisvoll anziehend und doch schlicht, wie übernatürlich, aber die Vernunft des Menschen nicht weniger ansprechend als sein Gemüt. Es bedurfte dessen, was einzig ein großer Genius stiften konnte und was ich nur durchblicken lassen will.

Ihr aber habt gefälscht, geflickt, probiert, verbessert, von vorne begonnen und, ich weiß nicht, was für ein Sammelsurium von abgedroschenen Zeremonien und Dogmen zusammengestoppelt, die allerdings wenig dazu angetan sind, bei den Schwachen Anstoß zu erregen. Und dazu habt ihr dieses bedenkliche Flickwerk mit einer zuweilen verlogenen, oft bestrickenden, fast immer unerbittlich strengen Moral verquickt, einziger Punkt, in dem ihr nicht ungeschickt verfahren seid. Ihr laßt ein paar Jahrhunderte darübergehen, um das Ganze durch göttliche Inspiration aufzustutzen; und euer zeitraubendes Werk, geschickt ausgebessert, aber mißlich ersonnen, ist dazu bestimmt, gerade so lange hinzuhalten, als ihr zur Vollendung braucht.

Nie hat man eine größere Dummheit begangen, als da man das Priesteramt jedem Hergelaufenen anvertraute und einen regelrechten Priesterpöbel auf die Beine stellte. So wurde das heilige Opfer, das seinem Wesen nach eins und unteilbar war, über alle Maßen vervielfacht; man schien immer nur an die unmittelbare Wirkung und an die Bedürfnisse des Augenblicks zu denken; überall setzte man Opferpriester und Beichtiger ein, überall machte man Priester und Mönche, in alles mischten sie sich ein, und überall trifft man sie in Scharen an, ob Bettler oder Prasser.

Dieses große Angebot sei schließlich bequem für die Gläubigen, sagt man. Aber es ist nicht gut, wenn das Volk in solchen Dingen seine Bequemlichkeit an jeder Straßenecke befriedigen kann. Es ist die bare Unvernunft, wenn man die religiösen Ämter Millionen von Leuten anvertraut; das heißt nichts anderes, als daß man sie Stunde um Stunde an die Verworfensten verrät, daß ihre heilige Würde aufs Spiel gesetzt, ihr Weihsiegel in täglicher Routine abgegriffen wird; daß sehr rasch jener Augenblick herannaht, wo alles zusammenbrechen wird, was nicht auf dauerhafte Fundamente gebaut ist.

FÜNFUNDVIERZIGSTER BRIEF

Chessel, 27. Juli VI

. . . .
. . . .

Ich habe nie behauptet, es sei ein Zeichen von Schwachheit, wenn wir eine Träne übrig haben für Leiden, die nicht die unsern sind, für einen Unglücklichen, der uns nicht nahesteht, aber bekannt ist. Ist er gestorben, nun, stirbt nicht ein jeder? aber er war nie anders als unglücklich und traurig, nie war ihm das Leben gut, immer nur Schmerzen hat er gehabt, und nun hat er gar nichts mehr. Ich sah ihn, er dauerte mich; ich achtete ihn, er war unglücklich, aber brav. Sein Unglück fiel niemandem auf. Als er ins Leben trat, war ihm eine lange Bahn voll Verdruß, voll Langerweile vorgezeichnet, und darin blieb er, darin lebte er, darin wurde er vor der Zeit alt, darin ist er verlöscht.

Ich weiß noch genau, von welchem Landgut er träumte; ich ging mit ihm hin, es zu besichtigen, denn ich kannte den Besitzer. Ich redete ihm zu: Da hast du es gut, da ist es dir wohl, du erlebst bessere Zeiten und denkst nicht mehr an früher; hier diese Wohnung nimmst du, da bist du allein und hast deine Ruhe. – Da wäre ich ja wohl glücklich, aber ich kann nicht daran glauben. – Du bist es schon morgen, unterschreibe nur gleich. – Du wirst sehen, ich erhalte sie nicht.

Er erhielt sie nicht; du weißt, wie alles anders kam. Die große Mehrheit der Menschen wird dem Wohlstand von ein paar wenigen geopfert; so wie die Mehrzahl der Kinder stirbt und dem Gedeihen der Überlebenden geopfert wird, oder wie Millionen von Eicheln für die Schönheit von ein paar mächtigen Eichbäumen, die ungehindert einen weiten Platz überschatten mögen. Und das Traurige daran ist dies, daß unter dieser Menge, die das Schicksal fallen läßt und in den sumpfigen Morast des Lebens zurückwirft, Menschen sind, die nicht so tief sinken können wie ihr Los und die ihre Kraft in ohnmächtiger Auflehnung verzehren. Die allgemeinen Gesetze sind gewiß schön und gut, und ich würde gerne ein Jahr, zwei Jahre, sogar zehn Jahre dafür opfern, aber mein ganzes Leben – das ist zu viel. Vor der Natur gilt dies nichts, für mich ist es Alles. Rette sich, wer kann, in diesem gewaltigen Getümmel! so rät man. Das wäre schön und gut, wenn die Reihe früher oder später an jeden käme oder man dies wenigstens immerfort hoffen dürfte; aber das Leben geht vorbei, und auch wenn der Augenblick des Todes ungewiß bleibt, so ist es doch gewiß, daß er kommt. Sag mir, was aus der Hoffnung eines Menschen geworden ist, der sechzig wird und nichts anderes als Hoffnungen besessen hat! Die Gesetze des Ganzen, die Sorge um die Arten, die Geringschätzung des Einzelnen, dieser lange Marsch der Lebewesen ist sehr hart für uns, die wir Einzelne sind. Ich bewundere diese Vorsehung, die alles ins Große wirkt; aber wie werden wir Menschen dabei durch die Späne gewirbelt! wie lächerlich sind wir, wenn wir uns etwas dünken! Nach unserer Denkungsart Götter, nach unserem Glück Insekten, sind wir wie jener Jupiter, der im Narrenhäuschen sitzt und sich im Tempel wähnt; den Holznapf mit der dampfenden Suppe, der ihm in die Zelle gebracht wird, hält er für die duftende Räucherpfanne; großartig herrscht er über den Olymp, bis ihn der hundsföttischste Wärter mit einer Ohrschelle in die Wirklichkeit zurückholt, damit er ihm die Hand küsse und das schimmlige Brot mit Tränen aufweiche.

Unglücklicher! du hast deine Haare bleichen sehen, und von all den vielen Tagen hat dich kein einziger froh gemacht, nicht einer; auch nicht jener Tag der unseligen Heirat, einer Liebesheirat, die dir eine achtbare Frau gab, und die euch doch beide zugrunde gerichtet hat. Beide von ruhigem liebreichem Gemüt, verständig, tugendhaft, fromm, beide die Güte selber, habt ihr miteinander ein schlimmeres Leben verbracht als jene Unvernünftigen, die sich von ihren Leidenschaften hinreißen lassen, die keine Moral zurückhält, und die keine Ahnung davon haben, was Herzensgüte ausrichten kann. Ihr habt euch geheiratet, um euch gegenseitig beizustehen, so sagtet ihr, um eure Mühsal zu lindern, indem ihr sie teiltet, um eures ewigen Seelenheils willen; und am gleichen Abend, am ersten Abend schon wart ihr enttäuscht voneinander, enttäuscht von eurem Schicksal und glaubtet ihr keinen andern Trost und keine andere Tugend mehr erwarten zu dürfen als die Geduld, mit der ihr euch bis zum Grabe ertragen wolltet. Worin denn bestand euer Unglück, eure Todsünde? das Gute zu wollen? es übereifrig zu wollen, es niemals außer acht lassen zu können, es so gewissenhaft, so leidenschaftlich zu wollen, daß ihr es nur noch in den Kleinigkeiten des gegenwärtigen Augenblicks bedachtet?

Du siehst, ich habe die beiden gekannt. Ich schien wohlgelitten zu sein; man wollte mich bekehren, und obgleich dieses Vorhaben in keiner Weise gelang, plauderten wir oft miteinander. Vor allem sein Unglück gab mir zu denken. Seine Frau, zwar nicht weniger gütig, nicht weniger liebenswert, aber schwächer, fand in ihrer Entsagung eine gewisse Ruhe, in der sie ihren Schmerz vergessen mochte. Da sie eine innige Frömmigkeit besaß, ihren Kummer vor Gott brachte und standhaft an einen jenseitigen Lohn glaubte, litt sie zwar, doch nicht ohne Entschädigung. Auch war in ihrem Leiden ein gewisser Eigensinn; sie war unglücklich aus Neigung; und ihr Seufzen war ihr, wie das der Heiligen, wenn auch sehr schmerzlich, so doch zuweilen unentbehrlich und kostbar.
Er hingegen war gläubig, ohne in frommem Eifer befangen zu sein; er war gläubig aus Pflicht, aber ohne Überspanntheit, ohne Schwachheit und ohne Mummerei; er war es, um seine Leidenschaften in Schranken zu halten, nicht um sich einer einzigen umso williger hinzugeben. Ja, ich bin nicht einmal ganz sicher, ob er jene Überzeugung besaß, ohne die eine Religion vielleicht zu gefallen, aber keine Befriedigung zu schenken vermag.
Damit nicht genug. Man sah, wie er hätte glücklich werden können; ja man spürte, daß die Ursache seines Unglücks nicht in ihm selber lag. Seine Frau jedoch wäre auch in andern Verhältnissen stets ungefähr die gleiche geblieben; sie hätte überall genug Anlaß gefunden, um sich Sorgen zu machen und andere zu quälen, indem sie immer nur das Gute wollte, nie an sich selber dachte, sich immerfort für alle andern opfern zu müssen glaubte, aber nie ihre eigenen Vorsätze opferte, indem sie alle Anstrengungen auf sich nahm außer der einen: ihr Verhalten zu ändern. Ihr Unglück schien also gewissermaßen zu ihrer Natur zu gehören; so war man eher geneigt, sich damit abzufinden und es als die Wirkung eines unerbittlichen Schicksals zu begreifen. Ihr Mann dagegen hätte wie irgendein anderer gelebt, hätte er mit irgendeiner andern als mit ihr zusammengelebt. Für ein gewöhnliches Übel findet man Abhilfe, zumal wenn es ein Übel ist, das keine Schonung verdient; aber es ist ein Elend ohne Ende, wenn wir diejenige nur immer bedauern können, die uns mit ihrem unablässigen Wahn auf liebreiche Art verstimmt, die uns mit ihrer Sanftmut reizt und uns fortwährend auf die Nerven geht, ohne je selber aus der Fassung zu geraten; die uns nicht anders als aus einer Art Notwendigkeit

wehtut, die unseren Unwillen nur mit frommen Tränen vergilt, die, wenn sie um Verzeihung bittet, noch ärger wehtut als vorher und die bei klarem Verstand, aber in unbegreiflicher Verblendung mit ihrem Seufzen nichts unterläßt, was uns zur Verzweiflung treibt.

Wenn es Menschen gegeben hat, die zur Geißel der Menschheit geworden sind, so gewiß jene tiefsinnigen Gesetzgeber, welche die Ehe für unauflöslich erklärt haben, damit man zur Liebe *gezwungen* sei. Um die Geschichte der menschlichen Weisheit vollständig zu machen, fehlt uns nur noch jener, der einerseits die Notwendigkeit erkennt, daß ein mutmaßlicher Verbrecher in Gewahrsam genommen wird, andererseits darin eine Ungerechtigkeit sieht, daß ein möglicherweise Unschuldiger, der auf sein Urteil warten muß, durch die Haft unglücklich wird, und in der Folge in jedem Falle zwanzig Jahre vorsorglichen Kerker anordnet, statt einen Monat Gefängnis, damit durch diese erzwungene Gewöhnung das Los für den Häftling erträglicher werde und er sich mit seinen Fesseln anfreunde.

Man denkt zu wenig daran, was für eine unerträgliche Wiederholung von zermürbenden, ja oft tödlichen Leiden in der Verborgenheit unzähliger Wohnungen durch jene Übellaunigkeit, jene Quälsucht, jene hochmütigen und zugleich kleinlichen Marotten bewirkt wird, in die so viele Frauen hineingeraten, ganz unabsichtlich, ohne es zu bemerken und ohne sich dagegen wehren zu können, weil man sich nie die Mühe genommen hat, sie mit den Eigenheiten des menschlichen Herzens vertraut zu machen. Ihr Leben geht zu Ende, ohne daß sie je bemerkt hätten, daß es besser ist, wenn man mit den Menschen auskommt; sie ziehen Kinder auf, so albern wie sie selber; das Übel zeugt sich fort, bis vielleicht einmal ein glücklicheres Temperament auftaucht, das sich seinen Charakter selber formt; und dies alles, weil man ihnen eine völlig ausreichende Erziehung zu geben glaubt, indem man sie nähen, tanzen, den Tisch decken und die Psalmen lateinisch lesen lehrt.

Ich weiß nicht, was ein beschränkter Geist an Gutem hervorbringen mag, und es leuchtet mir nicht ein, daß törichte Unwissenheit dasselbe sein soll wie schlichte Einfalt. Im Gegenteil, ein größerer Horizont hat weniger Egoismus zur Folge, weniger Eigensinn, mehr Aufrichtigkeit, eine dienstbereite Umgänglichkeit und hundert Mittel der Versöhnlichkeit. Bei allzu beschränkten Leuten,

die nicht ein ungewöhnlich gütiges Herz haben, was selten zu
erwarten ist, findet man nur Launenhaftigkeit, Widerspruchs-
geist, lächerlichen Starrsinn, fortwährende Zänkereien, und der
kleinste Streit steigert sich in zwei Minuten zum gehässigsten
Disput. Bittere Vorwürfe, abscheuliche Verdächtigungen und
rohe Manieren scheinen solche Leute beim geringsten Anlaß für
immer zu entzweien. Aber wenigstens etwas Gutes haben sie: Da
die Laune ihre einzige Triebfeder ist, so muß sie nur irgendeine
Dummheit ablenken oder sie finden sich zu einer gemeinsamen
Plackerei gegen einen Dritten zusammen, und schon sind sie es,
die zusammen kichern und tuscheln, nachdem sie einander noch
eben mit letzter Verachtung behandelt haben; eine halbe Stunde
später folgt schon der nächste Wutausbruch; und wieder eine
Viertelstunde, und schon sind sie ein Herz und eine Seele.
Gerechterweise muß man diesen Leuten freilich zugute halten,
daß ihre Unbeherrschtheit gewöhnlich ohne Folgen bleibt, abge-
sehen vom unüberwindlichen Ekel bei jenen, die durch besondere
Umstände gezwungen sind, mit ihnen zusammenzuleben.
Ihr seid Menschen, ihr nennt euch Christen; und doch, trotz der
Gesetze, die ihr nicht zu widerrufen vermögt, und trotz der
Gesetze, die ihr anbetet, befördert und verewigt ihr ein schreien-
des Mißverhältnis zwischen dem Wissen und der Empfindung der
Menschen. Dieses Mißverhältnis liegt in der Natur; aber ihr habt
es über alle Maßen vergrößert, während ihr doch im Gegenteil
alles hättet vorkehren sollen, um es zu verringern. So können die
Wunder eures Kunstfleißes wahrlich nur in einem unheilvollen
Überfluß bestehen, habt ihr doch weder Zeit noch Fähigkeiten, so
vieles zu tun, was dringend nötig wäre. Die Masse der Menschen
ist roh, albern und sich selbst überlassen; alle eure Übel kommen
von daher. Entweder ihr laßt sie gar nicht erst leben, oder dann
gebt ihnen ein menschenwürdiges Leben!
*Was soll nun am Ende aus meiner weitschweifigen Rede zu folgern
sein?* Daß der Mensch, da er doch in der Natur ein Stäubchen, für
sich selber jedoch alles ist, mit den Gesetzen der großen Welt sich
ein bißchen weniger, dafür ein bißchen mehr mit seinen eigenen
befassen sollte; daß er die Gesetze der hohen Wissenschaft
vielleicht besser vergißt, denn sie sind zwar großartig, haben aber
draußen in den Weilern und droben in den Mansarden noch keine
einzige Träne getrocknet; daß er auf gewisse unnütze Künste

verzichten sollte, auch wenn sie noch so wunderbar sind; daß er ablassen sollte von heroischen, aber verderblichen Leidenschaften; daß er sich womöglich dafür einsetzt, daß Bildungsanstalten errichtet werden, die den Menschen fesseln und nicht länger verdummen, daß es weniger Wissenschaft und weniger Unwissenheit gibt; daß er endlich anerkennt, daß, wenn der Mensch nicht eine blinde Triebfeder ist, die man der Macht des Schicksals überlassen soll, wenn alle seine Regungen etwas Willentliches haben, es also nur eine einzige Wissenschaft vom Menschen gibt, insofern er der Vorsehung des Menschen überantwortet ist: die Moral.

Du läßt also seine Witwe in ein Kloster eintreten; nach meiner Meinung handelst du völlig richtig. Sie hätte immer dort leben sollen. Sie war fürs Kloster geboren, aber ich behaupte, sie wäre dort auch nicht glücklicher geworden. Nicht ihretwegen meine ich, daß du richtig handelst. Aber wenn du sie zu dir nähmest, zeigtest du eine vergebliche Großmut; sie würde dadurch nicht glücklicher. Deine kluge, aufgeklärte Güte kümmert sich wenig um den Schein, sondern achtet beim Guten, das es zu tun gilt, nur auf die mehr oder minder große Summe des Guten, die sich ergeben mag.

SECHSUNDVIERZIGSTER BRIEF

Lyon, 2. August VI

Wenn der Tag anbricht, bin ich niedergeschlagen; ich fühle mich traurig und unruhig; ich kann mich für nichts entschließen; ich sehe nicht, wie ich all die Stunden ausfüllen soll. Wenn er in seiner höchsten Kraft ist, drückt er mich nieder; ich ziehe mich ins Verborgene zurück, suche nach einer Beschäftigung und sperre alles zu, damit ich nicht sehe, daß es keine Wolken hat. Aber wenn sein Licht milder wird und ich um mich herum jenen Zauber eines glücklichen Abends spüre, der mir so fremd geworden ist, so überkommt mich das Elend und ich lasse mich gehen; in meinem sorgenlosen Dasein habe ich mehr Kummer als irgendein Mensch, der vom Unglück verfolgt wird. Jemand hat mir gesagt: Sie sind ruhig, haben keine Sorgen mehr jetzt.

Der Gelähmte liegt ruhig auf seinem Leidenslager. Das beste Alter so vertun zu müssen, wie der Greis den Lebensabend verbringt! Immerzu warten und nichts erhoffen! stets diese Ungeduld ohne Verlangen, dieses Sorgen ohne Ziel; Stunde um Stunde nichtig und leer; Gespräche, wo man redet, um Wörter zu reihen, und es vermeidet, etwas zu sagen; Mahlzeiten, wo man ißt, weil man die Langeweile nicht mehr aushält; freudlose Landpartien, wo man nichts so sehr wünscht wie das Ende; Freunde ohne Vertraulichkeit; Vergnügungen nur zum Schein; mitlachen, um denen zu gefallen, die gähnen wie du; und zwei Jahre lang keine einzige Empfindung der Freude, nicht eine! Der Körper immerfort träge, der Kopf voll Unruhe, eine unglückliche Seele, und bis in den Schlaf hinein von diesem Gefühl der Bitterkeit, der Beklemmung, der bohrenden Langenweile verfolgt zu werden, dies ist der stille Todeskampf des Herzens; kein Mensch sollte länger so leben müssen.

3. August

Wenn er so lebt, wird er eben so leben müssen, wirst du mir sagen; was ist, ist der Ordnung gemäß. Wo wären denn die Ursachen, wenn nicht in der Natur? und ich werde dir wohl recht geben müssen; aber diese Ordnung ist nur für den Augenblick; es ist nicht die notwendige Ordnung, sofern nicht schlechthin alles unabänderlich bestimmt ist. Wenn alles notwendig ist, so kann ich ebensogut handeln, als gäbe es keine Notwendigkeit, und dann ist das Gesagte hinfällig; es gibt dann keine Empfindung, die einer entgegengesetzten vorzuziehen wäre, gibt keinen Irrtum, keine Nützlichkeit. Verhält es sich aber anders, nun, so mögen wir unsere Verirrungen zugeben, mögen wir prüfen, wo wir stehen, und uns überlegen, wie so mancher Schaden wieder gutzumachen sei. Resignation ist oft gut für den Einzelnen, für die Gattung kann sie nur verderblich sein. »Das ist der Welt Lauf«, sagt der Bürger, wenn von öffentlichen Mißständen die Rede ist; für den Weisen jedoch gilt dies nur von Fall zu Fall.

Man wird sagen, um eine erdachte Schönheit und ein vollkommenes Glück solle man sich nicht kümmern; wohl aber um die Einzelheiten des unmittelbaren Nutzens innerhalb der bestehenden Ordnung; und da Vollkommenheit dem Menschen und vor allem den Menschen verwehrt sei, sei es unnütz und überspannt, sie damit hinzuhalten. Und doch kehrt die Natur selber immer das

Höchste vor, um auch nur das Geringste zu erreichen! Von tausend Samenkörnern keimt vielleicht nur ein einziges. Wir möchten erkennen, was das Bestmögliche sei, nicht eigentlich weil wir es zu erreichen hofften, sondern um ihm näherzukommen, als wenn wir als Ziel unserer Anstrengungen nur immer das ins Auge fassen, was sie tatsächlich bewirken mögen. Ich suche nach Auskünften, die mir die Bedürfnisse des Menschen zeigen; und ich suche sie in mir selber, um mich weniger zu täuschen. Meine eigenen Empfindungen geben mir ein zwar begrenztes, aber verläßliches Beispiel; und indem ich diesen einzigen Menschen beobachte, von dem ich eine hinreichende Empfindung habe, versuche ich herauszufinden, was der Mensch im allgemeinen sein könnte.

Ihr allein wißt euer Leben zu nützen! ihr einfachen, gerechten Menschen, die ihr voll Vertrauen seid, voll überströmender Herzlichkeit, voll Empfindung und Ruhe; die ihr die Fülle eures Daseins fühlt und das Werk eurer Tage sehen wollt! Ihr sucht eure Freude im häuslichen Frieden, in der häuslichen Ordnung, im lauteren Antlitz eines Freundes, auf dem lächelnden Mund einer Frau. Meidet unsere Städte, damit ihr euch nicht dem elenden Mittelmaß und der hoffärtigen Langenweile unterwerft! Laßt nicht ab von der Natürlichkeit! Gebt euer Herz nicht dem eitlen Aufruhr zweideutiger Leidenschaften hin! Ihr immer nur mittelbares Ziel verliert den Reiz und schiebt das Leben bis ins Greisenalter auf, das zu spät darüber Klage erhebt, daß das Vermögen, Gutes zu tun, in Nichts zerronnen ist.

Es geht mir wie jenen Unglücklichen, in denen die Empfindsamkeit gewisser Fibern durch einen allzu heftigen Eindruck irritiert worden ist, so daß sie jedesmal, wenn ihnen etwas Ähnliches zustößt und die Phantasie den einstigen Schmerz erneuert, unweigerlich in den alten Wahn zurückfallen. Die Empfindung von Beziehungen verweist mich immer wieder auf die harmonischen Übereinstimmungen als Zweck und Ordnung der Natur. Dieses Verlangen, nach den bleibenden Wirkungen zu suchen, sobald ich die gegebenen Tatsachen sehe, dieser Instinkt, dem es widerstrebt, daß wir umsonst dasein sollen ... glaubst du, ich könnte ihn unterdrücken? Siehst du nicht, daß er nun einmal in mir ist, daß er stärker ist als mein Wille, daß er mir unentbehrlich ist, daß es nicht anders geht, als daß er mich erhellt oder verwirrt, daß er mich unglücklich macht und daß ich ihm gehorche? Siehst du nicht, daß ich vom Weg abgekommen, einsam und erschöpft bin, daß ich nichts finde, daß mich die Langeweile umbringt? Ich traure allem nach, was vergeht; ich dränge, ich haste, der Ekel treibt mich weiter; ich fliehe die Gegenwart, begehre nicht nach der Zukunft; ich verzehre mich, ich verschlinge meine Zeit, ich eile dem Ende meiner Langenweile entgegen und erhoffe für nachher – nichts. Man sagt, nur dem Glücklichen fliehe die Stunde. Falsch! ich sehe jetzt die Zeit mit einer Eile vergehen, die ich an ihr nicht kannte. Möge selbst der Unglücklichste nie auf diese Art glücklich werden!

Ich verhehle dir nicht, einen Augenblick lang hatte ich auf eine gewisse Beruhigung gehofft; aber die Enttäuschung war groß. Was habe ich denn eigentlich erwartet? daß die Menschen jene Einzelheiten zu ordnen vermöchten, die ihnen durch die Umstände überlassen bleiben? daß sie die Vorteile zu nutzen wüßten, die sich entweder aus den Seelenvermögen oder aus der Ähnlichkeit der Charaktere ziehen lassen? daß sie jene kleinen Vergnügungen hegen und pflegen würden, deren man nicht müde wird, da sie doch die Stunden verschönern oder verkürzen mögen? Daß sie die erträglichsten Jahre nicht in Langeweile vergeudeten und durch ihre eigene Unbeholfenheit nicht noch unglücklicher würden als durch das Schicksal selbst? daß sie zu leben vermöchten! Hätte ich verkennen können, daß es ganz anders ist? und wußte ich nicht zur Genüge, daß diese Trägheit und vor allem diese Art von Furcht, von gegenseitigem Argwohn, diese Ängstlichkeit, diese lächerliche Zurückhaltung, die, weil sie für die einen Instinkt ist, für die andern zur Pflicht wird, daß all dies die Menschen dazu verurteilen würde, einander mit Ekel zu begegnen, sich gleichgültig miteinander zu verbinden, sich verdrießlich zu lieben, sich umsonst aneinander zu gewöhnen und sich Tag ein, Tag aus anzugähnen, statt einmal zu sagen: Hören wir doch auf zu gähnen.

Überall und in allem verspielen die Menschen ihr Dasein; nachher hadern sie mit sich selber, sie glauben, es sei durch ihre Schuld geschehen. Auch wenn wir uns unsere eigenen Schwächen gerne nachsehen, in diesem Punkt sind wir vielleicht doch zu hart, sind wir zu leicht bereit, uns selber zuzurechnen, was wir nicht haben verhindern können. Ist die Zeit vorbei, so vergessen wir die einzelnen Umstände dieses Verhängnisses, dessen Ursachen unergründlich, dessen Wirkungen nur schwer wahrnehmbar sind. Alles, worauf man gehofft hat, vergeht leise und kaum bemerkt; alle Blüten verwelken, alle Keime verkommen; alles fällt, wie jene schwellenden Früchte, die, vom Todeshauch eines Frostes berührt, nicht mehr reifen, die alle verderben werden, die aber noch mehr oder weniger lang am unfruchtbaren Aste hängen bleiben und kümmerlich dahinleben, als sollte die Ursache ihres Verderbens verborgen bleiben.

Man ist gesund, hat seine Freunde; man meint alles in Händen zu haben, wessen es zu einem halbwegs leidlichen Leben bedarf; die Mittel dazu sind schlicht und natürlich, wir halten sie fest – und sie entgleiten uns dennoch. Wie das zugeht? Die Antwort wäre lang und schwierig; ich zöge sie manch einer philosophischen Abhandlung vor; selbst in des Pythagoras dreitausend Gesetzen steht sie nicht.

Vielleicht sind wir allzu leicht bereit, an und für sich unbedeutenden Dingen unsere Aufmerksamkeit zu versagen, obwohl wir sie eigentlich begehren oder zumindest zulassen sollten, da sie doch die Zeit ausfüllen, ohne daß sie verleiden. Es gibt eine Art von Geringschätzung, die eine überaus eitle Anmaßung ist, zu der man sich aber leicht verleiten läßt, ohne etwas zu denken dabei. Man begegnet vielen Menschen; jeder hat wieder andere Neigungen und ist oder gibt sich gleichgültig gegen manche Dinge, für die wir dann auch nicht größeres Interesse zeigen wollen als er. So gewöhnen wir uns eine Art Gleichgültigkeit und Verleugnung an; sie kostet uns keine Opfer, aber sie vergrößert die Langeweile. Jene Kleinigkeiten, die, für sich betrachtet, wertlos waren, hatten zusammen ihr Gutes; sie unterhielten in uns jene stille Wirksamkeit der Liebe, die das Leben bedeutet. Sie vermochten zwar keine großen Empfindungen auszulösen, aber sie bewahrten uns vor dem Unglück, völlig empfindungslos zu werden. Jene noch so kleinen Freuden entsprachen unserer Natur weit besser als die törichte Überheblichkeit, die sie verwirft und doch nie ersetzen kann. Die Leere wird auf die Dauer unerträglich; sie entartet zu einer finsteren Gewohnheit. Und während wir uns von unserer stolzen Ungerührtheit blenden lassen, erstickt unser Lebensflämmchen in einem trüben Rauch, da ihm der erquickende Hauch fehlt.

Ich sage dir, die Zeit entflieht in einer Eile, die wächst, je älter man wird. Hinter mir drängen sich die abgelebten Tage; mit ihren farblosen Schatten füllen sie den öden Raum; sie schichten ihre verbleichten Gebeine höher und höher auf: Welch düsteres Trugbild eines Grabmals! Und wenn mein verängstigter Blick sich vorwärts wendet und sich der Folge dereinst froherer Tage vergewissern möchte, welche die Zukunft bereithält, so erweist es sich, daß ihre vollen Formen und ihre reizenden Bilder vieles eingebüßt haben. Ihre Farben verbleichen; jener verschleierte Raum, der sie durch den Zauber des Ungewissen zu himmlischer Anmut erhöhte, läßt sie nun unverhüllt als dürre, gramvolle Gespenster erscheinen. Im düsteren Schein, der sie in der ewigen Nacht erhellt, erblicke ich schon den letzten, der ganz allein an den Abgrund tritt und vor sich – nichts mehr hat.

Erinnerst du dich unserer vergeblichen Wünsche, unserer Träume, damals, als wir noch Knaben waren? der Wonne eines strahlenden Himmels! des Vergessens der Welt und der Freiheit der Wildnis!

O jugendlicher Zauber eines unschuldigen Herzens, das noch ans Glück glaubt! das will, was es ersehnt, und nichts weiß vom Leben! O Einfalt des Hoffens, wo bist du hin? Das Schweigen der Wälder, die Reinheit der Wasser, die Früchte der Natur, der vertraute Umgang, das war uns genug! Die wirkliche Welt besitzt nichts, was jenes Verlangen eines redlichen Herzens, eines suchenden Geistes, was jenen frühen Traum unserer Frühlingstage ersetzen könnte.

Kaum daß eine freundlichere Stunde eine unverhoffte Heiterkeit auf unsere Stirn gezaubert hat, einen Anflug von Frieden und Glück, beeilt sich die nächste, die Züge des Grams und der Enttäuschung anzubringen, die tiefen Falten der Verbitterung, die die ursprüngliche Reinheit für immer auslöscht.

Seit jenem Alter, das mir schon so weit entrückt ist, haben in meinem Leben jene seltenen Augenblicke, die den Gedanken ans Glück wachriefen, zusammen nicht einen halben Tag ergeben, den ich gerne zurückwünschen würde. Und das Eigenartigste an meinem aufreibenden Schicksal ist dies: Andere sind weit unglücklicher, aber ich weiß nicht, ob je ein Mensch weniger glücklich gewesen ist. Ich sage mir, daß man allezeit leicht zum Jammern neigt, daß man sein eigenes Elend lebhaft und bis ins

Einzelne empfindet, während man ein anderes, das man nicht selbst erlebt, verharmlost oder übersieht. Und doch habe ich wohl recht, wenn ich denke, man könne nicht leicht weniger Genuß haben, weniger leben und so beständig hinter seinen Bedürfnissen zurückbleiben.

Ich bin nicht von Schmerzen gequält, bin nicht ungeduldig, nicht gereizt; ich bin müde, niedergeschlagen, erschöpft, vernichtet. Zuweilen, das ist wahr, trägt mich eine unerwartete Bewegung über den engen Kreis hinaus, in dem ich mich gefangen fühlte. Diese Regung überkommt mich so plötzlich, daß ich ihr nicht zuvorkommen kann; die Empfindung füllt mich ganz aus und reißt mich fort, ohne daß ich Zeit hätte, an die Vergeblichkeit ihres Aufschwungs zu denken; ich verliere dann jene ruhige Besonnenheit, die unsere Leiden verewigt, indem sie diese mit ihrem kalten Kompaß, mit ihren ausgeklügelten, tödlichen Formeln berechnet.

Dann lasse ich ab von jenen zufälligen Betrachtungen, jenen elenden Gliedstücken, aus denen meine Schwachheit die brüchige Fessel gesponnen hat; ich sehe auf der einen Seite nur noch meine Seele mit ihren Vermögen und ihren Wünschen, eine zwar begrenzte, aber unabhängige Wirkenskraft, die nichts davon abhalten kann, erst an ihrem Ziele zu erlahmen, auch nicht davon, ihrer eigenen Natur zu gehorchen; und auf der anderen Seite alle Dinge dieser Welt als ihren notwendigen Wirkenskreis, als Mittel ihrer Tätigkeit, als ihren Lebensstoff. Ich verachte jene umständliche ängstliche Vorsicht, die ob der Spielereien, mit denen sie sich abgibt, die Macht des Geistes vergißt, das Feuer des Herzens verlöschen läßt und das, was das Leben bedeutet, für immer preisgibt, um sich mit kindischen Schattenspielen zu beschäftigen.

Ich frage mich, was mit mir los ist; warum ich nicht zu leben anfange; welche Macht mich gefangen hält, während ich frei bin; welche Schwäche mich zurückhält, während ich eine Kraft spüre, deren unterdrücktes Drängen mich verzehrt; worauf ich warte, wenn ich auf nichts hoffe; was ich hier suche, wenn ich an nichts hange, nach nichts verlange; welches Verhängnis mich zwingt, zu tun, was ich nicht will, ohne daß ich sehe, wie es mich dazu bringt?

Es ist leicht, sich davon zu befreien; es ist Zeit, es muß sein; und kaum gesagt, erlahmt der Aufschwung, erstirbt die Kraft, und ich sinke wieder in den Schlaf zurück, in dem mein Leben dahindämmert. Die Zeit fließt einförmig dahin, ich erhebe mich voll Ekel, lege mich müde nieder und wache wunschlos auf. Ich schließe mich ein, und ich langweile mich; ich gehe hinaus, und ich seufze. Ist das Wetter trübe, so dünkt es mich traurig; ist es schön, so dünkt es mich umsonst. Die Stadt ekelt mich an, das Land ist mir verhaßt. Der Anblick von Unglücklichen schmerzt mich, der von Glücklichen kann mich nicht täuschen. Ich lache bitter, wenn ich Menschen sehe, die sich in Sorgen aufreiben; und wenn sich der oder jener ruhig gibt, so lache ich beim Gedanken, daß man ihn für zufrieden hält.

Ich sehe durchaus, was für eine lächerliche Figur ich mache; es ärgert mich, und ich lache über meinen Ärger. Mittlerweile suche ich bei jeder Sache nach dem lächerlichen Doppelgesicht, das sie zu einem Werkzeug unserer Leiden macht; und nach jener Komik der Gegensätze, durch die unsere Menschenwelt zu einem Theater der Widersprüche wird, wo inmitten der Hinfälligkeit aller Dinge ein jedes Ding wichtig ist. So eile ich und weiß nicht, wohin ich mich wenden soll; ich vergönne mir jede Rast, weil ich nirgends eine Tätigkeit finde; ich rede, um nicht denken zu müssen; ich lebe auf vor Betäubung. Ich glaube sogar, ich mache nur Spaß: ich lache vor Schmerz, und man findet mich lustig. Seht, wie es ihm gut geht, sagen sie, der fügt sich seinem Schicksal. Und ich werde mich fügen müssen, kann ich doch nicht länger sein Spielball sein.

5. August

Ich glaube, und ich spüre, daß alles anders kommt. Je aufmerksamer ich meine Erfahrungen prüfe, umso mehr dürfte ich mich wohl davon überzeugen, daß alles, was uns das Leben bringt, von einer unbekannten Macht in einer fortschreitenden Entwicklung festgelegt, in die Wege geleitet und zur Reife gebracht wird.

Sobald eine Reihe von Ereignissen auf ein Ziel hinsteuert, wird das sichtbar werdende Ergebnis alsbald zu einem Mittelpunkt, um den sich viele andere Ereignisse mit einer unverkennbaren Tendenz zusammenschließen. Diese Tendenz, die sie durch universelle Bande mit dem Mittelpunkt vereint, läßt uns diesen selber wie einen Zweck erscheinen, den sich die Natur nach einem Plane vorgesetzt hätte, wie ein Kettenglied, das sie nach ihren allgemei-

nen Gesetzen mit Vorbedacht geschmiedet hätte und worin wir in besonderen Beziehungen die Entfaltung, die Ordnung und die Harmonien des Weltplanes zu erforschen oder zu erahnen suchen.
Wenn wir uns dabei täuschen lassen, so liegt das vielleicht nur an unserem Übereifer. Unsere Wünsche möchten immerzu dem Ablauf der Ereignisse vorgreifen, und ihre Ungeduld mag die langsame Reifung nicht abwarten.
Auch möchte man meinen, ein unbekannter Wille, eine Vernunft von unerklärlicher Beschaffenheit verführe uns durch Vorspiegelungen, durch Zahlenfolgen, durch Träume, deren Zusammenhang mit der Wirklichkeit die Wahrscheinlichkeit des Zufalls bei weitem übersteigt. Man möchte glauben, daß ihr alle Mittel recht seien, um uns zu täuschen; daß die okkulten Wissenschaften, die unglaublichen Erfolge des Hellsehens und die weitreichenden Wirkungen von ganz unmerklichen Ursachen das Werk dieser verborgenen Wirkenskraft seien; daß sie auf diese Weise befördere, was wir selber zu lenken glauben; daß sie uns irreführe, um Abwechslung in die Welt zu bringen. Möchtest du eine Ahnung von dieser unsichtbaren Macht gewinnen und auch von der Ohnmacht, zu der selbst die Ordnung verurteilt ist, etwas Vollkommenes zu erzeugen, so verrechne alle noch so genau bekannten Kräfte, und du wirst finden, daß sie kein direktes Ergebnis haben. Geh weiter; denke dir eine Ordnung der Dinge, wo alle besonderen Übereinstimmungen eingehalten, alle besonderen Bestimmungen erfüllt sind, und du wirst, glaube ich, zur Einsicht gelangen, daß die Ordnung eines jeden einzelnen Dings niemals die wirkliche Ordnung der Dinge hervorbringen wird; daß alles zu gut herauskäme; daß es in der Welt nicht nur anders zugeht, sondern auch gar nicht so zugehen könnte und daß offenbar eine fortwährende Abweichung in den gegensätzlichen Einzelheiten das allgemeine Weltgesetz ist.
Hier ein paar Beispiele aus einem Bereich, der eine exakte Berechnung der Wahrscheinlichkeit zuläßt, ein paar Träume im Zusammenhang mit der Pariser Lotterie. Mindestens ein Dutzend sind mir vor der Ziehung bekannt geworden. Die ältere Person, die davon träumte, besaß gewiß nicht den sokratischen Dämon und ebensowenig eine kabbalistische Begabung, und doch hatte sie mehr Grund, an ihre Träume zu glauben, als ich, ihr sie

auszureden. Die meisten haben sich bewahrheitet; dabei stand es mehr als 20000 gegen 1, daß sie durch den Ausgang nicht bestätigt würden. Die Person ließ sich verführen, träumte wieder; sie setzte, und diesmal erfüllte sich gar nichts.

Man weiß, daß sich die Menschen täuschen lassen, bald durch falsche Berechnungen, bald durch die Leidenschaft; aber stimmt es denn wirklich, daß die Menschen in Dingen, die sich mathematisch errechnen lassen, noch zu allen Zeiten nur an das geglaubt haben, was mindestens ebensoviele Treffer erwarten ließ, wie der Zufall bringen sollte?

Ich würde mich sonst schwerlich mit derlei Träumen abgeben, aber ich habe es selbst dreimal erlebt, daß ich im Traum die Trefferzahlen sah. Einer der Träume hatte nicht den geringsten Zusammenhang mit der tags darauf erfolgenden Ziehung, der zweite hingegen einen so verblüffenden, als hätte man aus 80000 Zahlen die richtige getroffen. Der dritte war noch erstaunlicher: Ich hatte der Reihe nach die Zahlen 7, 39, 72, 81 gesehen, die fünfte jedoch nicht, und die dritte war nicht deutlich, ich wußte nicht, war es 72 oder 70. Ich hatte mir also beides notiert, neigte aber zu 72. Diesmal wollte ich wenigstens einen Vierer setzen; ich setzte 7, 39, 72, 81. Hätte ich 70 genommen, so hätte ich den Vierer getroffen, was an sich schon erstaunlich ist; noch erstaunlicher war, daß meine Notierung, exakt in der Reihenfolge des geträumten Vierers, einen gezogenen Dreier enthielt, und daß sie ein gezogener Vierer gewesen wäre, wenn ich beim Zögern zwischen 70 und 72 die 70 genommen hätte.

Gibt es in der Natur eine Absicht, welche die Menschen irreführt? oder doch viele Menschen? Und wäre dies eines ihrer Mittel, ein unerläßliches Gesetz, um die Menschen zu dem zu machen, was sie sind? oder wären alle Völker in einem Wahn befangen gewesen, wenn sie meinten, das, was von Fall zu Fall wirklich geschah, sei offensichtlich weit über den natürlichen Zufall hinausgegangen? Die gegenwärtige Philosophie will das nicht wahrhaben; sie leugnet alles, was sie nicht erklären kann. Sie hat jene Philosophie ersetzt, die erklärte, was es gar nicht gab.

Es liegt mir fern, zu behaupten oder gar ehrlich zu glauben, es gebe in der Natur wirklich eine Macht, welche die Menschen irreleite, ganz unabhängig vom Zauber ihrer Leidenschaften; es existiere eine geheime Kette von Beziehungen, ob in den Zahlen oder in den

Veranlagungen, die uns jene künftigen Ereignisse voraussehen oder erahnen lassen, die wir gewöhnlich für zufällig halten. Ich sage nicht: Das gibt es. Aber ist es nicht ein wenig vermessen zu sagen: Das gibt es nicht?*

Sollte es denn wirklich ausgeschlossen sein, daß Vorahnungen an eine besondere Veranlagung gebunden und daß sie darum andern Menschen verwehrt sind? Wir sehen zum Beispiel, daß die meisten zwischen dem Duft einer Pflanze und den Mitteln des irdischen Glücks keinen Zusammenhang wahrzunehmen vermögen. Sollten sie darum die Empfindung dieser Beziehungen für eine Verirrung der Phantasie halten? Für manchen Verstand sind diese beiden Wahrnehmungen völlig unvereinbar, aber sind sie es auch für das Genie, das ihre Verbindung aufzuspüren vermag? Der, welcher dem Mohn die stolzen Köpfe abschlagen ließ, wußte sehr wohl, daß man ihm dafür Dank wissen würde; und ebenso wohl wußte er, daß ihn seine Sklaven nicht begriffen, daß sie sein Geheimnis nicht herausbrächten.

Nimm dies alles, ich bitte dich, nicht ernster, als es gemeint ist. Aber ich bin der Gewißheiten müde, und ich suche überall nach Wegen der Hoffnung.

Wenn du bald kommst, mag mir das ein wenig Zuversicht geben. Jene Zuversicht, mit der man immer wieder den folgenden Tag erwartet, ist immerhin etwas, wenn man keine andere hat.

Ende des ersten Bandes

---

* »Es ist eine törichte Anmaßung, dasjenige verächtlich zu machen und als falsch abzutun, was uns nicht als wahrscheinlich erscheint – für gewöhnlich das Laster derer, die von sich eine Meinung haben, die über das übliche Maß hinausgeht. Ich hielt es einst ebenso ... und heute finde ich, ich sei mindestens ebensosehr zu bedauern gewesen.« Montaigne, Essais, Erstes Buch, 26. Kapitel.

Zweiter Band

SIEBENUNDVIERZIGSTER BRIEF

Lyon, 18. August VI

Du willst alles, was ich für möglich halte, mit einem Wort ins Reich der Träume verweisen. Vorahnungen, verborgene Wirkungen der Zahlen, der Stein der Weisen, wechselseitige Wirkungen der Gestirne, kabbalistische Wissenschaften, die hohe Magie – dies alles wird von der einen, unfehlbaren Gewißheit für ein Hirngespinst erklärt. Du bist der Herrscher; man könnte den Hohenpriester nicht besser spielen. Aber ich bin hartnäckig, wie alle Ketzer, ja mehr noch: Deine so sichere Wissenschaft ist mir verdächtig, ich habe dich im Verdacht, du bist glücklich.

Nehmen wir für einen Augenblick an, du kommst bei mir nicht zum Ziel; so magst du es dulden, daß ich dir darlege, wie weit meine Zweifel reichen.

Man sagt, der Mensch lenkt und regiert, der Zufall vermag nichts. Mag sein – aber sehen wir doch zu, ob dieser Zufall nicht doch etwas tut. Ich behaupte, in allem Menschenwerk ist es der Mensch, der handelt; aber er braucht dazu Mittel und Fähigkeiten; und woher hat er die? Körperkraft oder Gesundheit, Schärfe und Weite des Geistes, Reichtum, Macht, das etwa sind diese Mittel. Freilich können Weisheit oder Mäßigung die Gesundheit erhalten, aber es ist der Zufall, der eine starke Konstitution gibt oder zuweilen wiederherstellt. Und freilich umgeht die Klugheit diese oder jene Gefahr, aber es ist der Zufall, der uns jeden Augenblick vor Verletzung oder Verstümmelung bewahrt. Die Arbeit läutert unsere sittlichen und geistigen Fähigkeiten, der Zufall gibt sie, und oftmals bringt er sie zur Entfaltung oder bewahrt er sie vor so manch einem Unglück, das zu ihrer Vernichtung genügen könnte. Durch Weisheit gelangt in hundert Jahren nur einer zur Macht; alle andern Lenker der Volksgeschicke kommen durch den Zufall dazu. Klugheit und Weitblick mehren allmählich den Reichtum; der Zufall verschafft ihn tagtäglich im Nu. Die Weltgeschichte gleicht in vielem der jenes Laufburschen, der es in zwanzig Jahren mit Rennen und Sparen zu 100 Louisdor brachte, und der dann in der Lotterie einen einzigen Taler setzte und damit 75 000 gewann.

Alles ist Lotterie. Selbst der Krieg ist für fast alle zur Lotterie geworden, außer für den kommandierenden General, und auch er ist davon alles andere als völlig ausgenommen. In der modernen Kriegsführung wird ein Offizier mit Ehren überhäuft und befördert, während daneben ein ebenso tapferer, ja härterer und klügerer Soldat im Haufen der Gefallenen für immer vergessen geht.
Wenn so manches durch Zufall geschieht und dennoch der Zufall nichts vermögen soll, so gibt es in der Natur entweder eine große verborgene Kraft oder zahlreiche unbekannte Kräfte, die Gesetzen gehorchen, welche für die Beweise menschlicher Wissenschaften unzugänglich sind.
Man kann *beweisen*, daß es kein elektrisches Fluidum gibt. Man kann beweisen, daß ein magnetischer Körper auf einen andern nicht ohne Berührung einwirken kann; und daß das Vermögen, sich nach einem bestimmten Punkt der Erde auszurichten, eine unerklärliche und viel zu peripatetische Eigenschaft ist. Es ist längst bewiesen, daß man nicht durch die Lüfte reisen, einen Körper nicht auf Entfernung in Brand stecken, keine Blitze schleudern und keinen Vulkan entzünden kann. Man weiß auch heute noch, daß der Mensch zwar eine Eiche aufziehen, aber kein Gold machen kann. Man weiß, daß der Mond die Gezeiten veranlassen mag, aber auf das Wachstum keinen Einfluß hat. Es ist bewiesen, daß Wirkungen mütterlicher Gemütserregungen auf das ungeborene Kind ein reines Ammenmärchen sind und daß kein Volk, welches derlei für wahr hält, es auch wirklich beobachtet hat. Man weiß, daß die Hypothese eines denkenden Fluidums nichts als ein gottloser Unsinn ist, daß aber bestimmte Menschen die Erlaubnis haben, vor dem Frühstück eine Art Allseele oder abstrakte Seele herzustellen, die sich in Allseelen brechen läßt, so viel man will, auf daß ein jeder die seine verdauen möge.
Es ist *gewiß*, daß ein Châtillon, nach der Verheißung des Heiligen Bernhard, im Himmel droben hundertmal so viel Land zum Pflügen erhalten hat, als er hienieden den Mönchen von Clairvaux schenkte. Es ist gewiß, daß sich das Reich des Mogul in blühendem Wohlstand befindet, wenn sein Herrscher zwei Pfund mehr wiegt als im Vorjahr. Es ist gewiß, daß die Seele den Körper überlebt, es sei denn, er werde durch einen unerwartet herabstür-

zenden Felsblock zerschmettert, so daß sie nicht mehr rechtzeitig entweichen kann und also auf der Stelle umkommt*. Alle Welt weiß, daß Kometen sehr oft die Unart haben, daß sie Mißgeburten zeugen, daß es aber ausgezeichnete Rezepte gibt, wie man sich vor einer solchen Ansteckung schützen kann. Alle Welt ist sich einig, daß auf diesem winzigen Planeten, auf dem unsere unsterblichen Geister umherkriechen, es ein Einziger gewesen ist, der die Gesetze der wechselseitig bedingten Bewegungen und Positionen von hundert Milliarden Welten entdeckt hat. Unsere Gewißheit ist wahrhaft wunderbar, und es ist reine Bosheit, wenn man sich zu allen Zeiten und unter allen Völkern gegenseitig des Irrtums bezichtigt hat.

Warum sollten wir über die Alten lachen, da sie die Zahlen für das allgemeine Prinzip hielten? Unterstehen nicht der Raum, die Kräfte, die Zeit und jegliche Eigenschaften der natürlichen Dinge den Gesetzen der Zahl? Bringt uns nicht gerade das, was zugleich wirklich und geheimnisvoll ist, dem tiefsten Geheimnis der Natur näher? Ist nicht sie selbst ein fortwährender Ausdruck der Gewißheit und des Rätsels? sie selber sichtbar und unergründlich, berechenbar und unendlich, bewiesen und unbegreiflich, die Ursachen des Seins wie die Grundlosigkeit der Träume in sich schließend? Sie offenbart sich uns, und wir sehen sie nicht. Wir haben ihre Gesetze untersucht, aber ihre Verfahren können wir uns nicht vorstellen; sie hat uns beweisen lassen, daß wir einen Planeten in Bewegung versetzen könnten, aber die Bewegung eines Insekts ist ein Abgrund, in dem sie uns im Stich läßt. Sie gibt uns eine Stunde des Daseins inmitten des Nichts; sie bringt uns zum Vorschein und läßt uns verschwinden; sie erschafft uns, damit wir gewesen sind. Sie gibt uns Augen, die alles sehen könnten, und sie breitet alles vor ihnen aus: die Mechanik und den Aufbau der Dingwelt, die Metaphysik des unendlichen Seins: Wir blicken hin, wir fangen an zu erkennen, und schon drückt sie dieses wunderbar gebaute Auge für immer zu.

Warum, ihr Menschen, die ihr heute vergeht, warum verlangt ihr nach Gewißheit? und wie lange begehrt ihr nach Bestätigung

---

* Man kann diese unter den Stoikern verbreitete Auffassung in Senecas 57. Epistel nachlesen; ebendort die nicht minder bemerkenswerten Gründe, mit denen sie Seneca widerlegt.

unserer Träume, damit eure Eitelkeit sagen mag: Ich weiß? Ihr seid weniger klein, wenn ihr unwissend seid. Ihr verlangt, daß, wer von der Natur spricht, euch wie eure Waagen und Zahlen sage: Dies ist, dies ist nicht. Nun gut, ihr sollt euren Roman haben: So wißt denn und seid gewiß!

Die Zahl ... unsere Wörterbücher definieren sie als Zusammenfassung von Einheiten, dergestalt, daß die Einheit, die der Ursprung aller Zahlen ist, aus der Benennung der Zahl ausscheidet. Es ärgert mich, daß unsere Sprache kein Wort für die Einheit und alle ihre mehr oder weniger direkten, mehr oder weniger komplexen Produkte besitzt. Nehmen wir einmal an, das Wort Zahl habe eben diese Bedeutung; und da ich dir einen Traum erzählen möchte, nehme ich ein wenig die Redensart jener erhabenen Lehren an, die ich dir mit dem morgigen Boten schicken will.

So hör denn, es handelt sich um die Weisheit des Altertums, das freilich die Differentialrechnung noch nicht kannte*.

Die Zahl ist das Prinzip alles Meßbaren, aller Übereinstimmung, aller Eigenschaft, aller Zusammensetzung; sie ist das Gesetz des geordneten Universums.

Ohne die Gesetze der Zahl wäre die Materie eine ungeordnete, unförmige Masse; sie wäre das *Chaos*. Die nach diesen Gesetzen geordnete Materie ist die *Welt*. Die Notwendigkeit dieser Gesetze ist das *Schicksal*. Ihr Walten und ihre Eigenschaften sind die *Natur*. Und der allgemeinste Begriff dieser Eigenschaften ist *Gott*.

Die Analogien dieser Eigenschaften sind Gegenstand der magischen Lehre; sie ist das Geheimnis jeglicher Einweihung, die Grundlage jeglicher Lehrweisheit, das Fundament jeglichen Kultes, die Quelle der moralischen Beziehungen und jeglicher Pflichten.

Ich will mich kurz fassen, und du wirst mir für meine Zurückhaltung dankbar sein, denn ich könnte den Zusammenhängen sämtlicher kabbalistischen und religiösen Ideen nachgehen. Ich hätte die

---

* Es war doch wohl nicht Obermans Absicht, sich über die Wissenschaften lustig zu machen, die er bewunderte, wenn auch nicht selber beherrschte. Ohne Zweifel ging es ihm nur darum, daß sich die Halbgelehrten ob der gewaltigen Fortschritte der Neuzeit nicht leichtfertig über die tiefen Einsichten der Alten lustig machten.

Religionen des Feuers auf die Zahlen zurückzuführen; ich hätte nachzuweisen, daß selbst die Idee des reinen Geistes das Ergebnis bestimmter Berechnungen ist; ich hätte alles, was die menschliche Phantasie je zu verführen oder zu beherrschen vermocht hat, auf einen einzigen Zusammenhang zurückzuführen. Dieser Einblick in eine Geheimwelt verspräche einigen Gewinn; und doch wöge er den numerischen Duft von sieben Jasminblüten nicht auf, den ein Windhauch im Sand deiner Terrasse zu Chessel verweht.

Dennoch gäbe es ohne Zahlen keine Blüten und keine Terrasse. Jegliche Erscheinung ist Zahl oder Proportion. Formen und Raum und Zeit sind Wirkungen und Ergebnisse der Zahl; die Zahl aber erzeugt und verwandelt und reproduziert sich allein durch sich selber. Die Musik, das heißt die Wissenschaft jeglicher Harmonie, ist ein Ausdruck der Zahlen. So auch unsere Musik, die Musik der Töne, die Quelle der stärksten Eindrücke, die der Mensch zu empfinden vermag: Sie baut auf den Zahlen auf.

Wäre ich in der Astrologie bewandert, ich könnte dir noch ganz andere Dinge erzählen. Aber ist es am Ende nicht so, daß sich das ganze Leben nach den Zahlen richtet?

Wer würde ohne sie die Stunde einer Messe oder eines Begräbnisses kennen? wer vermöchte ohne sie zu tanzen, wer wüßte, wann es Zeit ist, die Nägel zu schneiden?

Die Einsheit ist sicherlich das Prinzip so wie das Bild jeglicher Einheit; folglich auch jedes fertigen Werkes, jeder Idee, jedes Planes, jeder Ausführung, der Vollkommenheit so wie der Ganzheit. So ist jede komplexe Zahl eins, ist jede Wahrnehmung eins, ist das Universum eins.

Die Eins verhält sich zu den erzeugten Zahlen wie das Rot zu den Farben oder wie Adam zu den Generationen der Menschen. Denn Adam war der erste, und der Name Adam bedeutet Rot. Aus eben diesem Grunde muß die *materia prima* des *opus alchymicum* Adam heißen, sobald sie in Rot übergeht, denn die rote Quintessenz der Welt ist wie Adam, den Adonai aus der Quintessenz erschuf.

Pythagoras hat gesagt: Pfleget beharrlich die Wissenschaft der Zahlen; denn unsere Laster und unsere Verbrechen sind nichts als Rechnungsfehler. Dies nützliche Wort voll tiefer Wahrheit ist ohne Zweifel das Trefflichste, was über die Zahlen gesagt werden kann. Nun aber etwas, worüber Pythagoras nichts gesagt hat*.

Ohne Eins gäbe es weder Zwei noch Drei; also ist die Einsheit das allgemeine Prinzip. Eins ist unendlich durch das, was aus ihm hervorgeht: Es erzeugt Zwei und auch Drei, ewig wie es selbst, und daraus entsteht alles übrige. Obwohl unendlich, ist es unerforschlich; es ist sicherlich in allem; es kann nie enden, ist unerschaffen; es ist unveränderlich; dazu ist es weder sichtbar, noch blau, noch breit, noch dick, noch schwer; es ist, wie wenn man davon sagen würde: mehr als eine Zahl.

Mit der Zwei verhält es sich völlig anders. Ohne Zwei gäbe es nur Eins. Ist aber alles eins, so ist alles gleich; ist alles gleich, so gibt es kein Mißverhältnis; wo kein Mißverhältnis ist, ist die Vollkom-

---

* In allen Sekten sind die Jünger oder viele von ihnen kleiner als ihre Meister. Sie entstellen seine Gedanken, zumal wenn sich fanatischer Aberglauben oder Neuerungssucht zu den Abirrungen des Geistes hinzugesellen.

Pythagoras hat wie Jesus nichts aufgeschrieben (wenigstens scheinen die heute verschollenen Schriften des Pythagoras den Alten selbst kaum bekannt gewesen zu sein); ihre Nachfolger, oder die es zu sein vorgaben, haben bewiesen, daß sie aus diesem Umstand alle Vorteile zu ziehen wußten.

Betrachten wir für einmal die Zahl so, wie sie Pythagoras verstanden zu haben scheint.

Wenn man von einer Anhöhe in ein weites Flachland hinausblickt, zwischen den Wäldern in der Ebene draußen ein paar von jenen Lebewesen entdeckt, die aufrecht gehen, und sich dann in Erinnerung ruft, daß sie es sind, die Wälder roden, Flüsse umleiten, Pyramiden erbauen und das Antlitz der Erde verändern, so kommt man nicht ums Staunen herum; das hauptsächliche Mittel ihres Wirkens ist die Zeit; die Zeit ist eine Zahlenreihe. Alle Erscheinungen, alle Wechselfälle, alle Verbindungen, alles, was das Universum im einzelnen hervorbringt, geht auf die Kombination oder die Abfolge von Zahlen zurück. Die Kraft, der Aufbau, der Raum, die Ordnung, die Zeit sind undenkbar ohne die Zahlen. Alle Mittel der Natur folgen aus den Eigenschaften der Zahlen; die Natur selbst ist nichts als das Zusammenwirken dieser Mittel; diese grenzenlose Harmonie ist das unendliche Prinzip, durch welches alles, was ist, so ist, wie es ist. Und der Geist des Pythagoras wiegt alle Geister auf, die nicht auf ihn hören.

Pythagoras soll gesagt haben, alles sei entstanden gemäß den Eigenschaften der Zahlen, nicht aber durch diese selbst.

Siehe in Bungos *De mysteriis numerorum*, was Porphyr und Nikomachus und andere über die Zahlen gesagt haben.

Dazu auch die *Gesetze des Pythagoras* 2036, 2038 etc., auch *Reise des Pythagoras*. Geht man die 3500 Sentenzen, diese Fundgrube antiker Weisheit, genannt *Gesetze des Pythagoras*, aufmerksam durch, so wird man bemerken, wie wenig darin von den Zahlen die Rede ist.

menheit. Also ist es die Zwei, die alles durcheinanderbringt. Sie ist das böse Prinzip: Sie ist Satan. So ist auch von allen Ziffern die 2 diejenige mit der unheimlichsten Form, mit dem spitzesten Winkel.

Jedoch gäbe es ohne die Zwei keine Zusammensetzung, keine Beziehungen, keine Harmonie. Zwei ist das Element alles Zusammengesetzten, insofern es zusammengesetzt ist. Zwei ist das Symbol und das Mittel jeglicher Zeugung. Zwei Cherubim waren auf der Bundeslade, und zwei Flügel haben die Vögel, wodurch Zwei zum Prinzip der Erhebung wird.

Die Drei vereinigt den Ausdruck des Ganzen mit dem der Zusammensetzung; sie ist die vollkommene Harmonie. Der Grund liegt auf der Hand; Drei ist eine zusammengesetzte Zahl, die nur durch Eins geteilt werden kann. Aus drei gleich weit voneinander entfernten Punkten entsteht die einfachste Figur. Diese dreifältige Figur ist dennoch nur eine, gleich der vollkommenen Harmonie. Und bilden nicht nach östlicher Weisheit die erschaffende Macht, Brahman, und die erhaltende Macht, Wischnu, und die zerstörende Macht, Rutren, in ihrer Vereinigung Trimurti? Und erkennst du nicht in Trimurti die Drei, woraus Schiwa entsteht, die höchste Gottheit?

Bezeichnet nicht im irdischen Bereich die Dreiunddreißig, die doppelte Drei, für den Menschen das Alter der Erfüllung? und hat nicht der Mensch, gewiß das herrlichste Werk Schiwas, ursprünglich drei Seelen gehabt?

Drei ist das Prinzip der Vollkommenheit. Es ist die Zahl des Zusammengesetzten und zur Einheit Zurückgeführten, des zur Vereinigung Erhobenen und in der Einheit Vollendeten. Drei ist die geheimnisvolle Zahl erster Ordnung; daher im Irdischen drei Reiche, und für jegliche organische Zusammensetzung drei Stadien: Bildung, Leben und Auflösung.

Vier gleicht sehr deutlich dem Körper, denn der Körper hat vier Vermögen. Vier enthält auch die ganze Religion des Eides; wieso, weiß ich nicht, aber da es ein Meister gesagt hat, werden es gewiß seine Schüler erklären können.

Fünf ist durch Venus geschützt; denn sie steht der Ehe vor, und die Fünf hat in ihrer Form etwas Glückliches, das sich nicht erklären läßt. Daher haben wir fünf Sinne, fünf Finger; nach andern Gründen sollte man nicht suchen.

Über die Zahl Sechs weiß ich nichts, als daß der Würfel sechs Seiten hat. Alles Übrige erscheint mir belanglos neben dem Wichtigen, was ich über andere Zahlen zusammengetragen habe.

Von allerhöchster Bedeutung ist jedoch die Sieben. Sie repräsentiert die Gesamtheit der Geschöpfe; dadurch wird sie für uns umso interessanter, als diese in unsere Macht gegeben sind, vermöge des göttlichen Rechtes, das uns seit alters übertragen ist und durch Zügel und Trense bestätigt wird, was auch immer Bären, Löwen und Schlangen dagegen sagen mögen. Dieser Herrschaft wären wir durch den Sündenfall beinahe verlustig gegangen; man braucht nur zwei Sieben zusammenzufügen, so werden sie sich gegenseitig vernichten; denn da auch die Taufe darin enthalten ist, bedeutet 77 die Reinwaschung von allen Sünden, so wie es der Heilige Augustin in Afrika vor den Akademien dargelegt hat.

Man erkennt leicht in der Sieben die Vereinigung zweier vollkommener Zahlen, zweier Prinzipien der Vollkommenheit; eine Vereinigung, welche gleichsam vervollständigt und befestigt wird durch diese erhabene Einsheit, die ihr einen großen Charakter der Ganzheit aufprägt und bewirkt, daß Sieben nicht Sechs ist. Sieben ist die geheimnisvolle Zahl der zweiten Ordnung oder, wenn man will, das Prinzip aller mehrfach zusammengesetzten Zahlen. Das wird bestätigt durch die verschiedenen Aspekte des Mondes, und demgemäß hat man den siebenten Tag zum Ruhetag bestimmt. Ebenso war diese Zahl allen Völkern durch ihre religiösen Feste heilig. Von daher auch die Idee der Siebenjahrzyklen, verbunden mit der Vorstellung der großen Weltkatastrophe. Nach Joachites hat Gott dem Universum überall das heilige Zeichen der Siebenzahl aufgedrückt. Auch der gestirnte Himmel ist durchweg nach dieser Zahl aufgebaut. Die antike Mystik ist voll von der Zahl Sieben: Sie ist die geheimnisvollste der apokalyptischen Zahlen, der Zahlen des Mythraskultes und der Weihemysterien. Sieben Gestirne des Licht-Geistes, sieben Gâhanbars, sieben Amschapands oder Engel des Ormuzd. Die Juden haben ihre Jahrwoche; und das Quadrat von Sieben war die richtige Zahl ihrer Jubelperiode. Es wurde auch festgestellt, daß die Zahl Sieben in der Natur besonders auffällig in Erscheinung trat, mindestens auf unserem Planeten, ja auch in unserem Planetensystem: Sieben Planeten erster Ordnung*, sieben Metalle**, sieben Gerüche***, sieben Geschmacksempfindungen; sieben Lichtstrahlen, sieben Töne, sieben einfache Laute der menschlichen Stimme****. Sieben Jahre bilden eine Woche des Lebens; und 49 die Große Woche. Ein Kind, das mit sieben Monaten zur Welt kommt, ist lebensfähig. Mit vierzehn Sonnentagen sieht es, mit sieben Monden hat es die ersten Zähne, mit sieben Jahren die zweiten, und es beginnt Böse und Gut zu unterscheiden. Mit 14 Jahren ist der Mensch zeugungsfähig, mit 21 erlangt er eine gewisse Reife, weshalb man dieses Alter für die juristische und politische Volljährigkeit gewählt hat. 28 ist die Zeit eines tiefgreifenden Wandels in den menschlichen Neigungen und in der Färbung des Lebens. Mit 35 ist die Jugend zu Ende. Mit 42 beginnt die Rückbildung unserer Vermögen. Mit 49 ist das beste Leben, bezogen auf die größtmögliche Dauer, in der Mitte angelangt, hinsichtlich des Empfindungsvermögens im Herbst; die ersten körperlichen und geistigen Runzeln machen sich bemerkbar. Mit 56 beginnt das Alter. 63 ist die früheste Zeit des natürlichen Todes (mir ist erinnerlich, daß du diesen Ausdruck nicht leiden kannst; sagen wir also: des notwendigen Todes, oder: des Todes, der durch die allgemeinen Ursachen des Lebensverfalls herbeigeführt wird). Ich meine damit, daß man mit 84 oder mit 98 an Altersschwäche stirbt, mit 63 aber des Alters wegen; es ist dies die früheste Zeit, wo man an Alterskrankheiten stirbt. Viele berühmte Menschen sind im Alter von 70, 84, 98, 104 (oder 105) Jahren gestorben. Aristoteles, Abälard, Heloise, Lu-

---

* Offensichtlich in einer Zeit, als die jüngsten Entdeckungen noch nicht bekannt waren; übrigens ist die Neun eine heilige Zahl wie die Sieben.
** Da es sieben sein mußten und man das Platin unmöglich ausschließen konnte, verwarf man das Quecksilber, das einen besonderen Charakter zu haben scheint und sich offenbar durch verschiedene Eigenschaften von den andern Metallen unterscheidet, etwa dadurch, daß es noch bei einer Kälte flüssig bleibt, von der man langezeit angenommen hat, sie liege tiefer als die natürliche Kälte unseres Zeitalters. Leider sind der modernen Chemie eine größere Zahl von Metallen bekannt; immerhin ist es wahrscheinlich, daß es dereinst 49 sein werden, was wieder aufs selbe hinauskommt.
*** Linnaeus teilte die pflanzlichen Gerüche in sieben Klassen ein. De Saussure fügt eine achte hinzu; aber es ist klar, daß die Skala nur sieben enthalten darf.
**** Die Griechen hatten sieben Vokale. Die französischen Grammatiker unterscheiden auch sieben, die drei E und die vier andern.

ther, Konstantin, Schah Abbas, Nostradamus* und Mohammed starben mit 63, und Kleopatra wußte genau zum voraus, daß sie 28 Tage warten müsse, um Antonius nachzusterben.

Neun! Wenn man den Mongolenhorden und einigen Negerstämmen Glauben schenken will, ist die Neun die harmonischste der zusammengesetzten Zahlen. Sie ist das Quadrat der einzigen Zahl, die sich nur durch Eins teilen läßt. Sie ist das Prinzip der indirekten Zeugungen: das mit dem Geheimnis multiplizierte Geheimnis. Das Zendawesta macht deutlich, wie starke Verehrung die Neun in einem Teil des Orients genossen hat. In Georgien, im Iran wird alles durch Neun bewirkt. Awaren und Chinesen haben eine besondere Vorliebe dafür gehabt. Die Mohammedaner in Syrien zählen 99 Attribute der Gottheit; und die Völker Ostindiens kennen 18 Welten, 9 gute und 9 böse.

Aber das Zahlzeichen 9 trägt den Schweif nach unten, wie ein Komet, der Ungeheuer aussät**; und Neun ist das Emblem aller verderblichen Schicksalsschläge; so hält namentlich in der Schweiz die zerstörerische Bise neun Tage lang an. 81, also 9 mit sich selber multipliziert, ist die Zahl des großen Stufenjahres***; jeder Mensch, der die Ordnung liebt, sollte in diesem Jahr sterben; Dionysos von Herakleia hat davon der Welt ein großes Beispiel gegeben.

Ich gebe zu, daß das Alter von achtzehn gewöhnlich als eine recht schöne Lebenszeit gilt; dabei ist diese Zahl die mit dem Prinzip des Bösen multiplizierte Zerstörung; aber das läßt sich schließlich begreifen. 18 Jahre sind nämlich 216 Monate, und das ist eine äußerst komplizierte, äußerst unheilvolle Zahl. Zunächst erkennt man darin 2 mal 81, also etwas Schreckliches. Im Rest 54 findet man einen Eid und Venus. Die Kombination von Vier und Fünf weist also deutlich auf die Ehe hin, mit achtzehn ein verlockender Stand, gegen die 45 oder 54 für keines der beiden Geschlechter zu irgend etwas gut, gegen 81 unfehlbar lächerlich und in jedem Alter geeignet, selbst durch ihre Freuden die menschliche Natur zu entstellen, zu entwürdigen oder zu verderben, gemäß den Schrek-

* Sein Grab befindet sich in Salon, einem kleinen Ort vier Meilen von Aix. Die Grabinschrift erinnert daran, daß Nostradamus (dessen Feder beinahe göttlich war, *paene divino calamo*) 62 Jahre, 6 Monate und 10 Tage gelebt hat.
** Siehe weiter oben in diesem Brief.
*** Die Stufenjahre des Hippokrates sind die Siebnerjahre; dem entspricht, was von der Zahl Sieben gesagt wurde.

ken, die mit dem Kult der Zahl Fünf verbunden sind. Gibt es etwas Schlimmeres als sein Leben durch einen Genuß der Fünf zu vergiften? Am größten ist diese Gefahr im Alter von achtzehn; darum gibt es kein unglückseligeres Alter. Dies alles läßt sich nur mittels der Zahlen erkennen; und so sind die Zahlen das Fundament der Moral.

Sollte dir in diesen Erkenntnissen irgend etwas als ungewiß erscheinen, so verwirf deinen Zweifel und mehre deinen Glauben; was nun folgt, ist der frühen Erleuchtung der ersten Jahrhunderte* entsprungen. Zehn ist Gerechtigkeit und Glückseligkeit, das Ergebnis der Schöpfung (Sieben) und der Trinität (Drei). Elf ist die Sünde, weil sie die Zehn und das Recht übertritt. Du erblickst den höchsten Punkt des Erhabenen; von da an kann man nur noch schweigen; auch der Heilige Augustin hat nicht weitergewußt.

Hätte ich genug Papier, so würde ich dir beweisen, daß es den Stein der Weisen gibt. Ich würde dir beweisen, daß unmöglich so viele gelehrte und berühmte Männer Schwätzer gewesen sein können; daß an ihm nichts erstaunlicher ist als am Kompaß, nichts unbegreiflicher, als daß aus der Eichel, die du gesteckt hast, eine Eiche geworden ist; daß es hingegen unbegreiflich ist, oder sein sollte, daß so und so mancher Leichtfuß, der zum Abschluß seiner humanistischen Studien ein leidliches Madrigal verfertigt hat, lauthals verkünden darf, ein Stahl, ein Becker oder ein Paracelsus hätten eigentlich ins Irrenhaus gehört.

Geh du nun deinen Jasmin betrachten und laß mir meine Zweifel und meine Beweise. Mich begehrt nach ein wenig Aberwitz, damit ich wenigstens über mich lachen kann; denn in der Anschauung, daß alles Traum ist, liegt etwas Beruhigendes, ein gewisses Vergnügen, ein grillenhaftes, wenn man will. Es mag von bedeutsameren Träumen ablenken, und auch von unseren Angstträumen.

Du willst es nicht dulden, daß wir uns von der Phantasie verführen lassen, da sie uns verwirrt. Aber warum dürfte denn nicht, wenn es um die besonderen Vergnügungen des Denkens geht, unsere gegenwärtige Bestimmung vergessen bleiben? Alle Menschen haben geträumt; alle haben danach verlangt: Hat sie der Geist des Bösen zum Leben erweckt, so ließ sie der Geist des Guten schlafen und träumen.

* der Kirche.

ACHTUNDVIERZIGSTER BRIEF

Méterville, 1. September VI

Man mag sich noch so gleichgültig mit seinem Leben schleppen, so kann es dennoch vorkommen, daß man in einer wolkenlosen Nacht zum Himmel emporschaut. Man erblickt die unermeßliche Welt der Gestirne; das ist kein Hirngespinst, sie sind da, vor unseren Augen; man sieht ihre Entfernungen, größer als jede Vorstellung, sieht all die Sonnen, die Welten zu erleuchten scheinen, wo andere Wesen als wir geboren werden und fühlen und sterben.

Über mir ragt die junge Tanne hoch in den Himmel auf, schlank und reglos; sie scheint weder Leben noch Empfindung zu besitzen; aber sie überdauert, und wenn sie etwas von sich weiß, so bleibt ihr Geheimnis, ihr Leben in ihr selber; sie wächst unmerklich. Ob am Tag oder des Nachts, ob in Frost und Schnee oder unter der heißen Sommersonne: Sie bleibt sich gleich. Sie dreht sich mit der Erde, kreist unbewegt zwischen all diesen Welten. Die Zikade lebt auf, wenn der Mensch schläft, sie wird sterben, die Tanne wird fallen; die Welten wechseln und vergehen. Was wird aus unseren Büchern, unserm Ruhm, unsern Ängsten, unserer Vorsicht, und aus dem Haus, das man bauen möchte, und aus dem Weizen, der vom Hagel verschont blieb? Für welche Zeiten füllt ihr eure Speicher? welchem Jahrhundert gilt eure Hoffnung? Noch ein Umlauf eines Gestirns, noch eine Stunde seines Dauerns, und alles Eurige wird dahin sein; alles Eurige wird verlorener, nichtiger, unmöglicher sein, als wenn es nie gewesen wäre. Der, dessen Unglück euch schmerzt, wird tot sein; die, deren Schönheit ihr bewundert, wird tot sein. Der Sohn, der euch überlebt, er wird tot sein.

Ihr habt alle Mittel der Kunst aufgeboten*; ihr seht auf den Mond, wie wenn er dicht vor euren Fernrohren wäre; ihr sucht ihn nach Leben ab – umsonst! es gibt keins; es gab einst welches, aber er ist tot. Und der Ort, wo ihr steht, dieser Erdball wird einst genau so tot sein wie er. Womit haltet ihr euch auf? Ihr hättet eine Denkschrift für euren Prozeß verfassen können, oder eine Ode,

---

* Es ist sogar gelungen, den Mond scheinbar näher an unser Auge heranzurücken als Berge, die wir bei bestimmten Wetterlagen mit unbewaffnetem Auge ganz deutlich sehen können, obwohl sie eine Tagereise entfernt sind.

von der man morgen abend gesprochen hätte. O Weltgeist! wie vergeblich ist doch das Tun des Menschen! Wie lächerlich sind seine Sorgen um die Wechselfälle einer Stunde! wie unsinnig sein rastloses Bemühen, die Kleinigkeiten dieses Lebens zu regeln, wo es doch alsbald ein Hauch der Zeit verweht! Schauen, genießen, was vergeht, träumen, sich hingeben, dies allein wäre der Sinn unseres Daseins. Jedoch: Regeln aufstellen, auf Gründen aufbauen, wissen, beherrschen – welche Unvernunft!
Und doch wird der, der sich nicht länger um eine ungewisse Zukunft sorgen mag, den Frieden nicht finden, der den Menschen sich selber überläßt, auch nicht die Entspannung, die ihn jene Verdrießlichkeiten vergessen lassen könnte, die man dem sorgenfreien Leben vorzieht. Er wird, wenn er zum Becher greift, um für einen Augenblick die tödliche Langeweile zu vertreiben, ihn weder mit Wein noch mit Kaffee gefüllt finden. Er wird in die Tätigkeit, zu der er gezwungen ist, weder Ordnung noch Zusammenhang bringen; er wird sich umsonst abmühen für die Sicherheit der Seinen. Sein Denken wird die Welt in ihren erhabenen Gedanken zu erfassen suchen, so lange, bis sein Geist, vom Streben ermattet, selbst diese erhabenen Gedanken vergißt; sein Denken wird in der Natur der Dinge zu viele Gewißheiten suchen, und so wird es schließlich nicht mehr die Kraft besitzen, um sich selber nach seiner eigenen Natur zu behaupten.
Es wird immer nur gesagt, man solle seine Leidenschaften unterdrücken und die Kraft aufbringen, das zu tun, was notwendig ist; aber so zeigt uns doch, mitten in all dem Unergründlichen, was notwendig ist! Ich für meinen Teil weiß es nicht, und ich möchte meinen, daß es auch ein paar andere nicht wissen. Noch alle Sektierer haben behauptet, sie könnten es sagen und unwiderleglich dartun; aber ihre übernatürlichen Beweise haben unsere Zweifel nur verstärkt. Vielleicht entsprechen ein sicheres Wissen und ein bekanntes Ziel weder unserer Natur noch unsern Bedürfnissen. Es ist eine erbärmliche Notwendigkeit, eine unerträgliche Qual, wenn man immerfort gezwungen ist, einen Willen zu haben, ohne daß man weiß, worauf man ihn abstimmen soll.
Manchmal beruhige ich mich beim Gedanken, daß der zufällige Lauf der Dinge und die unmittelbaren Wirkungen unserer Absichten vielleicht nur eine Vorspiegelung sind und daß alles menschliche Tun notwendig und durch den unaufhaltsamen Lauf eines

allumfassenden Geschehens bestimmt ist. Es scheint mir, dies sei eine Wahrheit, die ich zutiefst empfinde; aber wenn ich die allgemeinen Betrachtungen aus dem Blick verliere, beginne ich mich zu sorgen und Pläne zu machen wie jeder andere. Zuweilen versuche ich, gerade umgekehrt, tiefer in all dies einzudringen, weil ich wissen möchte, ob wohl mein Wille eine Grundlage habe und ob sich meine Ansichten auf einen durchgehenden Plan bezögen. Du kannst dir denken, daß mir in diesem undurchdringlichen Dunkel schließlich alles entschwindet, selbst die bloßen Vermutungen; alsbald sinkt mir der Mut und ich lasse ab davon; ich sehe nichts mehr, was gewiß wäre, wenn nicht vielleicht die unausweichliche Ungewißheit dessen, was die Menschen wissen möchten.

Jene großen Gedanken, die den Menschen so hochmütig machen, so begierig nach Herrschaft, nach Zuversicht und Gewißheit, nach Unvergänglichkeit – umfassen sie wohl mehr als das bißchen Himmel, das sich in einer kleinen Wasserlache spiegelt, die schon beim ersten Windhauch verdunstet? Das kunstvoll polierte Metall empfängt das Abbild von einem Teil des Universums, nicht anders als wir. – Aber es hat nicht das Bewußtsein von dieser Beziehung. – Dieses Bewußtsein hat etwas Wunderbares, das wir göttlich nennen möchten. Aber hat nicht der Hund, der hinter dir hergeht, das Bewußtsein vom Wald, vom Vorreiter, von der Flinte, deren Eindrücke sein Auge empfängt, indem es ihr Bild widerspiegelt? Und hat er ein paar Hasen gejagt, seinem Meister die Hand geleckt und ein paar Maulwürfe herausgescharrt, so stirbt er; du überläßt ihn den Raben, deren Instinkt die Eigenschaften von Kadavern wahrnimmt, und du mußt zugeben, daß er dieses Bewußtsein nicht mehr hat.

Jene Gedanken, deren Unermeßlichkeit unsere Schwachheit überwältigt und unser beschränktes Herz mit Begeisterung erfüllt, bedeuten der Natur vielleicht weniger als dem menschlichen Kunstsinn der wertloseste Spiegel, den doch der Mensch ohne Bedauern zerschlägt. Du magst sagen, es sei für unsere begierige Seele schrecklich, nur ein zufälliges Dasein zu besitzen; du magst sagen, es sei ein erhabener Gedanke, auf die Vereinigung mit der Wirkenskraft der unvergänglichen Ordnung zu hoffen; aber behaupte nicht mehr!

Der Mensch, der nach Erhebung drängt, ist wie die abendlichen

Schatten, die sich während einer Stunde recken und dehnen, die ihre Ursachen an Größe übertreffen, die noch immer zu wachsen scheinen, indes sie verblassen, und die eine Sekunde zum Verschwinden bringt.

Auch ich habe meine Augenblicke des Vergessens, der Kraft, der Größe, des maßlosen Verlangens; *sepulchri immemor!* Aber dann sehe ich die Denkmale erloschener Geschlechter, sehe den Stein, der sich der Hand des Menschen fügt und der noch Jahrtausende nach ihm dasein wird. Ich lasse die Sorgen um das Vergängliche, das Nachdenken über diese Gegenwart, die schon vorbei ist. Verwundert halte ich inne: Ich lausche dem, was geblieben ist, möchte hören, was bleiben wird: Ich suche im Wogen des Waldes, im Rauschen der Tannen nach Tönen der ewigen Sprache.

O Lebenskraft! o Schöpfer dieser Welt! willst du, daß der Mensch bleibt, wie bewundere ich dann dein Werk; und bleibt er nicht, wie bin ich bestürzt!

NEUNUNDVIERZIGSTER BRIEF

Méterville, 14. September VI

Du meinst, weil ich deinen Glauben nicht verabscheue, sei ich bereit, ihm zu huldigen? Ich denke, das Gegenteil ist der Fall. Du hast dir wohl vorgenommen, mich zu bekehren? und du lachst nicht?

Sag mir, was könnte mir schon daran liegen, deine Glaubensansichten nicht gelten zu lassen? Und wenn nichts in mir gegen sie spricht, weder ein Interesse, noch Parteilichkeit, noch Leidenschaft, ja nicht einmal ein Widerwille, was vermöchten sie dann über einen Kopf, der sich auf keine Lehre festlegt, und über ein Herz, das durch keine Skrupel jemals dafür empfänglich gemacht werden kann?

Es ist das Verlangen der Leidenschaften, das davon abhält, ein Christ zu werden. Das ist nun allerdings ein erbärmliches Argument, möchte ich sagen. Ich muß dir als Feind entgegentreten; wir sind im Kriegszustand, du verargst mir ein wenig meine Freiheit. Wenn du die Ungläubigen beschuldigst, sie hätten kein reines Gewissen, so beschuldige ich die Gläubigen, ihr Eifer sei nicht aufrichtig. Aber das führt alles nur zu hohlen Worten, zu einem

Geschwätz, wie man es überall und allezeit bis zum Überdruß hören kann und das nie nichts beweisen wird.

Und wenn ich dir nun entgegenhielte, daß nur Bösewichter Christen sind, weil nur sie auf solche Trugbilder angewiesen sind, um nicht zu Dieben, Mördern und Verrätern zu werden? Gewisse Christen, deren Herz und Verstand durch Frömmelei und Aberglauben verwirrt worden sind, schwanken immerfort zwischen der Lust zum Verbrechen und der Angst vor dem Teufel. Nach dem gemeinen Grundsatz, andere stets nach sich selbst zu beurteilen, laufen sie Sturm gegen jeden, der nicht das Kreuz schlägt: Der da ist keiner von uns, also ist er gegen uns; er fürchtet nicht, wovor wir uns fürchten, also fürchtet er nichts, also ist er zu allem fähig; er faltet die Hände nur nicht, weil er sie verstecken will; bestimmt hält er in der einen ein Stilett und in der andern ein Gift bereit.

Mich regen diese guten Leute nicht auf; wie könnten sie glauben, daß die Ordnung genügt, wo doch Unordnung in ihren Köpfen ist? Andere unter ihnen werden mir sagen: Sieh, was ich alles durchgemacht habe; woher hätte ich meine Kraft gehabt, wenn nicht von oben? – Guter Freund, andere haben weit mehr gelitten, und sie bekamen nichts von oben; und zudem haben sie kein Aufhebens davon gemacht und kommen sich nicht groß vor. Man leidet, wie man einhergeht. Wer ist der Mensch, der es auf seine 20000 Meilen bringt? Derjenige, der im Tag eine Meile macht und sechzig Jahre alt wird. Jeder Morgen bringt neue Kraft; und ist die Zuversicht erloschen, so läßt sie noch immer eine vage Hoffnung zurück.

Die Gesetze sind unzulänglich, das ist klar. Wohlan! ich will euch Wesen zeigen, die viel stärker sind als ihr und fast durchweg ungezähmt; sie leben mitten unter euch, nicht nur ohne den Hemmschuh des Glaubens, sondern auch ohne Gesetze; ihr Hunger bleibt oft ungestillt; aber sie finden noch immer, was man ihnen verweigert, und brauchen dabei nicht die geringste Gewalt; und unter ihnen sterben mindestens 39 von 40, ohne je Schaden gestiftet zu haben, und da kommt ihr und redet vom Wirken der Gnade, wenn unter euch Christen sich drei von vieren im selben Falle befinden! – Wo sind diese Wunderwesen, zeig uns diese Weisen? – Ärgert euch nicht; Philosophen sind es nun nicht gerade, und auch keine Wunderwesen, auch keine Christen; es sind schlicht die Doggen, die weder einen Maulkorb tragen, noch regiert oder gar katechisiert werden und denen ihr auf Schritt und Tritt begegnet, ohne daß ihr von ihnen verlangt, daß ihre fürchterliche Schnauze das heilige Zeichen mache, damit ihr euch nicht zu fürchten braucht. – Du machst dich lustig! – Im Ernst, was wollt ihr, soll man anderes tun?

Alle Religionen verketzern einander, denn keine trägt ein göttliches Merkmal. Ich weiß wohl, daß die eure dieses Merkmal hat, aber die übrige Welt sieht nichts davon, weil es verborgen ist; mir geht es nicht anders als der übrigen Welt, denn für Unsichtbares habe ich schlechte Augen.

Man sagt der christlichen Religion nicht etwa nach, sie sei schlecht; nur, um an sie glauben zu können, müsse man sie für göttlich halten, und das fällt nicht leicht. Als Menschenwerk betrachtet, mag sie sehr schön sein; aber eine Religion kann nicht menschlich sein, wie weltlich sich auch ihre Diener gebärden.

Die Vernunft hingegen ist menschlich; sie erhebt sich nicht gern in die Wolken, um beim Absturz in Brüche zu gehen; sie verführt weniger zur Schwärmerei, birgt aber auch nicht die Gefahr in sich, daß man sich über die Pflichten hinwegsetzt, indem man deren unverhüllte Gesetze mißachtet. Sie verwehrt eine Prüfung nicht und fürchtet Einwände nicht; man wird keinen Vorwand finden, um sie zu verleugnen; einzig ein verderbtes Herz verschließt sich vor ihr; wäre die Vernunft das Fundament der Moralregeln, so besäße sie fast unumschränkte Herrschaft, denn man könnte sich ihren Gesetzen nicht entziehen, ohne gerade dadurch seine Lasterhaftigkeit förmlich einzugestehen. – Da sind wir anderer Meinung; wir anerkennen die Vernunft nicht. – Nun gut, so seid ihr eben konsequent.

Ich wende mich nicht an jene engstirnigen Parteigänger, die Aufrichtigkeit heucheln und sich nur dazu Freunde machen, damit alle Welt sehen kann, daß sie wieder jemanden bekehrt haben; ich wende mich an euch, die ihr aufrichtig glaubt und mir jenen Frieden schenken möchtet, den ich niemals besitzen werde.

Ich finde Intoleranz gegen die Religion ebenso widerwärtig wie Intoleranz zu ihren Gunsten. Eigentlich sind mir ihre erklärten Gegner nicht viel lieber als ihre fanatischen Eiferer. Ich meine auch nicht, daß man sich in gewissen Ländern beeilen sollte, ein Volk aufzuklären, das wirklich gläubig ist, sofern es die Religionskriege hinter sich hat und nicht mehr im Bekehrungseifer steckt. Aber wenn ein Kult seinen Reiz verloren hat, finde ich es lächerlich, wenn man ihm seinen Zauber wieder zurückgeben will. Wenn die Bundeslade aus den Fugen geht und die bestürzten Leviten nachdenklich vor den Trümmern stehen und mir zurufen: Hebe dich hinweg, dein unheiliger Atem könnte sie beflecken, so sähe ich mich gezwungen, sie ein wenig auszuforschen, ob sie wirklich im Ernst sprechen. – Im Ernst? aber gewiß; die Kirche kann nicht untergehen, und sie wird dem Glauben der Völker wieder jene einstige Begeisterung zurückgeben, deren Wiederkehr du für unwahrscheinlich hältst. – Ich bin euch keineswegs böse, wenn ihr den Versuch unternehmt; ich werde einen Erfolg auch nicht anfechten, ja ich möchte ihn sogar wünschen; das Ereignis wäre zu merkwürdig.

Da ich mich immer nur an *sie* wende, ist es Zeit, diesen Brief zu schließen, der eigentlich nicht für dich bestimmt ist. Wir wollen über diesen einen Punkt jeder seine eigene Meinung behalten; und über die anderen werden wir uns sehr wohl verständigen können. Vor frommem Aberwitz und überbordendem Eifer ist ein aufrichtiger Mensch ebenso gefeit wie vor den maßlos übertriebenen Gefahren dessen, was *jene* lächerlicherweise Atheismus nennen. Ich erwarte keineswegs, daß du diesem Glauben aufsagst, und wünsche das auch gar nicht; aber es ist höchste Zeit, daß man damit aufhört, ihn für eine Herzensnotwendigkeit zu halten; denn wenn man konsequent ist und behauptet, es gebe ohne ihn keine Moral, so wird man wieder Scheiterhaufen anzünden müssen.

FÜNFZIGSTER BRIEF

Lyon, 22. Juni VII

Seitdem die Mode nicht mehr jene örtliche Einheitlichkeit aufweist, die sie in den Augen so vieler Leute als eine notwendige Lebensweise, als eine Art Naturgesetz erscheinen ließ, und seit die Frau die Kleidung wählen kann, die ihr zusagt, will auch der Mann selber darüber befinden, was ihm steht und was nicht.

Leute, die ins Alter kommen, wo man gern über alles schimpft, was nicht mehr ist wie einst, halten es für ein Zeichen schlechten Geschmacks, daß man das Haar nicht mehr über der Stirn zurückkämmt und in einen hohen pomadigen Knoten faßt, den Unterleib nicht mehr splitternackt unter einer würdevoll weiten Glocke versteckt und die Fersen nicht mehr auf spitzen Absätzen hochstellt. Diese ehrwürdigen Bräuche sorgten für hohe Sittenreinheit; aber seit die Weiber ihren Geschmack verloren haben und es jenen Völkern nachtun, die als einzige Geschmack gehabt haben sollen, sind sie nicht mehr breiter als lang; und nachdem sie schrittweise auf eiserne Stäbe und Fischbein verzichtet haben, geht ihre Verhöhnung der Natur nachgerade so weit, daß sie, obwohl bekleidet, atmen und essen können.

Ich begreife, daß Leute, die an der altehrwürdigen Steifheit und am gotischen Wesen Gefallen fanden, an einer verbesserten Kleidung Anstoß nehmen; aber ich finde es unverzeihlich, daß sie diesen unvermeidlichen Neuerungen eine so lächerliche Wichtigkeit beimessen.

Sag mir doch, ob dir hinsichtlich unserer früheren Bemerkungen über diese erklärten Feinde der heutigen Sitten weitere Gründe eingefallen sind. Es handelt sich fast mit Gewißheit um sittenlose Leute. Wenn sich andere darüber aufhalten, so tun sie es wenigstens nicht mit diesem verdächtigen Eifer.

Niemanden wird es wundern, wenn Leute, die sich über die Sitten hinweggesetzt haben, sich nachher lautstark über gute Sitten auslassen; wenn sie solche mit äußerster Strenge von den Weibern verlangen, nachdem sie ihr Leben lang nur darauf aus waren, ihnen diese zu nehmen; und wenn sie sie allesamt schmähen, nur weil deren einige so unglücklich waren, sie selber nicht zu verschmähen. Es ist dies eine geringfügige Heuchelei, die ihnen wahrscheinlich gar nicht bewußt ist; mehr noch und weit gewöhnlicher ist es eine Wirkung ihrer verdorbenen Neigungen, ihrer fortwährenden Ausschweifungen und ihres geheimen Wunsches, auf ernsthaften Widerstand zu stoßen, um ihre Eitelkeit mit einem Siege zu kitzeln; es folgt dies aus ihrer Vorstellung, andere hätten wohl derselben Schwäche gefrönt, und aus der Befürchtung, die Untreue, zu der sie andere um ihres eigenen Vorteils willen verführt haben, könnte ihnen selber widerfahren.

Wenn sie in die Jahre kommen und kein Interesse mehr haben, der Verachtung jeglichen Rechtes Vorschub zu leisten, so beginnt sie das Interesse ihrer Leidenschaften, welches noch stets ihr einziges Gesetz war, davor zu warnen, man werde dieselben Rechte zu ihrem eigenen Schaden verletzen. Nachdem sie wacker mitgeholfen haben, die Sittenstrenge, die ihnen hinderlich war, zu durchlöchern, ziehen sie nun gegen die Sittenfreiheit zu Felde, die sie beunruhigt. Sie predigen freilich gegen den Wind; das Gute, wenn es von solchen Leuten gefordert wird, fällt der Verachtung anheim, statt dadurch neue Autorität zu gewinnen.

Ebenso vergeblich beteuern gewisse Leute, wenn sie gegen schamlose Sitten ankämpften, so darum, weil sie deren Gefahr erkannt hätten. Diese Begründung ist wenig glaubwürdig, auch wenn sie zuweilen zutrifft; denn man weiß sehr wohl, daß jemand, der ungerecht war, solange ihm dies im Alter der Leidenschaften dienlich war, später gewöhnlich nur aus persönlichen Gründen gerecht wird. Seine Gerechtigkeit ist noch schimpflicher als seine Zügellosigkeit und verdient noch weit mehr Verachtung, weil sie weniger durchsichtig ist.

Daß aber junge Leute plötzlich und, noch bevor sie überlegen, an etwas Anstoß nehmen, was eigentlich ihren Sinnen schmeicheln müßte und was sie natürlicherweise erst mißbilligen könnten, wenn sie darüber nachgedacht haben, dies ist nach meiner Meinung der sicherste Beweis einer wirklichen Sittenverderbnis. Es wundert mich, daß vernünftige Leute darin einen letzten Mahnruf der *revoltierenden Natur* sehen, welche zuinnerst im Herzen an ihre mißachteten Gesetze erinnert. Die Verderbnis, sagen sie, könne gewisse Grenzen nicht überschreiten; das beruhigt und tröstet sie.

Ich meinerseits sehe darin eher das Gegenteil. Ich möchte wissen, wie du darüber denkst und ob ich mit meiner Auffassung allein bin. Denn ich bin ja keineswegs sicher, ob dies die Wahrheit ist, ja ich gebe zu, daß dem Anschein nach manches gegen mich spricht.

Meine Ansichten hierüber dürften sich schwerlich auf etwas anderes stützen als auf mein persönliches Empfinden. Ich untersuche nicht, ich mache keine systematischen Beobachtungen; ich wäre dazu wenig geeignet. Ich überlege zufällig; ich rufe mir in Erinnerung, was ich empfunden habe. Wenn mich dies veranlaßt, über etwas zu befinden, was ich nicht von selber weiß, so suche ich meine Auskünfte wenigstens in dem Bereich, in dem ich mich mit größerer Sicherheit auskenne, das heißt in mir selber; diese Auskünfte, frei von Annahmen oder Hypothesen, erlauben es mir, in dem, was ihnen analog oder entgegengesetzt ist, dies und jenes zu entdecken.

Ich weiß, daß unter dem gemeinen Volk die Dummheit der Vorstellungen, die Roheit der Empfindung und die widerliche Selbstgefälligkeit, die sich alles erlaubt, was keine Züchtigung erwarten läßt, manchen Schaden anrichten können. Ich meine auch keineswegs, daß Weiber, die sich in der Kleidung allzu viel Freiheit herausnehmen, ganz ohne Tadel ausgehen sollen; diejenigen unter ihnen, die keinen andern Vorwurf verdienen, vergessen immerhin, daß sie im großen Haufen leben, und dies zu vergessen ist unklug. Aber nicht um sie geht es hier; ich spreche vom Eindruck, den ihre leichte Kleidung auf Männer von verschiedenem Charakter machen kann.

Ich frage mich, warum Männer, die sich alles erlauben und die, weit entfernt davon, das zu respektieren, was sie Scham nennen, bis in ihre Rede hinein beweisen, daß sie die Regeln des Anstands nicht einmal kennen, warum Männer, die nie über ihr Benehmen nachdenken und sich völlig den Launen des Augenblicks überlassen, überhaupt auf den Gedanken kommen, dort von Anstößigkeit zu sprechen, wo ich nicht die geringste bemerke und woran selbst nach einiger Überlegung höchstens eine momentane Unschicklichkeit auszusetzen wäre. Wie können sie etwas für unanständig erklären, was an und für sich und wenn es nicht gerade deplaziert ist, andern durchaus natürlich erscheint und woran gerade auch die, die für eine wahrhafte und nicht für eine geheuchelte oder abergläubisch angebetete Scham eintreten, Gefallen finden könnten?

Es ist ein unheilvoller Irrtum, wenn man dem Namen und der Außenseite der Dinge eine so große Bedeutung beimißt; es genügt, daß man durch einigen Umgang, auch erlaubten, mit diesen Erscheinungen vertraut geworden ist, und man nimmt am Ende die Dinge selbst nicht mehr wichtig.

Wenn ein frommes Mädchen, das es mit sechzehn Jahren nicht leiden konnte, wenn es beim Gesellschaftsspiel umarmt wurde, das, mit zweiundzwanzig verheiratet, der Brautnacht mit Schaudern entgegensah, mit vierundzwanzig ihren Beichtvater in die Arme schließt, so halte ich das nicht unbedingt für reine Heuchelei von ihrer Seite. Ich sehe darin vielmehr die Unvernunft der Gebote, die ihr eingeschärft wurden. Es mag bei ihr Unehrlichkeit im Spiel sein, umso mehr als eine verlogene Moral ein unschuldiges Herz noch immer verdorben hat und als ein fortwährender Zwang zu Verstellung und Doppelzüngigkeit ermutigt. Aber wenn schon Verlogenheit in ihrem Herzen ist, so noch viel mehr Dummheit in ihrem Kopf. Man hat sie zu einem beschränkten Geist erzogen, hat sie fortwährend unter der Fuchtel eingebildeter Pflichten gehalten; man hat ihr nicht die geringste Idee von den wirklichen Pflichten vermittelt. Anstatt ihr den wahren Zweck der Dinge zu zeigen, hat man ihr angewöhnt, alles auf einen eingebildeten Zweck zu beziehen. Die Zusammenhänge lassen sich nicht mehr erkennen, die Maßstäbe erscheinen als willkürlich, Ursachen und Wirkungen gelten nichts; es bleibt unverständlich, wozu alles gut sein soll. Es kommt ihr gar nicht in den Sinn, daß es für Gut und Böse eine Ursache geben könnte außerhalb der Regel, die man ihr auferlegt hat, und in ganz anderen Zusammenhängen als in der dunklen Beziehung zwischen ihren heimlichsten Neigungen und dem unergründlichen Willen jener Geister, die stets anders wollen als der Mensch.

Man hat ihr eingeschärft: Mach die Augen zu, dann geh immer gerade aus, das ist der Weg des Glücks und der Ehre; der einzige; ringsum lauern nur Verderben, Schrecknisse, Abgründe und ewige Verdammnis. So schreitet sie denn blindlings voran, und gerät vom geraden Weg ab. Das war zu erwarten. Wenn du mit geschlossenen Augen in einem allseits offenen Raum voranschreitest und nur einmal die anfängliche Richtung verlierst, so findest du sie nicht wieder, ja oft bemerkst du gar nicht, daß du sie verloren hast. Wird ihr also ihr Irrtum nicht bewußt, so kommt sie immer weiter vom Weg ab und verliert sich voll Vertrauen. Bemerkt sie ihn aber, so verliert sie die Fassung und gibt sich verloren, denn sie kennt keine Abstufungen des Bösen und glaubt nichts weiter verlieren zu können, wenn sie einmal jene anfängliche Unschuld verloren hat, die sie für die einzige hielt und zu der sie nicht mehr zurückfinden kann.

Es kommt vor, daß einfache Mädchen in ihrer Unwissenheit die allerstrengste Zurückhaltung üben und einen Kuß verabscheuen, als wäre er eine Todsünde; und wenn sie einen bekommen haben, glauben sie, nun sei nichts mehr zu verlieren, und geben sich aus dem einzigen Grund hin, weil sie meinen, sie hätten sich bereits hingegeben. Man hat ihnen die verschieden großen Konsequenzen

der verschiedenen Vorkommnisse nie klar gemacht. Man wollte sie ausschließlich vor dem ersten Schritt bewahren, als hätte man die Gewißheit gehabt, daß sie diesen Schritt nie tun würden oder daß man ja jederzeit dasei, um sie zurückzuholen.
Das fromme Kind, von dem ich sprach, ging nicht Abenteuern aus dem Weg, sondern fürchtete sich vor einer Einbildung. Sollte man ihr am Altar gesagt haben, sie müsse sich zu ihrem Mann ins Bett legen, so wird es die natürliche Folge davon sein, daß sie diesen in den ersten Tagen der Ehe zerkratzt und sich wenig später mit einem andern ins Bett legt, der ihr von Seelenheil und Kasteiung des Fleisches erzählt. Sie war erschrocken, als man ihr die Hand küßte, aber das geschah aus Instinkt; sie gewöhnt sich daran und erschrickt nicht mehr, wenn man sich mit ihr der Lust hingeben will. Es war ihr Ehrgeiz gewesen, im Himmel zu den Jungfrauen zu kommen; nun ist sie nicht mehr Jungfrau; und da sich dies nicht mehr ändern läßt, was liegt ihr am übrigen? Sie verdankte alles Jesus, ihrem himmlischen Bräutigam, und dem Beispiel der Heiligen Jungfrau. Nun ist sie nicht mehr himmlische Braut, nicht mehr der Jungfrau Dienerin; ein Mann hat sie besessen, was ändert sich da noch viel, wenn sie auch ein anderer besitzt? Die Rechte eines Gatten beeindrucken sie herzlich wenig; über so weltliche Dinge hat sie nie nachgedacht; und ist es durchaus möglich, daß sie gar nichts davon weiß, so ist es zumindest sicher, daß ihr diese keinerlei Eindruck machen, denn sie ist sich ihres Zwecks nicht bewußt.
Gewiß, man hat ihr Treue geboten; aber das ist ein Wort, dessen Eindruck verlöscht ist, denn er gehörte einer Ordnung der Dinge an, bei der sie ihre Gedanken nicht verweilen läßt, auf die sie sich nur mit Erröten besinnen würde. Hat sie erst einmal bei einem Mann geschlafen, so ist das Peinlichste für sie vorbei; und sollte in Abwesenheit ihres Gatten ein anderer, frömmerer als er so geschickt sein, ihr in einem Augenblick sinnlichen Verlangens die Skrupel auszureden, so wird sie nachgeben, genau wie bei der Heirat; nur wird ihr Genuß mit geringerem Schrecken verbunden sein als beim erstenmal, denn die Sache ist nicht mehr neu und verändert ihr Befinden nicht mehr so stark. Da ihr weltliche Klugheit fremd ist und sie es verabscheuen würde, beim Sündigen Vorsicht walten zu lassen und einer Tat, die sie ihren Sinnen erlaubt, die aber ihre Seele unbefleckt läßt, mit Zurückhaltung und Überlegung zu begegnen, so wird es geschehen, daß sie geschwän-

gert wird, oft ohne daß sie weiß oder auch nur in Zweifel zieht, ob ihr Gatte Vater des Kindes ist, das sie ihm unterschiebt. Ja selbst wenn sie es weiß, wird sie ihn, falls sie nicht zu einer Lüge gezwungen ist, lieber im Irrtum lassen, als ihm zuzumuten, daß er in einen Zorn gerät, der Gott mißfiele, oder als sich selber in die mißliche Lage zu bringen, ihren Verführer anzugeben und damit einem Nächsten etwas Böses nachzureden.

Es ist freilich wahr, daß ihr eine recht verstandene Religion ein solches Verhalten nicht erlauben würde, und ich rede hier auch gar nicht gegen irgendeine Religion. Würde die Moral von allen richtig verstanden, so würde sie die Menschen gerecht und damit gut und glücklich werden lassen. Die Religion als eine Moral, die sich weniger auf die Vernunft, auf Beweisbarkeit und auf die direkten Ursachen der Dinge, dafür mehr auf das Wunderbare, Erstaunliche stützt und ihre Kraft, ihre Notwendigkeit aus einem göttlichen Jawort empfängt, ich sage: die Religion, richtig verstanden, würde die Menschen vollkommen läutern. Wenn ich von einer Frömmlerin spreche, so darum, weil die moralische Verirrung nirgends größer und von den wahren Bedürfnissen des Herzens weiter entfernt ist als in den Verirrungen der Frömmler. Ich bewundere die Religion, wie sie sein sollte; ich bewundere sie als ein großartiges Werk. Ich kann es nicht leiden, wenn man gegen die Religionen ankämpft und dabei ihre Schönheit leugnet oder das Gute, das sie zu wirken bestimmt waren, übergeht oder leugnet. Solche Leute sind im Unrecht; denn ist das Gute, das bewirkt worden ist, etwa weniger gut, weil es auf andere Weise bewirkt worden ist, als sie es für richtig halten? Man soll doch Mittel und Wege suchen, es mit weniger besser zu machen; aber man anerkenne auch das Gute, das auf andere Weise geschehen ist, es ist wahrlich nicht wenig. Nun also, das sind ein paar Worte aus meinem Glaubensbekenntnis, und ich denke, wir sind gar nicht so weit auseinander, wie wir gemeint haben.

Wenn du unbedingt willst, daß ich mit einer kunstvollen Überleitung auf mein erstes Thema zurückkomme, so bringst du mich in große Verlegenheit. Auch wenn meine Briefe nur zu sehr nach Abhandlungen aussehen und ich dir als ein Einsamer schreibe, der so zu seinem Freunde spricht, wie er für sich allein denkt, so laß dir immerhin gesagt sein, daß ich mir als Briefschreiber alle Freiheiten herausnehme, wenn mir das paßt.

Jene Männer, deren Liebesgefühle durch eine leichtsinnige und wenig wählerische Genußsucht verdorben und deren Sinne abgestumpft sind, sehen offenbar in der körperlichen Liebe nur noch das Niedrige und Gemeine ihrer Gepflogenheiten; das köstliche Vorgefühl der Lust kennen sie nicht mehr. Ein nackter Körper schockiert sie, denn es gibt bei ihnen keinen Unterbruch mehr zwischen dem Eindruck, den sie davon empfangen, und der tierischen Begierde, zu der ihre ganze Wollust verkümmert ist. Und selbst dieses aufflammende Verlangen wäre ihnen noch genug, da es wenigstens an den dumpfen Genuß erinnert, wonach ihre mehr geile als glühende Sinnlichkeit begehrt; aber da sie die echte Scham verloren haben, können sie nicht verhindern, daß sich der Ekel in ihre Lust mischt. Da sie das Schickliche vom Unschicklichen nicht zu unterscheiden wissen, auch in der Geschlechtslust nicht, halten sie es mit jenen Weibern, die keine Manieren mehr haben und dadurch die Sitten verderben; die nicht so sehr darum Verachtung verdienen, weil sie Lust gewähren, als vielmehr weil sie diese zerstören, indem sie Freiheit durch Zügellosigkeit ersetzen. Da sie sich erlaubt haben, was zarte Sinne abstößt, und da sie Dinge von völlig verschiedener Ordnung verwechselten, haben sie die verführerischen Wunschbilder zum Verschwinden gebracht; und da ihr Leichtsinn durch schädliche, ekelhafte Folgen bestraft worden ist, so haben sie mit der zögernden Scheu des Verlangens auch die Reinheit der Wollust verloren. Ihre Phantasie entzündet sich nur noch an der Gewohnheit; ihre Empfindungen, eher schamlos als begehrlich, ihre Gedanken, eher unflätig als wollüstig, ihre Verachtung für die Frauen, hinlänglicher Beweis für die Verachtung, die sie selber verdient haben, dies alles erinnert sie an das Häßliche und womöglich Gefährliche der Liebe. Deren ursprünglicher Zauber, deren Anmut, die über reine Seelen so viel vermag, all das Reizende und Beglückende darin ist für sie erloschen. Sie sind an den Punkt gelangt, wo sie nur noch Mädchen brauchen können, um sich hemmungslos und mit der gewohnten Verachtung amüsieren zu können, oder völlig anspruchslose Weiber, die ihnen schon Anstand beibringen, wenn sie keiner mehr zurückhält, und die, da sie in ihren Augen keine Frauen sind, das unerwünschte Gefühl des Verlorenen nicht aufkommen lassen.

Ist es nicht einleuchtend, daß ihnen eine etwas freiere Kleidung nur deshalb mißfällt, weil ihre zerrüttete Phantasie und ihre abgestumpften Sinne nur noch auf Überraschendes ansprechen? Das Gewohnte, Natürliche vermag ihre Empfindung nicht mehr zu erregen; daher ihre verdrießliche Laune. Ihr Sehvermögen reagiert nur noch auf Dinge, die verdeckt waren und plötzlich unverhüllt erscheinen, so wie ein fast völlig Erblindeter nur bemerkt, daß es hell ist, wenn er plötzlich aus dem Dunkeln ins grelle Licht tritt.

Jeder, der von Moral etwas versteht, wird zugeben, daß diejenige Frau am meisten Verachtung verdient, die, in ihrem äußeren Betragen gewissenhaft und streng, insgeheim tagelang auf Mittel und Wege sinnt, wie sie ihren Gatten hintergehen kann, der seine Ehre oder seine Befriedigung darin zu finden glaubt, sie ganz allein zu besitzen. Sie lacht mit ihrem Geliebten und spottet über den betrogenen Gatten. Ich setze sie tiefer als eine Dirne, denn diese bewahrt doch eine gewisse Würde, eine gewisse Wahlfreiheit und vor allem eine gewisse Aufrichtigkeit in ihren allzu freien Sitten.

Wenn doch die Menschen nur aufrichtig wären, so wäre, trotz Selbstsucht, Zwietracht und Lasterhaftigkeit, die Welt doch noch immer schön.

Wäre die Moral, die man ihnen predigt, wahr, konsequent und nirgends übertrieben; würde sie ihnen die Vernünftigkeit der Pflichten zeigen, diese ins richtige Maß bringen und nur auf deren wahren Zweck abzielen, so blieben jeder Nation nur noch eine Handvoll Wirrköpfe zu zügeln, die sich der Gerechtigkeit nicht beugen wollen.

Man könnte diese Querulanten mit den Schwachsinnigen und Verrückten zusammentun, ihre Zahl wäre nicht groß. Nur wenige Menschen sind der Vernunft nicht zugänglich; aber viele wissen nicht, wo sie die Wahrheit finden sollen unter all den öffentlichen Irrtümern, die sich deren Namen anmaßen; und selbst wenn sie ihr begegnen, wissen sie nicht, woran sie zu erkennen ist, da man sie so linkisch und abstoßend und schief zu präsentieren pflegt.

Das unnütze Gute, das eingebildete Böse, die Scheintugenden, die Unsicherheit, sie verzehren unsere Zeit, unsere Kräfte und unsern Willen; so wie in einem reichen Lande manche überflüssigen oder einander aufhebenden Bestrebungen und Verrichtungen von dem abhalten, was nützlich wäre und einem unverrückbaren Zweck dienen würde.

Wenn das Herz keine Grundsätze mehr besitzt, so achtet man peinlich genau auf den äußeren Anschein und auf die vermeintlichen Pflichten; diese unangebrachte Strenge ist ein unverdächtiger Beweis für die Selbstvorwürfe. »Wenn ich«, sagt Jean-Jacques, »die Torheit unserer Moral bedenke, welche die echte Tugend stets dem äußeren Anstand opfert, so begreife ich, warum die Sprache umso züchtiger ist, je verdorbener die Herzen sind, und warum gerade die verdorbensten Menschen auf ihr äußeres Benehmen die größte Aufmerksamkeit verwenden.«

Vielleicht ist es von Gutem, wenn man die Lust nur selten genossen hat; denn oft und oft wiederholter Genuß bleibt schwerlich von Trübung oder Überdruß verschont. Ist er dadurch verdorben oder auch nur durch die ernüchternde Gewohnheit geschwächt, so vermittelt er nicht mehr jene Überraschung, die ein Glück ankündigt, an das man nicht glaubte oder das man nicht erwartet hat; er trägt die Phantasie des Menschen nicht mehr über alles hinaus, was ihm begreiflich war; er beflügelt ihn nicht mehr durch eine Steigerung, deren höchster Punkt ihm nur allzu vertraut geworden ist; die enttäuschte Hoffnung überläßt ihn jenem peinlichen Gefühl einer schwindenden Wollust, jenem Gefühl der Wiederholung, das sie so oft erkalten ließ. Man weiß zu genau, daß nachher alles fertig ist; und jenes Glück, das man einst erträumt und heiß ersehnt und innig besessen hat, ist nun nichts weiter als die Zerstreuung einer Stunde und der Zeitvertreib der Gleichgültigkeit. Erschöpfte oder doch befriedigte Sinne entflammen nicht mehr bei einer ersten Erregung; die Gegenwart einer Frau reizt sie nicht mehr; ihre enthüllten Reize durchzucken sie nicht mehr mit einem durchdringenden Schauder; der lockende Ausdruck ihres Verlangens vermittelt dem Mann, den sie liebt, nicht mehr ein unerwartetes Glücksgefühl. Er weiß, welche Lust er empfangen wird, er kann sich ihr Ende denken; seine Wollust hat nichts Übernatürliches mehr. Die Frau, die er besitzt, ist nur noch eine Frau; und da er selber alles verloren hat, kann er nur noch mit dem Vermögen eines Mannes lieben.

Es ist höchste Zeit, daß ich schließe, der Tag bricht an. Falls du gestern nach Chessel zurückgekehrt bist, wirst du in diesem Augenblick deinen Obstgarten besichtigen gehen. Ich hingegen, der ich nichts dergleichen zu tun habe und dem ein schöner

Morgen herzlich wenig sagt, seit ich mit dem Tag nichts mehr anzufangen weiß, ich gehe nun schlafen. Es ärgert mich nicht im geringsten, daß ich, wenn der Tag anbricht, noch eine ganze Nacht verbringen muß, um unbeschwert zum Nachmittag zu gelangen, der mich wenig kümmert.

EINUNDFÜNFZIGSTER BRIEF

Paris, 2. September VII

Ein gewisser St. Felix, der als Einsiedler in Franchard* lebte, soll, wie man sagt, neben diesem Kloster unter dem *Weinenden Felsen* begraben sein. Es ist dies ein Sandsteinblock, der die Maße eines mittelgroßen Zimmers haben mag. Je nach der Jahreszeit sickert oder rinnt tropfenweise Wasser heraus und fällt auf eine flache, ein wenig eingewölbte Steinplatte nieder; und da diese während Jahrhunderten durch die anhaltende unmerkliche Wirkung des Wassers ausgehöhlt worden ist, besitzt dieses Wasser besondere Kräfte. Während neun Tagen eingenommen, heilt es die Augen von Kleinkindern. Darum werden solche mit kranken oder gefährdeten Augen herbeigebracht, und nach neun Tagen sind einige geheilt.

Ich weiß nicht, warum ich dir heute von einem Ort erzähle, an den ich lange nicht mehr gedacht habe. Ich bin traurig, also schreibe ich. Wenn ich froherer Laune bin, kann ich dich ja noch entbehren; aber in düsteren Stunden zieht es mich zu dir. Ich kenne viele Leute, die einem so etwas sehr übel nähmen; sollen sie doch! über mich werden sie sich bestimmt nicht zu beklagen haben, zu ihnen komme ich nicht, wenn ich traurig bin. Übrigens habe ich die ganze Nacht mein Fenster offenstehen lassen; und der Morgen ist ruhig, mild und neblig; so ist es mir begreiflich, daß ich an jenes Denkmal einer melancholischen Religion gedacht habe, draußen in der sandigen Heide des Waldes. Das Herz des Menschen, so veränderlich, so vergänglich, gewinnt eine Art Fortdauer, indem es durch die Mitteilung der volkstümlichen Empfindungen diese verbreitet, erweitert und scheinbar verewigt. Ein roher, verlauster, stockdummer oder, wer weiß, ein Schurke von einem Ein-

---

* im Wald von Fontainebleau.

siedler, zu nichts gut in der Welt, lockt Generation um Generation an sein Grab. Er, der vorgab, sich auf Erden dem Nichts zu weihen, erlangt hier unsterbliche Verehrung. Er verkündet den Menschen: Ich entsage allem, wonach eure Hoffnungen trachten, ich bin nicht wert, einer der eurigen zu sein; und diese Selbstverleugnung verschafft ihm einen Platz auf dem Altar, zwischen der erhabenen Allmacht und sämtlichen Hoffnungen der Menschen.

Die Menschen wollen, daß man mit gewaltigem Aufsehen oder aber mit hinterlistigen Ränken zu Ruhm gelange; indem man sie abschlachtet oder hinters Licht führt, indem man ihr Elend oder ihre Leichtgläubigkeit verhöhnt. Wer sie zermalmt, der ist erhaben, wer sie zum Tier erniedrigt, der ist ehrwürdig. Was mich anbelangt, mir ist das alles völlig gleichgültig. Ich neige ohnehin dazu, die Meinung der Weisen höher zu achten als die des Volkes. Wenn schon, so wäre es für mich ein Bedürfnis, die Achtung meiner Freunde und das öffentliche Wohlwollen zu besitzen; ein großes Ansehen würde mich nur belustigen; ich empfände keine ernsthafte Leidenschaft dafür, höchstens die Anwandlung einer Laune. Was trägt mir schon ein Ruhm ein, der zu meinen Lebzeiten noch fast nichts ist und der erst wächst, wenn ich nichts mehr bin – bin ich denn glücklicher davon? Es ist der Stolz der Lebenden, der die großen Namen der Toten mit so viel Achtung ausspricht. Ich sehe keinen sehr dauerhaften Gewinn darin, in tausend Jahren für die Leidenschaften der verschiedenen Parteien und für die Launen des Urteils herhalten zu müssen. Ich bin zufrieden, wenn ein aufrichtiger Mensch mein Andenken nicht zu verklagen braucht; alles Weitere ist eitel. Zu oft entscheidet darüber der Zufall, und noch öfter mißfallen mir die Mittel. Ich möchte weder Karl XII. noch ein Pachomius sein. Ruhm suchen und ihn nicht erlangen ist eine schlimme Demütigung; ihn verdienen und verlieren ist vielleicht traurig; und ihn erlangen ist nicht das wichtigste Ziel des Menschen.

Oder sag mir doch, sind die berühmtesten Namen die von gerechten Menschen? Können wir Gutes tun, wohlan, so tun wir es seinetwegen; und wenn uns das Schicksal große Taten versagt, so wollen wir wenigstens das nicht vernachlässigen, was keinen Ruhm einträgt; seien wir gut im Verborgenen, statt nach Ungewissem zu streben. Es gibt genug Menschen, die den Ruhm um des

Ruhmes willen suchen und dadurch dem Staat einen Aufschwung geben, den die großen Staaten vielleicht brauchen. Wir jedoch trachten nur das zu tun, was den Ruhm verdienen würde, und kümmern uns nicht um die Launen des Schicksals, das ihn oft dem Glück zuschlägt, zuweilen dem Heldentum verweigert und so selten einer edlen Gesinnung zuspricht.
Ich spüre seit ein paar Tagen ein großes Verlangen nach einem einfachen Leben. Paris langweilt mich, kaum daß ich dabin; nicht daß mir die Stadt durchaus mißfiele, aber an Orten, wo ich nur vorübergehend bin, könnte es mir niemals gefallen. Und dann diese Jahreszeit, die mich immer daran erinnert, wie angenehm das häusliche Leben sein könnte, wenn zwei Freunde, Väter zweier kleiner, eng verbundener Familien, zwei benachbarte Heimwesen besäßen, rings von Wiesen und Wäldern umgeben, nicht weit von einer Stadt und doch fern von ihrem Einfluß. Der Morgen gehört der ernsthaften Beschäftigung, der Abend jenen kleinen Dingen, die ebenso zu fesseln vermögen wie die großen, sofern diese nicht zu viel Unruhe erzeugen. Ich würde mir jetzt nicht mehr ein völlig abgeschiedenes, verborgenes Leben in den Bergen wünschen; so einfache Dinge mag ich nicht mehr; da ich das Wenige nicht haben konnte, will ich mehr. Die hartnäckige Ungunst des Schicksals hat meine Bedürfnisse gesteigert. Ich sehne mich nach jener Einfachheit, in der das menschliche Herz Ruhe findet; heute verlange ich nur noch nach jener, in der auch der Geist zu seinem Recht kommt. Ich will ein friedliches Leben genießen und will es nach meinem Belieben gestalten können. Wo der Frieden allgemein ist, ist er zu billig; und hätte ich alles, was der Weise begehrt, so fände ich nichts, um einem unruhigen Geist die Stunden zu verkürzen. Ich fange an Pläne zu machen, die Augen in die Zukunft zu richten, an ein späteres Leben zu denken: Auch mich könnte die Lebenslust packen!
Ich weiß nicht, ob du jenen kleinen Freuden genug Aufmerksamkeit schenkst, die alle Hausbewohner verbinden, samt den Freunden, die dazustoßen, Kleinigkeiten, die keine mehr sind, sobald man sie liebgewinnt, sich dafür ereifert oder ihnen gemeinsam nachjagt. Wenn die Sonne in den ersten trockenen Tagen nach dem Winter die Wiese erwärmt, auf der alle beieinandersitzen, oder wenn in einem Zimmer ohne Licht die Frauen singen, während der Mond scheint hinter den Eichen, fühlt man sich da nicht ebenso

wohl wie in versammelter Gesellschaft, wo man angestrengt hohle Phrasen drischt, oder wie in einer engen Theaterloge, wo einen der Atem von zweitausend Menschenleibern, deren Reinlichkeit und Gesundheit nicht über alle Zweifel erhaben sind, in Schweiß versetzt? Und dann all die kurzweiligen, wiederkehrenden Tätigkeiten eines zwanglosen Lebens! Wenn wir auch im höheren Alter nicht mehr danach begehren, so nehmen wir doch gern daran Anteil; wir sehen, wie unsere Frauen sie schätzen und wie unsere Kinder ihr Vergnügen daran haben. Da sind die Veilchen, die man so sehnsüchtig sucht und mit so viel Freude findet! dann die Erdbeeren, Vogelbeeren*, Haselnüsse; man pflückt wilde Birnen, schlägt Kastanien herunter, sammelt Tannzapfen für den herbstlichen Herd! all die schönen Gewohnheiten eines natürlicheren Lebens ... O Glück des einfachen Menschen, o Schlichtheit des ländlichen Glücks! ... Doch ich sehe dich vor mir, dein Blick macht mich frösteln. Du sagst: Dein Hohelied auf das Landleben ist mir nicht neu. Ob es die Koloraturen einer Sängerin eher wert sind?
Du bist im Unrecht; du bist zu vernünftig; welche Freude hat dir das eingetragen? Ich fürchte allerdings, daß ich bald ebenso vernünftig werde wie du.
Er ist angekommen. Wer? *Er.* Er hat ein Anrecht darauf, daß sein Namen verschwiegen bleibt. Ich glaube, eines Tages wird er uns angehören, er hat eine Kopfform ... Aber vielleicht lachst du auch darüber – im Ernst: die Nasenlinie bildet mit der Stirnfront einen fast unmerklichen Winkel! ... Wie du willst, lassen wir das! Ich räume dir ein, daß Lavater ein Schwärmer ist, du hingegen mir, daß er kein Schwätzer ist. Ich behaupte nach wie vor: Es ist keine Phantasterei, sondern ein genialer Gedanke, den Charakter und besonders die Anlagen eines Menschen aus seinen Gesichtszügen zu lesen. Betrachte das Bildnis von einem der außerordentlichsten Männer der Neuzeit. Du weißt, wen ich meine; beim ersten Blick auf seine Büste erriet ich, wer es sei. Ich hatte keinen andern Hinweis als die Beziehung zwischen dem, was er tat, und dem, was ich sah. Zum Glück war ich nicht allein, und dieses Faktum spricht zu meinen Gunsten. Übrigens ist wohl kein Forschungsgebiet der sicheren Methode der exakten Wissenschaften so wenig

* Früchte der Brombeere.

zugänglich wie dieses. Nach Jahrhunderten wird man den Charakter, die Neigungen und die angeborenen Gaben ziemlich verläßlich erkennen können; aber über denjenigen Teil des Charakters, der durch die zufälligen Umstände modifiziert wird, ohne daß diese genügend Zeit oder die Möglichkeit haben, um die Gesichtszüge spürbar zu verändern, wird man nie mit letzter Sicherheit urteilen können. Unter allen Abhandlungen über dieses schwierige Thema sind wohl Lavaters *Physiognomische Fragmente* am merkwürdigsten; ich bringe sie dir mit; wir haben sie in Méterville allzu flüchtig betrachtet und müssen sie aufs neue durchgehen. Für heute nichts weiter davon, denn ich sehe voraus, daß wir darüber herrlich werden streiten können.

ZWEIUNDFÜNFZIGSTER BRIEF

Paris, 9. Oktober VII

Mit deinem jungen Freunde bin ich sehr zufrieden. Ich denke, es wird ein liebenswürdiger Mann aus ihm, und ich bin so gut wie sicher, daß er kein Liebediener sein wird. Er reist morgen nach Lyon ab. Du magst ihn daran erinnern, daß er hier zwei Personen zurückläßt, die ihn nicht vergessen werden. Die zweite errätst du leicht: Sie ist würdig, ihn als Mutter zu lieben, aber sie ist zu liebenswürdig, um nicht auf andere Weise geliebt zu werden, und er ist zu jung, um sich des Zaubers zu erwehren, der sich in eine durchaus zu billigende Anhänglichkeit einschleichen würde. Es ist mir nicht unlieb, daß er abreist. Du bist nun im Bild und wirst im Gespräch mit ihm vorsichtig sein.

Er scheint mir das Interesse, das du an ihm nimmst, vollauf zu verdienen; wäre er dein Sohn, ich könnte dir nur gratulieren. Der deine wäre nun gerade ebenso alt; und er, er hat keinen Vater mehr! Dein Sohn hat vor der Zeit gehen müssen, und mit ihm die Mutter. Was soll ich dir schweigen davon? Altes Leid macht uns traurig, ohne weh zu tun; der tiefe Schmerz, durch die Jahre gelindert und erträglich geworden, ist uns irgendwie notwendig; wir fühlen uns in den altvertrauten Umgang zurückversetzt; unser Herz, das nach Liebesgefühlen verlangt, sucht selbst in ihrer Entbehrung nach Unendlichkeit. Dir bleibt deine Tochter, tugendhaft, liebenswürdig, rührend wie jene, die dir fehlen; sie mag sie dir ersetzen. Wie groß immer dein Verlust ist, dein Leid ist nicht das eines Unglücklichen, es ist nur eben das des Menschen. Wenn die, die dir genommen sind, noch da wären, so überstiege dein Glück das Maß dessen, was dem Glücklichen zusteht. So wollen wir ihrem Gedächtnis all jene Erinnerungen darbringen, die seiner so würdig sind, ohne daß wir allzusehr in der Empfindung des unabänderlichen Leides verharren; behalte den Frieden und die weise Mäßigung, die sich der Mann durch nichts völlig rauben lassen darf, und bedaure mich, der ich hierin so weit hinter dir zurückbleibe.

Ich komme auf den zurück, den du meinen Schützling nennst. Mit mehr Recht würde ich sagen, er sei der deine; aber in Wirklichkeit bist du mehr als sein Beschützer, und ich sehe nicht, was sein Vater mehr für ihn hätte tun können. Er scheint sich dessen sehr wohl bewußt zu sein, und ich glaube dies umso eher sagen zu dürfen, als er hierin frei von jeder Heuchelei ist. Obwohl wir bei unserem Ausflug aufs Land in jedem Waldwinkel und an jedem Wiesenbord von dir gesprochen haben, hat er der Dankesschuld, die er dir gegenüber hat, fast nie Erwähnung getan; er brauchte nicht davon zu sprechen, ich kenne dich zu gut, und er mochte nicht davon sprechen, bin ich ja nicht irgendein Freund von dir. Aber ich weiß, was er Mme T*** darüber gesagt hat, mit der er, noch einmal sei es gesagt, einen anmutigen Umgang pflegte und die dir auch selber sehr verbunden ist.

Ich hatte dir angekündigt, wir würden sogleich miteinander die Umgebung von Paris erkunden gehen; ich muß dir unbedingt von diesem Ausflug Bericht erstatten, damit du noch vor meiner Abreise nach Lyon einen langen Brief erhältst und mir nicht mehr vorwerfen kannst, ich schriebe dir dies Jahr nicht mehr als drei Zeilen*, wie jemand, der zahlreiche briefliche Beziehungen unterhält.

In Paris hat er sich sehr bald gelangweilt. Ein Jüngling in seinem Alter ist neugierig, aber diese Neugier ist kaum von der Art, daß sie von einer Großstadt über längere Zeit befriedigt werden könnte. Ein Basrelief interessiert ihn weit weniger als ein verfallenes Schloß im Wald. Obwohl von angenehmen Umgangsformen, tauscht er den erlesensten Zirkel noch so gern gegen einen

---

* Bezieht sich auf unterdrückte Briefe.

wildreichen Forst; und trotz seines erwachenden Kunstsinns gibt
er einen Sonnenaufgang von Vernet gern hin für einen strahlenden
Morgen, und das Tal von Bièvre oder von Montmorency ist ihm
weit lieber als die allerwahrhaftigste Landschaft von Hue.
Aber du willst endlich wissen, wo wir gewesen sind, was wir erlebt
haben. Um es vorwegzunehmen: Wir haben nichts Besonderes
erlebt; den Rest sollst du erfahren, aber nicht jetzt; ich mag die
Umwege. Weißt du, es ist sehr wohl möglich, daß er Paris eines
Tages liebgewinnt, auch wenn er das jetzt nicht zugeben mag.
Wohl möglich, sagst du und willst weiterhören; aber warte, ich
will, daß du davon überzeugt bist.
Es ist für einen empfindsamen Jüngling nicht selbstverständlich,
daß er eine Großstadt gern hat, zumal es eigentlich für keinen
Menschen ganz selbstverständlich ist. Ein junger Mann begehrt
nach reiner Luft, nach einem klaren Himmel, nach einer weiten
Landschaft, weit genug für Streifzüge, für Entdeckungen, für die
Jagd, für die Freiheit. Der Frieden der harten Landarbeit gefällt
ihm besser als die verweichlichte Betriebsamkeit in unseren
Gefängnissen. Die Jägervölker begreifen nicht, daß sich ein freier
Mensch der Erdarbeit beugen kann; dieser wiederum begreift
nicht, warum sich ein Mensch in eine Stadt einsperren läßt, und
noch weniger, wie er selber eines Tages Gefallen finden kann an
dem, was ihn heute abstößt. Dennoch kommt eine Zeit, wo ihm
die schönste Landschaft, obwohl für sein Auge noch immer
schön, wie fremd erscheint; andersartige Eindrücke setzen sich
ganz natürlich an die Stelle derer, die ihm einst völlig natürlich
waren. Wenn ihm die Empfindung der künstlichen Welt ebenso
vertraut sein wird wie die der Naturwelt, so wird diese in seinem
Herzen unmerklich verblassen, nicht weil ihm jene besser gefiele,
sondern weil sie ihn stärker erregt. Die Beziehungen von Mensch
zu Mensch wecken alle unsere Leidenschaften auf; sie bringen so
viele Wirrungen mit sich, sie halten uns in so andauernder
Erregung, daß uns die Ruhe danach erschlägt, wie die Stille in der
Wüste, wo es weder Abwechslung noch Bewegung, nichts zu
suchen und nichts zu hoffen gibt. Die Tätigkeiten und die
Empfindung des Landlebens beleben die Seele, ohne sie zu
beunruhigen; sie machen sie glücklich; jedoch das Leben in der
Gesellschaft erregt und reizt und erhitzt sie und drängt von allen
Seiten auf sie ein; sie gerät in sklavische Abhängigkeit. Das Spiel

um den hohen Gewinn nimmt den Menschen gefangen und ruiniert ihn; seine verderbliche Gewohnheit verlangt notwendig nach jenem fortwährenden Wechsel von Furcht und Hoffnung, der ihn erregt und verzehrt.

Nun aber endlich zu dem, was ich dir zu sagen habe; aber mach dich darauf gefaßt, daß es an weiteren Unterbrechungen nicht fehlen wird. Ich bin so recht in der Stimmung, um zur Unzeit zu räsonnieren.

Wir beschlossen, zu Fuß zu gehen; ihm sagte dies sehr zu, nicht so seinem Diener, zum Glück! Um also nicht einen Griesgram bei uns zu haben, der unsere bescheidensten Anordnungen nur widerwillig ausgeführt hätte, fand ich für ihn ein paar Aufträge in Paris, und wir ließen ihn hier, was ihm auch wieder nicht gefiel ... Gerne unterbreche ich mich hier, um dir zu sagen, wie sehr die Bedienten einen großen Lebensaufwand schätzen. Sie teilen davon nur die Vorteile und Annehmlichkeiten, die Sorgen übernehmen sie nicht. Sie sind auch nicht so direkt daran beteiligt, als daß sie davon genug bekommen könnten, noch daß sie darin keinen Wert mehr sähen. Wie sollten sie also nicht ihren Spaß daran haben? sie haben das Geheimnis gefunden, ihre Eitelkeit daran zu weiden. Besitzt der Herr den schönsten Wagen der Stadt, so ist selbstverständlich der Lakai ein Mensch von einer gewissen Würde; neigt er zur Bescheidenheit, so kann er sich doch wenigstens die Wonne nicht versagen, der erste Lakai im Quartier zu sein. Ich weiß einen, der gesagt haben soll: Ein Bedienter kann sich etwas darauf einbilden, einem reichen Herrn zu dienen, wenn doch ein Adliger seine Ehre darin sucht, einem großen König zu dienen, und wenn er mit so lächerlichem Stolze sagt: der König, mein Herr. Dieser Kerl hat wohl im Vorzimmer spioniert; er wird sich noch ruinieren.

Ich nahm ganz einfach einen Dienstmann, für den man mir gutsagte. Er trug uns das Nötigste an Wäsche und Effekten, war uns in vielem gefällig und nirgends lästig. Er schien sehr zufrieden damit, daß er ohne Anstrengung hinter Leuten einhertrotten konnte, die ihn gut verköstigten und noch besser behandelten; und uns verdroß es nicht, daß wir auf einem derartigen Ausflug einen Menschen zur Verfügung hatten, gegen den man auf den Herrenton verzichten mochte, ohne sich eine Blöße zu geben. Er war ein sehr dienstfertiger, sehr verschwiegener Reisegefährte, der

schließlich zuweilen neben uns einherzugehen wagte, ja sogar von seiner Neugier und seinen Beobachtungen sprach, ohne daß wir genötigt waren, ihn zum Schweigen anzuhalten und ihn mit einem herablassenden Seitenblick nach hinten zu schicken.
Wir brachen am 14. September auf; es war ein schönes Herbstwetter, das mit wenig Unterbrüchen während des ganzen Ausfluges anhielt. Ein ruhiger Himmel, die Sonne mild und oft verborgen, neblige Vormittage, klare Abende, der Boden feucht und keine staubigen Wege, kurz: die günstigste Jahreszeit und überall viel Obst. Wir fühlten uns wohl und waren bei recht guter Laune: er aufs Schauen aus und immer zum Bewundern bereit, ich recht froh um die Bewegung und besonders über das Wandern ohne Ziel. Was das Geld anbelangt, so ist es manchen Romanhelden entbehrlich; sie ziehen ihres Weges, gehen ihren Geschäften nach und leben drauflos, ohne daß man weiß, wie das zugeht, ja oftmals obgleich es klar ist, daß sie keinen Heller haben. Das ist ihr schönes Vorrecht, aber es gibt Wirte, die nicht unterrichtet sind, und so nahmen wir lieber etwas mit. Es fehlte also wirklich nichts, damit der eine sein großes Vergnügen, der andere mit ihm zusammen eine angenehme Reise haben mochte; und mehr als ein Bettler staunte nicht wenig, daß Leute, die zum eigenen Vergnügen etwas Weniges an Gold ausgaben, für die Bedürfnisse eines Notleidenden noch ein paar Sous übrighatten.
Folge unserer Route auf einer Karte der Gegend um Paris. Denk dir einen Kreis mit dem Mittelpunkt bei der schönen Brücke von Neuilly, draußen vor Paris gegen Sommersonnenuntergang. Der Kreis schneidet zweimal die Seine und einmal die Marne. Laß den kleinen Abschnitt zwischen der Marne und dem Flüßchen Bièvre weg; nimm nur den großen Umriß, der bei der Marne beginnt, die Seine unterhalb von Paris schneidet und bei Antony sur la Bièvre endet, so hast du ungefähr den Weg, den wir eingeschlagen haben, um, ohne uns weit zu entfernen, die waldreichsten, reizendsten oder doch einigermaßen erträglichen Lagen einer Gegend aufzusuchen, die nicht etwa schön, aber doch recht angenehm, recht abwechslungsreich ist. . . . .
. . . .
Drei Wochen lang haben wir nun recht gut gelebt und haben nur etwa elf Louis ausgegeben. Hätten wir die Reise auf eine scheinbar

bequemere Weise unternommen, so wären wir zu Rücksichten gezwungen und vielfach behindert gewesen; wir hätten weit mehr ausgegeben, und bestimmt hätten wir nicht so viel Spaß daran gehabt und wären nicht so gut gelaunt gewesen.
Noch mißlicher ist in derartigen Umständen eine übertriebene Sparsamkeit. Wenn man in jedem Gasthaus in Sorge den Augenblick erwartet, wo die Rechnung präsentiert wird, und beim Essen stets das Billigste auslesen muß, so bleibt man besser zu Hause. Ein Vergnügen, bei dem man nicht eine gewisse Freiheit und Behaglichkeit genießt, hört auf, eins zu sein. Es wird nicht nur uninteressant, sondern unerfreulich; es hat Hoffnungen erweckt, die es nicht erfüllen kann; es ist nicht, was es sein sollte; und es mag noch so wenig Aufwand oder Geld gekostet haben, so ist auch dieses Opfer rein umsonst. . . . .
. . . .
. . . .
Von dem Wenigen, was ich von Frankreich kenne, sind Chessel und Fontainebleau die einzigen Orte, wo ich mich nicht ungern niederlassen würde, und Chessel der einzige, wo ich gerne leben möchte. Du wirst mich bald dort sehen.
Ich habe dir einst gesagt, die Espen und Birken in Chessel seien nicht wie andere Espen und Birken; die Kastanienbäume und die Weiher und das Boot sind auch nicht wie anderswo. Der Herbsthimmel ist wie der Himmel der Heimat. Und dann die Muskattrauben, und die bleichen Margeriten, die du nicht gern hattest und die uns jetzt beiden so lieb geworden sind; und der Heuduft in Chessel, in jener herrlichen Scheune, wo wir Bockspringen machten, als ich ein Knabe war! Was für ein Heu! und der Rahmkäse! die prächtigen Kühe! Wie vergnüglich ist es, wenn über meinem Zimmer die Kastanien aus dem Sack über die Diele rollen! mir ist, als sei dies ein Jugendgeräusch. Doch du lebst ja dort!
Lieber Freund, es gibt kein Glück mehr. Du hast deine Geschäfte; du hast deinen Beruf; deine Vernunft ist gereift; dein Herz bleibt sich gleich, aber meines schnürt sich zusammen. Du hast keine Zeit mehr, Kastanien in die Asche zu legen, man muß sie dir zubereiten; was hast du aus unseren Freuden gemacht?
In einer Woche bin ich bei dir, das steht fest.

DREIUNDFÜNFZIGSTER BRIEF

Fribourg*, 11. März, achtes Jahr

Ich weiß nicht, wie ich es angestellt hätte, wenn diese Erbschaft nicht eingetroffen wäre; erwartet habe ich sie gewiß nicht; ich war zu sehr erschöpft von der Gegenwart, als daß ich mir um die Zukunft Sorgen gemacht hätte. Und die Langeweile des Alleinseins hatte immerhin den Vorteil der Sorglosigkeit. Die Angst, des Notwendigsten entbehren zu müssen, berührte mich kaum; und nun, da ich dieser Angst völlig enthoben bin, spüre ich erst recht, wie leer es in einem leidenschaftslosen Herzen ist, wenn man niemanden glücklich machen kann, und wenn man zwar endlich die Mittel zu einem angenehmen Leben besitzt, aber nur immer unter Fremden lebt.

Es war höchste Zeit, daß ich abreiste. Ich fühlte mich wohl und zugleich sehr elend. Ich war im Genuß jener Freuden, die ungezählte Leute begehren, ohne sie je zu erlangen, und die ein paar wenige aus Verdruß zum Teufel wünschen; Freuden, auf die man in der Gesellschaft nur mit Mühe verzichten könnte, deren Besitz jedoch wenig Befriedigung gibt. Ich gehöre nicht zu denen, die den Reichtum verachten. Zwar hatte ich kein Zuhause, kein Eigentum, keine Bindung und keine Sorgen, und doch hatte ich alles, wessen ich in einer Stadt wie Lyon bedurfte: ein anständiges Quartier, Pferde, und eine Tafel, an der ich ... Freunde bewirten konnte. Jede andere Lebensart hätte mich in einer Großstadt angewidert, diese jedoch vermochte mich auch nicht zu befriedigen. Sie vermöchte vielleicht über die Langeweile hinwegzutäuschen, wenn man ihre Annehmlichkeiten mit jemandem teilte, der daran Vergnügen fände; mir aber ist es bestimmt, zu sein, als ob ich nicht wäre.

Wir haben oft gesagt: Ein vernünftiger Mensch ist gewöhnlich nicht unglücklich, wenn er frei ist und wenn er ein wenig von jener Macht besitzt, die das Geld gibt. Und doch! da bin ich nun in der Schweiz, ohne Lust und Freude, voll Langerweile, und weiß nicht, wozu ich mich entschließen soll. Ich bin ohne Familie; ich habe hier nichts verloren; du wirst mir nicht folgen wollen; was soll mich noch trösten? Ich habe irgendeine verschwommene Hoffnung, daß dieser Zustand nicht andauern wird. Da einer

* Freiburg: Stadt der Freiheiten, der Privilegien.

Niederlassung endlich nichts mehr entgegensteht, sollte ich sie wohl ins Auge fassen; das übrige gibt sich vielleicht.
Noch immer fällt Schnee; ich will in Fribourg die bessere Jahreszeit abwarten. Du weißt, der Diener, den ich mitbrachte, ist von hier. Seine Mutter ist schwer krank und hat außer ihm keine Kinder; sie wohnt in Fribourg; es wird sie trösten, daß er in der Nähe ist; und für etwa einen Monat bin ich hier ebenso wohl wie anderswo.

VIERUNDFÜNFZIGSTER BRIEF

Fribourg, 25. März VIII

Du findest, es habe sich nicht gelohnt, Lyon so bald zu verlassen, um nur wieder in einer Stadt Aufenthalt zu nehmen. Als Antwort schicke ich dir eine Ansicht von Fribourg. Sie ist zwar ungenau, weil der Künstler, statt getreulich wiederzugeben, hinzudichten zu müssen glaubte, aber du kannst doch wenigstens sehen, daß ich mitten in den Felsen bin: In Fribourg leben heißt auch auf dem Lande leben. Die Stadt liegt an einer Felsklippe und darüber. Fast alle ihre Gassen sind sehr steil; aber trotz dieser unbequemen Lage ist sie besser gebaut als die meisten Kleinstädte in Frankreich. In der Umgebung, ja schon vor den Toren bieten sich einige malerische und ziemlich wilde Anblicke dar.

Die Eremitage, genannt *La Madelaine*, verdient ihre Berühmtheit nicht. Sie ist von einem halbwegs Verrückten bewohnt, der, als ihm keine andere Dummheit mehr einfiel, zu einem halben Heiligen wurde. Er hat sich nie in seinen Stand zu schicken vermocht: Als er in der Regierung war, war er kein Magistrat, in der Einsiedelei war er kein Einsiedler; unter der Offiziersuniform trug er das Büßerhemd, unter der Kutte die Husarenhose.

Der Felsen ist vom Erbauer geschickt ausgewählt worden; er ist trocken und liegt günstig. Die Ausdauer, mit der ihn zwei Männer ganz allein ausgebrochen haben, ist gewiß höchst erstaunlich. Dennoch gehört diese Eremitage, obwohl von zahllosen Neugierigen besucht, zu jener Art von Kuriositäten, die einen Besuch nicht lohnen und von denen man eine hinreichende Vorstellung hat, wenn man ihre Größenmaße kennt.

Über die Einheimischen weiß ich nichts zu berichten, denn mir fehlt das Talent, mir von einer Bevölkerung ein Bild zu machen, nachdem ich mit zwei, drei Personen ein paar Worte gewechselt habe; die Natur hat mich nicht zum Reisenden bestimmt. Bis jetzt fällt mir nur eine gewisse Altertümlichkeit in den Lebensgewohnheiten auf; Überkommenes verschwindet hier nur langsam. Menschen und Örtlichkeiten haben noch helvetischen Charakter. Reisende kommen nur wenige vorbei; es gibt keinen See, keinen Gletscher, kein bedeutendes Bauwerk. Dennoch sollte, wer nur die Westschweiz besucht, wenigstens den Kanton Freiburg seinen Voralpen entlang durchqueren; die Niederungen von Genf, von Morges, von Yverdun, von Nidau oder Ins sind nicht typisch schweizerisch; derartiges findet sich in andern Ländern auch.

FÜNFUNDFÜNFZIGSTER BRIEF

Fribourg, 30. März VIII

Ich urteile über die Schönheit einer malerischen Gegend nicht anders als früher, aber ich empfinde sie weniger stark, oder die Art, wie ich sie empfinde, genügt mir nicht mehr. Ich würde eher sagen: Ich erinnere mich, daß dies schön ist. Auch hielt ich es früher an einem schönen Ort nicht lange aus; das lag an der Ungeduld des Verlangens, an der Unruhe, welche der Freude entspringt, die man allein genießt und die man noch länger genießen könnte. Auch heute bleibe ich nicht lange an solchen Orten; das liegt an der Langenweile ihrer Stille. Sie sprechen nicht laut genug für mich; ich sehe und finde darin nicht, was ich sehen möchte, was ich hören möchte; und ich spüre, daß ich mich in mir selber umso weniger finde, je weniger ich mich in den Dingen wiederfinde.

Ich beginne allmählich die sinnlichen Schönheiten so zu sehen wie die Einbildungen des Geistes: Unmerklich verliert alles seine Farben; das war nicht anders zu erwarten. Die Empfindung der sichtbaren Harmonien ist nur die indirekte Wahrnehmung einer geistigen Harmonie. Wie sollte, wie könnte ich in den Dingen jene Regungen wahrnehmen, die in meinem Herzen erloschen sind, jene Verführungskraft der Leidenschaften, die mich verlassen haben, jene stillen Töne, jene Aufschwünge der Hoffnung, jene

Stimmen des Lebendigen, das genießen kann – jenen Zauber einer
Welt, die ich schon verlassen habe?*

SECHSUNDFÜNFZIGSTER BRIEF

Thun, 2. Mai VIII

Alles Leben erlischt; so wie der Mensch langsam und Stufe um
Stufe sein Sein erweitert, genauso muß er es verlieren.
Ich empfinde nur noch das Außergewöhnliche. Ich bedarf romantischer Töne, damit ich hinzuhören beginne, und einer erhabenen Landschaft, damit ich mich jener erinnere, die mir einst lieb war.

SIEBENUNDFÜNFZIGSTER BRIEF

Schwarzseebad, den 6. Mai morgens, VIII

In den tieferen Berglagen ist der Schnee schon früh geschmolzen.
Ich bin unterwegs, um mir einen Wohnort zu suchen. Ich gedachte zwei Tage hier zu bleiben: ein flacher Talboden, steile Bergflanken bis herab auf den Grund, ringsum nur Weiden und

---

* Unsere Lebenstage, die unwiederbringlich vergehen, bestehen aus leidenschaftlichen Augenblicken, welche die Seele durch ihre Qualen erheben; aus endlosen Sorgen, die sie ermüden, aufreiben, erniedrigen; aus eintönigen Zeiten, die sie in Ruhe versetzen, falls sie selten sind, oder in Langeweile und Schlaffheit, falls sie von Dauer sind. Dem Frühling des Herzens sind auch frohere Lichtblicke beschieden. Zum Frieden gelangt von 10000 Menschen einer. Das Glück hingegen belebt und erregt; man begehrt, man sucht danach, bis man erschöpft ist; man erhofft es, das ist wahr, und vielleicht würde man es sogar erreichen, wenn dem nicht der Tod oder das Alter zuvorkämen.
Dennoch ist das Leben nicht schlechthin hassenswert. Für den guten Menschen hat es seine schönen Seiten; wichtig ist nur, daß man dem Herzen jene Ruhe auferlegt, welche sich die Seele bewahrt hat, wenn sie gerecht geblieben ist. Man erschrickt, wenn man keine Illusionen mehr hat; man fragt sich bange, womit man seine Tage ausfüllen soll. Das ist ein Fehler; nicht darum geht es, daß man seinem Herzen Beschäftigung findet, sondern daß man es zerstreut, ohne es in Unruhe zu versetzen; und wenn alle Hoffnung erstorben ist, so bleiben immer ein wenig Neugierde und eine gleichmäßige Beschäftigung, um es bis zum Ende auszuhalten.
Das dürfte genug sein, um die Nacht abzuwarten; der Schlaf kommt von selbst, sofern man nicht in Erregung ist.

Tannen, und der See – eine Einsamkeit, wie ich sie liebe, dazu schönes Wetter, und doch – ich langweile mich.
Wie schön jene Stunden auf deinem Weiher in Chessel! Er war dir zu klein; aber hier, wo der See so schön eingefaßt ist und doch angenehm groß, würdest du dich ärgern über den Besitzer der Bäder. Er beherbergt im Sommer eine Anzahl Kranke, die gewiß ein wenig Bewegung und einen Zeitvertreib brauchen könnten, aber es gibt kein einziges Boot, obwohl der See fischreich sein soll.

ACHTUNDFÜNFZIGSTER BRIEF

6. abends

Es gibt hier wie überall, ja vielleicht ein wenig öfter als anderswo, Familienväter, die zutiefst davon überzeugt sind, daß eine Frau kaum lesen zu können braucht, um sittsam und tugendhaft zu sein; denn die, die es sich einfallen lassen, das Schreiben zu erlernen, schreiben sogleich ihren Liebhabern, die andern jedoch, denen das Schreiben Mühe macht, haben auch keine Anbeter. Ja mehr noch: Damit ihre Töchter gute Hausfrauen werden, ist es nur von gutem, daß sie nichts anderes lernen als Suppe kochen und Küchentücher abzählen.
Aber ein Ehemann, dessen Gattin sich auf nichts anderes versteht, als wie man frisches und wie man gepökeltes Rindfleisch zubereitet, wird des Zusammenlebens überdrüssig und ist immer seltener zu Hause. Er meidet sie umso eher, als seine Frau, derart im Stich gelassen und nur immer mit dem Haushalten beschäftigt, einen unausstehlichen Charakter annimmt. Überschreitet sie die Dreißig, so taucht er schon gar nicht mehr auf und verbraucht das Geld, das dem Haus zu einem gewissen Wohlstand hätte verhelfen können, lieber auswärts, indem er bei allen möglichen Gelegenheiten seinen Verdruß loszuwerden versucht. Das Elend hält Einzug, die üble Laune macht alles noch schlimmer; die Kinder, stets allein mit der unzufriedenen Mutter, warten sehnlich auf das Alter, wo sie wie der Vater dem Ungemach dieses häuslichen Lebens entfliehen können, das sie doch, Eltern wie Kinder, hätte an sich binden können, wenn eine liebenswürdige Gattin von jung auf für eine wohltuende Atmosphäre gesorgt hätte.

Solche Familienväter geben sich durchaus Rechenschaft von all den kleinen Widerwärtigkeiten; aber wo gäbe es derlei nicht? Übrigens darf man ihnen nicht Unrecht tun; sie sind reichlich entschädigt: Die Kochtöpfe sind blitzblank.

Und solche tüchtigen Hausfrauen wissen haargenau, wieviele Maschen ihre Töchter in einer Stunde stricken sollten und wieviele Kerzen in einem ordentlichen Haushalt nach dem Abendessen niedergebrannt werden dürfen. Sie passen nicht schlecht zu jener Sorte von Männern, die zwei Drittel des Tages mit Rauchen und Trinken verbringen. Für sie ist es die Hauptsache, daß sie für Haushalt und Kinder ja nicht so viele Batzen ausgeben wie Taler in der Schankstube*; und also heiraten sie, um sich eine tüchtige Dienstmagd zu verschaffen.

In Gegenden, wo solche Anschauungen herrschen, werden nur selten Ehen geschieden, denn man verliert nicht gern eine Magd, die zum Rechten sieht, nicht entlöhnt werden muß und erst noch eine Mitgift eingebracht hat. Man findet dort aber auch selten jene eheliche Eintracht, die das Lebensglück ausmacht, die dem Manne Zufriedenheit gibt, so daß er nicht andern Vergnügungen nachzugehen braucht, die weniger wahrhaftig und sicherlich mit Nachteilen verbunden sind.

Die Anhänger solcher Anschauungen werden dem entgegenhalten, in Paris oder an vergleichbaren Orten sei es mit der Innigkeit des Ehelebens auch nicht besser bestellt. Als ob die Gründe, die es verunmöglichen, in den Großstädten, wo es sich nicht um eheliche Verbindung handelt, auf diese Innigkeit zu achten, auch in völlig andersartigen Sitten und in Gegenden zu finden wären, wo die Innigkeit das Glück bedeuten könnte! Hier ist es eine traurige Sache, mitansehen zu müssen, auf welche Weise sich die Geschlechter auseinanderleben. Etwas Traurigeres gibt es nicht, zumal für die Frauen, die sich auf keine Weise schadlos halten können, die keine Zeit und Gelegenheit haben, um sich zu zerstreuen. Angewidert, verbittert, zu strengster Sparsamkeit oder zu Liederlichkeit genötigt, wirtschaften sie weiter, voll Kummer und Verdruß; sehen einander nur selten; können einander nicht ausstehen; und sind fromm, denn sie haben nichts als die Kirche, wo sie hingehen können.

* *Batzen*: etwa ein Siebentel des tourischen Livre. *Schankstube*: Siehe die Fußnote auf Seite 360.

NEUNUNDFÜNFZIGSTER BRIEF

vom Schlößchen Tschüpru, 22. Mai VIII

. . . .

Um zwei Uhr waren wir schon draußen im Wald und suchten Erdbeeren. Die südlichen Lagen waren übervoll davon. Manche waren noch kaum gerundet, viele aber hatten schon Duft und Farbe der Reife. Die Erdbeere ist eine der lieblichsten Gaben der Natur; sie ist überaus fruchtbar und bekömmlich und reift sogar im hohen Norden. Mich dünkt, sie ist unter den Früchten, was das Veilchen unter den Blumen: süß, schlicht und schön. Ihr Duft verbreitet sich mit dem sanften Wehen, welches dann und wann durch das hohe Dach der Tannen hereindringt und leise die dornigen Sträucher und die Lianen wiegt, die sich an den schlanken Stämmen halten. Mit dem warmen Atem des Bodens, wo die Erdbeere reift, wird er bis in die schattigsten Gründe getragen, vermischt sich dort mit der feuchten Kühle und scheint dem Brombeergesträuch und dem Moos zu entströmen. Harmonien der Wildnis! aus Gegensätzen seid ihr gefügt!

Während wir in der schattigen Waldeinsamkeit kaum einen Lufthauch verspürten, strich droben ungehindert ein stürmischer Wind über die Tannenwipfel hinweg; ihre Äste seufzten in wunderlichem Ton, wenn sie sich krümmten und aneinander stießen. Manchmal wichen die schwankenden Schäfte auseinander und gaben den Blick frei auf ihre Pyramidenhäupter, die im mittäglichen Sonnenlichte glühten, hoch droben über dem schattigen Dunkel dieser stillen Gründe, aus denen ihre Wurzeln die Feuchte sogen.

Als unsere Körbe voll waren, verließen wir den Wald, fröhlich die einen, die andern still und zufrieden. Wir schritten durch heckenumzäuntes Weidland, auf schmalen Pfaden, die von mächtigen wilden Birnbäumen und hochgewachsenen Vogelkirschbäumen gesäumt sind. Ein patriarchalisches Land, auch wenn es die Menschen längst nicht mehr sind! Ich fühlte mich wohl, ohne daß ich wirkliche Freude empfand. Ich sagte mir, daß eine reine Freude, oder was man dafür hält, eigentlich eine Freude ist, von der man nur eben kostet; daß Sparsamkeit im Genießen die Quelle des Glückes ist; daß die Reinheit der Freude nicht nur davon abhängt, daß diese ungetrübt ist und das Gewissen unbehelligt läßt, sondern daß man davon nicht mehr beansprucht, als nötig ist, um ihre Empfindung wahrzunehmen, um die Hoffnung zu nähren, und daß man fähig ist, ihre lockendsten Verheißungen für spätere Zeiten aufzusparen. Es bereitet eine überaus süße Lust, wenn man eine Freude hinauszögert, indem man dem Verlangen ausweicht, wenn man ihren Genuß nicht überstürzt, ihr Leben nicht verbraucht. Nur dann genießt man die Gegenwart richtig, wenn man eine mindestens ebenso schöne Zukunft erwartet; und man verscherzt das Glück gänzlich, wenn man vollkommen glücklich sein will. Auf diesem Naturgesetz beruht der unerklärliche Zauber der ersten Liebe. Die Freude braucht ein wenig Langsamkeit, braucht zu ihrer allmählichen Reifung Stetigkeit und einige Ungewißheit über ihre Erfüllung. Wir bedürften einer Lust, an die wir gewöhnt sind, und nicht überspannter flüchtiger Erregungen; wir bedürften des stillen Genusses, der sich in seinem häuslichen Frieden selber genug ist, und nicht jener Vergnügungssucht, deren Wonnerausch unser Herz entkräftet und im Überdruß erstickt, die uns mit ihren Wiederholungen, ihren Enttäuschungen, mit ihren trügerischen Hoffnungen und ihrer verzehrenden Reue nichts als Ekel bereitet. Aber soll denn, in der ruhelosen menschlichen Gesellschaft, unsere Vernunft nur immer träumen von jenem Zustand des begierdelosen Glücks, von jenem verkannten Seelenfrieden, von jenem beständigen, schlichten Wohlgefühl, worin jeder Wunsch und jedes Verlangen nach Genuß erlischt?

Solcherart müßte das Herz des Menschen sein; aber der Mensch hat ein anderes Leben gewählt, und er hat sein Herz verdorben; und schon haben sich riesige Schatten über seine Hoffnungen gelegt und sie zum Ermatten gebracht, denn allzu deutlich sind ihm in seinem Größenwahn die natürlichen Maße des wahrhaftigen Menschen vor Augen getreten. Die Eitelkeiten der Gesellschaft erinnern mich oft an jene kindische Prahlerei eines Fürsten, der sich groß dünkte, als er mit Windlichtern ein meilengroßes Monogramm der Zarin auf einen Berghang zeichnen ließ.

Nun, auch wir haben Berge bearbeitet, aber unser Aufwand war minder gigantisch und zudem das Werk der eigenen Hände, nicht das von Sklaven; auch hatten wir keine Hoheiten zu empfangen, sondern Freunde zu bewirten.

Das Gehölz hinter dem Schlößchen grenzt an einen tiefen Graben;

er liegt zwischen schroffen, senkrecht abfallenden Felswänden. Über diesem Abgrund gibt es im Wald eine Stelle, wo man wohl in früheren Zeiten Steine gebrochen hat. Die Kanten im Fels, die von der einstigen Nutzung zeugen, sind nach und nach abgerundet worden; aber es ist eine Art Nische erhalten geblieben, die ungefähr die Hälfte eines Sechsecks bildet und sechs oder acht Personen bequem Platz bietet. Nachdem wir den steinigen Boden ein wenig geebnet und eine Stufe als Buffet hergerichtet hatten, machten wir aus Laubästen eine Rundbank. Als Tisch diente ein Brett, auf Spalthölzer abgestützt, die von Waldarbeitern, welche in der Nähe ein paar Jucharten Buchenwald rodeten, zurückgelassen worden waren.

Dies alles hatten wir am Morgen vorbereitet, niemand wußte davon, und nun führten wir unsere Gäste, mit Erdbeerkörben beladen, in die Wildnis hinaus an den verborgenen Ort, von dem sie keine Ahnung hatten. Die Frauen schienen darüber entzückt zu sein, inmitten einer Szenerie des Schreckens Lustbarkeiten von so schlichter Anmut vorzufinden. Ein Tannenholzfeuer knisterte in einer Felsnische über dem Abgrund, dessen Schrecklichkeit durch hinausragende Buchenäste etwas gemildert wurde, Eßlöffel aus Buchsbaumholz, nach Guggisberger Art*, Tassen aus erlesenem Porzellan und Körbe mit Vogelkirschen waren ungeordnet auf der steinernen Bank aufgereiht, dazu Schalen mit dickem Bergrahm und Näpfe, gefüllt mit jenem Nachrahm, der nur zum Kaffee genommen wird und der einen sehr feinen Mandelgeschmack hat, wie man ihn fast nur in den Voralpen kennt. In kleinen Karaffen stand Zuckersirup für die Erdbeeren bereit.

Der Kaffee war weder geröstet noch gemahlen. Derlei Besorgungen soll man den Frauen überlassen, die sich ihrer gewöhnlich gerne selber annehmen; sie haben ja einen feinen Sinn dafür, daß eine Freude vorbereitet sein will und daß man das, was man zu genießen trachtet, wenigstens zum Teil sich selber verdanken soll. Ein Vergnügen, das sich darbietet, ohne daß es ein klein wenig vom Verlangen begehrt worden ist, verliert oft viel von seinem Reiz; so wie uns ein allzu stark ersehntes Gut den Augenblick verpassen läßt, der ihm seinen Wert verliehen hätte.

Alles war bereit, für alles schien gesorgt zu sein, aber als man den

---

* Kleine hügelige Gegend, wo man auf Bräuche stößt, die es nur dort gibt, und auch die Sitten weisen allerhand Ungewohntes auf.

Kaffee machen wollte, stellte es sich heraus, daß wir das Selbstverständlichste vergessen hatten: das Wasser. So begannen wir denn Stricke aneinanderzuknüpfen, die wir eigentlich nur gebraucht hatten, um die Äste für unsere Sitzplätze herbeizuschaffen und die Zweige zurückzubinden, die uns zu viel Schatten gaben. Schließlich gelang es uns, aus dem 300 Fuß tief gelegenen Wildbach zwei Krüge voll eiskalten Wassers heraufzuziehen, nicht ohne ein paar andere zu zerschlagen.
Unsere Gemeinschaft war herzlich und aufrichtig fröhlich. Wir hatten schönes Wetter; der Wind brauste im engen Kessel des schattigen Abgrunds, wo das weißschäumende Wildwasser sich den Weg durch die verwinkelten Felsen suchte. Der Kuckuck rief im Gehölz, und die höher gelegenen Wälder vervielfachten all diese urtümlichen Töne. Von weit herüber hörte man die großen Glocken der Kühe, die zum Cousimbert hinaufzogen. Der wilde Duft des brennenden Tannenholzes mischte sich mit diesen Bergklängen; und im einsamen Waldasyl dampfte zwischen schlichten Früchten der Kaffee auf einer Freundestafel.
Aber nur jene von uns vermochten den Augenblick zu genießen, die nichts von seiner geistigen Harmonie empfanden. Unselige Gabe, an das zu denken, was nicht gegenwärtig ist! ... Aber es gab unter uns nicht zwei Herzen, die sich ähnlich waren. Nicht jedem Menschen hat die unergründliche Natur den Lebenszweck in ihm selber gewiesen. In einem Herzen, das nach sich selber sucht, ist Leere und erdrückende Wahrheit; die verführerische Täuschung kann nur von dem kommen, den wir lieben. An der Freude, die ein anderer genießt, spürt man die Vergänglichkeit nicht; und da sich jeder so täuschen läßt, werden zwei Freundesherzen erst dann wahrhaft glücklich, wenn jeder unmittelbare Genuß ausbleibt.
Was mich anbelangt, ich begann zu träumen, anstatt mich zu freuen. Eigentlich brauch' ich nur wenig, aber dieses Wenige muß in sich stimmig sein. Der verlockendste Genuß läßt mich kalt, wenn ich einen Mißton darin bemerke; und eine noch so bescheidene Freude, ist sie nur rein und ungetrübt, befriedigt alle meine Wünsche. Eben darum bedarf ich der Schlichtheit; nur in ihr ist Harmonie. Heute war die Landschaft allzu schön. Der reizende Saal, die ländliche Tafel, der Nachmittagskaffee mit Beeren und Rahm, die paar Augenblicke der Vertraulichkeit, der Gesang von ein paar Vögeln – das war genug; aber der Wildbach drunten im

schattigen Abgrund, die verwehten Klänge vom Berg herüber –
das war zu viel. Ich war der einzige, der hörte.

SECHZIGSTER BRIEF

Villeneuve, 16. Juni VIII

Ich bin seither durch fast alle bewohnten Täler gewandert, die zwischen Charmey, Thun, Sion, Saint-Maurice und Vevey liegen. Ich war ohne Erwartungen, wollte weder bewundern noch genießen. Ich habe die Berge wiedergesehen, die ich vor fast sieben Jahren gesehen hatte. Aber ich war nicht mehr in der Stimmung wie einst, als mich ihre wilde Schönheit begeisterte. Es waren die alten Namen, aber auch mein Name ist noch der gleiche! Bei Chillon setzte ich mich an den Strand. Ich hörte die Wellen, ich wollte sie hören wie einst. Da, wo ich gewesen war, dieser Strand, so schön, so herrlich in der Erinnerung, diese Wellen, wie nirgends in Frankreich, und die Firne, die Gipfel, und Chillon, und der Genfersee – es ließ mich gleichgültig, kalt. Ich war da, als wäre ich irgendwo. Die Gegend habe ich wiedergefunden, die Zeiten, sie kann ich nicht zurückholen.

Was für ein Mensch bin ich jetzt? Wenn ich nicht die Ordnung spürte, wenn ich nicht noch immer der Urheber von irgend etwas Gutem sein möchte, ich müßte annehmen, das Gefühl für die Dinge sei schon erloschen und der Teil meines Wesens, der mit der geordneten Natur verbunden ist, sei nicht mehr am Leben.

Du erwartest von mir kein Historiengemälde, auch keine Beschreibungen von der Art, wie sie Reisende geben, die Beobachtungen sammeln, um sich selber oder ein Publikum über neue Gegenden zu unterrichten. Auch wird dir ein Einsiedler nicht von den Menschen erzählen, mit denen du öfter Umgang hast als er. Abenteuerliches wird ihm nicht zustoßen, so wird er dir auch keinen Lebensroman liefern. Aber wir sind übereingekommen, daß ich dir auch weiterhin meine Gedanken und Empfindungen mitteile, denn schließlich bist du mit mir vertraut und nicht mit meiner Umgebung. Wenn wir uns miteinander unterhalten, so tun wir es über uns selber, denn nichts liegt uns näher. Es passiert mir oft, daß ich höchst erstaunt feststelle, daß wir nicht zusammenleben; das dünkt mich ein Widerspruch und wie unmöglich. Es

scheint ein geheimes Schicksal zu geben, das mich von dir weggeführt hat, um in der Ferne, was weiß ich, zu suchen, während ich dort, wo du bist, nur bleiben könnte, wenn ich dich nicht dorthin mitnehmen könnte, wo ich bin.
Ich weiß wirklich nicht, welches Verlangen mich in dieses außergewöhnliche Land zurückgerufen hat, dessen Schönheiten ich nicht wiederfinde, ja wo ich mich selber nicht wiederfinde. Galt denn nicht mein ursprüngliches Verlangen jener Gewohnheit, miteinander zu denken, miteinander zu empfinden? War es nicht eine Notwendigkeit, zu zweit über jene Unruhe nachzudenken, die in einem vergänglichen Herzen einen Abgrund des Verlangens aufreißt, der wohl nicht anders gefüllt werden kann als mit unvergänglichen Gütern? Wir begannen über dieses immerfort enttäuschte und dennoch unersättliche Verlangen zu lächeln; wir ergötzten uns über die Geschicklichkeit, die daraus Nutzen zog, um uns zu Unsterblichen zu machen; wir suchten eifrig nach Beispielen der gröbsten und wirkungsvollsten Täuschungen, um uns schließlich einzubilden, auch der Tod selbst und alle sichtbaren Dinge seien nur Trugbilder und der Geist würde überdauern für einen besseren Traum. Wir beschlossen, in einer Art Gleichgültigkeit und Gefühllosigkeit alles Irdische für nichts zu achten; und im Einklang unserer Seelen träumten wir von der Harmonie einer göttlichen Welt, die hinter der Vorstellung der sichtbaren Welt verborgen wäre. Nun aber bin ich einsam; ich kann mich an nichts mehr halten. Vor vier Tagen rief ich einen Menschen ins Leben zurück, der in den Schneemassen am Sanetsch dem Tode nahe war. Seine Frau und seine zwei Kinder, die er ernährt und denen er ein wirklicher Gatte und Vater zu sein scheint, wie es die Patriarchen waren und wie man es noch in den Bergen und in abgelegenen Gegenden trifft, sie alle drei, erschöpft und halbtot vor Angst und Kälte, riefen nach ihm in den Felsen und am Rande des Gletschers. Wir stießen zu ihnen; denk dir das Glück dieser Frau und ihrer beiden Kinder! Für den Rest des Tages atmete ich als ein freier Mensch und schritt rüstiger voran. Aber seither ist wieder die gleiche Stille um mich her, und es ereignet sich nichts, was mich mein Dasein fühlen ließe.
Da habe ich nun also Tal um Tal danach abgesucht, ob sich ein Stück Weideland erwerben ließe, abgelegen und doch gut zugänglich, in günstiger, nicht zu kühler Lage, von einem Bach durch-

flossen, und irgendwo müßte ein Wasserfall zu hören sein, oder die Wellen eines Sees. Was ich jetzt suche, ist eine nicht allzu große, aber nicht zu kleine Besitzung, wie man sie im Rhonetal nicht findet. Ich will auch mit Holz bauen, was hier eher möglich ist als im Unterwallis. Sobald ich mich irgendwo niedergelassen habe, gehe ich nach Saint-Maurice und nach Charrières. Ich habe mich nicht getraut, schon jetzt hinzugehen, aus Furcht, meine angeborene Trägheit und die Anhänglichkeit, die mich so leicht an Orte bindet, die mir schon vertraut sind, könnten mich in Charrières Fuß fassen lassen. Da es im Augenblick besser ist, wenn ich mich für einige Zeit, ja vielleicht für immer irgendwo niederlasse, ziehe ich es vor, einen zusagenden Ort zu wählen und selber zu bauen.

Hantz, der romanisch spricht, aber auch ein wenig Oberländer Deutsch kann, hielt sich an die Täler und Straßen und erkundigte sich in den Dörfern. Ich selber zog droben auf den Alpen von Hütte zu Hütte und suchte Gegenden auf, wo er, obwohl kräftiger als ich und eher an die Alpen gewöhnt, sich nie hingetraut hätte und wo auch ich nicht hingekommen wäre, wenn ich nicht allein gewesen wäre.

Ich habe ein Stück Land gefunden, das mir sehr gefallen würde, aber ich weiß noch nicht, ob ich es erhalten werde. Es gehört drei Besitzern; zwei sind im Greyerzerland, der dritte ist in Vevey. Dieser, so sagt man mir, sei nicht zum Verkauf gesonnen; ich brauche aber das Ganze.

Solltest du Kenntnis haben von einer neuen Karte der Schweiz oder von topographischen Blättern einzelner Landesteile, bitte, laß sie mir zukommen. Was ich bisher habe auftreiben können, ist voller Fehler, obwohl es unter den neueren einige gibt, die sehr sorgfältig ausgeführt sind und die Lage einzelner Gegenden genau angeben. Man muß auch bedenken, daß kaum ein anderes Land so schwierig auf einem Plan festzuhalten ist.

Ich hatte im Sinn, dies für das kleine Gebiet zwischen Vevey, Saint Gingolph, Aigle, Le Sépey, L'Etivaz, Montbovon und Semsales selber zu unternehmen, in der Annahme freilich, daß ich das besagte Land in der Nähe der Dent de Jaman erhalten würde, die ich dann als höchsten Hauptvermessungspunkt gewählt hätte. Ich versprach mir mit dieser ermüdenden Arbeit die ruhelose Zeit der sömmerlichen Hitze und des schönen Wetters besser zu überstehen. Ich wäre im nächsten Jahr darangegangen, aber ich habe mich anders besonnen. Denn wären mir sämtliche Täler und Schluchten und Rückseiten und Ausblicke aufs genaueste bekannt, so bliebe mir nichts mehr zu finden. Es ist besser, wenn ich mir das einzige Mittel aufspare, um den Augenblicken der unerträglichen Langenweile zu entfliehen, indem ich mich in unbekannte Gegenden verirre, mit Ungeduld nach etwas suche, was mich nichts angeht, kühn und mit Ausdauer die schwierigsten Gipfel besteige, um einen Winkel einzumessen, eine Linie zu bestimmen, die ich danach wieder vergesse, um nochmals hinaufzusteigen, als hätte ich ein Ziel.

EINUNDSECHZIGSTER BRIEF

St. Saphorin, 26. Juni VIII

Ich bereue nicht, daß ich Hantz mitgenommen habe. Bitte richte Mme T✳✳✳ meinen Dank dafür aus, daß sie ihn mir ausgeliehen hat. Er scheint ein offener, anhänglicher Mensch zu sein, ist klug, und zudem spielt er über Erwarten gut Horn.
Am Abend, wenn der Mond aufgeht, miete ich zwei Boote. Im meinigen habe ich nur noch einen Ruderer mit; und wenn wir auf dem See draußen sind, bekommt er seine Flasche Wein, damit er sich ruhig hält und schweigt. Hantz ist im andern Boot, das ein wenig entfernt von dem meinen auf- und abzieht, im gleichmäßigen Takt der Ruderer, während meines stilliegt oder von sanften Wellen weitergetragen wird. Er hat sein Horn bei sich, und zwei Deutschschweizer Mädchen singen einstimmige Lieder.
Er ist ein braver Kerl; ich sollte ihn einstellen, denn der Dienst bei mir dünkt ihn recht angenehm. Er sagt mir, seine Besorgnisse hätten sich zerstreut und er hoffe, daß ich ihn für immer behalte. Ich glaube, er hat recht; soll ich auf die einzige Freude verzichten, die ich habe: einen zufriedenen Menschen?
Ich hatte um einer ziemlich engen Bekanntschaft willen die einzigen Mittel geopfert, die mir noch geblieben waren. Um jene vereinigt zu lassen, die miteinander leidlich glücklich zu werden schienen, gab ich die einzige Hoffnung hin, die mich noch trösten konnte. Dieses Opfer und andere dazu haben nichts gefruchtet. Aber nun ist da ein Diener, der sein Glück gefunden hat; und ich

habe nichts weiter für ihn getan, als daß ich ihn menschlich behandle. Darüber ist er nicht sonderlich erstaunt, und ich schätze ihn darum; weil es ihn ganz natürlich dünkt, wird er es auch nicht ausnützen. Es stimmt auch gar nicht, daß es die Güte ist, die gewöhnlich der Frechheit ruft, vielmehr ist es die Schwäche. Hantz weiß genau, daß ich ihm mit ungeteiltem Vertrauen begegne, aber er spürt auch sehr wohl, daß ich ihm als Herr entgegentreten könnte.

Du würdest wohl kaum erraten, was er jetzt zu lesen begonnen hat: Jean-Jacques' *Julie*. Gestern, als er mit seinem Boot nach dem savoyischen Ufer hinüberhielt, sagte er: Dort also ist Meillerie! Aber sei unbesorgt, er bildet sich auf derlei nichts ein. Verstünde er sich aufs Katzbuckeln, er wäre nicht bei mir.

Es ist vor allem die Melodie der Töne*, die, indem sie einen Raum ohne bestimmbare Grenzen mit einer wahrnehmbaren, aber verschwebenden Bewegung verbindet, in der Seele jene Empfindung der Unendlichkeit hervorruft, die sie in Raum und Zeit zu besitzen glaubt.

Ich will nicht leugnen, daß es für den Menschen natürlich ist, sich für weniger begrenzt, für weniger endlich, für größer zu halten als sein jetziges Dasein, wenn er zuweilen durch eine plötzliche Wahrnehmung eine Ahnung erhält von den Gegensätzen und vom Gleichgewicht, vom Zusammenhang und vom Aufbau des Universums. Diese Empfindung erscheint ihm wie die Entdeckung einer noch unbekannten Welt, wie ein flüchtiger Einblick in ein Geheimnis, das sich ihm eines Tages enthüllen könnte.

Ich habe es gern, wenn ich beim Gesang die Worte nicht verstehe; sie scheinen mir immer der Schönheit der Melodie oder wenigstens ihrer Wirkung abträglich zu sein. Es ist fast unmöglich, daß die Gedanken mit denen übereinstimmen, die mir die Töne vermitteln. Und überdies klingt das Deutsche irgendwie romantischer. Die undeutlichen tonlosen Silben stören mich in der Musik. Unser stummes *e* ist unschön, wenn es ausgesungen werden muß; und man spricht die überflüssige Silbe des weiblichen Reims fast immer

---

* Die Melodie – wenn man diesen Ausdruck in der ganzen Weite nimmt, die er zuläßt – kann auch aus einer Folge von Farben oder von Düften entstehen, überhaupt aus jeder wohlgeordneten Folge gewisser Eindrücke, aus jeder harmonischen Reihe von Wirkungen, die geeignet sind, in uns das hervorzurufen, was wir genau eine *Empfindung* nennen.

falsch und häßlich, und man kann sie auch wirklich kaum anders sprechen.
Besonders gern höre ich zwei oder mehr Stimmen unisono singen; dadurch behält die Melodie ihre ganze Eindringlichkeit und Schlichtheit. Die Schönheiten der kunstvollen Harmonie sind mir verschlossen. Da ich von Musik nichts verstehe, habe ich vom bloß Künstlichen oder Komplizierten keinen Genuß.
Der See ist besonders schön, wenn der Mond auf unsere zwei Segel scheint und wenn von Chillon herüber das Echo die Klänge des Horns wiederholt; wenn die drohende Wand von Meillerie sich in ihrer Schwärze von der sanften Helle des Himmels und vom beweglichen Lichtglanz des Wassers abhebt; wenn die Wellen an unsere stilliegenden Boote schlagen, wenn aus der Ferne ihr Rollen zu vernehmen ist, drüben auf den zahllosen Kieseln, die die Veveyse von den Bergen zu Tal gebracht hat.
Du, der du dich aufs Genießen verstehst, warum bist du nicht da, um den beiden Frauenstimmen zu lauschen, nachts auf dem See! Ich hingegen, ich sollte auf alles verzichten. Und doch, wenn ich über der kargen Schönheit der Landschaft vergessen habe, wie hinfällig alles am Menschen ist, selbst seine Trauer, so lasse ich mich gerne an das erinnern, was ich verloren habe.
O damals, der Weiher von Chessel! Unsere Fahrten waren minder schön, dafür seliger. Die Natur drückt das Menschenherz nieder, doch die Freundschaft richtet es auf. Man hält sich aneinander, man tauscht ein paar Worte, und alles ist vergessen.
Ich werde das fragliche Landstück bekommen; aber es gilt noch ein paar Tage zu warten, bis die erforderlichen Bestätigungen dasind, um einschlagen zu können. Dann lasse ich sogleich mit den Arbeiten beginnen, denn die Jahreszeit rückt vor.

ZWEIUNDSECHZIGSTER BRIEF

Juli VIII

Ich vergesse immer wieder, dich um eine Abschrift des *Manuals von Pseudophanes* zu bitten; ich weiß nicht, wie mir die meinige abhanden gekommen ist. Nicht daß ich darin etwas zu finden hoffe, woran ich besonders gemahnt werden müßte, aber wenn ich jeweils am Morgen darin lesen könnte, würde mir eindringlicher bewußt, wie sehr ich mich über mancherlei Schwächen zu schämen habe.

Ich habe im Sinn, eine Bemerkung über gewisse Gesundheitsregeln beizufügen, über jene persönlichen und örtlichen Gepflogenheiten, denen man nach meiner Meinung zu wenig Aufmerksamkeit schenkt. Aristipp hat sie seinem fiktiven Schüler oder seinen wirklichen Schülern noch kaum verordnen können; aber was ich in jenem Nachtrag sagen möchte, wird, mehr noch als allgemeine Betrachtungen, geeignet sein, mir jenes Wohlbefinden, jene körperliche Tüchtigkeit zu erhalten, welche unsere Seele stärkt, die ja selber so sinnlich ist.

Ich leide an zwei großen Übeln; eines allein würde mich vielleicht umbringen, aber ich lebe, denn die zwei sind einander entgegengesetzt. Ohne die beständige Traurigkeit, Mutlosigkeit, Hoffnungslosigkeit, ohne diese stille Gleichgültigkeit gegen alles, was begehrenswert sein könnte, wäre ich meinem quälenden Tatendrang stärker ausgeliefert, und er wäre nicht weniger vergeblich; ihn zu dämpfen, wenigstens dazu ist meine Langeweile mir nützlich. Die Vernunft könnte ihn beruhigen; aber zwischen diesen zwei mächtigen Kräften ist meine Vernunft zu schwach; sie kann nichts, als die eine zu Hilfe zu rufen, wenn die andere obenaufschwingt. So lebt man dahin – und manchmal schläft man ein.

DREIUNDSECHZIGSTER BRIEF

Juli VIII

Es war Mitternacht, der Mond war untergegangen; der See* schien bewegt. Der Himmel war ruhig, die Nacht tief und klar. Dämmerung lag auf der Erde. Man hörte das Birkenlaub zittern, und Pappelblätter fielen; die Tannen ließen sich in scheuem Murmeln vernehmen; romantische Töne kamen vom Berge herab; große Wellen rollten über den Strand. Dann hob in der Felshöhle die Schleiereule mit ihrem Seufzer an, und wenn er verklang, hatten sich die Wellen gelegt, es herrschte Stille.

* Nichts deutet darauf hin, welcher See gemeint ist, gewiß nicht der Genfersee; der Anfang des Briefes fehlt, den Schluß habe ich unterdrückt.

In diesen unruhigen Frieden setzte die Nachtigall ihren einsamen Schlag, immer wieder und jedesmal neu, dieser Gesang seliger Nächte, erhabener Ausdruck einer urtümlichen Weise; unsägliche Anwandlung von Liebe und Leid, wollüstig wie das Verlangen, das mich verzehrt, schlicht, geheimnisvoll und unendlich wie ein liebendes Herz.
In einer Art Todesschlaf war ich in das ebenmäßige Kommen und Gehen der fahlen, lautlosen, immerfort regen Wellen verloren, überließ mich ihrer langsamen, ewiggleichen Bewegung und sog diesen unaufhörlichen Frieden in mich ein und diese einsamen Töne in der unendlichen Stille. Ach, die Natur dünkte mich zu schön, und die Wellen, die Erde, die Nacht zu zärtlich, zu selig; der friedliche Einklang der Welt fiel meinem unruhigen Herzen schwer. Ich dachte an den Frühling der vergänglichen Welt, und an den Frühling meines Lebens. Ich sah diese Jahre, wie sie, trostlos und umsonst, aus der zukünftigen Ewigkeit hinabziehn in die verlorene Ewigkeit.
Ich sah diese Gegenwart, immerzu flüchtig und nie besessen, wie sie ihre endlose Kette von der dunklen Zukunft löste, wie sie mir meinen Tod heranführte, der endlich in Sicht kam; wie sie die Trugbilder meiner Tage in die unendliche Nacht hineinzog, sie entkräftete und zunichtemachte; alsdann in die tiefste Finsternis eintrat, mit der immergleichen Kälte auch diesen Tag verschlang, dem keiner mehr folgen wird, und den stummen Abgrund verschloß.
Als ob nicht alle Menschen haben sterben müssen, und ein jeder umsonst! Als ob das Leben wirklich wäre, ein wirkliches Sein; als ob die wahrgenommene Welt der Gedanke eines wirklichen Geschöpfes wäre, und das Ich des Menschen etwas anderes als der zufällige Ausdruck eines flüchtigen Zusammenklangs! Was will ich? Was bin ich? Was erwarte ich von der Natur? Gibt es eine allumfassende Ordnung, vorausbestimmte Harmonien; Rechte, wie wir sie fordern? Führt die Vernunft zu Ergebnissen, wie sie meine Vernunft erwarten möchte? Jegliche Ursache ist verborgen, trügerisch jeglicher Zweck; alle Gestalt verändert sich, alle Dauer vergeht; und die Unruhe des unersättlichen Herzens ist der blinde Flug eines Meteors, der in der Leere umherirrt, bis er sich auflöst. Nichts wird zum Besitz, so wie es gedacht ist, nichts läßt sich erkennen, so wie es ist. Wir sehen Beziehungen, nicht Wesenhei-

ten; wir haben es nicht mit Dingen zu tun, sondern mit ihren Erscheinungen. Die Natur, draußen so vergeblich befragt wie unergründlich in uns selbst, ist durch und durch dunkel. Ich empfinde – das ist das einzige Wort des Menschen, das etwas Wahres behauptet. Und was mich meines Daseins versichert, ist auch dessen Qual. Ich empfinde, ich bin – um mich in unbezwinglichem Verlangen zu verzehren, mich am Zauber einer Scheinwelt zu berauschen und endlich an ihrem lustvollen Trug zugrundezugehen.

So wäre denn nicht das Glück das erste Gebot der menschlichen Natur? die Lust nicht die stärkste Triebfeder der Sinnenwelt? Wenn wir nicht nach Wonne begehren, wozu leben wir sonst? Wenn Leben nur Dasein heißt, was ist uns das Leben noch wert? Kein Seiendes enthüllt uns je seinen letzten Grund, den Sinn seines Seins; das Wozu der Welt bleibt der Vernunft des einzelnen verborgen. Den Zweck unseres Daseins kennen wir nicht; alles Wollen im Leben ist letztlich ziellos; unsere Sehnsüchte, unsere Sorgen, unsere Leidenschaften werden lächerlich, wenn dieses Wollen nicht nach Lust strebt, wenn nicht sie das Ziel unserer Leidenschaft ist.

Der Mensch liebt sich selber, liebt seinesgleichen, liebt alles Lebendige. Diese Liebe scheint notwendig zum Lebewesen zu gehören; sie ist die Triebfeder seiner Erhaltungskraft. Der Mensch liebt sich selber; wozu sollte er tätig sein, wie überleben ohne diese treibende Kraft der Selbstliebe? Der Mensch liebt die Menschen, denn er empfindet wie sie, er steht ihnen in der Welt am nächsten; was wäre sein Leben ohne diese Beziehung?

Der Mensch liebt alles Lebendige. Würde er nicht mehr mitleiden, wenn er leiden sieht, würde er nicht mehr mitempfinden mit allem, was ähnliche Empfindungen hat wie er, so verlöre er den Sinn für alles, was er nicht ist, ja vielleicht sogar die Liebe zu sich selber; ohne Zweifel gibt es keine Liebe, die nur auf das Individuum beschränkt wäre, denn es gibt kein Lebewesen, das zum Alleinleben bestimmt wäre.

Wenn der Mensch sich in alles Lebendige einfühlen kann, so sind Lust und Weh in seiner Umgebung für ihn ebenso wirklich wie seine eigenen Gefühle; er bedarf zu seinem Glück das Glück dessen, was er kennt; er ist allem verbunden, was Empfindung besitzt; er lebt in der organischen Welt.

Dieses Beziehungsnetz, dessen Mittelpunkt der Mensch ist und das bis an die Grenzen der Welt hinausreicht, macht ihn zu einem Glied des Universums, zu einer numerischen Einheit im Numerus der Natur. Das Ganze, zu dem sich diese persönlichen Beziehungen vereinigen, ist die Ordnung der Welt, und die Kraft, die seine Harmonie verewigt, ist das Naturgesetz. Dieser notwendige Instinkt, der das Lebewesen leitet, passiv, wenn er von sich aus will, aktiv, wenn er zum Wollen veranlaßt, ist eine Unterwerfung unter die allgemeinen Gesetze. Dem Geist dieser Gesetze zu gehorchen wäre die Wissenschaft desjenigen Wesens, das frei wollen möchte. Insofern der Mensch durch Überlegung frei ist, lautet die Wissenschaft vom menschlichen Handeln: Was er will, wenn er unterworfen ist, zeigt ihm an, wie er dort wollen soll, wo er unabhängig ist.

Ein Wesen für sich allein ist nie vollkommen; sein Dasein ist unvollständig; es ist weder wahrhaft glücklich noch wahrhaft gut. Jedes Ding hat seine Ergänzung außerhalb seiner selbst, und zwar als Gegenstück. Den Naturgeschöpfen ist so etwas wie eine Bestimmung gesetzt: Sie finden sie in jener harmonischen Übereinstimmung, die zur Folge hat, daß zwei eng verbundene Körper fruchtbar sind, daß zwei miteinander geteilte Empfindungen glücklicher werden. Es ist diese Harmonie, in der sich alles Seiende vollendet, in der alles Lebendige zum Frieden gelangt und froh wird. Seine Ergänzung findet das Individuum hauptsächlich innerhalb seiner Gattung. Für den Menschen gibt es zwei verschiedene, aber ähnliche Arten dieser Ergänzung; etwas anderes ist ihm nicht gegeben; er hat zwei Möglichkeiten, sein Dasein zu fühlen, alles andere ist Leid oder Einbildung.

Jeder Genuß, den man nicht teilt, steigert unsere Begierden, aber läßt das Herz unerfüllt; er nährt es nicht, sondern höhlt es aus und verzehrt es.

Damit die Vereinigung harmonisch sei, muß der, der mit uns genießt, ähnlich und verschieden sein. Zusammengehörigkeit innerhalb der Gattung ergibt sich entweder zwischen verschiedenartigen Individuen oder zwischen den gegensätzlichen Geschlechtern. Im ersten Fall entsteht eine Harmonie zwischen zwei ähnlichen und doch verschiedenen Wesen, die den geringsten Grad des Gegensatzes und den höchsten Grad der Ähnlichkeit aufweisen. Im zweiten Fall ergibt sich die Harmonie aus dem größtmöglichen Unterschied zwischen zwei Ähnlichen*. Alle Sympathie, alle Liebe, alles Zusammenleben, alles Glück beruht auf einer dieser beiden Arten. Was von ihnen abweicht, mag verlockend sein, aber enttäuscht und verleidet uns; was ihnen widerspricht, führt uns ins Laster oder ins Unglück.

Wir haben keine Gesetzgeber mehr. Im Altertum gab es welche, die den Menschen durch sein Herz zu lenken versuchten; wir tadeln sie, weil wir dazu nicht mehr fähig sind. Die Sorge um Finanz- und Strafgesetze läßt uns das Staatswesen vergessen. Kein großer Denker hat alle Gesetze der Gesellschaft und alle Pflichten aus dem natürlichen Bedürfnis abzuleiten vermocht, das die Menschen vereinigt, die Geschlechter vereinigt.

Die Einheit der Gattung ist zerteilt. Ähnliche Wesen sind dennoch so verschieden, daß sie sich gerade durch ihre Gegensätze zueinander hingezogen fühlen; durch ihre Neigungen geschieden und dennoch einander unentbehrlich, entfernen sie sich in ihren Gewohnheiten voneinander und werden durch ein gegenseitiges Bedürfnis wieder zusammengeführt. Die, die aus ihrer Vereinigung hervorgehen und gleicherweise von beiden geprägt sind, tragen diese Verschiedenheiten weiter. Diese Hauptwirkung der dem Tiere verliehenen Kraft, dieses höchste Ergebnis seiner Organisation ist der Augenblick seiner höchsten Lebensfülle, der äußerste Grad seiner Hingabe und gewissermaßen der harmonische Ausdruck seiner Vermögen. Hier erscheint der leibliche Mensch in seiner Kraft, der geistige Mensch in seiner Größe, die Seele in ihrer Ganzheit, und wer nie in vollem Maße geliebt hat, hat sein Leben nie besessen.

Unwirkliche Wunschziele und übersinnliche Leidenschaften sind immer wieder von einzelnen und von ganzen Völkern beweihräuchert worden. Die wohltätigen Triebe wurden unterdrückt oder verächtlich gemacht; die Gesellschaftskunst hat die Menschen einander entgegengesetzt, wo doch die ursprüngliche Harmonie ihre Aussöhnung angestrebt hätte**.

Die Liebe muß die Welt regieren, wenn diese nicht am Ehrgeiz

---

* Größte Verschiedenheit ohne abstoßenden Gegensatz, so wie größte Ähnlichkeit ohne langweilige Übereinstimmung.
** Unsere Gesellschaftskunst hat die Menschen einander entgegengesetzt, wo doch die wahre Gesellschaftswissenschaft ihre Aussöhnung anstreben müßte.

zugrunde gehen soll. Die Liebe ist jene stille nährende Glut, jenes Himmelslicht, das belebt und erneuert, das aufweckt und zum Blühen bringt, das Farben, Anmut, Hoffnung und Leben schenkt. Der Ehrgeiz ist jene tödliche Glut, die unter dem Eise schwelt, die nur verzehrt und nichts belebt, die ungeheure Höhlen gräbt, im Untergrunde wühlt und beim Ausbruch riesige Krater aufreißt, die ein Jahrhundert der Verwüstung über das Land bringen, das noch eine Stunde zuvor von seinem Lichtglanz geblendet worden war.

Wenn der Mensch ins Leben hinaustritt, wenn ein nie gekanntes Gefühl seine Beziehungen zur Welt ausweitet, so gibt er sich trunken hin, er befragt die ganze Natur, er vergißt sich in seiner Begeisterung, er wirft sein Leben in die Liebe, und in allem begegnet ihm nur die Liebe. Jede andere Empfindung verliert sich in dieser höchsten Empfindung, jeder Gedanke führt zu ihr zurück, jede Hoffnung stützt sich auf sie. Wenn die Liebe sich entfernt, bleiben nur Leid und Leere und Verlorenheit; tritt sie näher, so ist alles Freude, Hoffnung und Seligkeit. Eine Stimme in der Ferne, ein Ton in den Lüften, das Wiegen der Äste, das Murmeln des Wassers, alles kündet von ihr, alles drückt sie aus, alles ahmt ihre Töne nach und steigert das Verlangen. Die ganze Anmut der Natur ist in der Bewegung eines Armes, die Harmonie der Welt im Ausdruck eines Blickes. Es geschieht um der Liebe willen, daß das Frühlicht den Himmel rötet und alles Lebendige aus dem Schlummer weckt; daß die Mittagsglut die feuchte Erde unter dem Moose des Waldes gären läßt; und ihr gilt die zärtliche Melancholie des verdämmernden Abendlichts. Jene Quelle dort ist die Quelle von Vaucluse, jene Felsen sind die Felsen von Meillerie, jene Allee ist die Pampelmusenallee. Die Stille lädt die Liebe zum Träumen ein, aus den schaukelnden Wellen empfängt sie ihre sanfte Erregung, die tobende Flut begeistert sie zu stürmischer Leidenschaft; und wenn in einer milden Nacht der Mond die Erde verklärt und in den Schatten, im Schimmer des Lichtes, in der Einsamkeit, in den Lüften und Wassern die Wollust lauert, so rät ihr alles zur höchsten Wonne.

Seliger Augenblick! der einzige, der dem Menschen geblieben ist. Eine seltene Blume, einsam, zu kurzem Leben bestimmt unter dem herbstlichem Himmel, schutzlos, von Winden geschüttelt, von den Wettern zerzaust – ohne aufzublühen siecht sie dahin und vergeht; die Kühle, ein Nebelschwaden, ein Windhauch machen die Hoffnung in ihrer welken Knospe zunichte. Man geht vorüber, hat noch Hoffnung, beeilt sich, und unweit davon, auf ebenso kargem Boden, erblickst du weitere, schwächlich und schwankend und kurzlebig wie sie, und auch diese welken fruchtlos dahin. Glücklich, wer besitzt, wonach der Mensch streben soll, dem alles zu Gebote steht, was der Mensch empfinden soll! Und auch der ist glücklich, sagt man, der nach nichts begehrt, nichts braucht, und für den dasein leben heißt.

Es ist nicht nur eine bedauerliche, unmenschliche Verirrung, sondern ein äußerst schädlicher Irrtum, wenn man diese echte, unentbehrliche Lust verdammt, die – stets ersehnt und immer neu erstehend, unabhängig von der Jahreszeit und über den schönsten Teil des Lebens andauernd – das kräftigste und unwiderstehlichste Band der menschlichen Gesellschaften bildet. Eine Moral, die der natürlichen Ordnung zuwiderläuft, ist eine höchst sonderbare Moral. Jedes Vermögen, jede Kraft ist ein Vorzug*. Es ist gut, wenn man stärker ist als seine Leidenschaften; aber es ist eine Torheit, wenn man der Unterdrückung von Herz und Sinnen Beifall spendet; das ist ebensoviel, wie wenn man sich für umso vollkommener hielte, je weniger man dazu fähig ist.

Wer ein Mensch ist, kann sich der Liebe hingeben, ohne daß er vergißt, daß sie im Leben nur ein glücklicher Zufall ist; und wenn ihn dann seine Illusionen überkommen, so wird er sie festhalten, wird er sie genießen, dabei jedoch nicht vergessen, daß die nüchternsten Wahrheiten den seligsten Täuschungen voraus sind. Wer ein Mensch ist, ist fähig, seine Wahl zu treffen oder klug abzuwarten, mit Stetigkeit zu lieben und sich ohne Schwäche, aber auch ohne Rückhalt hinzugeben. Die Rastlosigkeit einer glühenden Leidenschaft ist für ihn der Eifer des Guten, das Feuer des Genies; er findet in der Liebe die kraftvolle Lust des gerechten, empfindsamen, großen Herzens; er gelangt zum Glück und wird dadurch stark.

Närrische oder schuldhafte Liebe ist eine entwürdigende Verirrung; schickliche Liebe ist die höchste Wonne des Lebens, und

---

* Manche rühmen sich ihrer Kälte und geben sie als die Seelenruhe des Weisen aus; nicht wenige streben nach dem eitlen Ruhm, für die Liebe unempfänglich zu sein; sie gleichen dem Blinden, der sich für besser ausgerüstet hält als der Durchschnitt, weil ihm die Blindheit manche Zerstreuung verunmöglicht.

wenn etwas töricht ist, so ist es jene einfältige Prüderie, die ein edles Gefühl mit einem rohen Gefühl verwechselt und die Liebe unterschiedslos verurteilt, weil sie sich nur rohe Menschen und folglich nur nichtswürdige Leidenschaften denken kann.

Diese Wonne des Schenkens und Empfangens, diese Steigerung des Verlangens und der Erfüllung, dieses Glück, das man anbietet und zu empfangen hofft, dieses zärtliche Vertrauen, welches uns alles vom geliebten Herzen erwarten läßt, diese noch innigere Lust, den Geliebten glücklich zu machen, einander alles, einander unentbehrlich zu sein, diese Fülle des Empfindens und Hoffens erweitert die Seele und drängt sie ins Leben. Namenloses Glück der Hingabe! Kein Mensch, der sie erfahren durfte, hat sich ihrer geschämt; wer nicht geschaffen ist, sie zu empfinden, ist unfähig, über die Liebe zu urteilen.

Keineswegs will ich den, der nie geliebt hat, verurteilen, wohl aber den, der nicht zu lieben vermag. Ob unsere Liebe Erfüllung findet, hängt von den Umständen ab; aber die überströmenden Empfindungen sind jedem Menschen eigen, dessen moralische Beschaffenheit vollkommen ist. Wer zur Liebe unfähig ist, ist notwendig auch zu einer starken Empfindung, zu einer erhabenen Leidenschaft unfähig. Er mag rechtschaffen, brav und fleißig und klug sein, er mag angenehme Eigenschaften haben, ja selbst durch Überlegung tugendhaft sein; aber er ist kein Mensch, er hat weder Seele noch Geist; ich mag mit ihm Umgang pflegen, er mag mein Vertrauen, meine Achtung gewinnen, mein Freund wird er niemals sein. Ihr aber, ihr wahrhaft empfindenden Herzen! die ein düsteres Schicksal schon von Jugend auf unterdrückt hat, wer wird euch dafür tadeln, daß ihr niemals geliebt habt? Jedes hochherzige Gefühl war euch eigen, alles Feuer der Leidenschaft war in eurem männlichen Geiste; er lechzte nach Liebe, sie sollte ihn nähren, sie würde ihn zu großen Dingen bereitet haben – euch aber war alles versagt, und mit dem Verstummen der Liebe begann das Nichts, in dem euer Leben verdämmert.

Das Gefühl für Recht und Billigkeit, das Verlangen nach Ordnung und Sittlichkeit führen notwendig zum Verlangen nach Liebe. Die Schönheit ist Gegenstand der Liebe; Harmonie ist ihr Ursprung und Ziel. Jede Vollkommenheit, jedes Verdienst scheint ihr zu gehören; die freundlichen Grazien führen sie ins Leben, und eine weitherzige, weise Moral gibt ihr Wohnung. Ohne den Reiz der

körperlichen Schönheit ist die Liebe in Wahrheit nicht lebensfähig; noch mehr verdankt sie doch wohl der geistigen Harmonie, der Zartheit des Gedankens und der Innigkeit des Empfindens.
Die Einswerdung, die Hoffnung, die Bewunderung, die Bezauberung steigern sich bis zur vollkommenen Innigkeit; sie füllt die Seele, die durch dieses Wachstum weit geworden ist, vollkommen aus. Ein Verliebter, dem die Empfindsamkeit abgeht und der einzig nach Lust begehrt, hält an diesem Punkt inne und kehrt um. Der wahrhaft Liebende jedoch kennt keine Umkehr; je mehr er empfängt, umso mehr ist er gebunden; je inniger er geliebt wird, umso inniger wird seine Liebe; je mehr er besitzt, was er ersehnt hat, umso zärtlicher liebt er, was er besitzt. Hat er alles erhalten, so glaubt er alles zu schulden; die, die sich ihm hingibt, wird seinem Dasein unentbehrlich; auch Jahre des Genusses lassen sein Verlangen nicht schwinden; sie erweitern seine Liebe durch das Vertrauen einer glücklichen Gewohnheit und die Wonne einer unbefangenen und doch zärtlichen Innigkeit.
Man will die Liebe als eine ganz und gar sinnliche Neigung abtun, die lediglich auf ein angeblich rohes Bedürfnis zurückgehen soll. Aber ich finde auch unter unseren verwickeltsten Bedürfnissen keines, das nicht letztlich eines der sinnlichen Grundbedürfnisse zum Ziele hätte; die Empfindung ist nur deren indirekter Ausdruck; der geistige Mensch war noch immer nur eine Einbildung. Unsere Bedürfnisse wecken in uns die Wahrnehmung ihres wirklichen Zieles und damit zahllose Wahrnehmungen analoger Ziele. Direkte Befriedigung allein würde das Leben nicht ausfüllen, aber jene abhängigen Triebkräfte geben ihm vollauf zu tun, denn sie stoßen an keine Grenzen. Wer nicht leben kann, ohne daß er die Welt zu erobern hofft, wäre nie auf diesen Gedanken gekommen, wenn er nie Hunger gehabt hätte. Unsere Bedürfnisse vereinigen in sich zwei Abwandlungen desselben Prinzips: Begierde und Empfindung; die Vorherrschaft der einen über die andere hängt von der individuellen Veranlagung und von den bestimmenden Umständen ab. Jedes Ziel eines natürlichen Bedürfnisses ist legitim, jede Befriedigung, zu der es anregt, ist gut, wenn dadurch niemand in seinen Rechten verletzt wird und in uns selbst keine ernsthafte Verwirrung entsteht, die seine Zweckmäßigkeit aufwiegt.
Ihr habt die Pflichten zu weit gespannt. Ihr habt euch gesagt:

Fordern wir mehr, so erreichen wir mehr. Ihr habt euch getäuscht: Wenn ihr die Menschen überfordert, so schreckt ihr sie ab*. Verlangt ihr von ihnen erheuchelte Tugenden, so werden sie solche zur Schau stellen und sagen, das koste sie wenig. Aber da diese Tugenden nicht in ihrer Natur liegen, so wird ihr Betragen insgeheim gerade umgekehrt sein; und weil dieses Betragen unsichtbar bleibt, werdet ihr seine Auswüchse nicht verhindern können. Es bleiben euch dann nur jene gefährlichen Mittel, deren nutzloser Einsatz das Übel vermehrt, indem sie den Zwang verschärfen und den Widerstreit von Pflicht und Neigung vergrößern. Ihr werdet dann zunächst glauben, eure Gesetze würden nun besser befolgt, denn man wird ihre Übertretung geschickter verheimlichen; und was werden die wahren Folgen sein? ein falsches Urteil, ein verderbter Geschmack, fortwährende Verstellung, Heuchelei und List.

Die Lustgefühle der Liebe schließen große geschlechtliche Gegensätze ein, ihre Begierde erregt die Phantasie, ihre Bedürfnisse modifizieren die Organe. Es ist also zu erwarten, daß gerade bei diesem Gegenstand die Empfindungen und Anschauungen sehr verschieden sind. Man müßte den Folgen dieser Verschiedenheit zuvorkommen und sollte nicht Sittengesetze einführen, die geeignet sind, sie noch mehr zu vergrößern. Nun sind es aber Greise, die diese Gesetze gemacht haben; und Greise, die keine Liebe mehr empfinden, besitzen weder die echte Scham noch das nötige Feingefühl. Sie haben völlig falsch ausgelegt, was sie in ihrem Alter nicht mehr verstehen konnten. Hätten sie andere Fortpflanzungs-

* Was geeignet ist, die Phantasie zu erregen, den Geist zu verwirren, das Herz zu betören und jegliche Vernunft zu unterdrücken, hat umso mehr Erfolg, je mehr asketische Strenge man damit verbindet; mit den dauerhaften Einrichtungen, den weltlichen und bürgerlichen Gesetzen und den häuslichen Sitten, überhaupt mit allem, was eine Nachprüfung erlaubt, verhält es sich jedoch anders als mit der Stoßkraft des Fanatismus, zu dessen Natur es gehört, daß er alles erhöht, was schwierig und mühsam ist, und daß er für alles Außerordentliche Ehrfurcht erheischt. Diese wichtige Unterscheidung scheint übersehen worden zu sein. Man hat sehr gründliche Beobachtungen angestellt über die vielfältigen Gemütsregungen im Menschen und, wenn man so will, über die Nebenerscheinungen des Herzens; es bleibt aber ein großer Schritt darüber hinaus zu tun. Er ist so wichtig, daß man, seine Nützlichkeit erwägend, kaum umhin kann, ihn zu versuchen, und er ist so schwierig, daß man sich bei der Ausführung alsbald davon überzeugen wird, daß es sich nur um einen Versuch handeln kann.

mittel ausfindig machen können, so hätten sie die Liebe vollkommen geächtet. Ihr gealtertes Empfinden hat das, was vom Zauber des Verlangens umschlossen sein müßte, entehrt und besudelt; und um gewisse Ausschweifungen zu verhindern, die ihren Impotenzhaß weckten, ersannen sie derart verfehlte Zwangsregeln, daß die Gesellschaft Tag für Tag durch wirkliche Verbrechen beunruhigt wird, die sich ein ehrbarer Mensch, der sich nichts überlegt, niemals zuschulden kommen ließe*.

Gerade in der Liebe müßte man alles erlauben, was nicht offensichtlich von Schaden ist. Denn eben sie gibt dem Menschen die Möglichkeit, sich zu vervollkommnen oder aber zu erniedrigen. Und gerade hierin müßte man seine Phantasie in die Schranken einer rechtmäßigen Freiheit weisen, müßte man ihn sein Glück in den Grenzen seiner Pflichten suchen lassen, müßte man sein Urteil durch ein klares Bewußtsein von der Vernünftigkeit der Gesetze schärfen. Dies wäre das wirkungsvollste natürliche Mittel, um ihn alle Abstufungen des Geschmacks und ihren wahren Grund erkennen zu lassen, um seine Leidenschaften zu veredeln und in Schranken zu halten, um allen seinen Gefühlen eine Art von gesunder, wahrhaft empfundener Wollust zu verleihen, um dem ungebildeten Menschen ein wenig von der Empfindsamkeit des höheren Menschen einzupflanzen, um sie beide zusammenzuführen und auszusöhnen und so ein wahrhaftes Vaterland, eine wirkliche Gesellschaft zu begründen.

Laßt uns unsere rechtmäßigen Freuden; das ist unser Recht und eure Pflicht. Ich denke, daß ihr mit der Einrichtung der Ehe etwas habt erreichen wollen**. Jedoch eine Verbindung, in der uns die

---

* Die Entartungen der Liebe sind am weitesten fortgeschritten bei Völkern, die eine Moral entwickelt haben; ja der Begriff der Moral bezieht sich bei uns ausschließlich auf die Liebe.

** Ich habe von meinen Herausgeberrechten einen schlechten Gebrauch gemacht; in mehreren Briefen ließ ich Stellen weg und habe doch zu vieles stehen lassen, was zumindest überflüssig ist. Eine solche Nachlässigkeit wäre in einem Brief wie diesem noch weniger entschuldbar; diesen Abschnitt über die Ehe ließ ich jedoch absichtlich stehen. Ich unterdrücke ihn darum nicht, weil ich nicht annehme, daß ihn der große Haufen liest, und nur diesem möchte es schwerlich einleuchten, daß damit nichts gegen die Zweckmäßigkeit oder die Schönheit der Institution der Ehe gesagt ist, und ebensowenig wird all das in Abrede gestellt, was es an Glücklichem in einer glücklichen Ehe geben mag.

Wirkungen eurer Institutionen dazu zwingen, dem Belieben des Zufalls zu gehorchen oder Rücksicht auf das Vermögen zu nehmen, statt auf eine echte Zusammengehörigkeit zu achten; ein Bündnis, das ein einziger Augenblick für immer entehren kann und das unweigerlich von vielfältigen Enttäuschungen erschüttert wird, eine solche Vereinigung vermag uns nicht zu befriedigen. Ich fordere von euch einen Zauber, der von Dauer ist, ihr aber reicht mir, schlecht und recht verdeckt vom Eintagsflor, den ihr selber schon habt verwelken lassen, ein Band, durch welches die blanke Kette einer endlosen Sklaverei hervorschimmert. Ich fordere von euch einen Zauber, der mein Leben vermummen oder verjüngen mag; die Natur gab ihn mir! Ihr untersteht euch, mir von Auswegen zu reden, die mir angeblich bleiben. Ihr würdet es also dulden, daß ich eine Verpflichtung, die gewissenhaft eingehalten werden soll, da dies ja feierlich gelobt worden ist, mit Füßen trete und eine Frau dazu überrede, Verachtung auf sich zu laden, damit ich sie lieben kann*. Oder soll ich, weniger direkt schuldig, aber nicht weniger leichtsinnig, den Frieden einer Familie stören, die Eltern unglücklich machen und die entehren, der diese Art Ehre in der Gesellschaft so unentbehrlich ist? Oder soll ich mich, um kein Recht zu verletzen und niemanden in Gefahr zu bringen, in verächtliche Lokale begeben und jene aufsuchen, die sich mir gerne hingeben, nicht durch eine liebenswürdige Freiheit der Sitten und nicht durch ein natürliches Verlangen, sondern weil ihr Gewerbe sie allen preisgibt? Denn Frauen sind sie ja nicht mehr, da sie sich nicht mehr selber gehören, aber wem sonst wären sie ähnlich? sie, die der Verlust jedes Zartgefühls, die Unfähigkeit zu jedwelcher edlen Regung und der Druck des Elends an die niederträchtigsten Launen des Mannes ausliefert, dessen eigene Gefühle und Begierden durch solchen Umgang genauso verdorben werden. Es bleiben noch andere Möglichkeiten, zugegeben, aber sie sind äußerst selten und zuweilen bieten sie sich ein ganzes Leben lang nie. So lassen sich

---

* Hier war in den Text eingefügt: Ich würde sie nie dazu drängen, zu meinen Gunsten Arglist zu gebrauchen, ja ich würde dergleichen ablehnen; und ich würde nichts unternehmen, was nicht völlig aufrichtig, was nicht für jeden, der sich dabei etwas überlegt, eine unabdingbare Pflicht wäre, deren Verletzung ihn erniedrigen würde. Keine Macht des Verlangens und auch keine gegenseitige Leidenschaft kann als Entschuldigung dienen.

denn die einen durch die Vernunft* zurückhalten und fristen ihr Leben in erzwungener, ungerechter Entbehrung; die andern, weit mehr an der Zahl, setzen sich über die Pflicht hinweg, die ihnen behinderlich ist.

Diese Pflicht ist in der öffentlichen Meinung längst keine mehr, weil ihre Einhaltung der natürlichen Ordnung zuwiderläuft. Die Verachtung derselben führt freilich zur Gewohnheit, daß man nur dem gehorcht, was Brauch ist, daß man sich selber eine Regel gibt, die den eigenen Neigungen entspricht, und daß man jede Pflicht geringschätzt, deren Mißachtung nicht direkt eine gesetzliche Strafe oder die gesellschaftliche Ächtung nach sich zieht. Dies ist die unausweichliche Folge der unglaublichen Gemeinheiten, über die man sich Tag für Tag amüsiert. Welche Sittlichkeit wollt ihr von einer Frau erwarten, die den hintergeht, für den sie lebt oder leben sollte? die seine nächste Freundin ist und sich über sein Vertrauen lustigmacht? die seine Ruhe zerstört oder über ihn lacht, wenn er sie bewahrt? und die sich selber den Zwang auferlegt, ihn bis an sein Lebensende zu verleugnen, indem sie seiner Liebe ein Kind unterschiebt, das nicht das seine ist? Ist nicht von allen Verpflichtungen die Ehe diejenige, in der Vertrauen und Aufrichtigkeit für die Sicherheit des Lebens am nötigsten sind? Was ist das für eine erbärmliche Rechtschaffenheit, die einen geschuldeten Taler gewissenhaft bezahlt und das heiligste Versprechen, das sich Menschen geben, für ein leeres Wort achtet! Welche Sittlichkeit wollt ihr von einem Manne erwarten, der es darauf abgesehen hat, eine Frau zu überreden, während er über sie lustig macht; der sie dann verachtet, weil sie sich so gegeben hat, wie er sie wollte; der sie entehrt, weil sie ihn geliebt hat; der sie verläßt, weil er sie mißbraucht hat, und sie verstößt, wenn sie das sichtbare Unglück hat, ihm zur Lust gewesen zu

---

* Dies kann auch auf Ängstlichkeit der Empfindung zurückgehen. Man hat für jedwedes menschliche Verlangen zwei analoge, aber ungleiche Erscheinungen unterschieden: Empfindung und Begierde. Wahre Herzensliebe auferlegt dem empfindsamen Menschen sehr viel Zurückhaltung und Scheu; die Empfindung ist dann stärker als das unmittelbare Verlangen. Da jedoch einer geringen Herzensbildung ein tiefes Empfinden abgeht, ist derjenige, der solcherart von wirklicher Leidenschaft ergriffen ist, nicht mehr derselbe, sobald seiner Liebe die Leidenschaft fehlt; wenn er sich dann zurückhält, geschieht es keineswegs aus Scheu, vielmehr aus Rücksicht auf seine Pflichten.

sein*. Welche Sittlichkeit, welche Gerechtigkeit wollt ihr von dem Manne erwarten, der mehr als nur inkonsequent ist, indem er von seiner Frau Opfer verlangt, die er mit nichts vergilt, und indem er von ihr fordert, daß sie tugendhaft und unnahbar sei, während er selbst in geheimem Umgange die Zärtlichkeit verschwendet, deren er sie versichert und die sie Rechtens von ihm fordert, wenn ihre Treue nicht unbillige Sklaverei sein soll?

Wahlloser Genuß entwürdigt den Menschen, sträfliche Freuden verderben ihn; aber Liebe ohne Leidenschaft erniedrigt ihn keineswegs. Es gibt ein Alter, wo man liebt und genießt, und es gibt eins, wo man ohne Liebe genießt. Das Herz bleibt nicht immer jung; und auch wenn es noch jung ist, findet es nicht immer einen Gegenstand, den es wahrhaft lieben kann.

Jeglicher Genuß ist gut, wenn er frei ist von Ungerechtigkeit und Ausschweifungen, wenn er durch eine natürliche Fügung herbeigeführt wird und dem Verlangen einer zartfühlenden Seele entgegenkommt.

Geheuchelte Liebe ist eine der Geißeln der Gesellschaft. Warum sollte sich die Liebe dem öffentlichen Gesetz entziehen können? warum sollten wir in dieser Hinsicht nicht so sein wie in allem Übrigen: aufrichtig und gerecht? Nur der ist mit Sicherheit gegen alles Böse gefeit, der unbefangen nach dem sucht, was er mit gutem Gewissen genießen kann. Mir ist jede eingebildete oder außerordentliche Tugend verdächtig; wenn ich sehe, wie sie sich stolz aus ihrem irrigen Grund aufreckt, so blicke ich genau hin und entdecke unter dem Gewande der Vorurteile, unter der brüchigen Maske der Verstellung eine verborgene Schändlichkeit.

Erlaubt die Freude! Gebt uns das Recht dazu, damit man sich Tugend erwerbe. Zeigt die Vernunft in euren Gesetzen, damit man sie ehre; ermuntert zur Lust, damit ihr Gehör findet, wenn ihr befehlt, daß man leide. Erhebt die Seele durch den Genuß der natürlichen Sinnlichkeit; so werdet ihr sie stark und groß machen; sie wird rechtmäßige Einschränkungen achten, ja dafür Dank wissen, weil sie deren gesellschaftlichen Nutzen einsieht.

---

* Ich habe noch keinen Unterschied finden können zwischen dem Nichtswürdigen, der eine Frau schwängert und dann im Stich läßt, und dem Soldaten, der sie bei der Plünderung einer Stadt vergewaltigt und dann umbringt; dieser handelt insofern weniger niederträchtig, als er sie nicht täuscht und er gewöhnlich betrunken ist.

Ich will, daß der Mensch von seinen Fähigkeiten freien Gebrauch mache, wenn sie keine anderen Rechte verletzen. Ich will, daß er froh genießt, damit er gut werde; daß er durch die Lust entflammt, jedoch durch offenkundige Billigkeit gelenkt werde; daß sein Leben gerecht, glücklich, ja sogar wollüstig sei. Ich möchte, daß der, der denken kann, über seine Pflichten nachdenkt. Ich mache mir wenig aus einer Frau, die nur an die ihrigen gefesselt bleibt, weil sie eine Art abergläubischen Schrecken hat vor allem, was mit Lüsten zu tun hat, deren Verlangen sie sich nicht einzugestehen getraut.

Ich möchte, daß man sich fragt: Ist dies oder jenes schlecht, und warum? Ist es schlecht, so mag man es sich versagen, wenn nicht, so genieße man es nach strenger Wahl mit jener Klugheit, welche die Kunst ist, eine höhere Lust darin zu finden; dies aber ohne Zurückhaltung, ohne Scham und ohne Verstellung*.

Nur die wahre Scham soll die Wollust zügeln. Die Scham ist eine äußerst feine Wahrnehmung, ein Teil der vollkommenen Empfindsamkeit; sie ist die Anmut der Sinnlichkeit und der Zauber der Liebe. Sie meidet alles, was für unsere Organe anstößig sein könnte, und sie erlaubt, wonach diese verlangen; sie trifft die Unterscheidungen, die nach dem Willen der Natur unserer Vernunft übertragen sind; und es ist vor allem die Vernachlässigung dieser wollüstigen Zurückhaltung, die in der unbedachten Freiheit der Ehe die Liebe zum Erlöschen bringt.

. . . .
. . . . **

---

* Vermutlich wird man einwenden, das gemeine Volk sei unfähig, derart nach der Berechtigung seiner Pflichten zu fragen, und vor allem unfähig, es unparteiisch zu tun. Aber die Schwierigkeit, seine Pflichten richtig zu beurteilen, ist an und für sich nicht sehr groß, sondern ergibt sich hauptsächlich aus der gegenwärtigen Verwirrung der Moral. Und übrigens fänden sich in andersartigen Institutionen vielleicht nicht ebenso gebildete Leute wie bei uns, dafür aber wäre der große Haufen bestimmt nicht so dumm und vor allem nicht so unaufgeklärt.

** Hier noch ein Ausschnitt aus dem unterdrückten Text. Vielleicht wird man sagen, ich hätte ihn ganz weglassen sollen. Aber in diesem wie in anderen Fällen möchte ich erwidern, daß man sich wohl erlauben darf, das Wort an die Menschen zu richten, wenn man von seinen Gedanken nichts zu verbergen braucht. Ich bin verantwortlich für das, was ich veröffentliche. Ich meine zu wissen, welches meine Pflichten sind. Sollte man mir jemals vorwerfen

VIERUNDSECHZIGSTER BRIEF

Saint Saphorin, 10. Juli VIII

Es ist ganz und gar sinnlos, wie ich mein Leben hier verbringe. Ich weiß, daß ich Dummheiten mache, aber ich fahre damit fort, auch wenn mir nicht viel daran liegt. Ich sehe auch gar nicht ein, wozu ich mich klüger benehmen soll. Den halben Tag und die halbe Nacht bin ich auf dem See, und wenn ich einmal von hier fortgehe, so werde ich mich schon derart an das Schaukeln der Wellen und an ihr Rauschen gewöhnt haben, daß es mir auf dem festen Boden und in den stillen Wiesen nicht mehr gefällt.

Die einen halten mich für einen Menschen, dem irgendeine Liebschaft ein wenig den Kopf verwirrt hat, andere behaupten, ich sei ein Engländer, der vom Spleen befallen sei. Die Schiffsleute haben Hantz zu berichten gewußt, ich sei in eine schöne Ausländerin verliebt, die unlängst Hals über Kopf aus Lausanne abgereist ist. Es geht wohl nicht anders, als daß ich auf meine nächtlichen Seefahrten verzichte, denn auch vernünftige Leute haben Bedauern mit mir, und selbst die Besten halten mich für verrückt. In Vevey fragte man Hantz, ob er nicht bei eben dem Engländer bedienstet sei, von dem man so viel rede. Das Böse siegt; und was die Leute anbelangt, die auf dem trockenen sitzen, die hätten wohl ihren Spott daran, wenn ich mittellos wäre; zum Glück hält man mich für einen reichen Kauz. Mein Gastwirt will mich unbedingt als Mylord anreden; man behandelt mich als Respektsperson. Reicher Ausländer und Mylord heißt hier ebensoviel.

Kommt dazu, daß ich nach der Rückkehr vom See gewöhnlich ans Schreiben gehe, so daß ich mich erst niederlege, wenn es schon längst Tag ist. Einmal, als die Wirtsleute in meinem Zimmer ein

können, ich hätte auch nur gegen eine einzige verstoßen, so werde ich mir nicht nur kein Urteil mehr anmaßen, sondern mir für immer das Recht zum Schreiben verbieten.

»Ich hätte wenig Vertrauen in eine Frau, welche die Rechtmäßigkeit ihrer Pflichten nicht einsieht, sondern sie blindlings und exakt und mit dem Instinkt des Vorurteils befolgt. Mag sein, daß ein solches Verhalten in gewissen Fällen seine Sicherheit hat; mich könnte es nicht befriedigen. Mir ist eine Frau lieber, die durch niemanden und nichts dazu bewogen werden könnte, den Mann zu hintergehen, der auf ihre Treue baut, die aber in ihrer natürlichen Freiheit, weder durch irgendein Versprechen noch durch eine tiefgehende Liebe gebunden und wenn die Umstände danach sind, um sein Einverständnis zu erhalten, sich mehreren Männern hingäbe, ja selbst unverhüllt hingäbe in der Trunkenheit, in der süßen Raserei der Wollust.«

Geräusch hörten und erstaunt waren, daß ich schon aufgestanden sei, ließen sie nachfragen, ob ich nicht frühstücken wolle. Ich tat Bescheid, ich äße nichts, und ich ginge eben zu Bett. Es wird dann Mittag, ja vielleicht ein Uhr, bis ich aufstehe; ich trinke Tee, ich schreibe; und anstatt zu Mittag zu essen, trinke ich noch immer Tee und esse nichts als Butterbrot, und alsbald gehe ich auf den See. Das erstemal, als ich in einem kleinen Ruderboot, das ich eigens dazu hatte auftreiben lassen, ganz allein auf den See hinausfuhr, bemerkten die Leute, daß Hantz am Land blieb, und dies bei einbrechender Dämmerung. Man versammelte sich sogleich im Wirtshaus und kam zum Schluß, diesmal habe der Spleen die Oberhand gewonnen und ich würde wohl für die Dorfchronik einen schönen Selbstmord beisteuern.
Es ärgert mich, daß ich diese Folgen meines absonderlichen Verhaltens nicht vorausgesehen habe. Ich falle nicht gerne auf, weiß dies aber erst, seit ich meine Gewohnheiten angenommen habe; und ich denke, auch wenn ich sie für die wenigen Tage, die ich noch hier bin, ändere, würde man nicht weniger zu reden haben. Da ich hier nichts anzufangen wußte, habe ich mir eben die Zeit zu vertreiben gesucht. Wenn ich eine Beschäftigung habe, bedarf ich nichts weiter; aber wenn ich mich langweile, möchte ich mich wenigstens sanft langweilen.
Der Tee ist eine große Hilfe, wenn man sich auf ruhige Art langweilen möchte. Ich finde, unter den langsameren Giften, die dem Menschen Lust bereiten, gehört er zu jenen, die der Langenweile am besten bekommen. Er bewirkt eine gleichmäßige schwache Erregung; da ihr kein unangenehmer Rückfall folgt, verflacht sie zu einem Zustand der Ruhe und Gleichgültigkeit, zu einer Mattigkeit, die das von Enttäuschungen gepeinigte Herz beruhigt und uns von unserem unheilvollen Streben erlöst. Ich habe mir seinen Gebrauch schon in Paris angewöhnt, dann in Lyon; hier in der Schweiz war ich so unvorsichtig, ihn bis zum Übermaß zu steigern. Einen Trost gibt mir die Aussicht, daß ich binnen kurzem ein Landgut und Handwerker haben werde, das gibt mir Beschäftigung und hält mich zurück. Gegenwärtig bereite ich mir viel Kummer, aber zähl auf mich, ich werde notgedrungen Vernunft annehmen.
Ich bemerke, oder glaube zu bemerken, daß die Veränderung, die sich in mir vollzogen hat, durch den täglichen Genuß von Wein

und Tee stark befördert worden ist. Ich glaube, wer nur Wasser trinkt, bewahrt sich die Feinheit der Empfindungen und irgendwie auch ihre ursprüngliche Reinheit viel länger, einmal abgesehen von allem andern. Der Genuß von Reizmitteln nützt unsere Organe vorzeitig ab. Jene übersteigerten Empfindungen, die über das natürliche Verhältnis zwischen uns und der Welt hinausgehen, löschen die einfachen Empfindungen aus und zerstören jene harmonische Übereinstimmung, die uns für alle äußeren Beziehungen empfänglich machte, so daß wir eigentlich nur dadurch zu Empfindungen gelangten.

So ist nun einmal das menschliche Herz, und darauf beruht auch der Hauptsatz des Strafrechts. Wenn man nämlich die richtige Proportion zwischen Strafe und Vergehen aufhebt und die Triebfeder der Furcht allzu stark spannt, so verliert diese ihre Anpassungsfähigkeit, und geht man noch weiter, so bricht sie. Man ermuntert dann die Menschen zum Verbrechen; man nimmt dem Schwachen den letzten Halt und weckt in den andern die schrecklichsten Kräfte. Erhöht man die Erregung der Organe über die natürlichen Grenzen hinaus, so werden sie für zärtere Eindrücke unempfindlich. Man vermindert ihre normalen Fähigkeiten, wenn man sie allzuoft und grundlos zu höchsten Leistungen reizt; sie vermögen dann nur noch zu viel oder nichts; man zerstört jene harmonische Abstimmung auf die wechselnden Umstände, die uns selbst mit den stummen Dingen verband und durch geheime Beziehungen verknüpfte. Sie behielt uns in fortwährender Erwartung oder Hoffnung, indem sie uns allüberall Möglichkeiten der Empfindung wies; sie ließ uns über die Grenze des Möglichen hinwegsehen; sie ließ uns im Glauben, unser Herz besitze unermeßliche Kräfte, da sie ja ungewiß waren, und sie könnten, immerfort nach außen gerichtet, in neuen Verhältnissen stets noch größer werden.

Noch ein Unterschied ist wichtig zwischen der einen Gewohnheit, sich von den Eindrücken der Außenwelt affizieren zu lassen, und der andern: die Erregung von innen heraus durch ein Reizmittel zu erzeugen, so daß sie von unserer Laune oder einem zufälligen Anlaß abhängig ist und nicht vom Zusammentreffen natürlicher Umstände. Wir ordnen uns nicht mehr dem Weltlauf ein; wir leben auf, wenn er uns der Ruhe überlassen will; und oft sind wir von unseren Ausschweifungen erschöpft, wenn er uns beleben möchte. Diese Erschöpfung, diese Apathie macht uns unempfänglich für die Eindrücke der Dinge, für diese äußeren Anstöße, die nun, da sie unseren Gewohnheiten fremd geworden sind, oft in einem Mißverhältnis oder gar im Widerspruch zu unsern Bedürfnissen stehen.

So hat der Mensch nichts unterlassen, um sich von der übrigen Natur zu trennen, um vom Weltlauf unabhängig zu werden. Aber da diese Freiheit seiner Natur in keiner Weise entspricht, ist sie keine wahre Freiheit. Sie gleicht der Zügellosigkeit eines Volkes, welches das Joch der Gesetze und der einheimischen Sitten abgeschüttelt hat; sie nimmt weit mehr, als sie gibt; sie ersetzt eine rechtmäßige Abhängigkeit, die mit unseren Bedürfnissen harmonieren würde, durch die Ohnmacht der Unordnung. Eine solch trügerische Unabhängigkeit, die unsere Fähigkeiten vernichtet, um sie durch unsere Launen zu ersetzen, macht uns jenem Manne ähnlich, der gegen den Willen der Obrigkeit partout auf dem Marktplatz den Tempel einer fremden Religion errichten wollte, statt ihre Altäre bescheiden bei sich zu Hause aufzustellen; er mußte es sich gefallen lassen, daß man ihn in die Wüste schickte, wo sich niemand seinem Willen widersetzte, dieser Wille aber auch nichts ausrichten konnte; dort starb er in Freiheit, wenn auch ohne Hausaltar und ohne Tempel, ohne Einkünfte und ohne Gesetze, ohne Freunde und ohne Gebieter*.

Ich gebe zu, es wäre schicklicher, über den Genuß des Tees

---

* Die tropischen Reizmittel könnten zu unserer Alterung beigetragen haben. In Indien wirkt ihre Glut nicht so stark, weil man dort weniger tätig ist; aber die europäische Unrast, die durch ihre Wirkung erzeugt wird, bringt jene unruhigen, verstörten Menschen hervor, deren Besessenheit von der übrigen Welt mit immer neuem Erstaunen wahrgenommen wird. *Rêveries*.
Ich will nicht behaupten, daß beim gegenwärtigen Stand der Dinge nicht für einzelne oder für ein ganzes Volk eine Erleichterung in dieser achtenswerten geistigen Betriebsamkeit liege, die im Bösen nur die Wonne der frohen Erduldung und im Durcheinander nur den burlesken Anblick sieht, den alle Dinge im Leben darbieten. Ein Mensch, der am Gegenstand seiner Hoffnung festhält, sagt sich: Was für eine elende Welt! Der, der nichts mehr begehrt, als daß er nicht leidet, sagt sich: Wie lächerlich ist das Leben! Die Dinge von der komischen Seite nehmen heißt, sie weniger schlimm finden; es will noch mehr heißen, wenn man sich über alle Widerwärtigkeiten, die man erlebt, lustig machen kann, und noch mehr, wenn man, statt darüber zu lachen, die Gefahren sucht. Auf die Franzosen angewendet: Sollten sie je in den Besitz von Neapel kommen, so werden sie im Krater des Vesuv einen Ballsaal bauen.

weniger zu räsonnieren und auf den Mißbrauch zu verzichten; aber sobald man sich an derlei Dinge gewöhnt hat, weiß man nicht mehr, wann aufhören. Ist es schon schwierig, eine solche Gewohnheit aufzugeben, so ist es vielleicht nicht weniger schwierig, sie einer Regel zu unterwerfen, zumindest wenn man nicht ebenso seine ganze Lebensweise regeln kann. Ich weiß nicht, wie ich in einer Sache einigermaßen Ordnung haben soll, wenn es mir verwehrt ist, in allem Übrigen Ordnung zu haben; wie ich Konsequenz in meine Lebensführung bringen soll, wenn ich auf kein Leben hoffen darf, das einigermaßen beständig wäre und sich mit meinen übrigen Gewohnheiten vertrüge. Und genauso wenig weiß ich, was ich ohne Geld tun soll; manche verstehen sich auf die Kunst, Geld hervorzuzaubern oder aus wenig viel zu machen. Ich für meinen Teil wäre vielleicht fähig, meine Mittel ordentlich und zweckmäßig zu verwenden; aber der erste Schritt verlangt eine andere Kunst, und die habe ich nicht. Ich glaube, dieser Mangel hängt damit zusammen, daß es mir unmöglich ist, die Dinge anders als in ihrem ganzen Umfang zu sehen, wenigstens soweit er für mich faßbar ist. Es liegt mir daran, daß alle ihre Eigenschaften beachtet werden; und mein Ordnungsgefühl, das vielleicht zu weit geht oder doch zu ausschließlich ist, hindert mich daran, in der Unordnung etwas anzufangen und zu Ende zu führen. Lieber gebe ich auf, als daß ich etwas mache, was ich nicht gut machen kann. Es gibt Leute, die ohne einen Heller ihren Haushalt gründen; sie borgen, sie lassen anschreiben, sie intrigieren, sie werden schon bezahlen, wenn sie können, und bis dahin leben und schlafen sie seelenruhig; und der eine oder andere schafft es sogar. Ich hätte mich nie auf ein so unsicheres Leben einlassen können; und hätte ich es doch riskiert, so hätte es mir am nötigen Talent gefehlt. Zugegeben, wenn einer so wirtschaftet und seine Familie durchbringt, ohne seine Ehre zu verlieren und seine Verpflichtungen zu versäumen, so verdient er Lob. Ich für mich könnte mich nur schwer dazu bereitfinden, auf alles zu verzichten, als wäre dies ein notwendiges Gesetz. Ich werde mich stets bemühen, von ausreichenden Mitteln einen möglichst guten Gebrauch zu machen oder durch meine persönlichen Einschränkungen andern eben dies zu ermöglichen. Wenn es irgend etwas Schickliches, Geregeltes, Erfolg Versprechendes zu tun gäbe, um einem Freund oder einem Kind zum Nötigsten zu verhelfen, ich wäre Tag und

Nacht dazu bereit; aber ins Ungewisse hinein zu wirtschaften oder mit irgendeinem zweifelhaften Gewerbe aus völlig ungenügenden Mitteln genügende machen zu wollen, das brächte ich nie über mich.

Eine solche Veranlagung hat den großen Nachteil, daß ich ohne einigermaßen gesicherte Mittel kein vernünftiges, geordnetes, bequemes Leben führen, geschweige denn meinen Neigungen frönen oder an meine Bedürfnisse denken kann; und wenn ich mich vielleicht zu jenen zählen darf, die imstande sind, ein großes oder auch nur mäßiges Vermögen klug zu nutzen, so gehöre ich eben auch zu jenen andern, die in der Not hilflos sind und nur gerade versuchen können, dem Elend, der Lächerlichkeit und der Schande zu entgehen, falls sie nicht das Schicksal selber über das Elend erhebt.

Es heißt gewöhnlich, Wohlstand sei schwerer zu ertragen als Armut. Es ist aber genau umgekehrt für einen Menschen der nicht von ernsthaften Leidenschaften besessen ist; der das, was er macht, recht machen möchte; dem die Ordnung das höchste Bedürfnis ist und der mehr auf die Verhältnisse im ganzen achtet als auf das Einzelne.

Armut mag für einen robusten, etwas fanatischen Menschen erträglich sein, dessen Seele an eine strenge Tugend gewöhnt ist und dessen Geist glücklicherweise die Unsicherheit dieses Zustandes nicht erkennt*. Aber für jemanden, der keinen Nutzen daraus zu ziehen weiß, ist die Armut etwas sehr Trauriges, sehr Entmutigendes, denn er möchte Gutes tun, und wer das will, muß auch können; er möchte sich nützlich machen, aber der Arme findet selten Gelegenheit dazu. Ihn stützt nicht der edle Eifer eines Epiktet; er vermag wohl dem Unglück zu trotzen, nicht aber einem unglücklichen Leben, denn er fühlt, daß er dabei sein Wesen einbüßt, und das schreckt ihn zurück. Da ist der Fromme, zumal der, der an einen vergeltenden Gott glaubt, weit besser dran; denn das Unglück erträgt sich allerdings leicht, wenn man es für die höchste Wohltat hält, die einem widerfahren kann. Ich muß gestehen, daß ich nicht weiß, was an der Tugend eines Menschen, der sich unter dem Auge seines Gottes abrackert und das flüchtige Glück einer Stunde für eine Seligkeit ohne Ende und

---

* Ein guter Mensch läßt sich von seiner strengen Tugend nicht abbringen; ein Mensch mit Prinzipien sucht oft nach asketischen Tugenden.

Grenze opfert, eigentlich so bewundernswert sein soll. Ein vollkommen überzeugter Mensch kann ja gar nicht anders, wenn er bei Sinnen ist. Es scheint mir erwiesen, daß jemand, der dem Anblick des Goldes, einer schönen Frau oder sonst einer irdischen Versuchung nicht widerstehen kann, keinen Glauben hat. Er hat offensichtlich nur Augen für das Irdische; sähe er mit derselben Gewißheit jenen Himmel und jene Hölle, deren er sich dann und wann erinnert, wären auch sie seinem Denken so gegenwärtig wie die Dinge dieser Welt, so wäre er vor jeder Versuchung gefeit. Wo ist der Untertan, der bei vollem Verstande dem Gebot seines Fürsten zuwiderhandelte, wenn ihm dieser sagt: Siehe, das ist mein Harem, und dies hier sind alle meine Weiber; fünf Minuten lang rührst du mir keine an; ich habe ein Auge auf dich; wenn du die kurze Zeit über gehorsam bleibst, so sollst du hernach dreißig glückliche Jahre lang all diese Lustbarkeiten genießen und andere mehr. Wer wollte leugnen, daß dieser Mensch, und sei er noch so lüstern, nicht einmal besonders stark sein muß, um während so kurzer Zeit zu widerstehen? Er braucht nur dem Fürsten aufs Wort zu glauben. Bestimmt sind die Versuchungen des Christen nicht größer, und das Menschenleben ist angesichts der Ewigkeit viel kürzer als fünf Minuten gegen dreißig Jahre; zudem ist die dem Christen verheißene Seligkeit unendlich viel größer als die Lustbarkeiten, die besagtem Untertan versprochen wurden; und schließlich kann das fürstliche Wort einige Zweifel offen lassen, dasjenige Gottes aber nicht. Wenn damit nicht bewiesen ist, daß auf hunderttausend angebliche Christen mindestens einer beinahe gläubig ist, so weiß ich nicht mehr, was in der Welt noch bewiesen werden kann.

Was daraus zu folgern ist, kannst du leicht selber finden, und so komme ich lieber auf die Bedürfnisse zurück, die aus dem regelmäßigen Genuß von Alkoholika entstehen. Ich muß dich beruhigen und will dir noch einmal sagen, wie sehr du auf mich zählen darfst, auch wenn ich mich just in dem Augenblick zu bessern verspreche, wo ich mich am wenigsten beherrschen kann und der Gewohnheit mehr Macht über mich einräume als sonst.

Und noch ein Geständnis muß ich vorausschicken: Ich komme mehr und mehr um den Schlaf. Wenn mich der Tee zu stark angegriffen hat, so weiß ich mir nicht anders zu helfen als mit Wein, nur so kann ich einschlafen, und so gerate ich abermals in einen Exzeß, denn man sollte davon so viel als möglich trinken, ohne daß der Kopf sichtbar in Mitleidenschaft gezogen wird. Ich weiß nichts Lächerlicheres als einen Menschen, der sein Denken vor fremden Leuten prostituiert; und von dem man sagt, der ist betrunken, sieht man doch, was er redet und tut. Aber wenn man für sich allein ist, so wirkt nichts so angenehm auf die Vernunft, als wenn man sie zuweilen ein wenig aus der Fassung bringt. Ich meine übrigens, eine leichte Verwirrung sei im stillen Kämmerlein ebenso statthaft, wie ein ausgewachsener Rausch in der Öffentlichkeit ein Ärgernis ist, und nicht nur dort.

Etliche Weine aus Lavaux, der Gegend zwischen Lausanne und Vevey, gelten als gefährlich. Aber wenn ich allein bin, trinke ich nur Cortaillod, einen Neuenburger, den man dem Petit-Bourgogne an die Seite stellt; Tissot hält ihn für ebenso gesund.

Sobald ich Gutsbesitzer bin, will ich alles daran setzen, um mir die Zeit zu vertreiben und dieser inneren Unruhe, deren Bedürfnisse mir in der Untätigkeit keinerlei Erholung gönnen, mit Planen und Bauen und Vorsorgen Beschäftigung zu geben. Während dieser arbeitsreichen Zeit werde ich dann den Gebrauch des Weins schrittweise vermindern; und was den Tee anbelangt, so will ich auf die Gewohnheit gänzlich verzichten und ihn künftig nur noch selten gebrauchen. Wenn dann einmal alles eingerichtet ist und ich endlich zu der Lebensweise übergehen kann, die ich schon seit so langer Zeit zu verwirklichen trachtete, so wird es mir leichter fallen, mich umzugewöhnen, und die Folgen eines plötzlichen Wechsels bleiben mir erspart.

Was die Langeweile und ihre Bedürfnisse anbelangt, so hoffe ich sie zu verlieren, sobald ich alle meine Gewohnheiten einem allgemeinen Plan unterwerfen kann; die Zeit auszufüllen dürfte mir nicht mehr schwer fallen; an die Stelle des Verlangens und Genießens tritt dann der Eifer, das zu tun, was man für gut befunden hat, und die Lust, seinen eigenen Gesetzen nachzuleben.

Nicht, daß ich von einem Glück träumte, das mir nie beschieden sein wird oder das doch noch in weiter Ferne läge. Ich denke mir nur, daß ich dann das Gewicht der Zeit nicht mehr empfinden werde, daß ich der gewöhnlichen Langenweile werde vorbeugen können und daß ich mich nur noch auf meine eigene Weise langweilen werde.

Ich will mich nicht einer mönchischen Regel unterwerfen. Für Augenblicke, wo die Leere drückender sein wird, behalte ich gewisse Hilfsmittel auf, aber die meisten beruhen auf Tätigkeit und Bewegung. Den übrigen werden ziemlich enge Grenzen gesetzt sein, und selbst das Außerordentliche soll einer Regel unterliegen. Denn ich brauche eine feste Regel, damit mein Leben erfüllt sei. Andernfalls müßte ich zu Exzessen Zuflucht suchen, die keine Grenze hätten als die meiner Kräfte, und wie sollten sie schon eine grenzenlose Leere ausfüllen können! Ich habe irgendwo gelesen, der empfindsame Mensch brauche keinen Wein. Das mag für den stimmen, der sich noch nicht daran gewöhnt hat. Wenn ich ein paar Tage nüchtern und beschäftigt gewesen bin, so ist mein Kopf übermäßig erregt, und ich kann nicht mehr schlafen. Ich brauche dann einen Exzeß, der mich aus meiner ruhelosen Apathie erlöst und der diese göttliche Vernunft, deren Wahrheit unsere Phantasie lähmt und das Herz nicht zu erfüllen vermag, ein wenig in Verwirrung bringt.

Ich wundere mich immer über Leute, denen es beim Trinken angeblich nur um die Gaumenfreude geht, um das Goutieren, und die ein Glas Wein zu sich nehmen, nicht anders als eine Bavaroise. Sie glauben es wenigstens, auch wenn es nicht stimmt; und wenn du sie darüber befragst, so sind sie schon über die Frage erstaunt.

Künftig will ich es mir also versagen, mich mit diesen Mitteln über die Lustbedürfnisse und die Vergeblichkeit der Stunden hinwegzutäuschen. Ich weiß nicht, ob das, was ich an ihre Stelle setze, nicht noch nichtiger sein wird, aber ich sage mir dann einfach: Du hast dir eine Ordnung gegeben, nun halte dich daran. Und um sie stetig befolgen zu können, werde ich darauf achten, daß sie weder peinlich genau noch allzu eintönig ist; denn sonst ließen sich leicht Vorwände oder sogar Gründe finden, um von der Regel abzuweichen; und wenn man nur einmal davon abweicht, so gibt es keinen Grund mehr, sie nicht gänzlich abzuschütteln.

Es empfiehlt sich, das, was einem gefällt, schon zuvor durch ein Gesetz einzuschränken. Im Augenblick, wo man es genießt, läßt es sich nur mit Mühe einer begrenzenden Regel unterwerfen. Selbst wer stark ist, war noch allemal schlecht beraten, wenn er nicht zur rechten Zeit durch Überlegung entschieden hat, was durch Überlegung zu entscheiden ist, sondern damit zuwartet, bis seine Überlegungen die Lustgefühle, die sie bezähmen sollten, vernichtet haben. Indem man nach Gründen fragt, weshalb man nicht weitergenießen dürfe, zerstört man den Genuß, den man sich erlaubt hat; denn es liegt in der Natur der Lust, daß sie in einer gewissen Hingabe und Fülle genossen wird. Sie verflüchtigt sich, wenn man sie anders begrenzen will als durch die Notwendigkeit; und da sie dennoch von der Vernunft begrenzt werden muß, gibt es nur einen Weg, diese beiden Dinge, die sich sonst widerstreiten würden, miteinander auszusöhnen: daß man die Lust im voraus an die Zügel eines allgemeinen Gesetzes nimmt.

Ein Eindruck mag noch so schwach sein, im Augenblick, wo er auf uns einwirkt, versetzt er uns in eine Art Leidenschaft. Seine unmittelbare Ursache kann in ihrem Wert kaum richtig eingeschätzt werden, so wie ja auch die Gegenstände des Gesichts durch die Gegenwart, durch die Nähe vergrößert werden. Man muß seine Grundsätze fassen, bevor das Verlangen erwacht. Im Augenblick der Leidenschaft wirkt dann die Erinnerung jener Regel nicht mehr wie die lästige Stimme der kalten Überlegung, sondern wie das Gesetz der Notwendigkeit, und dieses Gesetz betrübt einen vernünftigen Menschen nicht.

Deshalb ist es wichtig, daß das Gesetz allgemein sei; ein Gesetz für besondere Fälle ist allzu verdächtig. Einiges überlassen wir ruhig den Umständen; diese Freiheit soll man behalten, denn man kann nicht alles voraussehen, und überdies brauchen wir uns den eigenen Gesetzen nicht anders zu unterwerfen, als uns unsere Natur den Gesetzen der Notwendigkeit unterworfen hat. Unsere Neigungen dürfen eine gewisse Unabhängigkeit bewahren, aber eine Unabhängigkeit, die ihre Grenzen hat, die sie nicht überschreiten darf. Es ist damit so wie mit den Körperbewegungen, denen es an Anmut mangelt, wenn sie behindert, gezwungen oder allzu gleichförmig sind; während es ihnen an Schicklichkeit und Zweckmäßigkeit fehlt, wenn sie jäh, unregelmäßig oder unwillkürlich ausgeführt werden.

Man kann auch die Ordnung übertreiben, indem man sich vornimmt, seine Lustbefriedigungen aufs genaueste abzustufen, zu mäßigen, zu regeln und mit äußerster Sparsamkeit zu dosieren, um ihnen längere Dauer oder gar Unvergänglichkeit zu verleihen. Eine derart absolute Regelmäßigkeit ist nur allzu selten möglich; die Lust verführt uns, trägt uns hinweg, so wie uns die Trauer zurückhält und in Fesseln legt. Wir leben inmitten von Träumen; und von allen unseren Träumen mag die vollkommene Ordnung der unnatürlichste sein.

Ich kann mir nur schwer erklären, warum man die Trunkenheit im Alkohol suchen kann, wenn man sie schon im Leben findet. Ist es nicht das Verlangen nach Erregung, was unsere Leidenschaften ausmacht? Und wenn wir von ihnen erregt sind, was anderes können wir dann im Weine finden, wenn nicht eine Ruhe, die ihre übermäßige Wirkung aufhebt?

Offensichtlich sucht auch ein Mensch, der mit Großem beschäftigt ist, im Wein das Vergessen, den Frieden, aber nicht die Tatkraft. So gibt mir manchmal der Kaffee, indem er mich erregt, wieder den Schlaf zurück, wenn mein Kopf von einer andern Erregung übermüdet ist. Es ist gewöhnlich nicht das Verlangen nach kräftigen Eindrücken, was starke Seelen zum übermäßigen Genuß von Wein oder Schnaps bewegt. Eine starke Seele, die sich mit großen Gedanken trägt, findet darin eine Tätigkeit, deren sie umso würdiger ist, je mehr sie sich dabei an die Ordnung hält. Der Wein kann ihr höchstens Ruhe verschaffen. Wozu denn hat so mancher Held der Geschichte, so mancher Regent und so manch ein Mächtiger dieser Welt zum Glase gegriffen? Bei manchen Völkern galt es als Ehre, viel zu trinken; aber außergewöhnliche Männer taten dies auch in Zeiten, wo man nichts Rühmliches darin sah. Sieht man von all jenen ab, die der herrschenden Anschauung gehorchten, und auch von all jenen Herrschern, die ganz ordinäre Menschen waren, so bleiben immerhin einige starke, mit Großem beschäftigte Männer, die im Wein gewiß nichts anderes gesucht haben als ein wenig Ruhe für ihren Kopf, der von Geschäften erfüllt war, die durch anhaltendes Nachdenken an Bedeutung verlieren, freilich ohne diese ganz einzubüßen, denn darüber ging ihnen nichts.

FÜNFUNDSECHZIGSTER BRIEF

St.-Saphorin, 14. Juli VIII

Du darfst sicher sein, daß deine Auffassung unwidersprochen bleibt; sollte ich eines Tages so schwach sein, daß ich mich hierin zur Vernunft zurückbringen lassen müßte, so ziehe ich

deinen Brief hervor. Meine Beschämung wäre dann umso größer, als ich mir selber untreu geworden wäre, denn heute denke ich genau wie du. Wenn also dein Brief in dieser Hinsicht für heute nutzlos ist, so freut er mich doch nicht weniger. Er ist voll von jener Fürsorge wahrer Freundschaft, die nichts so sehr fürchtet, wie daß der Mensch, in den man einen Teil von sich selber gesetzt hat, vom guten Weg abkommen könnte.
Nein, ich verkenne keineswegs, daß das Geld eins der wichtigsten Mittel des Menschen ist und daß er im Umgang damit beweist, wer er ist. Freilich, eine völlig befriedigende Verwendung ist uns selten vergönnt; ich meine, es ist auf so Verschiedenartiges Rücksicht zu nehmen, daß man fast nie in jeder Beziehung recht handeln kann. Einmal scheint es mir wichtig zu sein, daß man einigermaßen anständig leben und sein Haus ordentlich und bequem einrichten kann. Aber darüber hinaus ist es unverzeihlich, wenn ein vernünftiger Mensch seine Mittel für Überflüssiges ausgibt, wo sie sich doch für so manch Besseres verwenden ließen.
Es weiß kein Mensch davon, daß ich mich hier niederlassen will. Indessen habe ich in Lausanne und Vevey ein paar Möbel und anderes machen lassen. Anscheinend haben die Leute gedacht, ich vermöge für die Launen eines momentanen Aufenthalts eine recht schöne Summe auszugeben; man wird sich gesagt haben, ich wolle nur gerade für diesen Sommer ein Haus. Dies ist der Grund, warum man gefunden hat, ich treibe einen stattlichen Aufwand, und warum man mir großen Respekt entgegenbringt, obwohl ich das Unglück hatte, daß mein Kopf ein wenig durcheinander geriet.
Wer ein Haus von einiger Größe zu vermieten hat, begegnet mir nicht wie einem gewöhnlichen Sterblichen, und ich selber bin fast versucht, dieselbe Ehre meinen Talern entgegenzubringen, wenn ich daran denke, daß schon jemand dadurch glücklich geworden ist. Hantz gibt mir Hoffnung, insofern er zufrieden ist, ohne daß ich daran gedacht habe; andere werden es vielleicht bald sein, jetzt, wo ich etwas vermag. Not und Bedrängnis und Unsicherheit binden die Hände auch in Dingen, die nicht vom Geld abhängen; man kann für nichts vorsorgen, kann seine Pläne nicht verwirklichen. Man sieht rings um sich Menschen im Elend, lebt in einem gewissen äußeren Wohlstand und kann doch nichts für sie tun; man darf ihnen diese Ohnmacht nicht einmal zu erkennen geben, sonst sind sie zumindest beleidigt. Wer denkt schon an den Segen

des Geldes? Die Menschen vergeuden es, wie sie ihre Kräfte, ihre Gesundheit, ihr Leben vergeuden. Es ist so leicht, Geld zu scheffeln und Geld zu verschwenden, so schwer, damit recht umzugehen.

Ich weiß einen Pfarrer in der Nähe von Fribourg, er ist schlecht gekleidet, schlecht genährt, gibt keinen halben Batzen ohne Not aus; dafür verschenkt er alles, und mit Verstand! Ich habe selber gehört, wie eins seiner Pfarrkinder von seinem Geiz redete, aber wie edel ist dieser Geiz!

Wenn einem Zeit und Geld etwas bedeuten, so kann man es nicht sehen, wenn eine Minute oder ein Batzen unnütz vertan ist. Aber wie leicht geben wir dem Lauf der Dinge nach! Eine beliebige Bequemlichkeit frißt zwanzig Louisdor weg, während ein armer Teufel vergeblich auf einen Taler wartet. Der Zufall nimmt oder gibt uns dreißigmal mehr, als es brauchte, um einen Armen zu trösten. Und abermals der Zufall verurteilt den zur Tatenlosigkeit, der mit seinem Genie den Staat hätte retten können. Eine Kugel zerschmettert den Kopf, der zu großen Dingen berufen schien und dem dreißig Jahre der sorgfältigsten Bildung beschieden waren. Was wird, wo alles so ungewiß, vom Gesetz der Notwendigkeit beherrscht ist, aus unsern Berechnungen und aus unserer Gewissenhaftigkeit im Kleinen?

Gäbe es nicht diese Ungewißheit, so gäbe es auch nicht den Wunsch nach batistenen Schnupftüchern; leinene täten es auch, und es blieben erst noch ein paar für den armen Taglöhner, der sich, wenn man ihn im Hausinnern braucht, das Tabakschnupfen versagt, weil er kein Schnupftuch hat, das er *vor den Leuten* zu ziehen wagte.

Ein Leben wie das jenes ehrwürdigen Geistlichen wäre ein glückliches Leben! Wäre ich Dorfpfarrer, ich würde es ihm ohne Verzug gleichtun, damit ich mich nicht an Dinge gewöhnte, die ein bequemes Leben ausmachen. Aber dazu muß man unverheiratet sein, allein sein, unabhängig von anderer Leute Meinung; denn sonst verpaßt man über einer peinlichen Gewissenhaftigkeit leicht die Gelegenheiten, wo man sich über die Grenzen eines so engen Zweckes erheben könnte. Ein solches Leben wählen heißt sein Schicksal allzusehr einschränken; aber auch wenn du daraus ausbrichst, bist du all jenen künstlichen Bedürfnissen ausgeliefert, deren Ziel schwer zu bestimmen ist und die so weit von der

Wirklichkeit wegführen, daß Leute mit hunderttausend Franken Einkommen sich mit einer Ausgabe von zwanzig Franken schwer tun.

Man denkt zu wenig daran, was eine Mutter fühlt, die sich mit ihrem Kinde durch die Straßen schleppt; kein Brot hat für sich und das Kind, und endlich einen Batzen aufliest oder empfängt. Dann tritt sie hoffnungsvoll in ein Haus ein, wo man ihr ein Strohlager gibt; bevor sie sich hinlegt, kocht sie dem Kind eine Brotsuppe; und sobald es schläft, schläft sie zufrieden ein und überläßt es der Vorsehung, für den morgigen Tag zu sorgen.

Wie viele Leiden könnten verhindert oder gelindert werden! wieviel Trost ließe sich spenden! wie viele Wohltaten stecken gleichsam in einem Geldbeutel, als wären es verborgene oder vergessene Keime, die nur darauf warten, durch den Eifer eines guten Herzens zu herrlicher Frucht aufgehen zu dürfen! Da liegt ein ganzer Landstrich in Armut und Elend; kein Herz, das nicht ob der allgemeinen Not und Verwirrung und Ratlosigkeit verzweifelt wäre; alle leiden, alle sind verstört und gereizt; und doch könnte alles anders werden, könnten Unmut und Hader, Krankheit und Hunger, brutale Erziehung und rohe Sitten verschwinden. Eintracht und Ordnung, Frieden und Vertrauen könnten zurückkehren, ja selbst die Hoffnung und die guten Sitten! Ein Segen liegt im Geld!

Wer einen Beruf ausübt, ein geordnetes Leben führt, immer die gleichen Einkünfte hat; wem das genügt und wer dadurch beherrscht wird wie ein Mensch durch die Gesetze seiner Natur; der Erbe eines kleinen Vermögens, ein Landverwalter, ein friedlicher Rentner, sie alle können berechnen, wieviel sie besitzen, können ihre jährlichen Ausgaben begrenzen, ihre persönlichen Bedürfnisse aufs Notwendige einschränken und dann jeden verbleibenden Batzen einzeln zählen wie eine unvergängliche Wohltat. Es braucht keine einzige Münze aus ihren Händen zu gehen, die Freude und Frieden ins Herz eines Notleidenden zurückbrächte. Nur mit Rührung trete ich in jene patriarchalische Küche ein, unter dem schlichten Dach im Talwinkel. Ich sehe das Gemüse kochen, das mit ein wenig Milch zubereitet wird, weil dies billiger kommt als mit Butter. Daneben dampft eine Kräutersuppe; denn die Fleischbrühe hat man einem Kranken gebracht, der eine halbe Meile entfernt wohnt. Das schönste Obst wird in der Stadt

verkauft, der Erlös dient dazu, an jede der ärmsten Frauen am Ort ein paar Scheffel Maisgrieß zu verteilen, aber nicht als Almosen, sondern man zeigt ihnen, wie man daraus Polenta und Maiskuchen macht. Die ebenso gesunden, aber nicht hoch bezahlten Früchte, wie die Kirschen, die Johannisbeeren, die unveredelten Trauben, verspeist man nicht weniger gern als die prächtigen Birnen oder die Pfirsiche, die keineswegs besser erfrischt hätten, die man aber weit nützlicher zu verwenden gewußt hat.
Im Haus ist alles reinlich, aber äußerst schlicht und bescheiden. Wären es Geiz oder Elend, die hier regierten, so wäre es ein trauriger Anblick, hier aber ist es die Sparsamkeit des Wohltuns. Ihre vernünftigen Entbehrungen, ihre selbstauferlegte Härte sind viel süßer als alle Begehrlichkeiten und aller Überfluß des Wohllebens; die letzteren werden zu Bedürfnissen, von denen man sich nur schwer trennt, die einen aber nicht froh machen, während die ersteren uns immer neue Freuden schenken, ohne daß wir davon abhängig würden. Vater und Kinder tragen fast nur Hauskleider, geschmeidig, aber dauerhaft und nicht leicht verschmutzend. Die Mutter trägt nur Röcke aus ungebleichter Baumwolle; und das Jahr durch findet man genug Anlässe, um mindestens 200 Ellen Tuch an Leute zu verschenken, die sonst kaum ein Hemd auf dem Leibe trügen. An Porzellan gibt es im Hause nur eben zwei Japantassen, die schon im großelterlichen Haus im Gebrauch waren; sonst ist alles Geschirr aus hartem Holz, in gefälliger Form und stets peinlich sauber gehalten; es bricht nur schwer und läßt sich ohne große Kosten ersetzen, so daß man unbesorgt damit umgehen und auf Ordnung halten kann, ohne daß man Verdruß oder Tadel zu scheuen braucht. Auf Bedienstete verzichtet man; die Hausgeschäfte sind wenig aufwendig und gut eingeteilt, so behilft man sich selbst und bleibt dabei frei. Zudem möchte man weder bestohlen werden noch den Aufseher spielen; man hat wohl mehr Arbeit, fühlt sich aber wohler, weil Vertrauen herrscht. Einzig eine Frau, die zuvor betteln ging, kommt täglich eine Stunde die schmutzigste Arbeit verrichten und erhält jedesmal den vereinbarten Lohn. Mit dieser Lebensart weiß man genau, wieviel man ausgibt; denn man weiß hier, was ein Ei kostet, und es reut einen auch nicht, einem armen Schuldner, der von einem reichen Gläubiger bedrängt wird, einen Sack Korn zu schenken.
Es ist für die Ordnung wichtig, daß man sich ihr ohne Widerwillen

unterzieht. Die echten Bedürfnisse lassen sich durch die Gewohnheit leicht in den Grenzen des unbedingt Notwendigen halten; aber die Bedürfnisse der Langenweile würden keine Grenzen kennen und riefen überdies eingebildeten Bedürfnissen, so unersättlich wie jene. Man hat deshalb alles vorgekehrt, um den Frieden des häuslichen Lebens durch keine Mißstimmung zu beeinträchtigen. Man verzichtet auf Genußmittel, sie bringen Unregelmäßigkeit in unsere Empfindungen; sie erzeugen Benommenheit und zugleich weitere Begier. Wein und Kaffee sind verboten. Einzig der Tee ist erlaubt, aber es gibt keinen Vorwand, ihn öfters zu gebrauchen; man trinkt ihn regelmäßig alle fünf Tage einmal. Es gibt keine Feste, die die Phantasie verwirren, sei es durch die Ausmalung ersehnter Vergnügen, sei es durch unerwartete oder geheuchelte Enttäuschung oder durch Ekel und Langeweile, die dem Verlangen folgen, ob es Befriedigung gefunden hat oder nicht. Ein Tag ist ungefähr wie der andere, und jeder ist auf seine Art glücklich, ob Werktag oder Sonntag. Ein Mensch, der nicht durch eine eiserne Notwendigkeit in Schranken gehalten wird, ist bald mit allem unzufrieden und begehrt nach einem andern Leben. Die Unbeständigkeit des Herzens bedarf entweder der Regelmäßigkeit, die sie befestigt, oder der fortwährenden Abwechslung, die sie immerfort verführt und aufhebt. Mit den Vergnügungen kämen auch die Kosten; und indem man sich beim Vergnügen langweilte, verlöre man die Fähigkeit, in einem einfachen Marktflecken froh und zufrieden zu sein. Das heißt nicht, daß das Leben Stunde um Stunde fade und freudlos sein muß. Man gewöhnt sich an die Eintönigkeit der Langenweile, aber darunter leidet der Charakter; das Gemüt wird schwierig und mürrisch; mitten im Frieden der Umgebung fehlen einem der Seelenfriede und das stille Glück. Dieser wackere Mann hat das gespürt. Er will seiner Familie mit dem, was er für sie tut, und mit der Ordnung, die er eingeführt hat, nur das Glück eines einfachen Lebens verschaffen und keinesfalls die Mühsal der Entbehrungen und der Armut. Jeder Tag bringt den Kindern einen festlichen Augenblick, soweit das jeden Tag möglich ist. Keiner vergeht, ohne daß sie etwas Fröhliches erlebt und die Eltern ihr wahres Elternglück empfunden haben: ihre Kinder immer gleich zufrieden zu sehen, damit sie immer besser werden. Das Abendessen wird früh eingenommen; es besteht aus einfachen Gerichten, die Kinder

gern haben und oftmals selber wünschen dürfen. Nach dem Essen fehlt es nie an gemeinsamen Spielen zu Hause oder bei braven Nachbarn, an Spaziergängen und Ausflügen, an der Fröhlichkeit, die ihrer Jugend so wie jeglichem Alter unentbehrlich ist. So sehr ist der Hausvater vom Gedanken durchdrungen, daß das Glück zur Tugend ermuntert, so wie die Tugend dem Glück ruft.
So sollte man leben! – möchte ich leben, wenn ich wenigstens ein anständiges Einkommen hätte. Aber du weißt, was für Träumen ich nachhänge. Ich glaube selber nicht daran und kann mich doch auch nicht lösen davon. Das Los, das mir weder Frau noch Kinder noch Heimat beschieden hat; eine mir unerklärliche Unruhe, die mich immer wieder abgesondert und stets daran gehindert hat, im Welttheater eine Rolle zu übernehmen, wie die andern Menschen tun; mein Schicksal endlich scheint mich zurückzuhalten, hält mich dauernd in Erwartung und läßt mich ihr nie entkommen; es gebietet mir nicht, aber es hindert mich daran, daß ich ihm selber gebiete. Es scheint eine Kraft zu geben, die mich zurückhält und mich im verborgenen darauf vorbereitet, daß mein Dasein einer noch unbekannten irdischen Bestimmung harre und ich zu etwas aufgespart sei, wovon ich noch nichts ahnen könne. Vielleicht, daß dies eine Einbildung ist, aber ich mag nicht aus eigenem Willen zerstören, was ich zu ahnen glaube und was die Zukunft vielleicht für mich aufspart.
In Wirklichkeit könnte ich mich hier durchaus so einrichten, wie ich es eben geschildert habe; ich hätte eine Aufgabe, zwar keine, die mich ausfüllt, aber klar umrissen; und da ich jederzeit vor mir sähe, was ich zu tun hätte, würde ich der Unruhe, die mich umtreibt, an den Alltagssorgen Beschäftigung geben. Indem ich in einem kleinen Kreise für das Wohl von ein paar Menschen zu sorgen hätte, könnte ich am Ende vergessen, wie unnütz ich den Menschen bin. Vielleicht entschlösse ich mich zu einem solchen Leben, wenn ich dabei nicht so einsam wäre, daß ich keine innere Befriedigung fände; wenn ich ein Kind hätte, das ich erziehen, über dessen Entwicklung ich getreulich wachen könnte; wenn ich eine Frau hätte, welche die Arbeit in einem wohlbestellten Haushalt zu schätzen wüßte, der es leicht fiele, auf meine Ansichten einzugehen, die an häuslicher Zurückgezogenheit Gefallen finden und sich mit mir freuen könnte an allen Dingen, die um keinen andern Preis zu haben sind als den der Bescheidenheit.

Und alsbald wäre es mir vollauf genug, in den Angelegenheiten eines zurückgezogenen Lebens Ordnung zu halten. Das abgelegene Tal wäre für mich das einzige bewohnte Land. Hier hätte niemand mehr zu leiden, und ich wäre froh und zufrieden. Da ich doch schon in wenigen Jahren ein Häuflein Staub bin, in dem selbst die Würmer nichts mehr finden, würde ich hier zur Ansicht gelangen, daß der Brunnen, dem ich das unversiegliche Wasser zugeführt, eigentlich ein nicht unbeträchtliches Denkmal sei, und daß ich mein Leben hinreichend genützt hätte, wenn es zehn Familien für nützlich hielten.

In einer zusagenden Gegend würde mir diese Schlichtheit des Berglebens mehr bedeuten als aller Überfluß in der Großstadt. Mein Parkett wäre ein tannener Bretterboden; statt des Lackgetäfels hätte ich tannene Wände; meine Möbel wären nicht aus Mahagoni, sondern aus Eichen- oder Tannenholz; wie behaglich fände ich es, wenn in der Glut des Küchenherds die Kastanien geröstet würden! nicht weniger behaglich, als beim Licht von vierzig Kerzen auf einem eleganten Fauteuil zu sitzen, zwanzig Fuß vom Cheminée des Salons entfernt.

Aber ich bin allein; und es gibt noch andere Gründe, warum ich mich nicht so entscheide. Wüßte ich, wer mein Leben mit mir teilen wird, so wüßte ich, nach welchen Bedürfnissen und welchem Geschmack ich es einzurichten hätte. Könnte ich mich in meinem häuslichen Leben einigermaßen nützlich machen, so hätte sich der Blick in die Zukunft ganz darauf zu beschränken. Da ich nun aber keine Ahnung habe, mit wem ich zusammenleben werde und was aus mir selber werden soll, so will ich auf keinen Fall Beziehungen abbrechen, auf die ich angewiesen sein könnte, und ich mag mich auch nicht auf bestimmte Gewohnheiten festlegen. So will ich mich denn einrichten, wie es der Ort erlaubt, aber so, daß sich niemand von mir abgestoßen fühlt, von dem man sagen kann: Er ist einer von uns.

Ein beträchtliches Vermögen habe ich nicht, und es würde mir auch nie einfallen, in einem Bergtal einen ungehörigen Aufwand zu treiben. Die Alpen sind der Ort, wo ein einfaches Leben möglich ist, wie ich es suche. Nicht daß dort Ausschweifungen oder künstliche Bedürfnisse unbekannt wären. Man kann auch nicht sagen, das Land sei bescheiden, aber es kommt einem bescheidenen Leben entgegen. Das Wohlleben scheint dort leichter zu sein als anderswo, der Luxus weniger verführerisch. Vieles, was natürlich ist, ist dort noch nicht lächerlich geworden. Wer fast kein Geld hat, sollte nicht dorthin ziehen; aber wer nur eben genug hat, wird sich dort wohler fühlen als an jedem anderen Ort.

So will ich mich denn einrichten, als wäre ich einigermaßen gewiß, daß ich mein ganzes Leben hier bleiben werde. Ich will mich in allem und jedem den Verhältnissen anpassen. Wenn ich mich mit dem Notwendigen eingedeckt habe, bleibt mir an Bargeld nicht mehr als achttausend Livre; aber das ist genug, und ich bin damit weniger in Verlegenheit als mit dem Doppelten in einem gewöhnlichen Land oder mit dem Vierfachen in einer Großstadt.

SECHSUNDSECHZIGSTER BRIEF

19. Juli VIII

Wenn man nicht gern den Diener wechselt, muß man zufrieden sein, wenn man einen hat, dessen Ansichten ungefähr mit dem zusammenstimmen, was man will. Der meinige schickt sich trefflich in das, was mir beliebt. Hat sein Herr schlecht gespeist, so ist er zufrieden, wenn es ihm selber ein wenig besser geschmeckt hat; oder wenn ich an Orten, wo es kein Bett gibt, in den Kleidern auf dem Heu schlafe, so legt er sich daneben, ohne mich die Entwürdigung allzusehr fühlen zu lassen. Ich nütze das auch nicht aus; so ließ ich ihm hier sogleich eine Matratze heraufbringen.

Im übrigen habe ich gern einen, der, streng genommen, nicht auf mich angewiesen ist. Mit Leuten, die aus eigenem zu nichts fähig, die aus Veranlagung oder Unvermögen stets auf andere angewiesen sind, ist der Umgang sehr schwierig. Da sie nie etwas aus eigenen Mitteln haben anschaffen können, haben sie auch nie Anlaß gehabt, die Dinge nach ihrem Wert einzuschätzen und sich freiwilligen Einschränkungen zu unterwerfen; so sind alle ihre ... widerwärtig. Sie verwechseln kluge Sparsamkeit mit Armut, sehen in einer momentanen Verlegenheit, die von den Umständen diktiert ist, nur Knausrigkeit, und ihre Ansprüche kennen umso weniger Grenzen, je weniger sie ohne dich fordern könnten. Überlaß sie sich selbst, und sie kommen nicht einmal zu Roggen-

brot; nimm sie zu dir, und sie verschmähen das Gemüse; Schlachtfleisch ist ihnen zu wenig, und Wasser ist ihrer Gesundheit abträglich.
Ich bin endlich daheim; und dies in den Alpen. Noch vor wenigen Jahren hätte ich das nicht für ein großes Glück gehalten; und nun finde ich hier meine Freude in der Arbeit. Ich habe Handwerker aus dem Greyerzerland, die mir mein Chalet bauen, darin Kachelöfen nach hiesiger Art. Zunächst ließ ich ein großes Schindeldach aufrichten, das nachher Scheune und Wohnhaus verbinden und den Brunnen und das Holzlager überdecken wird. Gegenwärtig ist dies die Bauhütte, und man hat in aller Eile ein paar Verschläge eingerichtet, worinnen man die Nacht verbringt, solange es die gute Jahreszeit noch erlaubt. So sind die Handwerker ungestört, und die Arbeit geht rascher voran. Sie haben auch ihre gemeinsame Küche – du siehst, ich stehe einem kleinen Staate vor, in dem die Späne fliegen und Eintracht herrscht. Hantz, mein Premierminister, geruht dann und wann mit ihnen zu speisen. Ich habe ihm endlich begreiflich machen können, daß er, auch wenn ihm die Leitung meiner Bauten obliege, sich bei meinem Volke beliebt machen und also wohl davor in acht nehmen müsse, frei geborene Menschen geringschätzig zu behandeln, Bauern und Handwerker, die vielleicht von der Philosophie des Zeitalters noch dazu verleitet werden könnten, ihn Knecht zu nennen.
Wenn du einen Augenblick Zeit findest, so teile mir doch deine Gedanken über alle Einzelheiten mit, die dir in den Sinn kommen, damit ich jetzt, wo ich mich für lange, vielleicht fürs ganze Leben einrichte, nichts anordne, was ich später wieder ändern müßte.
Meine Adresse ist Imenstròm über Vevey.

SIEBENUNDSECHZIGSTER BRIEF

Imenstròm, 21. Juli VIII

Meine Kartause empfängt das Licht der aufgehenden Sonne zu keiner Jahreszeit, und nur im Winter sieht sie den Untergang. Um die Sommersonnenwende sieht man sie nicht untergehen, und am Morgen scheint sie erst drei Stunden, nachdem sie über den Horizont aufgestiegen ist. Sie taucht dann zwischen schlanken Tannenschäften an der Flanke eines kahlen Gipfels auf, der sich in ihrem Lichte höher in den Himmel erhebt als sie; sie scheint dann auf dem Wasser des Bergbachs zu schweben, dicht über seinem Absturz; ihre Strahlen blitzen grell durchs dunkle Gehölz; die leuchtende Scheibe ruht auf dem schroffen waldigen Berge, dessen Abhang noch im Schatten liegt – das funkelnde Auge eines finsteren Riesen!

Doch wenn die Tagundnachtgleiche heranrückt, müssen die Abende wunderschön sein und wahrhaftig eines jüngeren Hauptes würdig. Das Tal von Imenstròm senkt und öffnet sich gegen den Sonnenuntergang im Winter; die Südseite wird dann also im Schatten liegen; von meiner Seite aus, die nach Mittag blickt und dann voll im Abendlicht liegt, wird man die Sonne im unermeßlich weiten, glühenden See versinken sehen. Und mein verborgenes Tal wird dann zwischen der heißen, vom Licht versengten Ebene und den eisigen Firnen der Berge, die es im Osten abschließen, ein Asyl sein in seiner milden Wärme.

Ich habe siebzig Morgen mehr oder weniger gutes Wiesland, zwanzig Morgen ziemlich schönen Wald, etwa 35 Morgen sind teils felsig, teils sumpfig oder immer im Schatten, teils mageres oder unzugängliches Gehölz. Dieser Teil wirft kaum einen Ertrag ab; er ist ein unfruchtbares Gebiet, das einem nichts weiter einträgt als die Befriedigung, daß es innerhalb der eigenen Grenzen liegt und man sich darin nach Lust und Laune erholen gehen kann.

Was mir gefällt an meinem Besitztum, abgesehen von der Lage: daß alle Teile aneinandergrenzen und mit einem einzigen Hag umfaßt werden können, weiter daß weder Äcker noch Reben dazugehören. Es wäre zwar eine Reblage, einst gab es hier welche, man hat sie aber durch Kastanienbäume ersetzt, und die sind mir viel lieber.

Weizen gedeiht hier schlecht; Roggen käme sehr gut, sagt man, aber ich könnte ihn nur zum Tauschen gebrauchen, und das geht einfacher mit Käse. Ich will alle Arbeiten und Hausgeschäfte vereinfachen, damit ich Ordnung habe und wenig Umtriebe.

Reben will ich keine, denn sie verlangen eine mühsame Pflege, und ich möchte meine Leute zwar arbeiten, aber nicht schuften sehen, dazu ist der Ertrag zu ungewiß, zu unregelmäßig, und ich will wissen, was ich habe und womit ich rechnen kann. Auch Äcker will ich keine, denn die Arbeit fällt ungleich an, und dann können ein einziger Hagelschlag oder hier auch die Maifröste die Kulturen vernichten; dazu ist ihr Anblick entweder fast immer häßlich oder doch zumindest langweilig für mich.

Weidland, Holz und Obst, das ist alles, was ich will, zumal in dieser Gegend. Leider gibt es in Imenstròm keine Obstbäume. Das ist sehr schade, man muß lange warten, bis Jungbäume etwas abwerfen; und da ich für die Zukunft sicher sein will, aber nur mit der Gegenwart rechne, ist das Warten nicht meine Sache. So wie es hier keine Häuser gab, so wurden auch keine Obstbäume gesetzt, ausgenommen Kastanienbäume und ein paar Zwetschgenbäume, die sehr alt sind und wohl aus jener Zeit stammen, wo es hier noch Reben und zweifellos auch Wohnstätten gab; denn es scheint, daß sich früher verschiedene Besitzer in das Land geteilt hatten. Seit der Zusammenlegung war es nur eine einzige Weide, wo das Vieh sich sammelte, wenn es im Frühling den Alpaufzug begann und wenn es für den Winter herunterkam.

Diesen Herbst und im nächsten Frühjahr will ich viele Apfel- und Kirschbäume setzen, auch einige Zwetschgen- und Birnbäume. Auf anderes Obst, das hier schwerlich gedeihen würde, will ich lieber verzichten. Mich dünkt, wenn man sich mit dem natürlichen Ertrag einer Gegend zufrieden gibt, so ist es einem wohl; die Mühe, die man hat, wenn man etwas ernten will, was sich mit dem Klima nur schwer verträgt, kostet einen mehr, als was die Sache wert ist.

Aus dem gleichen Grund will ich gar nicht alles selber erzeugen, was ich brauchen werde und was mir unentbehrlich ist. Es gibt manches, was man sich leichter durch Tausch beschafft. Natürlich tadle ich keineswegs, daß man auf einem großen Gutshof alles selber herstellt, eigenes Tuch, eigenes Brot, eigenen Wein; daß man im Stall Schweine, Truten, Pfauen, Perlhühner, Kaninchen und alles mögliche hält, was bei guter Haltung rentieren mag. Aber ich bin immer wieder befremdet, wenn ich einen armseligen, kümmerlichen Haushalt antreffe, wo man sich um einer immerfort zweifelhaften und oft kostspieligen Wirtschaft willen hunderterlei Sorgen und Widerwärtigkeiten und Risiken aufgeladen hat. Die landwirtschaftlichen Arbeiten sind gewiß alle nützlich, die meisten sind aber nur rentabel, wenn man die Mittel hat, um sie in größerem Umfang zu betreiben. Andernfalls beschränkt man sich besser auf seine Sache und verrichtet sie so gut wie möglich. Durch

Vereinfachung macht man sich die Ordnung leichter, und man hat weniger Sorgen, treuere Untergebene und ein weit angenehmeres Hauswesen. Könnte ich jährlich hundert Stück Leinwand im eigenen Haus weben lassen, so würde ich mir vielleicht überlegen, ob ich mir solche Umtriebe aufhalsen wolle; aber würde ich hingehen und für ein paar Ellen Tuch Hanf und Flachs anbauen, ihn raufen, rösten, brechen, schwingen, dann die Spinnerinnen dingen, das Garn irgendwohin zum Verweben schicken und das Tuch wieder anderswohin zum Bleichen? Alles zusammengerechnet, auch Verlust, Unterschlagung und schlechte Arbeit, dazu die indirekten Kosten – ich bin sicher, das Tuch käme mich teuer zu stehen. Erspare ich mir all diese Sorgen, so kann ich erst noch die Ware auslesen, die ich will; ich bezahle nur so viel, als sie wirklich wert ist, denn ich kaufe gleich eine Menge aufs Mal, und dies in einem Kaufhaus. Übrigens tausche ich Waren und wechsle ich Handwerker und Bedienstete nur, wenn es unmöglich anders geht, und das kommt, man sage, was man will, sehr selten vor, sofern man die Auswahl schon mit der Absicht trifft, daß man nicht mehr tauscht, und wenn man auch selber das Nötige beiträgt, um die Leute zufriedenzustellen ...

ACHTUNDSECHZIGSTER BRIEF

Im., 23. Juli VIII

Ich habe über meinen neuen Wohnort ungefähr die gleichen Überlegungen angestellt wie du. Eigentlich dünkt mich, eine mäßige Kälte erträgt sich gewöhnlich schlechter als eine übermäßige Wärme; Bise und Schnee sind mir verhaßt; seit jeher steht mein Sinn nach einem angenehmen Klima, das keinen Winter kennt; und einstmals hielt ich es für sozusagen undenkbar, daß man in Archangelsk oder Jenisseisk leben kann. Ich kann kaum begreifen, wie Handel und Künste in einem abgelegenen Land nahe dem Nordpol gedeihen können, wo während einer so langen Jahreszeit alles Flüssige gefroren, die Erde versteinert und die Außenluft tödlich ist. Es ist der hohe Norden, der mir unbewohnbar erscheint; daß dies für den Äquator ebenso gelte, wie die Alten glaubten, halte ich für weniger wahrscheinlich. Die Sandwüsten sind freilich unfruchtbar, aber es springt sogleich in die Augen, daß die gut bewässerten Gegenden dem Menschen sehr zuträglich sein müssen, da sie in ihm wenige Bedürfnisse wecken und mit den Erträgnissen einer üppigen, ununterbrochenen Vegetation sein einziges unabdingbares Bedürfnis vollauf decken. Man sagt, der Schnee habe auch sein Gutes; das stimmt, er macht den wenig fruchtbaren Boden fruchtbarer; aber mir wäre ein von Natur aus fruchtbarer oder mit andern Mitteln verbesserter Boden lieber. Man sagt, er habe auch sein Schönes; mag stimmen, man findet an allem etwas Schönes, wenn man es von allen Seiten betrachtet; aber die Schönheiten des Schnees sind die letzten, die ich entdecken werde.

Aber jetzt, wo das unabhängige Leben für mich nur noch ein vergessener Traum ist, jetzt, wo ich nichts anderes begehren würde, als unbewegt zu bleiben, wenn mich nicht Hunger und Kälte oder die Langeweile zu Bewegung nötigten, jetzt beginne ich die klimatischen Verhältnisse mehr mit dem Verstand als nach dem Gefühl zu beurteilen. Um die Zeit im Zimmer zu verbringen, wie ich es oft tue, gilt das eisige Klima der Samojeden gleich viel wie der sanfte Himmel Ioniens. Wohl am meisten Angst hätte ich vor dem unverändert schönen Wetter in jenen heißen Ländern, wo ein Greis keine zehnmal einen Regen erlebt hat. Ich finde das schöne Wetter sehr angenehm; aber trotz Kälte und Nebel und Trübsal ertrage ich die Langeweile des schlechten Wetters weit besser als die der sonnigen Tage.

Mein Schlaf ist nicht mehr wie einst. Die nächtliche Ruhelosigkeit und das Verlangen nach Ruhe lassen mich an die vielerlei Insekten denken, von denen die Bewohner der heißen Länder, im Sommer auch die einiger nordischer Länder geplagt werden. Ein Leben in der Einsamkeit ist nicht mehr meine Sache; die vermeintlichen Bedürfnisse werden auch mir zur Natur. Was geht mich die Unabhängigkeit des Menschen an? Ich brauche Geld, und wenn ich Geld habe, kann ich in Petersburg so gut leben wie in Neapel. Im Norden ist der Mensch den Bedürfnissen und Widrigkeiten ausgeliefert, im Süden wird er von der Sinnlichkeit und Trägheit geknechtet. Im Norden hat der Unglückliche keine Zuflucht; er ist mittellos, friert, hat Hunger, und ein Leben in der Natur wäre für ihn ebenso schrecklich wie Bettelgang oder Kerker. Unter dem Äquator gibt es Wälder; und die Natur ist ihm genug, wenn er kein

Zuhause hat. Da findet er leicht Zuflucht vor Elend und Unterdrückung; ich aber, der ich durch mein Schicksal und meine Gewohnheiten gebunden bin, ich mag nicht so weit gehen. Ich brauche eine wohnliche Klause, wo ich atmen, schlafen, mich wärmen, wo ich auf- und abgehen und meinen Aufwand berechnen kann. Es ist schon viel, wenn ich sie unter einem bedrohlich überhängenden Felsen, neben einem rauschenden Bach aufschlagen darf, die mich von Zeit zu Zeit daran erinnern, daß ich auch etwas anderes hätte tun können.

Unterdessen habe ich an Lugano gedacht. Ich wollte es mir anschauen gehen, besann mich dann aber anders. Das Klima soll sehr angenehm sein; man bleibt vor der Hitze des italienischen Tieflandes verschont, aber auch vor Witterungsumschlägen und unzeitiger Kälte wie in den Alpen. Schnee fällt selten, und er bleibt nicht liegen. Es soll Olivenbäume geben, sagt man, und die Landschaft sei sehr schön; aber es ist doch eine sehr abgelegene Gegend. Noch mehr Angst hätte ich vor der italienischen Lebensart; und wenn ich mir zu guter Letzt noch die Steinhäuser vorstelle, so nehme ich mir gar nicht erst die Mühe hinzugehen. Ich wäre nicht mehr in der Schweiz. Da wäre mir Chessel viel lieber, und eigentlich sollte ich dorthin gehen, aber es scheint, ich kann nicht. Es hat mich eine Kraft hieher geführt, die vielleicht nur meiner ursprünglichen Vorstellung von der Schweiz entsprang, die aber doch wohl etwas anderes ist. Lugano hat seinen See, aber ein See wäre zu wenig gewesen, um dich zu verlassen.

Dieser Teil der Schweiz, wo ich mich festsetze, ist mir wie zur Heimat geworden, oder wie zu einem Land, wo ich in meiner Jugend glückliche Jahre verbracht haben könnte. Ich lebe hier in großer Gleichgültigkeit, und das ist ein starker Beweis für mein Unglück; aber ich glaube, ich wäre auch anderswo nicht glücklich. Dieses schöne Becken des westlichen Genfersees, so weit gedehnt, so romantisch, so schön umschlossen; die Holzhäuser, die Chalets, die Kühe, die mit ihren großen Treicheln kommen und gehen; die Schlichtheit des Hinterlandes und die Nähe der Hochalpen; eine Lebensart, die zugleich etwas Englisches, Französisches und Schweizerisches hat; eine Sprache, die ich verstehe, eine zweite, die ich selber spreche, und, seltener, eine dritte, die ich nicht verstehe; die ruhige Abwechslung, die sich aus all dem ergibt; ein Zusammenhalt unter den Katholiken, wie man ihn nur selten antrifft; die liebliche Melodie einer Landschaft, die die Sonne untergehen sieht, aber weitab von Norden; diese langgezogene weite, gewölbte, verdämmernde Wasserfläche, deren Dunst sich fernhin der Mittagssonne entgegenhebt, dann im Abendlicht aufleuchtet und verglüht; deren Wellen du des Nachts hörst, wie sie sich bilden, wie sie herankommen, wie sie anschwellen und sich ausbreiten, um sich am Ufer zu brechen, wo du liegst – diese Gesamtwirkung versetzt den Menchen in eine Lage, wie er sie sonst nirgends antrifft. Ich hingegen habe keinen Genuß daran, könnte aber auch nur schwer darauf verzichten. Anderswo würde ich mich fremd fühlen; ich könnte vielleicht auf einen schönen Landstrich hoffen, und wollte ich meine Schwäche und Ohnmacht den äußeren Umständen zur Last legen, so wüßte ich wenigstens, worüber ich klagen könnte. Hier aber kann ich mein Elend nur verworrenen Hoffnungen und falschen Bedürfnissen zuschreiben. So muß ich denn die Mittel in mir selber suchen, wo es sie vielleicht gibt, ohne daß ich davon weiß; und wenn schon gegen meine Ungeduld kein Kraut gewachsen ist, so wird doch wenigstens meine Ungewißheit ein Ende nehmen.

Ich muß zugeben, daß ich gern etwas zu eigen habe, auch wenn ich mich darüber nicht freuen kann, sei es, weil die Vergänglichkeit von allem mir jede Hoffnung nimmt und in mir eine Art von Traurigkeit erweckt, die zu meinem gewohnten Denken paßt, sei es, weil ich keine anderen Freuden mehr zu erwarten habe und deshalb einem Kummer, der nicht eigentlich qualvoll ist und der niedergeschlagenen Seele den Frieden einer schmerzlichen Trägheit gönnt, doch eine gewisse Wonne abgewinne. So viel Gleichgültigkeit gegen Dinge, die an sich verlockend sind und die wir einst begehrten, schmeichelt – trauriger Beweis für die Unersättlichkeit des Herzens – unserer ruhelosen Seele noch immer. Ihr erfinderischer Ehrgeiz sieht darin ein Zeichen unserer Erhabenheit über das, wonach die Menschen begehren, und über alles, was die Natur uns gegeben hat, in der Meinung, es sei groß genug für den Menschen.

Ich möchte die ganze Welt kennen. Aber ich möchte sie nicht sehen, vielmehr gesehen haben. Denn das Leben ist zu kurz, als daß ich meine natürliche Trägheit überwinde. Ich ersorge die kleinste Reise, ja manchmal schon einen bloßen Ortswechsel; soll ich also die Welt durcheilen, um, falls ich zufällig zurückkehren sollte, die seltene Auszeichnung zu erlangen, daß ich zwei, drei Jahre vor meinem Ableben Dinge wüßte, die mir nichts nützen? Soll doch der reisen, der sich auf seine Mittel verläßt, der auf Neues erpicht ist, der sich von dem, was er nicht kennt, Erfolge oder Vergnügen verspricht und für den Reisen so viel als Leben bedeutet. Ich bin weder Kriegsmann noch Kaufmann, weder Sammler, noch Gelehrter, noch ein Mensch mit System; ich bin ein schlechter Beobachter alltäglicher Begebenheiten, und ich brächte aus der weiten Welt nichts zurück, was meinem Lande nützlich sein könnte. Ich möchte gesehen haben und in meine Kartause zurückgekehrt sein mit der Gewißheit, sie nie wieder zu verlassen: Ich tauge zu nichts mehr, als mein Leben friedlich zu beenden. Du erinnerst dich gewiß, eines Tages sprachen wir davon, wie man sich auf hoher See die Zeit mit Pfeife, Punsch und Kartenspiel vertreiben könne, du erinnerst dich, ich, der ich Karten hasse, nicht rauche, nur wenig trinke, gab dir keine andere Antwort, als daß ich in die Pantoffeln schlüpfte, dich ins Eßzimmer zog, rasch das Fenster schloß und mit dir in kleinen Schritten auf dem Teppich auf- und abspazierte, während auf dem runden Tischchen das Teewasser dampfte. Und du sprichst mir noch immer von Reisen! Noch einmal: Ich tauge zu nichts mehr, als mein Leben im Frieden zu beenden, indem ich einen bescheidenen, einfachen, sorgenfreien Haushalt führe, damit sich meine Freunde wohlfühlen können. Worum sonst soll ich mir Sorgen machen? wozu soll ich mein Leben verbringen, indem ich dafür Pläne mache? Noch ein paar Sommer, ein paar Winter, und dein Freund, dieser Weltenbummler, wird ein Häuflein Asche sein. Du mahnst ihn, er solle sich nützlich machen. Nun, das will er hoffen: Er wird der Erde ein paar Unzen Humus geben, und das mag in Europa so gut wie anderswo geschehen.

Stünde mir der Wille danach, etwas anderes zu tun, wohlan! ich sähe darin eine Aufgabe, und das gäbe mir ein wenig Auftrieb, aber nur für mich allein mag ich nichts unternehmen. Wenn ich es so weit bringe, daß ich in meinem Chalet nicht allein bin und daß alle, die unter meinem Dache leben, mehr oder weniger glücklich sind, so wird man sagen, ich sei ein nützlicher Mensch; aber daran glaube ich nicht. Nützlich sein heißt nicht, mit Geld bewirken, was das Geld allerorten bewirken kann, und das Los von zwei oder drei Menschen verbessern, wenn es Leute gibt, die Hunderte und Tausende zugrunde richten oder retten. Aber am Ende wäre ich zufrieden, wenn ich sähe, daß man zufrieden ist. In meinem dicht abgeschlossenen Zimmer werde ich alles übrige vergessen, werde mich beschränken, wie mein Schicksal beschränkt ist, und vielleicht komme ich eines Tages zur Überzeugung, daß mein kleines Tal ein wichtiger Erdteil ist.

Was hülfe es mir, die Welt gesehen zu haben, und wozu es wünschen? Ich muß dies wohl erst dir klar zu machen versuchen, damit ich es selber begreife. Zunächst wirst du gewiß denken, es berühre mich eigentlich wenig, nichts von der Welt gesehen zu haben. Hätte ich tausend Jahre zu leben, ich würde schon morgen aufbrechen. Da dem aber nicht so ist, habe ich aus den Mitteilungen von Cook, Norden und Pallas über andere Länder alles erfahren, was ich wissen möchte. Hätte ich diese selber besucht, so verglich ich die eine Wahrnehmung mit einer entsprechenden andern, die ich anderswo gemacht hätte; dadurch vermöchte ich vielleicht die Beziehung zwischen Mensch und Umwelt etwas klarer zu sehen; und da ich mangels einer andern Tätigkeit zum Schreiben verurteilt bin, hätte ich vielleicht weniger Unnützes zu sagen.

Wenn ich in einer Regennacht so allein vor mich hinträume, im Halbdunkel, beim Kaminfeuer, das langsam in sich zusammenfällt, so möchte ich mir sagen können: Ich habe die Wüste gesehen und die Meere und die großen Gebirge, Städte und Länder und Einöden; Tropennächte habe ich erlebt und Polarnächte, habe das Südliche Kreuz gesehen und den Kleinen Bären; 145 Grad Hitze habe ich ausgestanden, und eine Kälte von 130 Grad*. Ich bin am

---

* Das kann sich nur auf das Thermometer von Fahrenheit beziehen. 145 Grad über Null oder 113 Grad über dem natürlichen Gefrierpunkt des Wassers entsprechen gut 50 Grad nach der sogenannten Réaumur-Skala; und 130 Grad unter Null entsprechen 72 Kältegraden. Man hat behauptet, in Neu-Zembla (Nowaja-Semlja) sei eine Kälte von 70 Grad keine Seltenheit. Aber es entzieht sich meinem Wissen, ob man selbst an den Ufern der Gambia je 50 Grad Hitze gemessen hat. Die höchste Temperatur in Oberägypten soll 38 Grad betragen haben; und in Guinea scheint sie im allgemeinen so weit unter 50 Grad zu liegen, daß ich zweifle, ob sie dort je diesen Punkt erreiche, oder vielleicht ausnahmsweise, wie bei der Durchfahrt der Samael. Vielleicht ist es auch zweifelhaft, daß je in bewohnten Gebieten 70 Grad Kälte vorkommen, auch wenn man vorgegeben hat, dergleichen in Jenisseisk erlebt zu haben.
Beobachtungen im Jahre 1786 haben folgendes ergeben: In Ostrug-Viliki am

Äquator durch den Schnee gewatet und habe am Polarkreis mit eigenen Augen gesehen, wie die Tannen in der Sonnenhitze Feuer fingen. Ich habe die schlichten Formen des Kaukasus mit den zerklüfteten Alpen verglichen und die Hochwälder der Monts Félices mit den kahlen Felsen der Thebais; das feuchte Irland habe ich besucht, und das trockene Libyen. Ich habe den endlosen Winter in Edinburgh überstanden, ohne zu frieren, und in Abessinien sah ich erfrorene Kamele. Ich habe Betel gekaut, Opium geraucht, Ava getrunken. Ich bin in einem Marktflecken abgestiegen, wo man mich geröstet hätte, hätte man mich nicht für vergiftet gehalten; hernach bei einem Stamme, der mich wie einen Gott anbetete, weil ich in einer jener Kugeln herabschwebte, woran sich die Europäer amüsieren; ich sah den Eskimo, genügsam, zufrieden mit seinem Lieblingsfisch und seinem Walfischöl; ich sah den durchtriebenen Händler, wie er unzufrieden war mit seinem Cypern- und Konstanzerwein, sah den Nomaden, der einem Bären über 200 Meilen weit nachstellte, den Bürger, der sich vollfraß, dick und dicker wurde, der im dunkeln Kramladen, den seine Mutter zum Florieren gebracht hatte, seine Ware auswog und dann auf die letzte Ölung wartete. Die Tochter eines Mandarins starb vor Scham, weil ihr Bräutigam eine Stunde zu früh ihren entblößten Fuß gesehen hatte; und im Pazifik stiegen zwei Mädchen an Deck, legten ihre Hände auf das einzige Kleid, das sie trugen, mischten sich nackt unter die fremden Matrosen, führten einige an Land und vergnügten sich mit ihnen im Anblick des Schiffes. Ein Eingeborener entleibte sich aus Verzweiflung in Gegenwart von seines Freundes Mörder; und der für treu Erkannte verkaufte die Frau, die ihn geliebt, die ihn errettet und ernährt, und verkaufte sie umso besser, als er innewurde, daß er sie geschwängert hatte.

Aber wenn ich dies und noch viel, viel mehr gesehen hätte, wenn ich dir sagen könnte, ich habe dies alles gesehen – o ihr verblendeten Menschen und wie geschaffen dafür! kennt ihr dies nicht schon alles, und seid ihr darum eurem Krämergeiste weniger verschwo-

---

61. Breitengrad gefror am 4. September das Quecksilber. Das Thermometer von Réaumur zeigte 31½ Grad. Am Morgen des 1. Dezembers sank es auf 40 Grad, am selben Tag auf 51; am 7. Dezember auf 60. Eine Kälte von 70 Grad ist also nicht ausgeschlossen, sei es in Neu-Zemblia, sei es in den nördlichsten Gebieten Rußlands, die viel näher am Pol liegen und noch bewohnt sind.

ren? gebt ihr ihm eher den Laufpaß, damit euch ein klein wenig Anstand bleibe?
Nein, und nochmals Nein! Gescheiter, man kauft das Öl *en gros* ein, verkauft es *en détail* und streicht je Pfund zwei Batzen ein*.
Was ich dem urteilsfähigen Leser zu sagen hätte, erhielte dadurch nicht viel mehr Überzeugungskraft. Was in Büchern darüber zu lesen steht, ist einem unparteiischen Manne genug; in unsern Kabinetten ist das gesamte Wissen von der Erde greifbar. Auch wer gar nichts mit eigenen Augen gesehen hat, aber ohne Vorurteil ist, weiß besser Bescheid als viele Weltbummler. Freilich, wäre ein solch verständiger Mann und scharfer Beobachter durch die Welt gekommen, so besäße er noch bessere Kenntnisse. Aber der Unterschied wäre zu gering, als daß er ins Gewicht fiele; denn er errät aus den Mitteilungen der anderen, was diese gar nicht bemerkt haben, was er an ihrer Stelle jedoch gesehen hätte.
Würden ein Anacharsis, ein Pythagoras, ein Demokrit in unseren Tagen leben, so würden sie wahrscheinlich auf das Reisen verzichten; denn heute ist alles und jedes publik. Die Geheimwissenschaft haust nicht mehr an verborgenem Orte; es gibt keine unbekannten Sitten und Bräuche mehr, keine außergewöhnlichen Institutionen; es ist nicht mehr nötig, daß man in die Fremde geht. Müßte man heute, wo die Welt so groß, die Wissenschaft so kompliziert geworden ist, alles mit eigenen Augen gesehen haben, so würde ein ganzes langes Leben nicht ausreichen, weder die Vielfalt der Erscheinungen zu erforschen noch die Welt bis in die entlegensten Winkel zu durchstreifen. Solche großen Vorhaben sind nicht mehr an der Zeit, denn ihr Gegenstand ist zu weitläufig geworden, ist über die Fähigkeiten, ja selbst über die Hoffnungen des Menschen hinausgewachsen; wie wäre ich dazu imstande, ich als einzelner, dessen Hoffnungen erloschen sind?
Was soll ich dir noch sagen? Die Magd, die die Kühe besorgt, die Milch ins Lager stellt, dann den Rahm abschöpft und stößelt, sie weiß, daß sie Butter macht. Wenn sie ihn auftischt und bemerkt, daß man ihn freudig aufs Brot streicht und daß man neues Kraut in die Teekanne gibt, weil die Butter so gut ist, so sieht sie ihre Mühe belohnt; ihre Arbeit ist schön, denn sie hat getan, was sie sich vorgenommen hat. Aber wenn ein Mensch danach fragt, was

* Offenbar Anspielung auf Demokrit.

gerecht und nützlich ist, weiß er dann, was herausschaut und ob überhaupt?
Eigentlich ist dieses Imenstròmer Bergtal ein Ort der Stille, wo ich über mir nur dunkle Tannen, kahle Felsen und den unendlichen Himmel erblicke; drunten in der Ferne dehnen sich die Felder, von Menschen bebaut.
Vorzeiten maß man das Leben an der Zahl der Lenze; und ich, der ich wieder ein Holzdach über mir haben muß wie die Alten, will den Rest meiner Jahre daran zählen, wie oft du bei mir einkehrst; das wird, wie du mir versprochen hast, jährlich ein Monat sein.

NEUNUNDSECHZIGSTER BRIEF

Im., 27. Juli VIII

Eben erhalte ich die frohe Nachricht, daß M. de Fonsalbe von San Domingo zurück ist; dem Vernehmen nach soll er ruiniert sein, dazu noch verheiratet; überdies höre ich, er habe in Zürich noch etwas zu erledigen und werde dort in Kürze erwartet.
Leg ihm doch ja ans Herz, er solle bei mir vorbeikommen; er sei hier gut aufgehoben. In anderer Hinsicht jedoch sehr schlecht, davor muß man ihn warnen. Aber ich glaube nicht, daß er sich viel daraus macht; denn wenn er sich nicht geändert hat, so hat er ein edles Herz, und kann sich ein edles Herz ändern?
Wäre er nicht verheiratet, so würde ich es kaum bedauern, daß ihm ein Wirbelsturm sein Haus und seine Hoffnungen vernichtet hat; da er es aber ist, so dauert er mich sehr. Wenn er eine Gattin hat, die diesen Namen verdient, so wird es ihn zutiefst betrüben, daß er sie nicht glücklich machen kann; hat er aber nur jemanden bei sich, der bloß seinen Namen trägt, so wird er manchen Verdruß haben, über den nur ein gewisser Wohlstand hinweghilft. Man hat mich nicht wissen lassen, ob er Kinder hat oder nicht.
Nimm ihm das Versprechen ab, daß er über Vevey reist und ein paar Tage hier bleibt. Wer weiß, vielleicht ist es das Schicksal, das mir den Bruder von Mme Dellemar zuschickt? – Mich überkommt eine Hoffnung. Erzähl mir doch etwas über ihn, du kennst ihn länger. Beglückwünsche seine Schwester dazu, daß er auch diesem jüngsten Unglück bei der Überfahrt entgangen ist. Oder nein, sag *ihr* besser nichts von mir; laß das Vergangene begraben sein.

Aber laß mich wissen, wann er kommt. Und sag mir im Vertrauen, was du von seiner Frau denkst. Ich hoffe, daß sie ihn auf der Reise begleitet; das ist eigentlich fast unerläßlich. Die günstige Jahreszeit für eine Schweizerreise gibt dir einen Vorwand, sie zur Reise zu bewegen. Sollte man die Beschwerden oder die Kosten scheuen, so kannst du sie versichern, daß die Gattin in Vevey schicklich und angenehm aufgehoben sein wird, während er geschäftlich in Zürich weilt.

SIEBZIGSTER BRIEF

Im., 29. Juli VIII

Obwohl mein letzter Brief an dich erst vorgestern weggegangen ist, schreibe ich schon wieder, auch wenn ich dir nichts Besonderes zu sagen habe. Erhältst du beide Briefe zugleich, so erwarte von diesem nichts Dringliches; ich warne dich, du wirst nichts weiter erfahren, als daß es ein Wetter ist wie im Winter, und das ist der Grund, warum ich den Nachmittag am Feuer zubringe und dir schreibe. Auf den Bergen liegt Schnee, die Wolken hangen tief, in den Tälern ist es frisch und regnet in Strömen; selbst am See ist es kalt; am Mittag war es hier nur fünf Grad, kurz vor Sonnenaufgang nicht einmal ganz zwei*.

Ich finde solche Wintereinbrüche mitten im Sommer gar nicht unangenehm. Bis zu einem gewissen Grad bekommt die Abwechslung auch einem unveränderlichen Menschen gut, selbst jemandem, der ganz in der Gewohnheit aufgeht. Gewisse Organe ermüden bei anhaltend gleicher Tätigkeit. Heute habe ich am Feuer die größte Freude, anders als im Winter, wo ich es lästig finde und gewöhnlich meide.

Derartige Witterungswechsel sind hier rascher und größer als im Flachland und machen eigentlich das beschwerliche Bergklima interessanter. Ein Hund hängt auch nicht besonders an dem Meister, der ihm zu fressen gibt und ihn im übrigen in Ruhe läßt, sondern an dem, der ihn züchtigt und streichelt, ihm droht und verzeiht. Ein unberechenbares, ungewisses, wechselhaftes Klima entspricht unserer inneren Unruhe, es wird uns unentbehrlich; ein

---

* Thermometer nach Réaumur.

erträglicheres, ausgeglicheneres Klima, das uns beruhigt, läßt uns im Grunde gleichgültig.
Möglich, daß ein ausgeglichenes Klima mit andauerndem Sommer und wolkenlosem Himmel der Volksphantasie förderlich ist; vielleicht weil die Grundbedürfnisse leichter zu befriedigen sind und mehr Zeit bleibt, vielleicht weil in Landschaften, wo sich im Klima, in der Bodengestalt, überhaupt in allem weniger Unterschiede zeigen, die Menschen einander ähnlicher sind. Jedoch in Gegenden voller Gegensätze, Schönheiten und Schrecknisse, wo man ganz unterschiedliche Verhältnisse und rasche Stimmungswechsel erlebt, ist es die Phantasie einzelner Menschen, die sich zum Romantischen, zum Geheimnisvollen, zum Idealischen erhebt.
Milde, gemäßigte Länder mögen Gelehrte hervorbringen, heiße Wüstenstriche Gymnosophisten und Asketen beherbergen; aber das gebirgige Griechenland, frostig und mild, rauh und lieblich zugleich, Griechenland mit seinen Schneekuppen und Olivenhainen hat seinen Orpheus gesehen, seinen Homer und Epimenides; und das rauhere Kaledonien, näher am Pol gelegen, ärmer an Gaben und stärkerem Wechsel unterworfen, hat einen Ossian hervorgebracht.
Wenn Bäume, Quellen und Wolken von den Seelen der Vorfahren, von den Geistern der Helden, von Dryaden und Gottheiten bewohnt sind; wenn unsichtbare Wesen in den Höhlen an Ketten liegen oder im Sturmwind dahinziehn, wenn sie über die schweigenden Gräber irren und man sie in finsterer Nacht in den Lüften stöhnen hört – was für eine Heimat ist dies für das Herz des Menschen! was für eine Welt für den Dichter!*
Ein Himmel, von keinem Wölklein getrübt, eine Ebene, soweit das Auge reicht, schlank aufragende Palmen, ihre Schatten über das Ufer eines breiten, trägen Flusses werfend – der Muselman läßt sich hier auf Kissen niedersetzen, er raucht den ganzen Tag, während ihm Diener Luft zufächeln.
Oder aber: Feuchte Klippen ragen über dem Abgrund der tobenden See auf; dichter Nebel schied sie einen Winter lang von der Welt. Nun ist der Himmel klar, Veilchen und Erdbeeren blühen,

---

* Es ist für einen Dichter eine große Erleichterung: Der, der nur sagen will, was ihm die Phantasie eingibt, hat es viel leichter als der, der sich nur zu sagen erlaubt, was der Wirklichkeit entspricht und woran er selbst glaubt.

die Tage werden länger, die Wälder erwachen. Auf der ruhigen See singen die Heldentöchter von siegreichen Schlachten und von der Verheißung des Vaterlandes. Doch alsbald ziehen sich Wolken zusammen, das Meer bäumt sich auf, die Brandung zerschmettert uralte Eichen; die Barken sind in den Fluten versunken; Schnee bedeckt die Gipfel; Wildbäche reißen die Hütte mit, sie donnern durch tiefe Schluchten. Der Wind wechselt; die Luft ist klar und kalt; noch grollt die See, und im Sternenlicht sieht man auf dem Meere Planken treiben; die Töchter der Krieger sind nicht mehr. Der Wind legt sich, Stille kehrt ein. Von den Klippen klingen menschliche Stimmen herüber, *und kalte Tropfen fallen vom Dach*. Der Kaledonier greift zu den Waffen; er schreitet in die Nacht hinaus, er klettert über Berge, durch tosende Bäche, er eilt zu Fingal, er verkündet ihm: Slissema ist tot, doch ich habe ihre Stimme vernommen, sie verläßt uns nicht, sie hat deine Freunde gerufen, sie führt uns zum Siege.

Der dithyrambische Heldenmut so wie die gigantischen Träume einer erhabenen Melancholie scheinen etwas Nordisches zu sein*. Zu den heißen Ländern gehören asketisches Denken, mystische Träumereien, Geheimlehren, magische, kabbalistische Wissenschaften, gehören die unbeugsamen Leidenschaften der Einsiedler.

Die Vermischung der Völker und die Verwicklung der klimatischen und nichtklimatischen Einflüsse, die für das unterschiedliche Temperament der Menschen verantwortlich sind, haben als Scheinargumente gegen den entscheidenden Einfluß des Klimas herhalten müssen. Und offenbar hat man auch die Mittel und die Wirkungen dieses Einflusses nur flüchtig bedacht. Man hat im allgemeinen nur auf das Mehr oder Weniger an Wärme geachtet, und das ist bei weitem nicht die einzige, vielleicht auch nicht die wichtigste Ursache.

Selbst wenn die jährliche Wärmesumme in Norwegen und Yemen die gleiche wäre, bliebe noch ein sehr großer Unterschied, vielleicht ebensogroß wie der zwischen Araber und Norweger. Der eine weiß von nichts als von einer ewiggleichen Natur, von immer gleichen Tagen, von einer einzigen Jahreszeit und der glühenden

---

* Abermals eine zweifelhafte, vielleicht zufällige Beobachtung. Dies anzumerken mag hier unnötig erscheinen, ist es aber nicht im Hinblick auf das Ganze und auf andere fragwürdige Stellen.

Einförmigkeit einer unfruchtbaren Erde. Der andere erlebt, nach einem langen, düsteren, nebligen Winter, wo der Boden gefriert, die Quellen versiegen, der Himmel von Stürmen aufgewühlt wird, immer wieder den Anbruch einer neuen Jahreszeit, die den Himmel aufklärt, die Quellen belebt, die Erde fruchtbar macht und mit lieblichen Farben und romantischen Tönen schmückt. Er kennt im Frühling Stunden von unaussprechlicher Schönheit; und er kennt die noch schöneren Tage im Herbst, mit ihrer Traurigkeit, die die Seele erfüllt, aber nicht verwirrt, die, statt sie durch eine trügerische Lust aufzureizen, sie mit einer Wollust tränkt, die voll Geheimnis, voll Größe und Langerweile ist.

Vielleicht vermögen das verschiedenartige Aussehen von Himmel und Erde und die Beständigkeit oder Veränderlichkeit der Naturerscheinungen nur höher entwickelte Menschen zu beeindrucken, während die große Menge, sei es aus Unvermögen, sei es wegen des Elends, dazu verurteilt zu sein scheint, über nicht mehr als den tierischen Instinkt zu verfügen. Aber jene Menschen mit den höheren Fähigkeiten sind eben die, welche für das Schicksal ihrer Länder verantwortlich sind; welche durch die staatlichen Einrichtungen, durch ihr Beispiel, durch öffentliche oder verborgene Macht das gemeine Volk lenken; und das Volk wiederum gehorcht diesen Triebkräften auf mancherlei Weise, auch wenn es davon gar nichts bemerkt.

Unter jenen Ursachen ist eine der wichtigsten zweifellos in der Atmosphäre zu suchen, von der wir durchdrungen sind. Die pflanzlichen und irdischen Ausdünstungen wechseln mit der Bebauung und weiteren Umständen, auch wenn sich die Temperatur nicht merklich ändert. Wenn man also die Beobachtung macht, daß sich die Bevölkerung einer bestimmten Gegend verändert hat, obwohl das Klima gleich geblieben ist, so scheint mir das kein stichhaltiger Einwand zu sein; man spricht dann nur von der Temperatur, während die Atmosphäre eines Ortes den Bewohnern eines andern Ortes, wo Sommer und Winter etwa gleich sind, oftmals nicht zusagt.

Moralische und politische Ursachen wirken zunächst stärker als die Einflüsse des Klimas; sie haben eine unmittelbare, rasche Wirkung, welche die der physischen Ursachen übertrifft, obwohl diese dauerhafter und auf die Länge einflußreicher sind. Es erstaunt niemanden, daß die Pariser seit jener Zeit, als Julian seinen *Misopogon* schrieb, anders geworden sind. Die Macht der Umstände hat den alten Pariser Schlag durch einen gemischten Charakter ersetzt; dieser besteht aus dem Charakter von Großstadtbewohnern, die nicht am Meer leben, aus demjenigen der Einwohner der Picardie, der Normandie, der Champagne, der Touraine, der Gascogne, ja der Franzosen überhaupt, und auch der Europäer, und endlich der Untertanen einer in ihren äußeren Formen gemäßigten Monarchie.

EINUNDSIEBZIGSTER BRIEF

Im., 3. August VIII

Wenn etwas im großen Welttheater mich zuweilen nachdenklich macht und zuweilen befremdet, so ist es dieser Mensch, den wir für den Zweck so mancher Mittel halten und der doch in keiner Weise Mittel zu einem Zweck zu sein scheint; der auf Erden alles ist und doch für sie nichts, auch nichts für sich selber*, der forscht, spekuliert, sich abmüht und quält, der verbessert und erneuert und Neues doch immer auf die gleiche Weise erschafft und mit immer neuer Hoffnung stets wieder Gleiches hervorbringt, dessen Wesen im Tätigsein besteht, vielmehr in der Unruhe des Tätigseins; der unruhig sucht, um zu finden, was er sucht, und der in noch größere Unruhe gerät, wenn er nichts zu suchen hat; der im Erreichten nur ein Mittel sieht, um ein Weiteres zu erreichen; der aus dem Besitze dessen, was er begehrt hat, nur eine neue Kraft empfängt, um jenem nachzujagen, was er nicht begehrt hat; der lieber auf das hofft, wovor er sich fürchtet, als daß er alle Erwartungen aufgäbe; für den es das schlimmste Unglück wäre, wenn er unter nichts mehr zu leiden hätte; den Hindernisse begeistern, Freuden niederdrücken; der erst nach Ruhe lechzt, wenn er sie verloren hat; und der von Trugbild zu Trugbild eilt,

---

* Andre Bereiche der Natur dürften unserem Blick ebenso verschlossen sein. Wenn wir im Menschen auf mehr Befremdliches stoßen, so darum, weil wir in ihm mehr zu sehen vermögen. Vor allem wenn wir ins Innere des Menschen blicken, stoßen wir allenthalben auf Grenzen des Begreifens. Wissen wir über einen Gegenstand sehr viel, so spüren wir, daß sich ans Bekannte Unbekanntes anknüpft; wir bemerken, daß wir beinahe auch den Rest begreifen, aber doch nie ganz begreifen werden. Diese Begrenztheit erfüllt uns mit Befremden.

nie etwas anderes besitzt, besitzen kann, und nur immer das Leben träumt.

ZWEIUNDSIEBZIGSTER BRIEF

Im., 6. August VIII

Es überrascht mich nicht, daß deine Freunde mich tadeln, weil ich mich in eine so abgelegene und unbekannte Gegend zurückgezogen habe. Ich habe mich darauf gefaßt machen müssen; auch muß ich ihnen recht geben, daß meine Neigungen manchmal widersprüchlich sind. Aber ich glaube, dieser Widerspruch ist nur scheinbar und ergibt sich nur für jemanden, der mich für einen entschiedenen Freund des Landlebens gehalten hat. So ausschließlich stimmt das aber gar nicht; ich habe auch keineswegs einen Widerwillen gegen die Stadt. Ich weiß genau, welche der beiden Lebensarten ich von Natur aus vorziehe, aber ich käme in Verlegenheit, wenn ich sagen müßte, welche mir im Augenblick völlig zusagt.

Ziehe ich nur die Örtlichkeiten in Betracht, so könnte ich nur wenige Städte nennen, wo ich mich ungern niedergelassen hätte; aber es gibt vielleicht keine, die ich dem Lande vorziehen würde, so wie ich es in verschiedenen Provinzen gesehen habe. Wenn ich mir die für mich besten Lebensbedingungen ausdenken wollte, so käme eine Stadt nicht in Frage. Dennoch gebe ich dem Landleben nicht eindeutig den Vorzug; für jemanden in mißlichen Umständen ist es auf dem Land gewiß leichter, ein erträgliches Leben zu führen; aber ich glaube, dem Wohlhabenden gelingt es in der Stadt besser als anderswo, die Möglichkeiten des Ortes voll auszuschöpfen. Dies alles unterliegt aber so vielen Ausnahmen, daß ich mich nicht allgemein zu entscheiden vermag. Was ich liebe, ist nicht einfach eine Sache von einer bestimmten Beschaffenheit, sondern diejenige, die in meinen Augen der Vollkommenheit ihrer Art am nächsten kommt, diejenige, die für mein Urteil ihrem eigenen Wesen am besten entspricht.

Ich zöge das Leben auch des allerärmsten Norwegers auf seinen eisstarrenden Klippen demjenigen von zahllosen Kleinbürgern in gewissen Städten vor, die in ihren Gewohnheiten befangen sind, bleich sind von Kummer und Sorgen, sich vom Klatsche nähren und sich dennoch so weit erhaben dünken über den sorglosen, abgehärteten Landmann, der ein ärmliches Leben führt und dennoch alle Sonntage froh und heiter ist.

Was mir einigermaßen zusagt, ist eine schön gelegene, wohlgebaute, reinliche Kleinstadt, deren öffentliche Promenade aus einem schön bepflanzten Park und nicht aus öden Boulevards besteht; wo es einen einladenden Markt gibt und schöne Brunnen; wo man einen wenn auch kleinen Kreis von Leuten um sich vereinigen kann, keineswegs außergewöhnliche, berühmte Leute, auch keine Gelehrte, aber wohlmeinende Menschen, die einander gern begegnen und denen es auch nicht an Geist fehlt; ein Städtchen schließlich, wo es möglichst wenig Schmutz und Elend und Zwietracht, möglichst wenig Klatsch und Verleumdung und Frömmelei gibt.

Noch lieber bin ich in einer ganz großen Stadt, die alle Vorzüge und Reize und Verlockungen menschlicher Erfindung in sich vereinigt; wo man die glücklichsten Umgangsformen und den aufgeklärtesten Geist antrifft; wo man unter all den vielen Menschen bestimmt einen Freund findet und Bekanntschaften machen kann, die man wirklich sucht; wo man nach Belieben in der Menge untertauchen, wo man zugleich bekannt und geschätzt und auch unabhängig und unbemerkt sein kann; wo man die Lebensweise annehmen kann, die einem zusagt, und sie ändern mag, ohne daß man ins Gerede kommt; wo man tun und lassen kann, was man will, und dabei keine anderen Zeugen und Richter hat als die Menschen, die einen wirklich kennen. Paris ist die Stadt, die alle Vorzüge des Stadtlebens in höchstem Maße vereinigt; auch wenn ich ihr vermutlich für immer den Rücken gekehrt habe, erstaunt es mich keineswegs, daß so viele Menschen mit Geschmack, so viele Menschen der Leidenschaften lieber dort wohnen als an jedem anderen Ort.

Wenn man zum Landleben mit seinen Beschäftigungen nicht taugt, kommt man sich fremd vor darin; man spürt, daß einem die Fähigkeiten abgehen, welche es für das Leben braucht, das man gewählt hat, und daß man sich in einer anderen Aufgabe wohler fühlte, die einem vielleicht ebensosehr oder auch weniger zusagt. Um das Landleben zu ertragen, bedarf es der Abhärtung, und daran gewöhnt man sich nur schwer, wenn man nicht mehr jung ist. Man muß starke Arme haben, muß selber Hand anlegen und

Freude haben am Pflanzen, Veredeln, Heuen, womöglich auch an der Jagd und am Fischen. Andernfalls stellt man fest, daß man an seiner Stelle nicht ist, was man sein sollte, und sagt sich: in Paris würde ich dieses Mißverhältnis nicht empfinden; dort wäre meine Lebensweise im Einklang mit den Umständen, auch wenn beide, Lebensweise wie Umstände, nicht mit meinen wahren Neigungen zusammenstimmten. So findet man seinen Platz in der Welt nicht wieder, wenn man sich ihrer Ordnung allzu lange entzogen hat. Stetige Gewohnheiten in der Jugendzeit entstellen unser Temperament und unsere Neigungen, und wenn es später so weit kommt, daß man völlig frei ist, so weiß man kaum noch, was man eigentlich braucht, und man findet nichts mehr, was einem vollkommen zusagt.

In Paris fühlt man sich eine Zeitlang wohl; aber mir scheint, ein Leben lang hält dies nicht vor, und es entspricht wohl auch nicht der Natur des Menschen, daß er andauernd in den Steinen, zwischen den Ziegeln und dem Straßenstaub lebt, für immer geschieden vom großen Schauplatz der Natur! Die Wonnen der Gesellschaft fordern ihren Preis; sie sind Zerstreuungen, die unsere Phantasie aufreizen; aber sie lassen unser Herz leer; sie entschädigen nicht für all das, was man verloren hat; sie lassen den unbefriedigt, der in der Stadt nichts anderes hat als sie; der sich nicht von eitel lärmenden Versprechungen betören läßt und der um das Unglück der Vergnügungen weiß.

Wenn denn ein Los zu befriedigen vermag, so ist es unzweifelhaft dasjenige des Grundbesitzers, der, ohne andere Sorgen, ohne Beruf und ohne Leidenschaften, friedlich sein freundliches Gut bewohnt, seinen Ländereien, seinem Hof, seiner Familie und sich selber mit Klugheit und Umsicht vorsteht; der weder nach den Erfolgen noch nach den Enttäuschungen der Welt begehrt, sondern einzig und allein nach jenen bescheidenen, immer gleichen Freuden, jenem stillen, sanften Vergnügen, das ein Tag wie der andere bringen mag.

Mit einer Frau, wie es deren gibt, mit ein oder zwei Kindern, und einem Freund, du weißt; mit einer leidlichen Gesundheit, einem ausreichenden Landstück in guter Lage und mit einigem Sinn für Ordnung besitzt man so viel Glück, als ein verständiger Mann in sein Herz fassen kann. Einen Teil von diesen Gütern besitze ich schon, aber wenn einer zehn Wünsche hat, und neun sind erfüllt, so ist er noch nicht glücklich; so ist eben der Mensch und so soll er sein. Ein Klagelied stünde mir schlecht an; und doch bleibt mir das Glück fern.

Ich sehne mich keineswegs nach Paris zurück; aber ich erinnere mich eines Gesprächs mit einem Offizier von Rang, der seinen Dienst quittiert und in Paris Wohnsitz genommen hatte. Ich war gegen Abend bei M. T✳✳✳; man gab eine große Gesellschaft, dennoch gingen wir in den Garten hinunter; wir blieben zu dritt, der Gastgeber ließ Porter bringen, verließ uns aber bald, und so war ich mit dem Offizier allein. Einiges aus unserer Unterhaltung ist mir unvergessen geblieben. Ich könnte dir nicht mehr sagen, wie er ausgerechnet auf dieses Thema kam und ob nicht der Porter nach Tisch das seine beitrug zu dieser Art von Herzensergießung; wie dem auch sei, das Folgende sind ungefähr seine Worte. Du lernst daraus einen Menschen kennen, der fest davon überzeugt ist, daß er nie müde wird, das Leben zu genießen; und er dürfte damit recht haben, gibt er doch vor, selbst seine Zerstreuungen einer ganz persönlichen Ordnung zu unterwerfen und sie derart zum Werkzeug einer Art von Leidenschaft zu machen, die nicht erlischt, solange er lebt. Ich fand wichtig genug, was er mir sagte, und am folgenden Morgen war es mir noch so genau in Erinnerung, daß ich es niederschrieb, um es in meinen Notizen aufzubehalten. Ich bin zu faul, es abzuschreiben, du wirst es mir bitte zurückschicken, hier nun also:

»... Ich wollte einen Beruf ergreifen und tat es; aber ich kam zur Einsicht, daß dies zu nichts führte, wenigstens für mich nicht. Zudem erkannte ich, daß es nur eine *äußere* Sache gibt, die die Mühe lohnt: das Gold. Es ist unentbehrlich; genug davon zu besitzen ist ebenso notwendig wie nicht mit Maßlosigkeit danach zu begehren. Das Gold ist eine Macht: Es steht für jegliches Vermögen des Menschen, denn es öffnet ihm jeglichen Weg, berechtigt ihn zu jeglichem Besitz und Genuß; und ich sehe nicht ein, warum es dem Tugendhaften zur Verwirklichung seiner Absichten weniger nützlich sein soll als dem Lüstling. Auch ich ließ mich einst vom Drang nach Erkenntnis und Wissen verleiten und habe ihm allzusehr stattgegeben; ich habe mit viel Mühe Dinge gelernt, die der Vernunft des Menschen nichts nützen und die ich wieder vergessen habe. Freilich, auch dieses Vergessen bereitet eine gewisse Lust, aber ich habe sie zu teuer bezahlt. Ich

bin ein wenig auf Reisen gegangen, habe in Italien gelebt, bin durch Rußland gekommen, habe China gesehen. Als ich dieser Reisen überdrüssig war und keine Geschäfte mehr hatte, wollte ich zu meinem Vergnügen umherreisen gehen. Von Freunden hatte ich stets gehört, wie schön es in Euren Alpen sei; da bin ich denn wie jeder hingereist ...«
»... und Ihr wart entschädigt für die Langeweile der russischen Ebenen?«
»Ich ging hin und wollte sehen, welche Farbe der Schnee im Sommer hat, ob der Granit hart ist, wie schnell das Wasser fällt, wenn es herabstürzt und dergleichen mehr.«
»Im Ernst, hat Euch denn gar nichts gefallen und habt Ihr nichts nach Hause gebracht, keine einzige schöne Erinnerung, keine Beobachtung, nichts ...?«
»Nun, ich weiß, wie die Kessel aussehen, worin man Käse macht; und ich vermag zu beurteilen, ob die Tafeln der *Tableaux topographiques de la Suisse* der Wirklichkeit entsprechen oder ob sich die Zeichner einen Scherz erlaubt haben, was oft der Fall war. Aber was geht mich das an, daß eine Handvoll Leute ein paar Felsen den Berg hinabrollen ließen, um unten die andern zu zermalmen, die in der Überzahl waren. Wenn dort, wo sich einst so Erstaunliches zutrug, der Schnee und die Bise während neun Monaten im Jahr das Szepter führen, so bin ich nicht gesonnen, meine Wohnung jetzt auf jenen Alpweiden aufzuschlagen. Es freut mich, daß in Amsterdam ein ansehnliches Völklein sich sein Brot und Bier mit dem Abladen von Kaffeefässern verdient; ich komme auch anderswo zu meinem Kaffee, ohne daß ich die holländische Stinkluft zu atmen brauche oder mich in Hamburg zu Tode langweile. Ein jedes Land hat sein Gutes; man behauptet sogar, in Paris gebe es weniger Ungutes als anderswo; ich will das nicht entscheiden, aber ich bin an Paris gewöhnt und will dableiben. Mit einigem Verstand und dem Nötigen zum Leben findet man sich überall zurecht, wo die Menschen zugänglich sind. Unser Herz, unser Kopf und unsere Börse tun mehr für unser Glück als der Landstrich. Ich habe in den Wolgasteppen die abscheulichsten Ausschweifungen angetroffen, in schlichten Alpentälern den lächerlichsten Hochmut und Dünkel. In Astrachan, Neapel und Lausanne seufzt der Mensch nicht anders als in Paris, und er lacht in Paris genau wie in Neapel oder Lausanne.

Und wo immer: die Armen leiden und die andern haben ihre Sorgen. Es stimmt zwar, die Art, wie sich das Volk in Paris amüsiert, ist nicht gerade die Art, wie ich das Volk froh sehen möchte; aber geben Sie mir zu, daß sich nirgendwo sonst eine angenehmere Gesellschaft und ein bequemeres Leben finden läßt. Ich bin von derlei Wunschträumen geheilt, sie stehlen uns nur Zeit und Geld. Ich kenne für mich nur noch einen beherrschenden Trieb, wenn Sie wollen: einen Wahn, und er wird mich nicht mehr verlassen, denn ihm fehlt alles Phantastische, und er bereitet uns keine Sorgen um ein nichtiges Ziel. Ich möchte aus meiner Zeit, meinem Geld, meinem ganzen Leben einen möglichst großen Nutzen ziehen. Der Eifer nach Ordnung verschafft uns eine bessere Beschäftigung und bringt mehr zustande als jede andere Leidenschaft; er opfert nichts völlig umsonst. Das Glück kostet weniger als die Zerstreuungen.«

»Meinetwegen, aber von welchem Glück ist die Rede? Den Tag hinbringen mit Spiel und Essen und Klatsch über irgendeine neue Schauspielerin, das mag ja unterhaltsam sein, wie Ihr trefflich sagt, aber ein solches Leben macht den nicht glücklich, der nach hohen Zielen strebt.«

»Euch drängt es nach starken Empfindungen, nach hohen Gefühlen; das ist das Verlangen einer edlen Seele, und Eure Jugend läßt sich davon noch betören. Was mich anbelangt, mir sagt es nicht zu, eine Stunde lang begeistert zu sein und mich einen Monat zu langweilen; da will ich mich lieber oft amüsieren und niemals langweilen. Bei meiner Lebensweise wird es mir nie langweilig, denn ich bringe Ordnung hinein und halte mich an diese Ordnung.«

Das ist alles, was ich mir von unserer Unterhaltung gemerkt habe; sie zog sich im gleichen Ton über eine Stunde lang hin. Ich gestehe, daß, wenn sie mich schon zum Schweigen verurteilte, ich doch zumindest recht nachdenklich wurde.

DREIUNDSIEBZIGSTER BRIEF

Im., September VIII

Du läßt mich zurück in einer großen Einsamkeit. Mit wem soll ich das Leben teilen, wenn du jenseits der Meere auf Reisen bist? So bin ich dann erst recht allein. Deine Reise daure ja nicht lange, sagst du; mag sein, aber werde ich viel gewinnen, wenn du zurückkommst? Diese neuen Aufgaben, die bald einmal alle deine Kräfte beanspruchen werden, haben dich wohl meine Berge und das Versprechen vergessen lassen, das du mir gabst? Glaubtest du, Bordeaux liege so nahe bei den Alpen?

Ich höre auf mit Schreiben, bis du zurück bist. Derart abenteuerliche Briefe, die ihren Empfänger nicht oder nur zufällig erreichen und auf die eine Antwort frühestens nach drei Monaten zu erwarten ist und erst nach einem Jahr eintrifft – das macht mir keinen Spaß. Ich hingegen, der ich mich nicht von hier wegbegebe, hoffe auf Nachrichten, bevor du zurück bist.

Es betrübt mich, daß Fonsalbe in Hamburg Geschäfte zu erledigen hat, noch vor jenen in Zürich; da sie ihn nach seiner Voraussicht lange beanspruchen werden, ist dann wenigstens vielleicht der Winter vorbei, wenn er in die Schweiz kommt. So kannst du die Sache für nachher so arrangieren, wie sie für diesen Herbst geplant war. Reise ja nicht ab, ohne daß er dir förmlich versprochen hat, einige Tage hier zu verbringen.

Du siehst, wie viel mir daran gelegen ist. Ich habe keine Hoffnung mehr, dich bei mir zu sehen; so möge mir wenigstens einer zurückbleiben, den du geliebt hast. Was du mir von ihm sagst, würde mich sehr freuen, wenn mich Pläne, deren Ausführung noch in weiter Ferne liegt, zu reizen vermöchten. Ich mag nicht mehr an ein Gelingen glauben, wo alles ungewiß ist.

VIERUNDSIEBZIGSTER BRIEF

Im., 15. Juni IX

Ich habe deine Zeilen mit einer närrischen Freude empfangen. Bordeaux dünkte mich einen Moment lang näher bei meinem See als Port-au-Prince oder die Insel Gorea. Du hast also Erfolg gehabt mit deinen Geschäften; das ist viel wert. Die Seele begnügt sich mit dergleichen Nahrung, wenn sie keine andere hat.

Ich selber bin in tiefer Langeweile. Nicht daß ich mich langweilte, du verstehst; im Gegenteil, ich habe viel zu tun; aber ich sterbe aus Mangel an Nahrung.
Ich will mich kurz fassen wie du. Ich bin in Imenström. Fonsalbe läßt mich ohne Nachricht. Im übrigen hoffe ich nichts mehr; mittlerweile ... Adieu. *Si vales bene est; ego quidem valeo.*

16. Juni

Wenn ich mir vorstelle, daß du zufrieden und beschäftigt bist, bald mit Interesse deiner Arbeit nachgehst, bald an erholsamen Zerstreuungen Gefallen findest, so will mir meine Unabhängigkeit fast tadelnswert erscheinen, auch wenn ich sie sehr schätze. Es läßt sich nicht leugnen, daß der Mensch ein Ziel sehen muß, das ihn lockt, eine Tätigkeit braucht, die ihn gefangennimmt und beherrscht. Und doch ist es schön, Freiheit zu genießen, sich für das zu entscheiden, was in den gegebenen Möglichkeiten liegt, und sich nicht wie ein Sklave zu fühlen, der immer nur für andere arbeitet. Aber ich habe zu viel Zeit, um zu spüren, wie nutzlos, wie umsonst alles ist, was ich mache. Diese nüchterne Einschätzung des wirklichen Wertes der Dinge grenzt sehr nahe an Lebensekel.
Du läßt also Chessel verkaufen und suchst dir etwas in der Nähe von Bordeaux. Sehen wir uns denn nie wieder? Du warst dort so wohl! aber eben, einem jeden muß sich sein eigenes Schicksal erfüllen. Es genügt nicht, daß man nur scheinbar zufrieden ist; auch ich soll es anscheinend sein, und doch bin ich nicht glücklich. Bist du es künftig, so schicke mir den Sauternes, vorher nicht. Aber du wirst es bestimmt werden, du, dessen Herz der Vernunft gehorcht, du in allem Vortrefflicher, Weiser, den ich bewundere und doch nicht nachahmen kann; du weißt das Leben zu nützen, und ich: Ich warte darauf. Ich suche immer darüber hinaus, als ob die Stunden nicht verloren wären; als ob der ewige Tod nicht näher wäre als meine Träume.

FÜNFUNDSIEBZIGSTER BRIEF

Im., 28. Juni IX

Ich hoffe nicht mehr auf bessere Tage. Monate kommen und gehen, Jahre lösen sich ab, alles wird neu – umsonst! ich bleibe der gleiche. Ich habe hier alles, wovon ich einst träumte, und doch: mir fehlt alles; ich habe nichts erreicht, ich besitze nichts: Langeweile verzehrt meine Zeit in endlosem Schweigen. Ob ich über den nichtigen Sorgen des Tags die Natur vergesse oder ob mich das vergebliche Verlangen nach Freude in ihr Asyl zurückführt – Leere umgibt mich Tag für Tag, und jede Jahreszeit scheint sie weiter um mich zu verbreiten. Kein liebendes Herz hat in der langen düsteren Winterszeit meinen Kummer gelindert. Der Frühling kam, für die Natur, nicht für mich. Die warmen Tage haben alles Lebendige aus dem Schlummer geweckt – mich ermattete ihr unbändiges Licht, es belebte mich nicht; ich bin ein Fremdling in der glücklichen Welt. Schon sind die Blüten gefallen, auch das Maiglöcklein ist verblüht. Es wird wärmer, die Tage sind länger, schöner die Nächte! Glückliche Jahreszeit! die herrlichen Tage sind umsonst für mich, und bitter die süßen Nächte. Friedlicher Hain! ihr lispelnden Wellen! Stille! Mond! Vögel, die des Nachts sangen! O ihr Empfindungen früher Tage, was ist geworden aus euch?

Die Gespenster sind geblieben – sie tauchen vor mir auf, sie ziehen vorüber, kehren zurück, verschwinden, erscheinen wieder wie ziehende Wolken in tausend bleichen riesigen Gestalten. Umsonst, daß ich die Grabesnacht in Ruhe beginnen will; meine Augen wollen sich nicht schließen. Jene Gespenster des Lebens tauchen immer neu auf und treiben ihr huschendes Spiel; sie kommen heran und weichen, versinken und sind wieder da. Ich sehe sie alle, und ich höre doch nichts; ich fasse sie ins Auge, sie verflüchtigen sich; ich suche nach ihnen, sie sind nicht mehr. Ich lausche, ich rufe, ich höre meine eigene Stimme nicht, und bleibe in einer unerträglichen Leere, einsam, verloren, ratlos, von Angst und Verwirrung gequält, rings umgeben von flüchtigen Gestalten, mitten im stummen, unfühlbaren Raum. Unergründliche Natur! deine Herrlichkeit drückt mich nieder, und deine Wohltaten raffen mich dahin. Was sind für mich diese langen Tage? Ihr Licht kommt zu früh, ihr glühender Mittag erschöpft mich, und die schmerzliche Schönheit ihrer himmlischen Abende entkräftet

mein zerrüttetes Herz. Der Genius, unter seinen Trümmern entschlafen, erschaudert unter dem Anhauch des Lebens.
Auf den Bergen schmilzt der Schnee; Gewitterwolken dräuen im Tal – und ich Unglücklicher! der Himmel glüht auf, die Erde harret der Reife; der Winter, öde und unfruchtbar – in mir ist er geblieben. Friedliches Abendleuchten! ihr fernhin schimmernden Firne!! ... Sollte denn der Mensch nur bittere Lust empfinden, wenn in unendlicher Stille tiefdrinnen der Wildbach rauscht, wenn sich die Hütten verschließen zum nächtlichen Frieden, wenn der Mond aufgeht über dem Velan?
Seit jene unwiederbringlichen Tage der Kindheit vorbei sind, erträumte ich, ahndete ich ein wirkliches Leben; doch stets nur stieß ich auf Trugbilder: Ich sah Menschen – da sind nur Schatten; ich begehrte nach Harmonie – und fand nichts als Gegensätze. Da versank ich in tiefe Traurigkeit; Leere fraß sich in mein Herz; ein unstillbares Sehnen verzehrte mich in der Stille, und die Langeweile des Lebens war meine einzige Empfindung in jenem Alter, wo man zum Leben aufblüht. Alles verhieß mir jenes grenzenlose, vollkommene Glück, dessen Wunschbild der Mensch trotz allem in seinem Herzen bewahrt, während die natürlichsten Mittel dazu sich in der Natur anscheinend nicht mehr finden lassen. Ich hatte bis dahin nichts als unsägliches Leid erfahren, doch als ich die Alpen erlebte, die Ufer ihrer Seen, den Frieden der Hütten, das stetige Gleichmaß der Zeit und der Dinge, da gewahrte ich vereinzelte Züge jener erahnten Natur: Ich sah den Schimmer des Mondlichts auf den Schindeldächern und auf dem Schiefer der Felsen; ich sah Menschen, zufrieden und ohne Verlangen; ich schritt durch das kurze Berggras; ich lauschte den Tönen aus einer anderen Welt.
Ich kam wieder auf die Erde zurück; hier verfliegt jener blinde Glaube an das absolute Sein der Dinge, verfliegt jenes Trugbild von regelmäßigen Beziehungen, von vollkommener Schönheit und ungetrübter Freude – ein betörender Wunschtraum, woran sich ein junges Herz ergötzt und für den nur ein schmerzliches Lächeln übrig hat, wer durch tiefere Einsicht ernüchtert oder durch ein längeres Leben gereift ist.
Ziellose Veränderungen, Planlosigkeit alles Geschehens, durchgehende Rätselhaftigkeit – nichts weiter wissen wir von dieser Welt, über die wir herrschen.

Ein unüberwindliches Schicksal vernichtet unsere Träume; womit aber füllt es die Leere aus, die noch immer nach Erfüllung verlangt? Die Kraft ermattet; die Wonne entschwindet; der Ruhm gehört unserer Asche; die Religion ist eine Lebensregel für den Unglücklichen; die Liebe hatte die Farben des Lebens, Dunkelheit bricht herein, die Rose verbleicht, sie fällt, und die ewige Nacht ist da.
Und doch war unsere Seele groß: im Wollen, im Sollen – zu welchem Gelingen? Einst sah ich, wie ein alter Baum, der zweihundert Jahre Frucht getragen, den tödlichen Streich empfing und sich ohne Mühe zu Fall bringen ließ. Er hat Menschen genährt und ihnen Obdach gewährt, er hat das Himmelswasser eingesaugt und manchem Sturme getrotzt; er stirbt inmitten der Bäume, die seiner Frucht entsprossen sind. Sein Schicksal ist erfüllt; er hat empfangen, was ihm verheißen war: Er ist nicht mehr, er ist gewesen.
Und dann jene Tanne am Rand des Morasts, wohin sie der Zufall verschlug! Sie wuchs auf, ungestüm, kraftvoll und prächtig, als wäre sie von einsamen Felsen umgeben oder mitten im dichten Wald – verschleuderte Kraft! die Wurzeln saugen sich voll mit fauligem Wasser, sie dringen in den unreinen Schlamm; der Stamm wird schwächlich und lahm; der Wipfel, vom Regen schwer, neigt sich kraftlos zur Seite; die kümmerliche Frucht fällt in den Sumpf und verkommt. Kränkelnd, ungestalt, vergilbt, vorzeitig gealtert und schon dem Morast zugeneigt, scheint sie nach dem Sturm zu verlangen, der sie zu Fall bringen mag; denn ihr Leben hat aufgehört, lange bevor sie fällt.

SECHSUNDSIEBZIGSTER BRIEF

2. Juli IX

Hantz hatte recht, er wird bei mir bleiben. Er hat einen Bruder, der sechs Meilen von hier Brunnenmacher gewesen ist.
Ich hatte viele Röhren zu verlegen, da ließ ich ihn kommen. Ich fand Gefallen an ihm; er ist ein braver, verschwiegener Mensch, ist bescheiden und hat dazu eine Art von Sicherheit, wie sie der Besitz einiger angeborener Gaben vermitteln mag, dazu ein unbeirrbares Gefühl für das, was sich gehört. Obwohl nicht besonders kräftig,

ist er ein tüchtiger Handwerker und arbeitet sorgfältig und gut. Er war zu mir weder befangen noch betulich, weder unterwürfig noch anbiedernd. Ich ging mich dann in seinem Dorf erkundigen, wie man über ihn denke; ich sah auch seine Frau. Zurückgekehrt, ließ ich ihn einen Brunnen errichten, und zwar an einer Stelle, wo es ihm unbegreiflich war, wozu ich ihn brauchen würde. Während er dann die übrigen Arbeiten ausführte, richtete man bei jenem Brunnen ein kleines Bauernhaus auf, nach Art des Landes mit einer Küche, ein paar Kammern, mit Scheune und Stall unter demselben Dach, alles eben ausreichend für einen kleinen Haushalt und die Überwinterung von zwei Kühen. Du siehst, da wohnen sie nun also, er und seine Frau. Er hat genug Land, die zwei Kühe und einiges mehr. Und wenn mir auch im Augenblick die Röhren fehlen, am Brunnenmacher soll es mir nicht fehlen. Sein Haus war in drei Wochen aufgerichtet. Das ist ein Vorteil dieser Bauweise, und nicht der einzige; wenn man das Material hat, können zehn Leute so etwas in zwei Wochen aufstellen, und man braucht nicht einmal zu warten, bis der Mörtel trocken ist.

Am zwanzigsten Tag war alles fertig. Es war ein schöner Abend; ich ließ ihm ausrichten, er solle mit seiner Arbeit etwas früher aufhören, und als ich ihn hinführte, sagte ich zu ihm: Dieses Haus, dieser Holzvorrat, den ihr jedes Jahr bei mir erneuern sollt, die zwei Kühe hier und die Weide bis hin zu jenem Hag sind künftig eurer Nutzung überlassen, und zwar für immer, sofern ihr euch zu betragen wißt, wie ich wohl glauben will.

Zwei Dinge mögen dir zeigen, ob er dies verdient hat, wenn nicht noch mehr. Mit dem richtigen Gefühl dafür, daß die Größe eines erwiesenen Dienstes mit der Dankbarkeit eines redlichen Herzens einigermaßen übereinstimmen soll, wurde er nicht müde zu beteuern, es entspreche alles genau dem, was er sich als Erfüllung seiner Wünsche vorgestellt habe, was er seit seiner Hochzeit ohne Hoffnung auf Erfüllung für das höchste Gut gehalten habe, und nichts anderes hätte er sich vom Himmel erbeten, wenn er einen Wunsch hätte tun dürfen. Das wird dich freuen; aber das Erstaunliche kommt erst. Er ist seit acht Jahren verheiratet, hat aber noch keine Kinder. Armut war seine einzige Mitgift, denn da ihm sein Vater eine drückende Schuld hinterlassen hatte, fand er mit seiner Arbeit kaum ein Auskommen für sich und seine Frau. Nun aber ist sie schwanger. Bedenke, wie wenig Spielraum, ja nur schon

Gelegenheit uns zur Entfaltung unserer Anlagen bleibt, wenn wir andauernd in Not leben, und urteile dann selber, ob man, ohne jegliche innere oder äußere Zurschaustellung seiner Empfindungen, mehr natürliche Würde und Schicklichkeit zeigen könne.
Ich schätze mich glücklich, daß ich etwas besitze, ohne es einem Stand zu verdanken, der mich dazu zwingen würde, als Reicher zu leben und an Dummheiten zu vergeuden, was so viel Gutes bewirken kann. Ich bin mit den Moralisten darin einig, daß großer Reichtum oftmals ein trügerischer Vorteil ist und uns sehr oft unglücklich macht; aber ich werde niemals ihre Meinung teilen, daß Unabhängigkeit nicht eine der wichtigsten Voraussetzungen für das Glück, ja selbst für die Weisheit sei.

SIEBENUNDSIEBZIGSTER BRIEF

6. Juli IX

In dieser vielgestaltigen Gegend, wo die wechselnden Bedingungen der Natur, auf engstem Raume vereinigt, große Unterschiede der Formen, der Vegetation und des Klimas bewirken, kann auch der Menschenschlag nicht einheitlich sein. Rassenunterschiede treten hier deutlicher zutage als anderswo; sie sind in diesen abgelegenen, lange als unzugänglich geltenden Regionen, in diesen Hochtälern, wo seit alters fliehende oder abgekämpfte Horden Zuflucht gesucht haben, durch Vermischung weniger ausgeglichen worden als anderswo. Die Stämme lebten abgeschieden in ihrer Bergwelt und blieben einander fremd; im Gemeinwesen, in Sprache und Sitten haben sie ebenso viele Besonderheiten bewahrt, als es in ihren Bergen Täler gibt oder gar Weiler und Triften. Es kann vorkommen, daß man in einer Wegstunde sechsmal denselben Bach überquert und dabei ebenso vielen physiognomisch voneinander abweichenden Rassen begegnet, deren Brauchtum die unterschiedliche Herkunft bestätigt.
Die heute noch* erhaltenen Kantone bestehen aus einer Vielzahl von Staatswesen. Die schwächeren sind mit den erstarkten Republiken vereinigt worden, sei es aus Furcht, durch Bündnis, Not oder Gewalt. Jene, die Stadtstaaten, haben es im Verlauf von fünf

---

* vor der Revolution in der Schweiz.

Jahrhunderten der Wohlfahrt fertiggebracht, durch Kauf, Abrundung, Überredung, Eroberung und Unterwerfung ringsum alles Land in Besitz zu nehmen, soweit man die Glocken ihrer Städte hört.
Ehrwürdige Schwachheit! hat man es doch verstanden, daraus die Mittel zu schöpfen, um innerhalb der engen, durch die Umstände gebotenen Grenzen zu jenem anscheinend allgemeinen Glück zu gelangen, das sich niemals verwirklichen läßt in einem weiten, offenen Land, welches dem verderblichen Hochmut der Eroberer und den noch schlimmeren Auswüchsen der Fremdherrschaft ausgeliefert ist.
Du wirst bemerkt haben, daß ich eigentlich nur von den Gesichtszügen sprechen wollte, und ich bin sicher, daß du mir in diesen Dingen Gerechtigkeit nicht abspricht. In gewissen Teilen des Oberlandes, auf jenen Triften, die im allgemeinen nach Westen und Nordwesten abfallen, haben die Frauen einen weißen Teint, wie man ihn in den Städten gewohnt ist, aber von einer Frische, die man dort niemals fände. Anderswo, in den Voralpen nahe bei Fribourg, sah ich Gesichtszüge von großer Schönheit, aus denen stille Größe sprach. Bei einer Bauernmagd fiel einzig die Wangenlinie auf, aber sie war so schön, sie verlieh dem ganzen Antlitz einen so erhabenen, ruhigen Ausdruck, daß ein Maler dieses Antlitz zum Vorwurf für eine Semiramis oder eine Katharina hätte nehmen können.
Aber die Helle und Reinheit des Antlitzes und einzelne hervorstechende oder gar herrliche Züge reichen bei weitem nicht an jene durchgehende Vollkommenheit der Bildung und an jene harmoniereiche Anmut heran, deren es zur wahren Schönheit bedarf. Ich will in einer so heiklen Frage nicht abschließend urteilen; aber es scheint, daß hierzulande in der Gesichtsbildung eine gewisse Rohigkeit festzustellen ist und daß man im allgemeinen eher auf überraschende Züge oder auf eine pittoreske Schönheit stößt, als daß man einer vollendeten Schönheit begegnet. In den Gegenden, von denen ich vorhin sprach, fallen die stark vorspringenden Backenknochen auf; man sieht sie so häufig, daß Porta ihr Bildnis in jedem Bauernmädchen wiederfände.
Mag eine französische* Bäuerin mit achtzehn Jahren hübsch sein,

* Das Wort *französische* ist hier zu allgemein.

so wirkt ihr gebräuntes Gesicht schon mit zweiundzwanzig abgespannt und stumpf; aber hier in den Bergen behalten die Frauen selbst beim Heuen den jugendlich hellen Teint. Wenn man über Land geht, erlebt man immer wieder Überraschungen; und doch fände ein Maler höchst selten ein Modell, auch wenn er sein Augenmerk nur gerade auf das Gesicht richten würde.
Man versichert, daß weit herum in der Schweiz nichts so selten sei wie ein schöner Busen. Ich kenne einen Maler, der sogar behauptet, viele Schweizerinnen hätten nicht einmal eine Ahnung davon. Er meint, gewisse Mängel seien hier so verbreitet, daß es den meisten gar nicht in den Sinn komme, daß man anders aussehen könne; Bildnisse aus Griechenland, England oder Frankreich, die nach Natur gemalt sind, betrachteten sie als reine Erfindung. Mag sein, daß diese Art der Vollkommenheit zu einem Schönheitsideal gehört, das man hier nicht kennt; ich kann dennoch nicht glauben, daß sie hier gänzlich fehlt, so als ob sich die anmutigsten Reize nicht mit dem modernen Namen vertrügen, der hier so manche Familien völlig verschiedener Abstammung zusammenfaßt, deren Unterschiede noch heute sehr deutlich sichtbar sind.
Sollte sich jedoch diese Beobachtung so wie auch die einer gewissen Unregelmäßigkeit in der Gesichtsbildung bestätigt finden, so dürfte sie sich durch die Rauhigkeit erklären lassen, die zur Atmosphäre der Alpen zu gehören scheint. Wohl gibt es in der Schweiz Menschen von äußerster Schönheit, besonders in den Alpentälern, etwa im Hasli oder im Oberwallis; es ist aber nicht minder wahr, daß es in diesem Land eine auffallend große Zahl von Kretins gibt, und ganz besonders kropfkranke, schwachsinnige, mißgestaltete Halbkretins. Viele, die keine Kröpfe haben, scheinen vom selben Leiden befallen zu sein wie die Kropfkranken. Diese Schwellungen und Stauungen lassen sich auf allzu rohe Bestandteile des Wassers und besonders der Luft zurückführen, die sich festsetzen, die Gefäße verengern und die Ernährung des Menschen derjenigen der Pflanzen anzugleichen scheinen. Ob wohl der Boden genügend kultiviert ist für die Tiere, aber noch zu wenig für den Menschen?
Könnte es nicht sein, daß von flachen Böden mit einer Humusschicht, die durch fortwährende Verkrümelung aufbereitet wird, Dämpfe in die Atmosphäre abgegeben werden, die den Bedürfnissen hochorganisierter Lebewesen besser entsprechen; und daß aus

Felsen, Sümpfen und Gewässern, die immer im Schatten liegen, rohe, gewissermaßen unkultivierte Partikel hervorgehen, die für zarte Organe schädlich sind? daß der Salpeter von Altschneefeldern, die den Sommer überdauern, allzu leicht durch unsere offenen Poren einzudringen vermag? Der Schnee übt unbestreitbar gewisse verborgene Wirkungen auf die Nerven aus, auch auf Menschen, die von der Gicht oder von Rheumatismen befallen sind; also läßt sich eine noch geheimere Wirkung auf unsern gesamten Organismus nicht ausschließen. So hätte die Natur, die überall für Ausgleich sorgt, die romantischen Schönheiten jener Gegenden, die sich der Mensch noch nicht unterworfen hat, durch unbekannte Gefahren aufgewogen.

ACHTUNDSIEBZIGSTER BRIEF

Im., 16. Juli IX

Ich bin ganz deiner Meinung; ich hätte freilich nicht so lange warten sollen, um mich zum Schreiben aufzuraffen. Der Umgang mit Geistern anderer Zeitalter hat für die Seele etwas Tröstliches. Stell dir vor, man könnte dereinst in der Bücherstube eines gewissen L✲✲ an der Seite von Pythagoras, Plutarch oder Ossian sein; ein solches Gedankenspiel hat wahrhaftig Größe und ist eine der erhabensten Tröstungen für den Menschen. Wer jedoch mit angesehen hat, wie einem Unglücklichen die Träne auf der Wange brennt, der träumt alsbald einen noch größeren Gedanken; er glaubt, er könne dem Kummerbeladenen den Preis des Frohmuts nennen, der seinesgleichen würdig ist, könne dem Opfer, dessen Stöhnen ungehört verhallt, Linderung verschaffen, könne dem betrübten Herzen ein wenig Zuversicht zurückgeben, indem er es an jene großen, tröstlichen Einsichten erinnert, welche die einen verwirren, die andern stärken.

Man glaubt zu wissen, daß es mit unseren Lastern wenig auf sich habe und daß es am Menschen sei, sich auf die Seite des Guten zu schlagen. Man gibt sich Spekulationen hin, die zur Idee des allgemeinen Glücks führen; man übersieht jene Macht, die uns im Zustand der Verwirrung hält, worin das Menschengeschlecht verkommt; man sagt sich: ich will die Irrtümer bekämpfen, will den Wirkungen der natürlichen Grundsätze vertrauen, will etwas verkünden, was zum Guten gereicht, jetzt oder später. Man kommt sich dann weniger unnütz vor auf der Welt, weniger überflüssig; man hat dann beides: den Frieden eines Lebens in der Einsamkeit – und den Traum von großen Dingen; man ist ganz erfüllt vom Ideal, umso mehr, als man hofft, ihm in der Welt zur Wirkung zu verhelfen.

Das Reich des Idealischen ist wie eine neue Welt, die zwar nicht verwirklicht, aber möglich ist; der menschliche Geist sucht dort nach der Idee einer Harmonie, die unserer Sehnsucht entspricht, und bringt Abbilder auf die Erde zurück, die jenem übernatürlichen Urbild näherkommen.

Das beständige Schwanken des Menschen beweist, daß er zu entgegengesetzten Verhaltensweisen fähig ist. Man könnte Errungenschaften verschiedener Zeiten und Orte zu einem Ganzen vereinigen, das seinem Herzen weniger Mühe bereiten würde als alles, was ihm bis heute vorgeschlagen worden ist. Eben dies ist mein Vorhaben.

Ohne Langeweile übersteht man den Tag nur, wenn man sich irgendeine Arbeit auferlegt, und sei sie noch so unnütz. Nicht anders ist es mit dem Leben; ich will es zu Ende bringen, indem ich mich, soweit ich kann, von der Hoffnung verführen und hinhalten lasse, die Möglichkeiten, die dem Menschengeschlecht gegeben sind, zu erweitern. Mein Herz bedarf der Träume, es ist zu groß, um nicht danach zu verlangen, zu schwach, um darauf zu verzichten.

Da die Empfindung des Glücks unser vordringlichstes Bedürfnis ist – was soll der beginnen, der es nicht für heute erwartet und nicht für später zu erhoffen wagt? Drängt es ihn nicht, das Glück im Auge des Freundes zu finden, auf dem Antlitz eines Menschen, der ist, wie er?* Es ist ihm eine Notwendigkeit, seinesgleichen froh zu wissen; er kennt kein anderes Glück als das, das er schenkt. Hat er nicht in einem Mitmenschen die Empfindung des Lebens wiedererweckt, hat er niemanden froh gemacht, so nistet sich Todeskälte in seinem mutlosen Herzen ein; es scheint, sein Leben ende in der Finsternis des Nichts.

* O Ewiger! du bist wunderbar in der Ordnung deiner Welten; aber herrlicher bist du im seligen Blick des Guten, der das Brot bricht, das ihm sein barmherziger Bruder gereicht hat. – So ungefähr sagt es M✶✶ im schönen Kapitel über Gott, in *L'an 2440*.

Es soll Menschen geben, die sich selbst genug sind und sich von ihrer eigenen Wahrheit nähren. Haben sie die Ewigkeit vor sich, so bewundere, ja beneide ich sie; wenn nicht, so begreife ich sie nicht.
Was mich anbelangt, so bin ich nicht nur nicht glücklich und werde es niemals sein, sondern würde es auch dann noch nicht sein, wenn die wahrscheinlichsten Annahmen, die ich mir erdenken könnte, in Erfüllung gingen. Das menschliche Verlangen ist ein Abgrund von glühenden Wünschen, Enttäuschungen und Irrtümern.
Kein Wort davon, was ich fühle, was ich möchte, was ich bin! Ich weiß nicht mehr, wessen ich entbehre, ja kaum noch, wonach es mich verlangt. Wenn du meine Lieblingsgedanken zu kennen glaubst, so wirst du dich getäuscht sehen. Du sagst dir, draußen zwischen der einsamen Heide und dem weiten Meere: Wo er nur bleiben mag, er, der sich nach mir sehnt? der Freund, dem ich in Afrika nicht und auf den Antillen nicht begegnet bin? Es ist neblig und trübe, gerade das Wetter für seine Traurigkeit; er geht auf und ab, sinnt nach über mein Leid, über die Vergeblichkeit seines vergangenen Lebens; er lauscht gegen Abend, als könnte sein einsames Ohr die Klänge vom Klavier meines Töchterchens vernehmen; sein Auge ruht auf dem Jasmin, der sich über meine Terrasse ausbreitet, er sieht meine Nachtmütze hinter den blühenden Zweigen vorbeiziehn, er folgt im Sande der Spur meiner Pantoffeln, er möchte die linde Abendluft atmen. Vergebliche Träume! sag ich dir, schon bin ich ein anderer. Und leben wir denn unter dem gleichen Himmel, wir, die wir ausgezogen sind, jeder sein Land in anderem Klima zu suchen und fern vom Land unserer Kindheit?
Während ihr eure lauen Abende genießt, kann hier eine einzige Bise den heißen Sommer brechen. Eben noch hat die Sonne die Wiesen rings um die Ställe versengt; am nächsten Morgen drängen die Kühe hinaus, voll Verlangen, die Weide vom nächtlichen Tau erfrischt zu finden, doch zwei Fuß Neuschnee lasten auf dem Dach, unter dem sie gefangengehalten sind, und es bleibt ihnen bald nichts mehr, als die eigene Milch zu saufen. Und ich selbst, ich bin noch unberechenbarer, noch veränderlicher als dieses launische Klima. Was mir heute gefällt, besser: was mir nicht mißfällt – vielleicht mißfällt es mir schon, wenn du dies liest, und

der Wechsel ist kaum spürbar. Das Wetter sagt mir zu, es ist ruhig, alles schweigt; ich gehe fort und gedenke lange wegzubleiben – eine Viertelstunde später sieht man mich zurückkommen. Ein Eichhörnchen, das mich gehört hat, ist bis zuoberst auf eine Tanne geklettert. Ich gebe meinen Plan auf: Da singt über mir eine Amsel. Ich kehre zurück, ich schließe mich in mein Zimmer ein. Es bleibt mir nichts, als ein Buch zu suchen, das mich nicht langweilt. Wenn man mich etwas fragen kommt, eine Ordre holt, so entschuldigt man sich für die Störung; dabei hat man mir einen Dienst erwiesen. Die Verdrießlichkeit ist weg, so rasch wie sie gekommen ist; sobald ich eine Ablenkung habe, bin ich zufrieden. Vermöchte ich dies nicht aus eigener Kraft? Nein. Ich liebe meinen Schmerz, ich klammere mich daran, solang er dauert – sobald er weg ist, sehe ich darin ein sicheres Zeichen des Wahnsinns.
Ich sage dir, ich bin nicht mehr der gleiche. Ich weiß noch, wie mich einst das Leben langweilte; es gab einen Augenblick, wo ich es als ein Übel erduldete, das nur noch ein paar Monate fortdauern mochte. Aber dies erscheint mir heute als eine Erinnerung an etwas, was mir fremd ist; sie würde mich auch dann befremden, wenn mich die Veränderlichkeit meiner Empfindungen durchaus nicht zu befremden vermöchte. Ich sehe keineswegs ein, warum ich weggehen soll, so wie ich auch nicht recht weiß, warum ich bleiben soll. Ich bin müde; aber in einer Müdigkeit wie der meinen, dünkt mich, tut man nicht unrecht, wenn man sich ausruht. Ich finde das Leben abgeschmackt und ergötzlich zugleich. Zur Welt kommen, heranwachsen, viel Lärm machen, Sorgen über Sorgen, Kometenbahnen durchmessen und sich nach ein paar Tagen unter den Rasen eines Friedhofs legen – das dünkt mich ein Schwank, der bis zum Ende betrachtet zu werden verdient.
Warum vorgeben, unsere Anschauungen und Hoffnungen würden durch fortgesetzte Enttäuschungen oder durch eine unglückliche finstere Gemütsart zuschanden gemacht, ja sie zerstörten unser ganzes Leben durch das Gefühl der Vergänglichkeit und Nichtigkeit unseres Daseins? Es braucht keineswegs eine melancholische Veranlagung zu sein, die den Anblick des Lebens bestimmt. Fragt ja nicht einen Abkömmling der Inkas, der zur Grubenarbeit verurteilt ist, woher man das Gold für die Paläste seiner Vorfahren und für die Sonnentempel genommen habe, und

ebensowenig einen unbescholtenen, von der Arbeit gezeichneten Bürger, der als verachteter gebrechlicher Greis dem Bettel nachgeht; fragt ja nicht unter den Scharen der Notleidenden, was sie von Hoffnungen und vom Wohlstand halten; fragt nicht Heraklit nach dem Sinn unseres Planens, nicht Hegesias nach dem Sinn des Lebens. Nein! Voltaire, der erfolgreiche, an den Höfen gefeierte, von Europa bewunderte, der berühmte, intelligente, geistreiche, begüterte Voltaire; oder Seneca, der neben Cäsars Thron steht, im Begriffe, selber hinaufzusteigen, Seneca, der auf die Weisheit baut, der sich aller Ehren erfreut und dreißig Millionen besitzt: Seneca, von dem die Menschen lernen können, und Voltaire, der sich über ihre Grillen lustigmacht, sie sind es, die euch Bescheid geben über die Erquickungen der Seele und den Frieden des Herzens, über den Sinn, über das Unvergängliche in unserem dahineilenden Leben.

Lieber Freund! ich bleibe noch ein paar Stunden auf dieser Erde. Wir sind arme Narren, solange wir leben; aber wir sind so gar nichts mehr, wenn das Leben vorbei ist! Und man hat doch noch immer seine Aufgaben, die beendet sein wollen. Ich habe mir jetzt etwas Großes vorgenommen: Ich will messen, wieviel Regen hier in zehn Jahren fällt. Auf Temperaturmessungen habe ich verzichtet; man müßte dazu nachts aufstehen, und bei dunkler Nacht wäre Licht brennen zu lassen, und dies in einem andern Zimmer, weil ich nachts in meiner Kammer stets völlig dunkel haben will. (Dies übrigens ein wesentlicher Punkt, worüber mein Sinn noch unverändert ist.) Kommt dazu, daß hier die Beobachtung der Temperatur für mich nur dann ein gewisses Interesse haben könnte, wenn ich es aufgäbe, von dem, was andernorts geschieht, nichts wissen zu wollen. Ich hätte mich dann um Beobachtungen zu kümmern, die in der Wüste von Senegal oder auf den höchsten Bergen in Labrador gemacht worden sind. Und mich interessiert etwas anderes weit mehr: Ich möchte wissen, ob man neuerdings wieder ins Innere Afrikas vorzustoßen versucht, in jene großartigen, weiten, unerforschten Gebiete, wo es möglich wäre, daß man ... Ich bin von der Welt abgeschnitten. Hört man Genaueres darüber, so laß es mich wissen. Ich weiß nicht, ob du mich begreifst.

NEUNUNDSIEBZIGSTER BRIEF

17. Juli IX

Wenn ich dir sagen würde, daß mir das Vorgefühl eines gewissen Ansehens nicht im geringsten zu schmeicheln vermöchte, so würdest du mir aufs erstemal nicht glauben; du würdest denken, ich gebe mich zumindest einer Täuschung hin; und du hättest recht. Das Bedürfnis der Selbstachtung läßt sich schwerlich völlig trennen von dem nicht minder natürlichen Verlangen, von gewissen Mitmenschen geachtet zu werden und zu wissen, daß sie sagen, der gehört zu uns. Aber das Bedürfnis nach Ruhe und eine gewisse Trägheit der Seele, die durch die Langeweile noch zugenommen hat, könnten mich diese Verlockung vergessen lassen, so wie ich andere vergessen habe. Ich bin darauf angewiesen, daß mich die Furcht vor jenem Vorwurf zurückhält und anspornt, den ich mir machen müßte, wenn ich, ohne irgend etwas zu verbessern, mich träge der Dinge bediente, wie sie sind, und wenn ich mir dadurch die einzige Möglichkeit zum Tätigsein verscherzte, die sich mit der Abgeschiedenheit meines Lebens verträgt.

Muß nicht der Mensch etwas *sein* und im einen oder andern Sinn eine *ausdrucksvolle* Rolle spielen können? Sonst wird er lebensmüde und verliert die Würde seines Wesens; er verkennt seine Fähigkeiten, oder, wenn er sie spürt, so nur zur Qual seiner ermatteten Seele. Niemand mehr hört ihn, geht mit ihm, achtet ihn. Nicht einmal das wenige Gute, das noch vom wertlosesten Leben hervorgebracht werden kann, ist er zu leisten imstande. Das Gebot der Schlichtheit ist gewiß sehr schön und sehr nützlich; aber man hat es gründlich mißdeutet. Ein Mensch, der die verschiedenartigen Aspekte der Dinge nicht sieht, verdirbt die nützlichsten Grundsätze; er erniedrigt sogar die Vernunft, indem er ihr ihre Mittel entzieht, sie in Armut stürzt und sie durch die Verwirrung, die daraus entsteht, verunstaltet und entehrt. Gewiß, ein Schriftsteller*, der schmutzige Wäsche trägt, auf dem Estrich

---

* Ein Ausdruck, der nur hier schicklich ist. Ich kann es nicht leiden, daß man Gelehrte oder große Dichter so bezeichnet; es mag die rechte Bezeichnung sein für gewissenlose Zeitungsskribenten, für Leute, die *nach Brot gehen*, oder bestenfalls für die, die nicht mehr und nicht weniger als eben Literaten sind. Ein Richter ist auch kein *Recht-steller*. Montesquieu, Boulanger, Helvétius waren keine *Schriftsteller*, und unter den Lebenden weiß ich einige, die es nicht sind.

haust, seine Lumpen zusammenflickt und was weiß ich was abschreibt, um leben zu können, wird der Welt schwerlich von Nutzen sein und entbehrt des erforderlichen Ansehens, um etwas Gutes zu wirken. Mit fünfzig verbindet er sich mit der Waschfrau, die ihr Zimmer auf demselben Stock hat; oder wenn er sich ein bißchen besser gestellt hat, heiratet er seine Magd. Hat er eigentlich die Moral lächerlich machen und dem Gespött leichtfertiger Menschen preisgeben wollen? Er schadet dem Ansehen mehr als der verheiratete Priester, der bezahlt wird, um täglich zum Gottesdienst zu ermahnen, den er selber verraten hat, mehr als der aufrührerische Mönch, der Frieden und Entsagung predigt, mehr als jene Scharlatane der Rechtschaffenheit, die sich in einer gewissen Gesellschaft tummeln und die in jedem Satz von Tugend, Sittlichkeit, Ehrlichkeit reden und denen man fortan keinen Louis ohne Quittung leihen würde.

Jeder, der bei klarem Verstand ist und sich nützlich machen will, und sei es nur in seinem Privatleben, jeder Mensch also, der einiger Achtung würdig ist, bemüht sich um sie. Er beträgt sich so, daß er sie selbst in Dingen erlangen kann, wo die Meinung der andern an sich belanglos ist, vorausgesetzt, daß dieses Bestreben von ihm nichts verlangt, was seinen Pflichten oder den wesentlichen Gegebenheiten seines Charakters widerspricht. Wenn es eine Regel ohne Ausnahme gibt, so meine ich, es sei diese; ja ich möchte sogar behaupten, daß es allemal von irgendeiner Verderbtheit des Herzens oder des Urteils zeugt, wenn man die öffentliche Achtung verschmäht oder zu verschmähen vorgibt, ausgenommen wo die Billigkeit einen Verzicht verlangt.

Man mag noch so zurückgezogen leben, so kann man sich dennoch Achtung erwerben, wenn man sich mit einer gewissen Bequemlichkeit umgibt, in seinem Hause auf Ordnung hält und in seinem Lebenswandel eine gewisse Würde wahrt. Ja, dies ist sogar in der Armut möglich, sofern man einen Namen hat, durch seine Taten bekannt geworden ist, über sein Schicksal erhaben ist und sich aus dem Elend des Pöbels und aus der alleräußersten Armseligkeit herauszuhalten vermag. Ein Mensch von einigem Charakter wird niemals in der Menge untergehen; und selbst wenn er, um dies zu vermeiden, sich zum Scharwenzeln herablassen müßte, ich glaube, er würde sich dazu entschließen. Und ich meine, darin läge durchaus keine Eitelkeit; das Gefühl für den natürlichen Anstand veranlaßt einen jeden Menschen, seinen Platz zu beanspruchen und danach zu trachten, daß ihm die andern diesen Platz lassen. Wäre es ein eitles Verlangen, andere zu übertreffen, so würde der höhere Mensch die Demütigungen der Einsamkeit ebensosehr fürchten, wie er das Elendsleben in der fünften Etage fürchtet; er fürchtet sich jedoch vor der Selbsterniedrigung und nicht etwa davor, nicht erhöht zu werden; seine Natur sträubt sich nicht dagegen, daß er keine große Rolle spielt, sondern daß er eine spielt, die seiner Natur entgegengesetzt ist.

Wenn es für alles, was man im Leben tut, ein gewisses Ansehen braucht, so ist dieses für den Dichter, wie für den Philosophen, schlechthin unerläßlich. Die öffentliche Achtung ist eines seiner mächtigsten Mittel; ohne sie übt er nur noch einen Beruf aus, und dieser Beruf wird zur Schmach, weil er ein hohes Amt ersetzt.

Es ist unsinnig und empörend, wenn sich ein Autor anmaßt, den Menschen ihre Pflichten vorzuhalten, ohne daß er selber ein rechtschaffener Mensch ist*. Aber wenn der verkommene Mora-

---

* Es ist unsinnig und empörend, wenn er sich anmaßt, nach den Grundlagen der Tugenden zu fragen und diese auf ihre Wahrheit zu prüfen, aber sein eigenes Verhalten nach den bequemen Regeln der Gesellschaft und der gängigen verlogenen Moral ausrichtet. Niemand soll den Menschen ihre Pflichten und die moralische Grundlage ihres Handelns vorschreiben wollen, wenn er nicht vom Gefühl der Ordnung durchdrungen ist und wenn er nicht vor allem nach dem öffentlichen Glück strebt, mehr noch als nach dem allgemeinen Wohlstand; wenn es nicht das einzige Ziel seines Denkens ist, jenes verborgene Glück, jene Zufriedenheit des Herzens, Quelle alles Guten, zu mehren, jene Zufriedenheit, die durch menschliche Verirrungen noch und noch zerstört wird und von der Vernunft wiederhergestellt und aufrechterhalten werden muß. Wer andern Leidenschaften frönt und nicht jegliche menschliche Neigung diesem einen Gedanken unterwirft; wer allen Ernstes nach Frauen, nach Ehre, nach Gütern, ja selbst nach Liebe oder Ruhm begehrt, ist nicht für das erhabene Amt eines Erziehers der Menschheit geboren.

Wer eine Religion predigt, ohne ihr innerlich zu gehorchen, ohne darin das höchste Gesetz seines Herzens zu verehren, ist ein erbärmlicher Scharlatan. Ärgere dich nicht über ihn, geh nicht so weit, ihn selber zu hassen, aber verabscheue seine Falschheit; gilt es jedoch, andere vor seiner Verführung zu bewahren, so gib ihn der öffentlichen Schande preis; er soll ihr nicht mehr entkommen.

Wer, ohne seine persönlichen Neigungen und Wünsche und alle seine Gedanken der moralischen Ordnung und Billigkeit zu unterwerfen, dem Mitmenschen von Moral zu sprechen wagt, dem Mitmenschen, der wie er den natürlichen Egoismus des Individuums und die Schwachheit eines Sterblichen besitzt, ist ein noch abscheulicherer Scharlatan: Er erniedrigt die erhabensten

list nur Verachtung erntet, so bleibt der unbekannte Moralist dermaßen unnütz, daß, wenn nicht er, zumindest seine Schriften lächerlich werden. Alles, was den Menschen heilig sein müßte, hat seine Kraft verloren, seit die Bücher der Philosophie, der Religion und der Moral für drei Sous das Stück auf den schmutzigen Quais ausgelegt worden sind und man ihre ehrwürdigen Papierbogen den Metzgern überlassen hat, um damit Cervelats einzupacken. Ansehen und Berühmtheit sollen, auch wenn sie an sich nichtig

Dinge und ruiniert alles, was uns noch geblieben war. Hat er die Schreibwut, so schmiere er Erzählungen und Gedichte zusammen; hat er Talent zum Schreiben, so mag er übersetzen, ein ehrbares Handwerk daraus machen, als *Schriftsteller* wirken, Kunstwerke auslegen, auf seine Weise nützlich sein: um Geld und um Ansehen; oder ist er weniger eigennützig, so arbeite er zu Ehren einer Körperschaft, zur Förderung der Wissenschaft, für das Ansehen seiner Heimat; aber er überlasse dem wahrhaft guten Menschen das, was man das Amt des Weisen genannt hat, und dem Prediger die Sache der Sittlichkeit.
Die Druckkunst hat in der gesellschaftlichen Welt eine große Veränderung bewirkt. Es war undenkbar, daß ihr großer Einfluß nicht irgendeinen Schaden anrichten würde, aber er hätte kleiner bleiben dürfen. Die Nachteile, die daraus erwachsen würden, wurden zwar vorausgeahnt, aber die Mittel, man anwendete, um sie zu verhindern, haben nicht weniger Schlimmes hervorgebracht. Es scheint mir aber dennoch, beim heutigen Stand der Dinge in Europa dürfte die Freiheit des Schreibens abgewogen werden gegen Maßnahmen zum Schutze der Bücher vor Auswüchsen, die ihren unbestreitbaren Nutzen gefährden. Ursache des Übels sind hauptsächlich der unsinnige Parteigeist und die Unzahl von Büchern, in denen nichts steht. Man wird einwenden, die Zeit lasse uns bald vergessen, was ungehörig oder schlecht ist. Für den einzelnen wie für die Öffentlichkeit dauert dies aber zu lang. Der Autor ist tot, bis das Urteil gebildet oder berichtigt ist; und das Publikum hält den gleichgültigsten Skribenten für wahrhaftig und verehrungswürdig, da es doch seine große Unsicherheit, die es gegenüber Vergangenem fast immer verliert, hinsichtlich des Gegenwärtigen stets von neuem beweist. Nach meiner Auffassung soll es erlaubt sein, alles zu schreiben, was heute erlaubt ist; und auch das Urteil darüber wäre ebenso frei. Jene aber, die nicht ein halbes Jahrhundert darauf warten wollen, und jene, die sich nicht auf ihr eigenes Urteil verlassen können oder die nicht gern zwanzig Bände durchpflügen, um ein gutes Buch zu finden, hielten, so denke ich, einen mittelbaren Garanten, einen vorgebahnten Weg, dem zu folgen für sie keine unbedingte Verpflichtung bestände, für ebenso bequem wie nützlich. Diese Institution bedürfte der unbestechlichsten Unparteilichkeit; dennoch wäre es jedermann unbenommen, das, was sie für gut hält, öffentlich anzufechten. So würde es geradewegs in ihrem Interesse liegen, das öffentliche Urteil für sich zu gewinnen, ohne dieses auf irgendeine Weise zu vergewaltigen. Man wendet immer wieder ein, gerechte Menschen seien selten; ich weiß nicht, ob sie so selten sind, wie man vorgibt; auf keinen Fall aber trifft es zu, daß es sie nicht gibt.

sein mögen, weder geringgeschätzt noch vernachlässigt werden, da sie eins der wichtigsten Mittel sind, um die löblichsten und bedeutsamsten Ziele zu erreichen. Nichts für sie zu tun ist genau so eine Übertreibung wie alles für sie zu tun. Bedeutende Taten sind edel allein durch ihre Größe, und es ist keineswegs nötig, daß man sich den Kopf darüber zerbricht, wie sie bekannt zu machen und wie ihnen Ruhm zu verschaffen sei. Nicht anders ist es mit großen Gedanken. Das Beispiel vom Ertrinkenden, der in der Tiefe der Fluten seine stoische Ruhe bewahrt, ist abwegig: Der trefflichste Gedanke, das weiseste Urteil, sie bleiben es, auch wenn sie nicht mitgeteilt werden; aber nützlich werden sie erst, wenn sie ausgesprochen werden, und fruchtbar erst durch ihre Berühmtheit.

Vielleicht müßte philosophischen Schriften stets ein gutes Buch aus der Gattung der Unterhaltungsliteratur vorausgeschickt werden, das Verbreitung und Anklang findet*. Wer einen Namen besitzt, spricht mit größerer Sicherheit; er schafft mehr und schafft Besseres, weil er die Hoffnung hat, nicht umsonst zu schaffen. Leider hat man nicht immer den Mut oder die Möglichkeit, dergleichen Vorkehrungen zu treffen. Bücher sind, wie vieles andere, von Umständen abhängig, die im Augenblick vielleicht sogar unbemerkt bleiben; sie sind oft von einem Aufschwung diktiert, mit dem unsere Absichten und Pläne nicht gerechnet haben.

Ein Buch schreiben, um sich einen Namen zu machen, ist auch eine Aufgabe: Sie hat etwas Abstoßendes, Sklavisches; und auch wenn ich die Gründe anerkenne, die sie mir aufzudrängen scheinen, wage ich mich nicht hinter die Ausführung; ich würde auch nicht durchhalten.

Indessen will ich auch nicht mit dem Werk anfangen, das ich plane. Es ist zu wichtig und zu weitreichend, als daß ich es je vollenden könnte; es ist schon viel, wenn ich es eines Tages der Idee näherrücken sehe, die mir vorschwebt. Diese allzu ferne Aussicht gäbe mir nicht genug Kraft. Ich glaube, es ist gut, wenn ich mit Schreiben beginne; das gibt mir Mut, als Autor weiterzumachen. Das soll meine erklärte Absicht sein und bleiben, und ich will mich daran halten, als wäre es meine Bestimmung.

---

* So gingen dem *Esprit des Lois* die *Lettres Persannes* voraus.

ACHTZIGSTER BRIEF

den 2. August ix

Ich bin Deiner Meinung, daß es ein Roman sein müßte, ein wahrhaftiger Roman, wie es einige gibt; aber das ist eine große Arbeit, die mich über lange Zeit in Anspruch nähme. Aus verschiedenen Gründen fühle ich mich wenig geeignet dazu; auch müßte ich für den Aufriß auf die Eingebung zählen können.

Was mir vorschwebt, ist eine Reisebeschreibung. Ich möchte, daß die Leser mit mir den ganzen Erdkreis durchmessen, soweit er dem Menschen untertan ist. Haben wir dann alles gesehen und uns aneinander gewöhnt, so kehren wir zurück und ziehen unsere Schlüsse. Genauso wie zwei Freunde im reiferen Alter, die ins Land hinausziehen, um sich blicken und beobachten, darüber nachdenken, kein Wort reden, höchstens mit dem Stock auf dies und jenes hinweisen, jedoch abends am Kamin plaudern sie über das, was sie auf ihrer Wanderung gesehen haben.

Das Schauspiel des Lebens bietet manch vortrefflich Schönes. Man soll sich selber aber nur als Zuschauer verstehen, soll dafür offen sein, ohne Illusionen und Leidenschaften, aber auch ohne Gleichgültigkeit; etwa so wie man sich für die Wechselfälle, die Leidenschaften und Abenteuerlichkeiten einer erfundenen Erzählung interessiert: Sie ist ja mit sehr großer Beredsamkeit gestaltet.

Der Lauf der Welt ist ein Drama, zusammenhängend genug, um zu fesseln, vielfältig genug, um Interesse zu wecken, konsequent und geordnet genug, um den Verstand zu befriedigen, um durch Theorien zu unterhalten, ungewiß genug, um Hoffnungen zu wecken und Leidenschaften zu nähren. Blieben wir durchs Leben hindurch völlig ungerührt, so wäre der Gedanke an den Tod unerträglich; aber die Leiden verstören uns, Ekelhaftes widert uns an, Ohnmacht und Befürchtungen lassen uns wegblicken, und so stiehlt man sich weg, ernüchtert, wie man die Loge verläßt, wenn ein lästiger Nachbar, wenn der Schweiß auf der Stirn, wenn die Stickluft eines überfüllten Hauses unser Verlangen in Beklemmung, unsere Erwartung in Ungeduld verwandelt haben.

Welchen Stil soll ich mir aneignen? Keinen. Ich werde schreiben, wie man spricht, ohne mir darüber Gedanken zu machen. Wird etwas anderes verlangt, so schreibe ich schon gar nicht. Immerhin gibt es den Unterschied, daß sich Gesprochenes nicht verbessern läßt, wohl aber Geschriebenes, das beim Lesen mißfällt.

In früheren Zeiten lasen Dichter und Denker ihre Werke vor versammeltem Volke vor. Man soll alles so lesen, wie es geschrieben worden ist, und man soll es so schreiben, wie es gelesen werden muß. Mit der Kunst des Vorlesens ist es nicht anders als mit der des Schreibens. Anmut und Wahrheit des Ausdrucks sind im Lesen so vielfältig wie die Schattierungen des Gedankens. Ich kann mir kaum denken, daß ein Mensch, der schlecht vorliest, eine glückliche Feder und einen klaren, umfassenden Geist haben kann. Genial empfinden und es nicht ausdrücken können verträgt sich offenbar ebenso wenig wie etwas kraftvoll ausdrücken, was man nicht empfunden hat.

Zur Frage, ob in der Moral schon alles gesagt worden sei, mag man sich stellen, wie man will; auf keinen Fall dürfte man folgern, es bleibe in dieser Wissenschaft, der einzigen vom Menschen, nichts mehr zu tun. Es genügt nicht, daß etwas gesagt worden ist; es muß auch veröffentlicht, geprüft, jedermann überzeugend dargetan und allgemein gebilligt werden. Es ist so lange nichts ausgerichtet, als das formelle Gesetz nicht den Gesetzen der Ethik* unterstellt worden ist und als die öffentliche Meinung die Dinge nicht in ihren wahren Zusammenhängen sieht.

Man muß gegen die Verwirrung kämpfen, solange sie fortbesteht. Sehen wir nicht Tag für Tag Dinge geschehen, die eher dem Mangel an Verstand als der Leidenschaft entspringen, die eher von einem Fehlurteil zeugen als von Lasterhaftigkeit und die weniger das Vergehen eines einzelnen als eine fast unvermeidliche Auswirkung der allgemeinen Gedankenlosigkeit und Dummheit sind?

Muß man nicht reichen Leuten, die in unabhängigem Wohlstand leben, auch heute noch zurufen: Durch welches Unglück seid ihr eigentlich genötigt, armseliger zu leben als die Tagelöhner auf euren Feldern? und den Kindern, denen die Augen über ihre niederträchtige Treulosigkeit noch nicht aufgegangen sind: Ihr seid recht eigentlich Diebe, und zwar Diebe, die von Gesetzes wegen strenger bestraft werden sollten als solche, die Fremde

---

* In den von einem gewissen *Matthews* veröffentlichten Briefen findet sich die folgende bemerkenswerte Stelle: »Daß es so viele Institutionen gibt, die sich mit dem Christentum und der Moral gleichermaßen schlecht vertragen, ist die notwendige Folge der Verderbtheit, in die die Menschheit gesunken ist, und des gegenwärtigen Zustands der Gesellschaft im allgemeinen.« Brief VII der *Voyage à la rivière de Sierra-Léone*, Paris, Jahr v.

bestehlen. Zum erwiesenen Diebstahl kommt bei euch die abscheulichste Hinterlist. Der diebische Diener wird strenger bestraft als ein Fremder, weil er Vertrauen mißbraucht und weil man wenigstens im eigenen Hause sicher sein sollte. Zählen diese Gründe, die für einen Lohndiener gelten, nicht umso mehr für den Sohn des Hauses? Wer kann ungestrafter betrügen? wer verletzt heiligere Pflichten? Wem gegenüber ist es trauriger, kein Vertrauen mehr schenken zu können? Will man Bedenken einwerfen gegen eine gesetzliche Bestrafung, so beweist man nur umso mehr, wie nötig es ist, die öffentliche Meinung aufzuklären, sie nicht einfach sich selber zu überlassen, wie es allzu oft geschehen ist, ihre Gleichgültigkeit zu überwinden, ihren Schwankungen Einhalt zu gebieten und vor allem sie zum Respekt zu erziehen, damit sie vermag, was unsere schwächlichen Gesetze unentschieden lassen.

Und muß man nicht immer noch Frauen von zartester Empfindung, lauterster Gesinnung und keuscher Jugendlichkeit zurufen: Warum dem erstbesten Schurken so viele unschätzbare Vorzüge ausliefern? Bemerkt ihr denn nicht schon in seinen Briefen, mitten im verstiegenen Kauderwelsch seiner erheuchelten Gefühle, jene Wendungen, von denen eine einzige genügen würde, um seine geringe Achtung für euch und seine Gemeinheit zu verraten, in der er sich stark fühlt? Er narrt euch, er verführt euch, er hat euch zum Spiel; er sinnt auf eure Schande, euer Verderben. Vielleicht, daß ihr es spürt, ja sogar wißt; aber aus Schwäche, vielleicht aus Gedankenlosigkeit setzt ihr die Ehre eures blühenden Alters aufs Spiel. Vielleicht um der Lust einer einzigen Nacht willen verderbt ihr euer ganzes Leben. Das Gesetz wird ihm nichts anhaben können; er wird sich in schändlicher Freiheit über euch lustig machen. Wie konntet ihr diesen Schurken für einen Menschen halten? Wäre es nicht besser, zu warten und nochmals zu warten? Was für Abgründe trennen Männer! Ihr liebenswerten Frauen, fühlt ihr denn nicht euren Wert? – Das Bedürfnis der Liebe! – Es entschuldigt euch nicht. Zuvorderst kommt das Bedürfnis, sich nicht zu erniedrigen; und gerade die Bedürfnisse des Herzens sollten euch gleichgültig machen gegen einen Menschen, der nur gerade Mann ist, insofern er keine Frau ist. – Die Bedürfnisse des Zeitalters! – Nun, wenn unsere moralischen Einrichtungen in den Kinderschuhen stecken, wenn wir alles durcheinandergebracht

haben, wenn unsere Vernunft im dunkeln tappt, so ist eure Unvorsichtigkeit darum noch nicht gerechtfertigt, sondern noch weniger zu entschuldigen.
Der Name *Frau* ist groß für uns, solange unsere Seele rein ist. Anscheinend vermag auch der Name *Mann* auf junge Herzen seine Wirkung auszuüben; aber solche Einbildungen mögen noch so süß sein, laßt euch davon nicht allzu sehr täuschen! Obgleich der Mann der natürliche Freund der Frau ist, so haben Frauen oft keinen schrecklicheren Feind. Jeder Mann hat die Sinnlichkeit seines Geschlechts; so wartet auf jenen, der auch dessen Seele besitzt. Was sollte ein Mensch, der nur Sinne hat, mit euch gemein haben? Auch Eber sind männlich. . . . .
. . . .
                                                                    *
»Ist es nicht schon oft geschehen, daß wir durch die Empfindung des Glücks in abgrundtiefe Leiden gerissen wurden, daß unsere Natur durch unsere natürlichsten Begierden untergraben worden ist und daß wir uns gierig an bitteren Gefühlen berauscht haben? Man besitzt alle Unschuld der Jugend, alle Wünsche der Unerfahrenheit, die Bedürfnisse eines jungen Lebens, die Hoffnung eines redlichen Herzens. Man hat alle Gaben der Liebe; also möchte man lieben können. Man hat alle Mittel der Lust; also möchte man geliebt werden. Man tritt ins Leben ein; was tun ohne Liebe? Man besitzt Schönheit, Jugend, Anmut, Leichtigkeit, Würde, gewinnenden Ausdruck. Wozu diese Harmonie der Bewegungen, diese wollüstige Schamhaftigkeit, diese Stimme, die alles verheißt, dieses Lächeln voll Verführung, dieser Blick, der das Herz eines Mannes verwandeln könnte? wozu dieses zartfühlende Herz und diese tiefe Empfindsamkeit? Die Jugend, die Sehnsucht, die Züchtigkeit, die Seele, die Sinnlichkeit: alles verlangt danach, unabweislich. Alles spiegelt Liebe und das Verlangen nach Liebe: diese zarte Haut mit der reizend schattierten Blässe; diese Hand, die für die zärtlichsten Liebkosungen gebildet ist; dies Auge, dessen Schätze verborgen bleiben, solange es nicht spricht: Ja, du

---

* Ich habe ein paar Seiten weggelassen, wo von besonderen Umständen die Rede ist und von einer Person, die, soweit ich sehe, in diesen Briefen sonst nirgends erscheint. Als Ersatz habe ich das Folgende eingerückt, ein Stück aus anderem Zusammenhang, das ungefähr dasselbe besagt, nur allgemeiner, und dessen Ähnlichkeit mit dem Weggelassenen mich bewogen hat, es hierher zu setzen.

darfst mich lieben; dieser Busen, der ohne Liebe fühllos, stumm und nutzlos bliebe, der eines Tages welken würde, ohne vergöttert worden zu sein; diese Formen, diese Umrisse, die verbleichen würden, ohne daß sie erblickt, bewundert, ins Auge geschlossen würden; und diese Empfindungen, die so zärtlich, unendlich, wollüstig, so stark sind, das heiße Verlangen des Herzens, die Hingebung an die Leidenschaft! Ja, dies köstliche Gesetz, das vom Weltgesetz diktiert ist: man soll ihm gehorchen! Diese beseligende Rolle, auf die man sich so vollkommen versteht, an die alles erinnert, die der Tag einflüstert und die Nacht gebietet – wo ist die junge Frau mit einem fühlenden, liebedürstenden Herzen, die daran denken dürfte, sie auszuschlagen?

»Auch denkt man gar nicht daran. Gerade die redlichen, edlen, reinen Herzen sind dem Verderben zuerst ausgesetzt. Da sie für eine Erhebung empfänglicher sind, werden sie durch die, die die Liebe gewährt, unweigerlich verführt. Sie meinen sich von Achtung zu nähren und nähren sich vom Irrtum; sie wähnen einen Geliebten zu lieben, weil sie die Tugend geliebt haben; und weil sie nur einen guten Menschen wahrhaft lieben können, haben sie das Gefühl, daß der, der sich anbietet, um ihren Wunschtraum zu erfüllen, notwendig gut sei.

»Die Seelenstärke, die Achtung, das Vertrauen, das Bedürfnis, dergleichen zu erweisen und zu empfangen; Opfer, die vergolten sein wollen, Treue, die Lohn verdient, Hoffnung, die genährt sein will, eine Steigerung, die eine Fortsetzung verlangt, die Erregung, die unerträgliche Unruhe des Herzens und der Sinne; das durchaus ehrbare Verlangen, so viel Liebe allmählich zu vergelten; das ebenso billige Verlangen, so teure Bande enger zu knüpfen, zu heiligen, zu *verewigen*, und andere Wünsche mehr; eine gewisse Besorgtheit, ein Wissenwollen; Zufälle, die dafürsprechen, das Schicksal, das es so will: dies alles zusammen treibt eine liebende Frau in die Arme des Lovelace. Sie liebt, er tändelt; sie gibt sich hin, er spielt; sie ist in Wonne, er amüsiert sich; sie träumt von Ewigkeit, von Glück, vom immerwährenden Zauber gegenseitiger Liebe; sie schwebt in himmlischen Träumen; sie sieht dies Auge, in dem die Lust aufflammt, sie möchte noch größeres Glück schenken; aber das Ungeheuer treibt sein frivoles Spiel; die Arme der Lust schleudern sie in den Abgrund, sie verzehrt sich in einer schrecklichen Wollust.

Tags darauf ist sie verwirrt, unruhig, wie abwesend; dunkle Ahnungen kündigen schreckliche Leiden und ein kummervolles Leben an. Die Achtung der Menschen, die väterliche Zärtlichkeit, das ruhige Gewissen, der Stolz einer reinen Seele; Friede, Glück, Ehre, Hoffnung, Liebe – alles ist hin. Keine Rede mehr von Lieben und Leben; es gilt, die bitteren Tränen zu verschlucken und sich durch ungewisse, mutlose, elende Zeiten zu schleppen. Vorbei ist der Wunsch, in die Traumwelt, in die Liebe, ins Leben einzutreten; es gilt, den Wunschträumen zu entsagen, das bittere Los auf sich zu nehmen und des Todes zu harren. Oh, ihr Frauen, die ihr aufrichtig und voll Liebe seid, die ihr so viel äußere Anmut und alle Reize einer schönen Seele ausstrahlt, die ihr nichts so wohl verdient, als zärtlich und rein und unwandelbar geliebt zu werden! ... Verweigert euch der Liebe.«

EINUNDACHTZIGSTER BRIEF

5. August IX

Du bist also mit mir darüber einig, daß einen Schriftsteller, der sich einen großen und nützlichen Gegenstand vornehmen will, eigentlich nur die Moral ernstlich beschäftigen dürfe; aber du hältst dafür, daß gewisse Ansichten über die Natur des Menschen, denen ich, wie du sagst, bisher zuzuneigen schien, sich nicht mit der Erforschung der moralischen Gesetze und der Grundlage der Pflichten vertragen.

Ich möchte mir nicht widersprechen, und ich werde es auch künftig zu vermeiden suchen; aber Schwankungen der Ungewißheit kann ich nicht meiner Schwachheit zuschreiben. Ich mag mich noch so viel prüfen, und dies mit möglichster Unparteilichkeit, ja mit einiger Strenge, so kann ich doch keine eigentlichen Widersprüche entdecken.

Es mag solche geben, wenn man verschiedene meiner Äußerungen als positive Aussagen verstehen wollte, als Teile einer einheitlichen Lehre, eines einzigen Systems von Grundsätzen, die als gewiß ausgegeben würden, die miteinander verbunden und einer aus dem andern abgeleitet wären. Aber die einzelnen Gedanken, die Mutmaßungen über unergründliche Dinge können sehr wohl voneinander abweichen, ohne widersprüchlich zu sein. Ja, ich

gebe sogar zu, daß es Vermutungen über den Entwicklungsgang der Natur gibt, die mir bald als sehr wahrscheinlich, bald als weit weniger wahrscheinlich vorkommen, je nachdem, wie sie meine Phantasie gerade betrachtet.
So kann ich etwa sagen: Alles ist notwendig; wenn die Welt nicht aus diesem einen Prinzip erklärt werden kann, so sind offenbar auch die anderen hinfällig. Und nachdem ich die Sache so betrachtet habe, mag ich mir vielleicht schon am nächsten Tag gerade umgekehrt sagen: Es wird so manches von der Vernunft gelenkt, daß es auf der Hand zu liegen scheint, daß vieles von ihr gelenkt wird. Vielleicht trifft sie eine Wahl aus denjenigen Möglichkeiten, die sich aus dem unabänderlichen Wesen der Dinge ergeben und die sich in einem engen Kreise halten; diese sind jedoch so beschaffen, daß, obwohl die Welt nur in bestimmten Seinsweisen existieren kann, dennoch jedes Ding mehrere verschiedenartige Abwandlungen erfahren mag. Die Vernunft ist nicht Herr über die Materie, aber sie bedient sich ihrer: Sie kann sie weder erschaffen, noch vernichten, noch verderben, noch ihre Gesetze ändern; aber sie kann sie bewegen, bearbeiten, gestalten. Sie ist nicht allmächtig, aber eine unerschöpfliche Werkmeisterin, wenn auch in den Schranken der wesensnotwendigen Gesetze aller Dinge; sie ist eine erhabene Alchemie, die der Mensch darum für übernatürlich hält, weil er sie nicht begreifen kann.
Du sagst, es handle sich hier um zwei entgegengesetzte Auffassungen, die man nicht gleichzeitig anerkennen könne. Ich gebe das zu; aber einen Widerspruch enthalten sie dennoch nicht; ich biete sie dir ja nur als Hypothesen an. Nicht nur, daß ich sie nicht beide zusammen anerkenne, vielmehr anerkenne ich in Wirklichkeit weder die eine noch die andere, und behaupte gar nicht zu wissen, was der Mensch nicht wissen kann.
Jede allgemeine Theorie über die Natur des Menschen und die Gesetze der Welt ist niemals mehr als eine kühne Idee. Möglich, daß gewisse Menschen an ihre Träume geglaubt haben, oder wollten, daß die anderen daran glaubten; aber das ist entweder lächerliche Scharlatanerie oder zeugt von einer unglaublichen Starrköpfigkeit. Ich jedenfalls komme nicht über Vermutungen hinaus, und wenn ich affirmativ sage: Alles ist notwendig, oder: Es gibt eine verborgene Kraft, welche sich ein Ziel setzt, das wir zuweilen zu ahnen vermögen, so brauche ich diese affirmativen

Ausdrücke nur, um nicht immer sagen zu müssen: es scheint mir, ich nehme an, ich stelle mir vor. Diese Ausdrucksweise kann nicht die Meinung haben, daß ich sicher zu sein glaube, und ich brauche ja gar nicht zu befürchten, daß jemand dieser Täuschung verfiele, denn welcher Mensch, wenn er nicht von Sinnen ist, würde sich unterstehen, etwas für gewiß auszugeben, was niemand wissen kann!

Ganz anders verhält es sich, wenn wir diese ungewissen Forschungen verlassen und uns an die einzige menschliche Wissenschaft halten: die Moral. Unserem Blick ist es zwar verwehrt, in die Natur des Menschen einzudringen, aber in den menschlichen Beziehungen vermag er alles zu erkennen. Hier finden wir ein Licht, das unseren Organen entspricht; hier mögen wir ergründen, Schlüsse ziehen, Gewißheit erlangen. Hier sind wir verantwortlich für unsere Gedanken, für ihre Verknüpfung und Übereinstimmung und Wahrheit. Hier gilt es nach sicheren Prinzipien zu suchen, und hier wären Widersprüche unverzeihlich.

Gegen das Studium der Moral gibt es nur einen Einwand, und er betrifft freilich eine sehr große Schwierigkeit, die uns aber nicht zurückhalten darf. Wenn alles notwendig ist, wozu dann unser Forschen, unsere Maximen, unsere Tugenden? Aber daß alles notwendig geschieht, ist keineswegs erwiesen; das entgegengesetzte Gefühl leitet den Menschen, und das genügt ihm, um sich in allen Lebensakten für selbstverantwortlich zu halten. Der Stoiker glaubte an die Tugend, trotz des Schicksals; und jene Orientalen, welche dem Glauben an den Fatalismus anhängen, handeln, fürchten und hoffen wie alle Menschen. Und selbst wenn ich ein allgemeines Gesetz der Notwendigkeit für wahrscheinlich hielte, könnte ich immer noch nach den Grundsätzen der besten menschlichen Gesetzgebungen suchen. Fahre ich bei stürmischem Wetter über einen See, so mag ich mir sagen: Wenn die Ereignisse unabänderlich vorherbestimmt sind, so kann es mir gleichgültig sein, ob die Schiffsleute betrunken sind oder nicht. Da es indessen auch anders sein könnte, werde ich verlangen, daß sie aufs Trinken verzichten, bis wir an Land sind. Denn wenn alles notwendig ist, so ist es auch diese meine Vorsicht, ja selbst daß ich sie irrigerweise Klugheit nenne.

Ich begreife die Spitzfindigkeiten nicht, mit denen man den freien Willen mit der Vorsehung in Übereinstimmung bringen will: die

Entscheidungsfähigkeit des Menschen mit der unbegrenzten Allmacht Gottes; die unendliche Abscheu, die der Urheber aller Gerechtigkeit notwendig vor der Sünde empfindet, die unbegreiflichen Mittel, die er aufgewendet hat, um sie zu verhindern oder wiedergutzumachen – mit der beständigen Herrschaft der Ungerechtigkeit und mit unserer Bereitschaft, Verbrechen zu begehen, sooft es uns gefällt. Ich habe einige Mühe, die unendliche Güte, die den Menschen aus freien Stücken erschaffen hat, und die unumgängliche Voraussicht dessen, was das Ergebnis sein würde, in Einklang zu bringen mit der Ewigkeit jener schrecklichen Strafen, die neunundvierzig von fünfzig der so geliebten Menschen zu gewärtigen haben. Ich könnte mich über diese unergründlichen Fragen so lange, so geschickt oder so gelehrt auslassen wie andere, aber sollte ich jemals zur Feder greifen, so hielte ich mich eher an das, was den vergesellschafteten Menschen in seinem zeitlichen Leben betrifft; denn es scheint mir, daß ich nur dann zu wahrhaftigen Gedanken kommen und darüber Nützliches sagen könnte, wenn ich mich ausschließlich mit Konsequenzen befaßte, die auf sicheren Voraussetzungen beruhen.

Ich werde bis zu einem gewissen Punkt der Erkenntnis vom Menschen gelangen, aber hinter das Rätsel der Natur werde ich nicht kommen. Ich begreife wenig davon, daß es zwei entgegengesetzte Prinzipien gibt, die beide gleichewig schaffen und zerstören. Ich begreife wenig davon, daß die Welt so spät geschaffen worden ist, wo vorher nichts war, und nur für eine bestimmte Zeit, so daß die unteilbare Ewigkeit in drei Teile zerfällt. Von Dingen, die ich nicht verstehe, mag ich nicht ernsthaft sprechen. *Animalis autem homo non percipit ea, quae sunt Spiritus Dei**.

Ich werde es nie begreifen, wie der Mensch, der sich selber Vernunft zuspricht, behaupten kann, die Welt sei vernunftlos. Leider sehe ich ebensowenig ein, wie ein Vermögen zu einer Substanz werden soll. Man sagt mir: Das Denken ist kein Körper, kein physisch teilbares Wesen, also wird es vom Tod nicht vernichtet; freilich, es hat einmal angefangen, aber du siehst, daß es nicht aufhören kann und daß es, da es nicht körperlich ist, notwendig Geist sein muß. – Ich gestehe, ich habe das Pech, daß

---

* 1. Kor. 2,14: Ein natürlicher Mensch aber nimmt die Dinge, die des Geistes Gottes sind, nicht an.

ich in diesem schlagenden Argument nichts von gesundem Menschenverstand zu finden vermag.

Das Folgende hat eher den Schein der Wahrheit. Da es Religionen gibt, die seit alters bestehen, da sie ein Teil der menschlichen Institutionen sind, da sie unserer Schwachheit zu entsprechen scheinen und da sie für manche Menschen Zügelung oder Trost bedeuten, so schließt man sich mit Vorteil der Religion desjenigen Landes an, in dem man lebt. Nimmt man sich die Freiheit heraus, nicht daran zu glauben, so soll man wenigstens nichts davon verlauten lassen, und wenn man für andere schreibt, soll man ihnen nicht einen Glauben ausreden, an dem sie hängen. Dies ist deine Meinung; ich will dir sagen, warum ich sie nicht teilen kann.

Natürlich gehe ich nun nicht gleich hin und untergrabe einen religiösen Glauben, der in den Tälern der Cevennen oder des Apennins oder in meiner Nähe, im Maurienne oder im Schweizerland heimisch ist. Aber wie soll man über Moral sprechen, ohne ein Wort von den Religionen zu sagen? Das wäre Ziererei, und sie vermöchte niemanden zu täuschen. Sie würde lediglich bewirken, daß das, was ich zu sagen hätte, unklar würde und des Bezugs zu einem Ganzen entbehrte, ohne den es fruchtlos bleibt. Es heißt, man müsse Überzeugungen respektieren, auf die viele ihre Hoffnungen und leider nicht wenige ihre ganze Moral abstützen. Ich halte eine solche Zurückhaltung dann für angebracht, wenn man moralische Fragen nur beiläufig behandelt oder wenn man sich beim Schreiben an andere Gesichtspunkte hält als die, die notwendig die meinen sind. Aber wenn ich über die menschlichen Institutionen schreiben würde, ohne die religiösen Lehren auch nur zu berühren, so sähe man darin nichts als die Schonung irgendeiner einflußreichen Partei. Das wäre eine verwerfliche Schwäche. Wenn ich es wage, eine solche Aufgabe auf mich zu nehmen, so habe ich mich vor allem ihrer Forderungen zu unterziehen. Für meine Fähigkeiten kann ich nicht garantieren, und sie werden auch mehr oder weniger unzureichend sein. Für meine Absichten jedoch bin ich verantwortlich; wenn sie nicht unwandelbar lauter und fest sind, so bin ich eines so erhabenen Amtes unwürdig. Zwar werde ich mir keine persönliche Feindschaft in der Literatur zuziehen, so wenig wie in meinem Privatleben; aber wenn es darauf ankommt, den Menschen zu sagen, was

ich für wahr halte, so darf ich nicht davor zurückscheuen, eine Sekte oder eine Partei zu verärgern. Ich will niemandem übel, aber ich brauche mir auch von niemandem Vorschriften machen zu lassen. Ich werde Zustände anprangern, nicht Menschen; wenn sich die Menschen darüber aufregen, wenn ich für die Barmherzigkeit gewisser Leute zum Gegenstand der Abscheu werde, so soll mich das nicht wundern, aber ich will mich auch nicht darauf vorsehen. Wenn man es sich in manchen Büchern versagen kann, von den Religionen zu sprechen, so habe ich eine solche Freiheit nicht, und ich bedaure dies in mancher Hinsicht; aber jeder Unparteiische wird mir zugeben, daß in einem Werk, wie es mir vorschwebt – und es ist das einzige, dem ich Bedeutung beimessen könnte – ein solches Schweigen unmöglich angeht.
Wenn ich über die Neigungen des Menschen und über das allgemeine System der Ethik schreibe, werde ich also auf die Religionen zu sprechen kommen; und wenn ich davon spreche, so kann ich zweifellos nichts anderes darüber sagen, als was ich denke. In unserem Briefwechsel umgehe ich dieses Thema, wo es beiläufig in den Blick kommt, nur deshalb nicht, weil ich mich nicht darüber ausschweigen könnte; sonst würde ich mir wohl einen gewissen Zwang auferlegen und dir lieber nichts sagen, wovon ich spüre, daß es dir mißfallen oder vielmehr wehtun muß.
Ich frage dich nun selber: Wenn ich in einigen Kapiteln genötigt wäre, die Religionen als zufällige Institutionen zu betrachten und von der einen, die angeblich von Jerusalem gekommen ist, so zu sprechen, wie man mir zubilligen würde, wenn ich in Jerusalem geboren wäre – ich frage dich: welcher unbezweifelbare Nachteil sollte daraus in Ländern entstehen, wo der europäische Geist wirksam ist, wo man klar und nüchtern denkt, wo man von Wundern nichts mehr weiß und wo man sich unverblümt dem Studium der positiven, beweisbaren Wissenschaften widmet?
Wer wenig genug im Kopf hat, um zu sagen: Wenn es keine Hölle gäbe, wäre es nicht der Mühe wert, ein ehrlicher Mensch zu sein, dem will ich den Kopf nicht noch mehr leeren. Möglich, daß ich dennoch von einem dieser Leute gelesen würde; ich bilde mir nicht ein, daß aus dem, was ich in bester Absicht unternehme, nicht dennoch irgend etwas Schlechtes hervorgehen könnte. Aber vielleicht vermag ich auch die Zahl jener guten Seelen zu vermindern,

die nur an die Pflicht glauben, weil sie an die Hölle glauben. Vielleicht bringe ich es fertig, daß die Pflicht bleibt, auch wenn einmal die gehörnten Teufel und die Reliquien aus der Mode gekommen sind. Es läßt sich jedenfalls nicht verhindern, daß die Menge von sich aus mehr oder weniger rasch und gewiß binnen kurzem dahin gelangt, daß sie die eine der beiden Vorstellungen aufgibt, die man sie unklugerweise zu verknüpfen gewöhnt hat; man muß ihr also beweisen, daß diese sehr wohl voneinander getrennt werden können, ohne daß die Preisgabe des einen den Umsturz des andern zur Folge hat.
Ich glaube, daß dieser Augenblick nahe ist; die Einsicht, daß die Zuflucht der Moral, ohne die man im geheimen Kriege leben würde und in einer schlimmeren Treulosigkeit als zur Zeit der Räuberhorden, nicht länger auf morschem Grunde stehen darf, diese Einsicht wird mehr und mehr Boden gewinnen.

ZWEIUNDACHTZIGSTER BRIEF

Im., 6. August IX

Ich weiß nicht, ob ich meine Schneeberge verlasse; ob ich das anmutige Land aufsuchen werde, das du mir so verlockend beschreibst, wo der Winter so mild, der Frühling so lieblich ist, wo die grünen Fluten ihre Wogen anbranden lassen, die von Amerika herüberkommen. Die, die ich hier sehe, kommen nicht von so weit. In meinen Felsklüften, wo ich auf die Nacht warte wie der melancholische Waldkauz, würde die Weite meinem Blick und meinen Gedanken nicht gut bekommen. Es bedrückt mich jeden Tag mehr, daß ich nicht bei dir bin. Nicht, daß ich mir einen Vorwurf machte, es erscheint mir eher verwunderlich; ich suche nach Gründen und finde keine, aber ich sage dir, ich konnte nicht anders. Eines Tages komme ich, das steht fest. Ich will dich zu Hause besuchen, will von dort das Geheimnis mitnehmen, wie man glücklich wird, wenn dazu nichts fehlt als wir uns selber.
Dann sehe ich auch den Pont du Gard und den Canal de Languedoc. Ich besuche die Grande Chartreuse, aber auf dem Hinweg, nicht auf dem Heimweg, du weißt, warum! Ich hänge an meinem Asyl; es wird mir jeden Tag lieber; aber ich fühle mich nicht mehr stark genug, um allein zu leben. Reden wir von anderem.

Binnen kurzem wird hier alles fertig sein; ich schlafe schon seit vier Tagen in meiner Wohnung.

Wenn ich nachts die Fenster geöffnet lasse, höre ich ganz deutlich den Wasserstrahl ins Brunnenbecken fallen; wird er von einem Lufthauch abgelenkt, so bricht er sich auf den eisernen Trägern, die für die Wasserkrüge bestimmt sind. Es gibt schwerlich ein Naturereignis, das ebenso romantisch ist wie das Geräusch eines Rinnsals, das auf eine ruhige Wasserfläche fällt, in der tiefen Nacht, wenn man sonst nur im Talgrund einen Bergbach durchs dichte Gehölz rauschen hört, mitten in der Stille.

Der Brunnen steht unter einem großen Dach, wie ich dir wohl schon erzählt habe; so ist das Geräusch des Wasserstrahls nicht so wild wie unter freiem Himmel, dafür ist es ungewöhnlicher, friedlicher, schöner. Wer geborgen ist, ohne gefangen zu sein, wer inmitten der Einsamkeit in einem guten Bette ruht, wer bei sich zu Hause die Freuden des Landlebens genießt, der hat beides: behagliche Bequemlichkeit und eine kraftvolle Natur. Es scheint, unser Erfindungsgeist habe sich der Urnatur bemächtigt, ohne ihre Gesetze zu ändern, und eine so mühelose Herrschaft kenne keine Grenzen. Dies eben ist der Mensch!

Das große Dach, dieses Schirmdach, über das ich, wie du siehst, überaus froh bin, ist sieben Klafter breit und in derselben Front wie die andern Gebäude zwanzig Klafter lang. In der Tat ist es die allertrefflichste Einrichtung: Es verbindet die Scheune mit dem Wohnhaus, stößt aber an dieses nicht unmittelbar an, sondern ist damit nur über eine Galerie von leichter Bauart verbunden, die im Brandfall mühelos abgerissen werden kann. Kutsche, Break, Karren und Wagen, Gerätschaften, Brennholz, Schreinerwerkstatt, Brunnen, Waschtrog, alles hat bequem Platz, und man kann hier, unbehelligt von Sonne, Schnee und Schmutz, werken und waschen und alle notwendigen Arbeiten verrichten.

Da ich die Hoffnung aufgegeben habe, dich in näherer Zeit zu Besuch zu empfangen, will ich dir eine genaue Beschreibung meiner Behausung geben, und ich mag mir dann für Augenblicke einbilden, du teiltest sie mit mir, wir prüften alles, gingen miteinander zu Rate und beschlössen, was zu verbessern sei.

DREIUNDACHTZIGSTER BRIEF

24. September IX

Mit einiger Ungeduld habe ich gewartet, bis du von deiner Reise zurück sein würdest; ich habe dir Neuigkeiten zu berichten.

Fonsalbe ist hier. Er ist schon seit fünf Wochen da, und er wird bleiben; seine Frau ist nicht mehr hier. Obschon er Jahre in Übersee verbracht hat, ist er ein ausgeglichener, ruhiger Mensch. Er spielt nicht, jagt nicht, raucht nicht; er trinkt nicht, hat nie getanzt und singt nie; traurig ist er nicht, aber ich glaube, er war es zutiefst. Sein Antlitz vereinigt die frohen Züge des Seelenfriedens mit den tiefen Spuren des Leids. Sein Blick, der für gewöhnlich nur so etwas wie Entspannung und Lustlosigkeit ausdrückt, ist zu jeglichem Ausdruck fähig; sein Kopf hat etwas Ungewöhnliches; und wenn ihn ein großer Gedanke oder eine kraftvolle Empfindung aus seiner gewohnten Ruhe aufweckt, so nimmt er unbewußt die schweigende Haltung des Gebietens an. Ich erinnere mich, daß ein Schauspieler dafür bewundert wurde, wie er Neros *Es sei, wie ich befehle* zu deklamieren verstand; Fonsalbe sagt es besser.

Ich sage dir offen heraus: Er ist innerlich nicht so ausgeglichen wie äußerlich; aber wenn er das Pech hat, oder den Fehler, daß er nicht glücklich sein kann, so ist er zu einsichtig, als daß er darüber ungehalten wäre. Er bringt es sicherlich fertig und heilt mich von meiner Ungeduld; denn er hat sich mit seinem Los abgefunden, und überdies hat er mir ohne Widerrede zu verstehen gegeben, daß auch ich mich mit dem meinigen abfinden solle. Er behauptet, wenn man eine gute Gesundheit, ein unabhängiges Leben besitze und weiter gar nichts, so müsse man ein Narr sein, um glücklich, ein Tor, um unglücklich zu sein. Du begreifst, daß ich ihm hierauf nichts erwidern konnte, als daß ich weder glücklich noch unglücklich sei; ich sagte es, und nun muß ich mich eben danach richten, um mich nicht selber Lügen zu strafen.

Allerdings geht mir nun langsam etwas auf, was mehr ist als gute Gesundheit und ein unabhängiges Leben. Fonsalbe wird mir ein Freund sein, ein Freund in meiner Einsamkeit. Ich sage nicht: ein Freund, so wie wir uns einst ihn uns dachten. Wir sind nicht mehr in einem heroischen Zeitalter. Es gilt, seine Tage friedlich zu

verleben; große Taten lassen mich ungerührt. Du weißt, ich trachte danach, für gut zu halten, was mir mein Schicksal zuteilt. Was taugt es da, von Freundschaft nach Art der Alten zu träumen? Verzichten wir auf Freunde wie im Altertum, und auch auf Freunde wie in den Städten. Denk dir einen Mittelbegriff. Je nun! hör' ich dich sagen, und ich antworte dir: Das ist schon viel.
Mir geht aber noch etwas anderes im Kopf herum; Fonsalbe hat einen Sohn und eine Tochter. Aber ich will noch warten und dir davon erst mehr sagen, wenn mein Plan endgültig feststeht; es hängt dies noch von einigen Einzelheiten ab, dir noch unbekannt und worüber ich dich erst unterrichten muß. Fonsalbe hat mir bereits gesagt, ich möge dir alles anvertrauen, was ihn betrifft, und er betrachte dich nicht als einen Dritten; nur magst du bitte die Briefe verbrennen.

VIERUNDACHTZIGSTER BRIEF

St. Maurice, 7. Oktober IX

Ein Amerikaner, Freund Fonsalbes, ist auf der Reise nach Italien hier vorbeigekommen. Sie gingen miteinander bis Sembrancher, am Fuß der Berge. Ich habe sie begleitet, gedachte allerdings in St. Maurice zurückzubleiben, ging dann aber weiter bis zum Pissevache, einem Wasserfall zwischen diesem Städtchen und Martigny, den ich früher nur von der Straße aus gesehen hatte.
Dort wartete ich auf die Rückkehr des Wagens. Das Wetter war angenehm, die Luft ruhig und sehr mild. Ich habe, völlig bekleidet, ein Bad in der kühlen Gischt genommen. Die Wassermassen sind beträchtlich, der Fall an die 300 Fuß hoch. Ich trat so nahe heran, als es mir geraten schien, und im Nu war ich so naß, als wäre ich unter Wasser getaucht.
Dennoch empfand ich wieder etwas von den einstigen Eindrücken, als ich in der Gischt saß, die zu den Wolken zurückdampft, im gewaltigen Donner des Wassers, das aus dem stummen Eise hervortritt und unaufhörlich einer ruhenden Quelle enteilt, das sich tosend verliert, ohne je aufzuhören, das hinabstürzt und Abgründe aushöhlt und das ewig zu fallen scheint. So gehen auch unsere Jahre hinab und die Zeitalter der Menschheit. Unsere Tage

enteilen dem Schweigen, die Notwendigkeit drängt sie ans Licht, sie entschwinden in das Vergessen. Der drängende Lauf ihrer Gespenster stürzt sich mit immer gleichem Lärm in die Tiefe und verflüchtigt sich in beständiger Wiederholung. Es bleibt ein Nebel, der aufsteigt, der zurückweicht und dessen schon verblaßte Schatten jene unerklärliche, unnütze Kette verschleiern – ein immerwährendes Denkmal einer unbekannten Macht, ein befremdlicher, geheimnisvoller Ausdruck der Weltkraft.

Ich gestehe dir, daß mir Imenstròm, daß mir meine Erinnerungen, meine Gewohnheiten, meine Jünglingsträume und auch mein Baumgarten und mein Studierzimmer, daß alles, was meine Liebe hat fesseln können, mir in diesem Augenblick recht klein, recht erbärmlich vorgekommen ist. Dieses muntere, unaufhaltsame, gleichsam von Bewegung erfüllte Gletscherwasser, dies majestätische Tosen eines herabstürzenden Wildwassers, diese Gischtwolke, die sich fortwährend in die Lüfte schwingt, dies Ausgesetztsein von Körper und Geist ließen die Betäubung von mir weichen, in die ich wohl durch Jahre der Anstrengung versunken war.

Durch das ungeheure Getöse und den Dunstkreis des Wassers von jeglichem Orte geschieden, sah ich jedweden Ort, und ich sah mich in keinem mehr. Ich rührte mich nicht, und doch war ich in einer ungewöhnlichen Bewegung. Geborgen inmitten der drohenden Felsen, war ich wie vom Wasser verschlungen und wohnte im Abgrund. Ich hatte die Erde verlassen und saß über mein lächerliches Leben zu Gericht; es erregte mein Mitleid. Der träumende Geist ersetzte diese kindischen Tage durch ein erfülltes Leben. Mein Blick drang in die Ferne, und ich gewahrte nun deutlicher als jemals zuvor jene goldenen Blätter im Buche der Zeiten. Ein Moses, ein Lykurg, sie haben der Menschheit nur verhüllt ihre Fähigkeit gezeigt; ihr künftiges Leben hat sich in den Alpen mir offenbart. . . . .
. . . .

Als sich die Menschen früherer Zeitalter, wo es nicht lächerlich war, ein außergewöhnlicher Mensch zu sein, in die tiefe Einsamkeit und in Bergeshöhlen zurückzogen, taten sie es nicht nur, um über das Staatswesen nachzudenken, das sie zu begründen gedachten – man kann auch zu Hause nachdenken, und wenn es dazu Stille

braucht, findet man sie sogar in der Stadt; und sie taten es nicht nur, um damit Eindruck zu machen auf ihre Völker, denn schließlich wäre ein simples Wunder der Magie leichter zu vollbringen gewesen und hätte auf die Phantasie nicht weniger stark gewirkt. Aber auch die freieste Seele entgeht nie gänzlich der Macht der Gewohnheit, diesem die Menge überzeugenden, ja selbst das Genie betörenden Schluß, diesem Argument des Schlendrians, der im gewöhnlichsten Zustand des Menschen einen natürlichen Beweis und eine Bestätigung seiner Bestimmung sieht. Man muß sich aus den menschlichen Verhältnissen herauslösen, nicht um zu erkennen, wie sie anders sein könnten, sondern um sich zum Glauben daran zu erkühnen. Man braucht diese Absonderung nicht, um die Mittel auszudenken, die man anwenden will, sondern um zur Hoffnung zu gelangen, daß sie Erfolg haben werden. Man geht in die Einsamkeit, man lebt darin, die Gewöhnung an die herkömmlichen Verhältnisse schwächt sie ab, man beurteilt das Außerordentliche unbefangen, es ist nicht mehr phantastisch: Man glaubt daran, man kehrt zurück, das Werk gelingt. . . . .
. . . .*

Ich begab mich zur Landstraße zurück, bevor Fonsalbe zurückkam. Ich war völlig durchnäßt; er behauptete, man hätte auch ohne ein solches Mißgeschick bis dicht an den Fall herankommen können. Ich wollte das von ihm sehen; zunächst gelang es ihm, aber die aufsteigende Wassersäule war sehr bewegt, obschon im Tal kein Wind festzustellen war. Wir wollten den Rückzug antreten, da war er in Sekundenschnelle völlig übergossen; nun ließ er sich wegziehen, und ich führte ihn an den Platz, wo ich gesessen hatte; aber ich befürchtete, daß die unerwarteten Luftdruckschwankungen seiner Brust zusetzen könnten, die weit schwächer ist als die meine, und so machten wir uns ohne Verzug auf den Rückweg. Ich hatte mich vergeblich anders als durch Zeichen verständlich zu machen versucht; aber als wir uns ein paar Klafter weit entfernt hatten, fragte ich ihn, der noch nicht aus dem Staunen heraus war, was in einer Situation wie dieser aus den kleinen Gewohnheiten des Menschen werde, ja selbst aus seinen

---

* Diese Auslassungen unterbrechen den Gedankengang; es ärgert mich, daß ich sie für schicklich hielt; das gilt auch für einige weitere Briefe.

stärksten Bindungen und aus den scheinbar unbezwinglichen Leidenschaften.
Wir spazierten zwischen Wasserfall und Landstraße auf und ab. Wir kamen überein, daß kein noch so stark veranlagter Mensch irgendeine wirkliche Leidenschaft haben könne, auch wenn er zu einer jeden fähig sei; und daß es zu verschiedenen Zeiten Menschen dieser Art gegeben habe, sei es unter den Staatsmännern, sei es unter den Magiern, den Gymnosophisten oder den Weisen, sei es unter den wahrhaft überzeugten Gläubigen gewisser Religionen, wie des Islams oder des Christentums.
Der höhere Mensch besitzt sämtliche Vermögen des Menschen; er vermag alle menschlichen Neigungen zu empfinden, entscheidet sich aber unter denen, die ihm sein Schicksal gibt, für die erhabensten. Wer große Entwürfe hinter kleinliche oder persönliche Gedanken zurücktreten läßt, wer Bedeutendes zu verrichten oder zu entscheiden hat, sich jedoch durch engherzige Regungen oder selbstsüchtige Interessen bestimmen läßt, ist kein höherer Mensch.
Der höhere Mensch sieht stets über das, was er ist und was er tut, hinaus; er bleibt nicht hinter seiner Bestimmung zurück, sondern ist immer schon weiter als das, was sie ihm zubilligen mag; und dieser natürliche Drang ist keineswegs die Leidenschaft der Macht und des Ruhms. Über Ruhm und Macht ist er erhaben: Er liebt das, was nützlich ist, edel und gerecht; er liebt das, was schön ist. Er nimmt Macht nur in Anspruch, weil sie erforderlich ist, um das Schöne und Nützliche zu verwirklichen; eigentlich möchte er ein unauffälliges Leben, denn ein einfaches Leben kann lauter und schön sein. Zuweilen tut er dasselbe, was die menschlichen Leidenschaften tun mögen; aber es ist für ihn schlechthin unmöglich, daß er es aus Leidenschaft tut. Der höhere Mensch, der wahrhafte Staatsmann enthält sich nicht nur jeglicher Leidenschaft für die Frauen; er liebt weder das Spiel noch den Wein; aber nicht nur das, ich behaupte, daß er auch keinen Ehrgeiz kennt. Wenn er einmal so handelt wie jene, deren Art es ist, ihn zu bestaunen, so tut er es nicht aus den Gründen, die ihnen geläufig sind. Er ist weder argwöhnisch noch vertrauensselig, weder verschlossen noch mitteilsam, weder dankbar noch undankbar; er ist nichts von alledem. Sein Herz ist gefaßt, seine Vernunft gebietet und lenkt. Während er an seinem Platze ist, schreitet er seinem Ziel entgegen,

das die Ordnung im Großen und ein besseres Los für die Menschheit ist. Er erkennt, er will, er handelt. Er ist gerecht und macht keine Konzessionen. Wenn man von jemandem sagen kann, er habe eine Schwäche, eine Neigung für dies oder jenes, so ist er ein Mensch wie jeder andere. Der Mann jedoch, der zum Regieren geboren ist, regiert: Er ist der Herrscher, und nichts sonst.

FÜNFUNDACHTZIGSTER BRIEF

Im., 12. Oktober IX

Auch ich habe befürchtet – und es war eigentlich nicht anders zu erwarten – daß diese Art Trägheit, in die mich meine Langeweile versetzt hat, bald einmal zu einer schier unüberwindlichen Gewohnheit werden könnte. Als ich aber länger darüber nachdachte, glaubte ich zu erkennen, daß ich eigentlich nichts zu befürchten brauche, daß nämlich die Krankheit schon in mir sei und daß mir in ähnlichen Umständen wie den gegenwärtigen ein solches Verhalten nur allzu natürlich wäre. Ich glaubte auch zu erkennen, daß ich in einer andern Lage jedenfalls einen andern Charakter hätte. Die Art und Weise, wie ich in den jetzigen Verhältnissen dahinvegetiere, hätte keinen Einfluß auf das Verhalten, das ich dann annehmen würde, wenn die Umstände dereinst ebensoviel Tätigkeit von mir verlangten, wie sie mir jetzt Untätigkeit auferlegen. Was hülfe es mir, zur Nachtzeit wach oder in meinem Grabe am Leben bleiben zu wollen? Soll ein arbeitsamer Mensch, der den Tag nutzen will, darum auf den nächtlichen Schlaf verzichten? Freilich, meine Nacht dauert zu lange; aber ist es meine Schuld, wenn in der Jahreszeit, in der ich geboren bin, die Tage kurz und die Nächte finster sind? Wenn der Sommer kommt, will ich mich wie jeder andere im Freien zeigen; bis es so weit ist, schlafe ich den Winter über am Feuer. Mich dünkt, Fonsalbe wird zum Langschläfer wie ich. Unser stilles, trübseliges Wesen, hier im schönsten Winkel eines so schönen Landes, unser Wohlleben in der Nachbarschaft von ein paar Unglücklichen, die zufriedener sind, als wir es je sein werden – das ist eine Absonderlichkeit, durchaus würdig der menschlichen Erbärmlichkeit.

Ich muß dir ein wenig von unseren Verrücktheiten erzählen, und du wirst finden, daß unsere Trägheit für gewöhnlich durchaus nichts Bitteres hat. Überflüssig zu sagen, daß ich auf eine große Dienerschaft verzichte; auf dem Lande, und zumal bei unserer Lebensweise, sind die Bediensteten beschäftigt; man könnte zehnmal die Glocke ziehen, bis jemand käme. Ich habe ja nicht den Pomp gesucht, sondern die Behaglichkeit; und überdies habe ich sinnlose Ausgaben vermeiden wollen. Ich mache mir die Mühe lieber selber, das Wasser aus dem Krug ins Glas zu gießen, statt daß ich läute und ein baumstarker Lakai stürzt vom andern Ende des Hauses herbei und tut es für mich. Da Fonsalbe und ich kaum eine Bewegung machen ohne den andern, ist sein Schlafzimmer mit dem meinen und mit meinem Studierzimmer durch einen Glockenzug verbunden. Die Art, wie er gezogen wird, variiert: Wir geben uns damit Zeichen, nicht wie es das Bedürfnis gebietet, sondern nach Laune und Einfall, so daß die Glocke sehr oft in Gebrauch ist.

Je drolliger diese Einfälle sind, umso mehr Spaß haben wir daran. Es sind dies die Vergnügungen unseres Müßiggangs; und in diesem Punkt sind wir Fürsten. Und da wir keine Staaten zu regieren haben, überlassen wir uns eben diesen etwas närrischen Launen. Wie jene, so meinen auch wir, es sei immerhin etwas, wenn man gelacht habe; nur mit dem Unterschied, daß unser Lachen niemanden kränkt. Zuweilen fesselt uns eine solche Narretei, während wir mit Lambert die Welten zählen; dann wieder ergötzen wir uns, noch ganz erfüllt von Pindars Enthusiasmus, am imposanten Gang eines indischen Huhnes oder an den athletischen Veranstaltungen zweier liebestoller Kater, die sich um ihre Angebetete balgen.

Seit einiger Zeit haben wir ein Abkommen, wonach derjenige, der eine halbe Stunde wach liegt, ohne den Schlaf wiederzufinden, den andern weckt, damit auch er sein Geduldsstündchen habe; und daß, wer einen besonders komischen oder aufregenden Traum habe, es unverzüglich melde, damit man ihn morgens beim Tee nach alter Geheimkunst auslege.

Ich darf jetzt dem Schlaf zuweilen ein Schnippchen schlagen; ich gewinne ihn allmählich zurück, seit ich auf den Kaffee verzichte, nur noch sehr mäßig Tee trinke und diesen manchmal durch Johannisbeersaft, Molken oder einfach durch ein Glas Wasser ersetze. Sonst schlief ich sozusagen ohne etwas davon zu merken, ohne Ruhe und Erquickung. Beim Einschlafen wie beim Aufwachen war ich ganz der gleiche wie unter Tag; aber jetzt verspüre ich während ein paar Minuten das Gefühl des vorrückenden Schlafes, diese wohlige Erschlaffung, die das Vergessen des Daseins ankündigt und die durch ihre abendliche Wiederkehr das Leben des Unglücklichen erträglich macht, indem sie es immer wieder unterbricht und aufhebt. Dann fühlt man sich wohl im Bett, auch wenn man nicht wirklich schläft. Gegen Morgen drehe ich mich auf den Bauch. Ich schlafe nicht, bin auch nicht recht wach; es ist mir wohl. Und nun träume ich friedlich vor mich hin. In solchen Augenblicken der Ruhe betrachte ich gerne das Leben; es kommt mir dann wie fremd vor; ich spiele darin keine Rolle. Was mich gegenwärtig am meisten beschäftigt, ist dieser geräuschvolle Aufwand an Mitteln und die Nichtigkeit der Ergebnisse; diese ungeheure Anstrengung der Menschen, und dieser ungewisse, fruchtlose und womöglich widersprüchliche Zweck, oder diese einander entgegengesetzten und nichtigen Zwecke. Das Moos reift auf dem wellengepeitschten Felsen, aber seine Frucht ist umsonst. Das Veilchen blüht vergeblich unter dem Strauchwerk der Heide. Genauso der Mensch, er ist voll Hoffnung, und er wird sterben. Der Zufall bringt ihn hervor; er müht sich ziellos ab, er kämpft um nichts, er empfindet und denkt umsonst, er vergeht und hat nicht gelebt; und wenn es einem gelingt und er lebt, lebt wirklich, so vergeht auch er. Cäsar hat fünfzig Schlachten gewonnen, er hat den Erdkreis bezwungen, er ist dahin. Mohammed und Pythagoras, sie sind dahin. Die Zeder, die den Herden Schatten spendete, ist dahin, genauso wie das Gras, das von den Herden zertrampelt wurde.

Je mehr man erkennen möchte, umso tiefer versinkt man in der Nacht. Alle mühen sich ab, um am Leben zu bleiben und sich fortzupflanzen; die Ziele ihres Tuns sind sichtbar, wie sollte es das Ziel ihres Lebens nicht sein? Das Tier hat Organe und Kräfte und Geschicklichkeit, um zu überleben und sich fortzuzeugen; es rührt sich, um zu leben, und es lebt; es rührt sich, um sich fortzupflanzen, und es pflanzt sich fort. Aber wozu das Leben, wozu die Fortpflanzung? Da ist mein Verstand am Ende. Das Tier weidet, und es stirbt; der Mensch ißt, und er stirbt. Eines Morgens dachte ich an all das, was er tut, bevor er stirbt; das reizte mich so zum Lachen, daß ich zweimal die Glocke zog; aber beim Frühstück verging uns das Lachen; Fonsalbe verfiel nämlich auf den Gedanken, in allem einen Ernst zu finden: in den Künsten, im Ruhm, in den hohen Wissenschaften, in der Metaphysik der Dreieinigkeiten und wo immer. Seit diesem Frühstück habe ich wieder *De l'esprit des choses* auf meinem Tische liegen, und einen Band habe ich schon fast ausgelesen.

Ich will dir gestehen, daß mich diese Lehre von der Wiederherstellung der Welt keineswegs abstößt. Sie ist nicht neu, aber das mag ihr umso größeres Gewicht geben. Sie ist großartig, bestechend, der Autor ist in die Tiefe gedrungen, und ich habe mich auf die Seite derer geschlagen, die ihm Dank wissen für die abgründige Dunkelheit der Begriffe, man stößt sich dann weniger an der Dunkelheit der Sache selbst. Ich möchte gern glauben, daß diese Hypothese von einer zufälligen Entartung und einer allmählichen Erneuerung, von einer belebenden, erhebenden, veredelnden und einer verderbenden, niederreißenden Kraft nicht zu unseren unwahrscheinlichsten Träumen von der Natur der Dinge gehört. Ich möchte nur, daß man uns auch sagt, wie sich diese große Revolution vollzogen hat oder wenigstens wie sie sich hätte vollziehen sollen; wie es kam, daß die Welt dem Ewigen aus den Händen glitt: warum er dies zuließ oder warum er es nicht zu verhindern vermochte; und welches jene seiner Allmacht entzogene Kraft sei, die den allgemeinen Umsturz hat bewirken können? Diese Lehre mag alles erklären, nur die Hauptschwierigkeit nicht; da war die orientalische Lehre von den zwei Prinzipien einleuchtender.

Was immer es mit einer Frage auf sich haben mag, die so wenig begreiflich ist für einen Erdenbewohner, ich wüßte nichts, was jenes fortwährende Phänomen besser erklärt, das bei jeder Gelegenheit unseren Verstand niederwirft und unsere Neugierde verwirrt. Wir sehen, wie sich alle Einzelwesen zusammentun und als Arten fortpflanzen, um mit vervielfältigter und nachhaltiger Kraft wer weiß welches Ziel zu erreichen, und wie sie immer wieder zurückgeworfen werden. Ein erhabener Erfindungsgeist ist pausenlos und mit unerschöpflichen Mitteln am Werk. Dem widerstrebt mit kalter, seelenloser Gewalt ein Prinzip der Trägheit; es löscht aus und vernichtet in Massen. Die Einzelkräfte sind sämtlich passiv; dennoch streben sie leidenschaftlich nach etwas, wovon sie keine Ahnung haben; und das ihnen unbekannte Ziel dieses allgemeinen Strebens scheint notwendig dasjenige alles Lebendigen zu sein. Nicht nur, daß das System der Lebewesen in den Mitteln voller Gegensätze und in den Ergebnissen voller Widersprüche zu sein scheint, auch die Kraft, die es in Bewegung hält, scheint unsicher, ängstlich, geschwächt oder von einer unerklärlichen Gegenkraft aufgewogen zu sein; es ist, als ob die Natur in ihrem Gange gehemmt und gleichsam verlegen und ratlos sei.

Wir glauben im finsteren Abgrund einen Schimmer wahrzunehmen, wenn unser Auge die Welten als Sphären rastloser Tätigkeit, als Werkstätten der Erneuerung gewahr wird, wo die Materie von einem belebenden Prinzip stufenweise geformt und veredelt wird, so daß sie aus dem passiven, rohen Zustande bis zum Grade der Ausbildung und Feinheit aufsteigt, wo sie bereit ist, sich endlich vom Feuer erfüllen und vom Lichte durchdringen zu lassen. Fortan bedient sich ihrer der Weltgeist nicht mehr als eines formlosen Stoffes, sondern als eines vervollkommneten Werkzeugs, dann als einer unmittelbaren Wirkkraft und schließlich als eines wesentlichen Bestandteils des einen Seins, das nun erst wahrhaft universell und wahrhaft Eins wird.

Der Ochse ist stark und mächtig; jedoch er weiß nichts davon: Er verzehrt eine Unmenge Futter, frißt eine ganze Wiese in sich hinein; und zu welchem Gewinn? Er käut wieder, vegetiert dumpf dahin im Stall, in den ihn ein Mensch einsperrt, der genauso trübsinnig, dumpf und unnütz ist wie er. Der Mensch wird ihn schlachten, wird ihn verspeisen und sich davon kein bißchen wohler fühlen; und nachdem der Ochse tot ist, stirbt auch der Mensch. Was bleibt dann von beiden? ein wenig Dünger, der neues Gras hervortreibt, und ein wenig Gras, das neues Fleisch nährt. Welch vergeblicher, stummer Wechsel von Leben und Tod! welch kaltes, fühlloses All! Wie, und es soll gut sein, daß die Welt ist, statt daß sie nicht ist?

Aber wenn diese still wirkende, schreckliche Gärung, die anscheinend nur dazu Leben hervortreibt, um es hinzumorden, nur dazu erschafft, damit man gewesen sei, nur dazu Keime ans Licht ruft, um sie zu verschleudern, nur dazu Empfindung des Lebens verleiht, um die Todesschauer fühlen zu lassen; wenn diese Kraft, die die Finsternis der ewigen Materie durchwirkt, hier und dort aufblitzt, um das Licht zu erproben; wenn diese Macht, die die

Ruhe bekämpft und das Leben verheißt, ihr Werk zerstampft und zermalmt, um es für einen großen Plan zu bereiten; wenn diese Welt, in die wir heraustreten, nur das Probestück der Welt ist; wenn das, was ist, nur das ankündigt, was einst sein soll – scheint dann nicht unser Befremden über das sichtbare Übel hinlänglich erklärt zu sein? Die Gegenwart arbeitet für die Zukunft; die Welt ist so eingerichtet, daß die jetzige Welt vernichtet werden soll; dies große Opfer war notwendig, und es erscheint nur in unseren Augen als groß. Wir treten in die Stunde der Katastrophe ein, aber sie mußte kommen; und die Geschichte derer, die heute leben, ist in dem einen Wort: Sie haben gelebt. Aus der qualvollen Krise, die uns vernichtet, wird die dauerhafte, fruchtbare Ordnung hervorgehen. Schon ist das Werk begonnen; und die Zeitalter des Lebens werden fortdauern, wenn wir, unsere Klagen, unsere Hoffnungen und unsere Lehrgebäude für immer vergangen sind.
Eben dies haben die Alten geahnt; sie bewahrten das Wissen um die Todesangst der Erde. Diesem tiefen, umfassenden Bewußtsein entsprangen die Institutionen der Frühzeit; sie erhielten sich im Gedächtnis der Völker als das große Denkmal einer erhabenen Melancholie. Aber dann kamen jene Horden, die Barbaren geblieben waren oder aus versprengten Stämmen bestanden, die auf der Flucht durch die Wälder die alten Überlieferungen verloren hatten, Pelasger, Skythen, Skandinavier, die den gotischen Glauben verbreiteten, das Fabelgespinst ihrer Verseschmiede und die falsche Magie der Wilden*; damals wurde die Geschichte der Welt zum Rätsel, und sie ist es geblieben bis zu dem Tag, wo ein großartiger Mensch, der allzu kurz lebte, es unternahm, ein Stück jenes Schleiers, den die Barbaren ausgebreitet hatten, wegzureißen**.
Hierauf mache ich eine Bewegung, die mich ablenkt; ich verändere die Lage, und ich sehe von alledem nichts mehr.
Ein andermal bin ich in einem unerklärlichen Zustand, weder wachend noch schlafend, und diese Ungewißheit sagt mir sehr zu. Es macht mir Spaß, die Nacht- und die Taggedanken zu vermi-

---

* Man bemerkt, daß das Wort *Magie* hier im ursprünglichen Sinn zu verstehen ist, nicht in der neuen Bedeutung; *falsche Magie* meint also ungefähr dasselbe wie die Magie der Neuzeit.
** Boulanger starb mit 37 Jahren; von ihm das Buch *L'antiquité dévoilée par ses usages* ..., 1766.

schen und zu verschmelzen. Oft bin ich noch ein wenig erregt von einem heftigen, schreckenden, ausgefallenen Traum, der voll jener geheimnisvollen Beziehungen und wunderlichen Ungereimtheiten war, an der die Phantasie Gefallen findet.
Der Geist des wachen Menschen käme nie auf das, was ihm die nächtlichen Eingebungen vor Augen führen. Vor einiger Zeit habe ich einen Vulkanausbruch gesehen; die Schrecklichkeit eines solchen Ereignisses war noch nie so ungeheuer, so entsetzlich und auch so herrlich gewesen. Mein Standort war etwas erhöht; ich befand mich, glaube ich, am Fenster eines Schlosses, neben mir waren noch ein paar andere Leute. Es war zur Nachtzeit, der Himmel aber ganz hell. Der Mond und der Saturn tauchten zwischen zerrissenen Wolken auf, die rasch dahinzogen, obwohl sonst alles still war. Der Saturn war nahe der Erde; er erschien größer als der Mond, und sein Ring, weißglühend wie Metall, das in der Glut zu schmelzen beginnt, erhellte eine ungeheure bebaute und bewohnte Ebene. Weit in der Ferne, aber doch deutlich sichtbar, verband eine lange Kette von gleichförmigen hohen Schneebergen die Ebene mit dem Himmel. Ich blickte hin, da bricht ein schrecklicher Sturm über das Land herein und wirbelt Kulturen und Wohnstätten und ganze Wälder mit sich fort, und im Nu bleibt nichts mehr zurück als eine dürre rote Sandwüste, die wie von einem inneren Feuer erglüht. Nun löst sich der Ring vom Saturn, schwebt durch den Himmel, fährt mit unheimlicher Schnelligkeit herab und berührt die höchsten Schneegipfel; diese geraten im selben Augenblick in Bewegung, als würden sie aus den innersten Grundfesten aufgewühlt, sie heben sich, wanken und rollen an Ort wie riesige Meereswogen, die ein weltweites Beben emportreibt. Augenblicke danach schießen aus diesen weißen Wogen unermeßliche Feuersäulen in den Himmel auf, fallen auf die Erde zurück und fließen in glühenden Strömen herunter. So wie sich die Gebirge in ihrer schaurigen Gärung hoben und senkten, erschienen sie fahl oder feurig; und diese ungeheure Verwüstung vollzog sich, noch schauerlicher, in vollkommener Stille.
Du denkst gewiß, ich sei vor Entsetzen über diese Zerstörung der Erde noch vor der eigentlichen Katastrophe aufgewacht; aber mein Traum endete nicht nach der Regel. Ich wachte nicht auf; der Weltenbrand erlosch, eine große Ruhe trat ein, die Nacht war

finster; man schloß die Fenster und fing im Salon zu plaudern an; wir sprachen über das Feuerwerk, und mein Traum ging weiter.
Man sagt immer wieder, unsere Träume hingen von dem ab, was uns in den vorangehenden Tagen stark beschäftigt hat. Ich meine allerdings auch, daß unsere Träume, so wie alle unsere Gedanken und Empfindungen, sich nur aus Teilen zusammensetzen, die uns schon vertraut sind und die wir erlebt haben. Mir scheint jedoch, das so Zusammengesetzte habe oft keinen weiteren Bezug zur Vergangenheit. Alles, was wir phantasieren, formt sich aus dem, was ist; aber nicht anders, als wenn wir phantasieren, träumen wir auch immer wieder Neues, das oftmals zu früher Gesehenem in keiner erkennbaren Beziehung steht. Einige dieser Träume kehren beharrlich in gleicher Weise wieder und gleichen sich zuweilen bis in geringste Einzelheiten, ohne daß wir in der Zwischenzeit je daran gedacht hätten. Ich habe im Traum Landschaften gesehen, schöner als irgendeine in den Alpen, schöner auch als alles, was ich mir hätte ausdenken können, und sie erschienen mir stets genau gleich. Schon in meinen Knabenträumen befand ich mich in der Nähe einer der berühmtesten Städte Europas. Der Anblick jener Landschaft war entschieden anders als die wirkliche Umgebung dieser Stadt, die ich übrigens nie gesehen habe; und jedesmal, wenn ich träumte, ich sei auf der Reise und käme in die Nähe jener Stadt, fand ich die Landschaft genau so vor, wie ich sie das erstemal geträumt hatte, und nicht so, wie sie meines Wissens ist.
Vielleicht zwölf- oder fünfzehnmal habe ich im Traum eine Gegend in der Schweiz gesehen, die ich schon früher kennengelernt hatte; aber jedesmal, wenn ich im Traum dort vorbeikomme, erscheint sie mir völlig anders, als sie in Wirklichkeit ist, und immer ganz so, wie ich sie das erstemal geträumt habe.
Vor einigen Wochen habe ich ein entzückendes Tal gesehen, das meinen Wünschen so vollkommen entsprach, daß ich zweifle, ob es dergleichen in Wirklichkeit gibt. Vergangene Nacht sah ich es wieder, und ich fand dort einen alten Mann, der vor der Tür einer elenden kleinen Hütte sein kümmerliches Brot verzehrte. »Ich habe euch erwartet«, sagt er zu mir, »ich wußte, daß ihr kommen würdet. In ein paar Tagen bin ich nicht mehr da, und ihr werdet hier alles verändert finden.« Danach waren wir auf dem See, in einem kleinen Boot, das er zum Kentern brachte, indem er sich ins

Wasser stürzte. Ich ging auf Grund, ich ertrank, und ich wachte auf.

Fonsalbe behauptet, ein solcher Traum könne nicht anders als prophetisch sein und ich würde in ein ähnliches Tal mit einem See kommen. Damit der Traum in Erfüllung geht, haben wir beschlossen, daß, sollte ich je in eine solche Gegend geraten, ich auf den See hinausgehen werde, vorausgesetzt, das Boot ist in Ordnung, das Wetter ruhig und ein Greis nirgends zu finden.

SECHSUNDACHTZIGSTER BRIEF

Im., 16. November IX

Du hast sehr richtig erraten, was ich nur hatte durchblicken lassen. Du folgerst daraus, daß ich mich bereits als Junggeselle sehe; und ich gebe zu, daß, wer sich irgendwie für dazu bestimmt hält, sich auch schon fast dafür entschieden hat.

Da das Leben alle Bewegung verliert, wenn man ihm seine löblichsten Illusionen nimmt, halte ich mit dir dafür, daß man mehr verlieren mag, als man gewinnt, wenn man sich allzu sehr auf die Defensive verlegt und sich jene abenteuerliche Bindung versagt, die so manche Wonne verheißt und so manchen Kummer bewirkt. Ohne sie ist das häusliche Leben kalt und leer, zumal für einen seßhaften Menschen. Glücklich, wer nicht allein lebt und wer nicht darüber zu seufzen braucht, daß er nicht allein lebt!

In dem, was du zugunsten der Ehe sagst, finde ich nichts, was man in guten Treuen anfechten oder leugnen könnte. Meine Einwände betreffen also nur das, wovon du nicht sprichst.

Man soll sich verheiraten, das ist erwiesen, aber was in der einen Hinsicht Pflicht ist, kann in einer anderen zur Torheit, zur Dummheit oder zum Verbrechen werden. Es ist gar nicht leicht, die verschiedenen Grundsätze unseres Verhaltens miteinander in Einklang zu bringen. Man weiß zwar, daß die Ehelosigkeit im allgemeinen ein Übel ist; aber ob der oder jener Junggeselle dafür zu tadeln sei, ist eine ganz andere Frage. Ich verteidige mich, zugegeben, und was ich vorbringe, zielt darauf ab, mich selbst zu entschuldigen; aber was liegt daran, daß es um mein persönliches Interesse geht, wenn es nur gut ist. Ich will zu dessen Gunsten lediglich eine Bemerkung machen, die mir als unzweifelhaft richtig erscheint, und ich bin in der angenehmen Lage, dies eben dir vortragen zu können, dir, der du eines Abends hast bestreiten wollen, daß eine durchgreifende Reform nötig sei, um in die Regeln unserer Pflichten Einheit, Einklang und Einfachheit zu bringen; dir, der du mich der Übertreibung bezichtigt hast, als ich zu behaupten wagte, es sei schwieriger und seltner, genügend Unterscheidungsvermögen zu besitzen, um die Pflicht zu erkennen, als hinreichende Kräfte, um ihr nachzuleben. Du hattest auf deiner Seite gewichtige Zeugen, alte und neue; die meinen waren nicht weniger imponierend; und selbst ein Solon, ein Cicero und andere mögen sich hierüber durch die wohlmeinendsten Absichten haben täuschen lassen.

Man meint immer, unser Moralkodex sei endgültig. Man braucht also den Menschen nur noch zu sagen: handelt danach; wäret ihr guten Willens, so wäret ihr stets gerecht*. Leider bin ich in der unglücklichen Lage, behaupten zu müssen, daß dieser Kodex erst noch zu schaffen ist. Ich stelle mich auf die Seite derer, die darin Widersprüche sehen, Grundsätze mit zahlreichen Ungewißheiten, und die jene gerechten Menschen bedauern, die eher in der Entscheidung unschlüssig als in der Ausführung willensschwach sind. Ich wüßte von Lebenslagen zu berichten, wo ich wette, kein Mensch, und sei er noch so unzugänglich für persönliche Rücksichten, würde sich ohne Zögern entscheiden, und wo selbst der gewiegteste Moralist sich niemals so schnell entscheiden würde, als es die Umstände oftmals erfordern.

Aber ich will aus all diesen schwierigen Fällen nur einen herausgreifen; es ist der, über den ich mich rechtfertigen soll, und ich will darauf zurückkommen. Man soll eine Gattin glücklich machen und seinen Kindern den Weg zum Glück ebnen; also soll man sich zuallererst so einrichten, daß man gewiß ist oder zumindest hoffen darf, dies tun zu können. Man ist es ferner sich selbst und seinen weiteren künftigen Pflichten gegenüber schuldig, daß man für die Mittel vorsorgt, um diese erfüllen zu können, und folglich auch für die Wahrscheinlichkeit, daß man in Umständen leben wird, die dies ermöglichen und die uns zumindest einen Teil des Wohlstands gewähren, der nötig ist, um das Leben sinnvoll zu nutzen. Es ist nicht nur leichtsinnig, sondern ein Vergehen, wenn man eine

---

* Das ist dem Sinn nach ein Ausspruch Solons und entspricht einer Stelle in *De officiis*, was offenbar Anlaß gab zum Hinweis auf Solon und Cicero.

Frau heiratet, die nichts als Unordnung, Ekel und Schande in unser Leben bringt; die man am Ende fortjagen oder verlassen muß; mit der jedes wechselseitige Glück zum vornherein ausgeschlossen ist. Es ist ein Vergehen, wenn man Kinder in die Welt setzt, für die man aller Voraussicht nach nichts tun kann. Es müßte einigermaßen sichergestellt sein, daß man ihnen, wo nicht zu einem materiell unabhängigen Leben, so doch mindestens zu den geistigen Früchten der Erziehung verhelfen und dazu die Mittel geben kann, um etwas zu werden und in der Gesellschaft eine Aufgabe zu erfüllen, die vor Unehre und Elend bewahrt.
Auf der Reise kann man das Nachtlager nicht frei wählen und nimmt mit der Herberge vorlieb, die am Weg liegt. Aber wenigstens die eigene Wohnung kann man wählen; man erwirbt nicht ein Haus und setzt sich fürs ganze Leben fest, ohne daß man prüft, ob es einem zusagt. Und so wird man auch nicht aufs Geratewohl eine Wahl treffen, die noch viel wichtiger ist, sowohl der Sache nach als auch weil sie unwiderruflich ist.
Natürlich soll man auch nicht nach einer absoluten oder illusorischen Vollkommenheit begehren; man soll nicht von den andern etwas verlangen, was man ihnen selber niemals zu bieten vermöchte, und man darf nicht alles, was einem begegnet, dermaßen streng beurteilen, daß man sich eine Erfüllung seiner Wünsche für alle Zeiten verbaut. Aber verdient der unseren Beifall, der sich in seiner Ungeduld dem Erstbesten in die Arme wirft und in der Folge gezwungen ist, entweder mit dem übereilt zum Freunde Erwählten nach drei Monaten zu brechen oder dann sein Lebtag auf eine echte Freundschaft zu verzichten, um eine falsche aufrechtzuerhalten?
Diese Schwierigkeiten in der Ehe treten nicht bei allen gleich auf. Sie sind irgendwie typisch für eine bestimmte Klasse von Menschen, und in dieser Klasse sind sie häufig und ausgeprägt. Man fühlt sich für das Schicksal eines Mitmenschen verantwortlich, man ist vielfachen Rücksichten unterworfen; und da kann es geschehen, daß die Umstände keine vernünftige Wahl erlauben, bis man in einem Alter ist, wo nichts mehr zu erhoffen ist.

SIEBENUNDACHTZIGSTER BRIEF

20. November IX

Wie ist doch das Leben ein Durcheinander, wie schwierig die Kunst, es zu meistern! wieviel Kummer, weil man wohl getan, wieviel Unordnung, weil man alles der Ordnung geopfert hat, wieviel Verwirrung, weil man jegliches hat regeln wollen, wo unser Schicksal nichts geregelt haben wollte!

Du weißt nicht recht, was ich dir mit dieser Einleitung sagen will; aber Fonsalbes Schicksal bewegt mich, und wenn ich mir durch den Kopf gehen lasse, was ihm das Leben hätte sein können und was er erlebt hat, was ich davon weiß und was er mir erzählt hat, so blicke ich in einen Abgrund von Unrecht, von Widerwärtigkeiten, von Kummer und Leid; und was noch trauriger ist: Ich sehe in dieser langen Folge von Unglücksschlägen nichts Erstaunliches, nichts, was nur gerade ihn beträfe. Wenn alle Geheimnisse offenbar wären, wenn man in der Verborgenheit der Herzen den Kummer sehen könnte, der an ihnen nagt, so wären alle diese zufriedenen Menschen, diese geselligen Häuser und anmutigen Zirkel nichts weiter als eine Unzahl von Unglücklichen, die ihre Ungeduld verbergen und am dicken Bodensatz ihres Leidenskelches würgen, ohne je auf den Grund zu sehen. Sie verschleiern alle ihre Qualen; sie kehren ihre Scheinfreuden heraus und tun alles, um sie vor jenen neidischen Augen erstrahlen zu lassen, die stets auf andere schielen. Sie stellen sich ins günstigste Licht, damit jene Träne, die in ihrem Auge bleibt, diesem einen scheinbaren Glanz verleihe und von weitem als Ausdruck der Wonne mißdeutet werde. Die gesellschaftliche Verlogenheit besteht darin, glücklich zu erscheinen. Ein jeder hält sich, wenn er allein ist, in allem für beklagenswert, gibt sich jedoch nach außenhin so, daß er zu allem beglückwünscht wird. Spricht er dem Vertrauten von seinen Leiden, so ist sein Auge, sein Mund, seine Haltung, ist alles an ihm Schmerz; trotz seines heldenmütigen Charakters erhebt sich aus tiefen Seufzern die Anklage gegen sein jämmerliches Schicksal, und sein Betragen ist das eines Menschen, der nur noch den Tod vor sich sieht. Fremde treten ein; sein Antlitz festigt sich, seine Braue hebt sich, sein Blick wird bestimmt, er verkündet, das Unglück könne ihm nichts anhaben, er meistere das Schicksal spielend, er könne sich ein jedes Vergnügen leisten; alles an ihm,

selbst seine Kravatte, scheint alsogleich froher gestimmt zu sein, und er schreitet einher wie ein Mensch, den das Glück beflügelt und der sich einem Schicksal anvertraut, das Großes mit ihm vorhat.
Diese eitle Zurschaustellung, diese Sucht nach dem schönen Schein bleibt nur den Dummen verborgen; und doch fallen fast alle Menschen darauf herein. Das Fest, das ihr versäumt, erscheint euch als ein Vergnügen, im selben Augenblick, wo euch dasjenige, an dem ihr teilnehmt, nur als eine zusätzliche Bürde vorkommt. »Der andere verfügt über hunderterlei Dinge«, sagt ihr; aber verfügt ihr nicht über dasselbe und vielleicht über manches mehr? – »Es scheint, ich verfüge darüber, jedoch ...« – Betrogener Mensch! hat nicht auch der andere seine Wenn und Aber? Alle diese Glücklichen zeigen doch ihr Festtagsgesicht, so wie das Volk nur in den Sonntagskleidern ausgeht. Das Elend versteckt sich im stillen Kämmerlein und auf dem Dachboden. Freude und Geduld sind auf den Lippen, die den Blicken ausgesetzt sind; Entmutigung, Schmerzen, das Fieber der Leidenschaften und der Langenweile nisten tief im verbitterten Herzen. Im breiten Volk ist alles Äußere aufpoliert, es glänzt oder ist wenigstens erträglich; das Innere ist schrecklich. Nur unter dieser Bedingung können wir uns die Hoffnung leisten. Würden wir nicht denken, den andern gehe es besser, und also könnte es auch uns dereinst besser gehen, wer von uns würde dann noch sein stumpfsinniges Leben bis zum Ende durchstehen?
Als Fonsalbe nach dem spanischen Amerika verreiste, war er von einem edlen, durchdachten, aber ein wenig phantastischen Vorhaben erfüllt. Da wurde er auf Martinique durch einen seltsamen Zwischenfall aufgehalten, der nur von kurzer Dauer zu sein schien und dennoch unabsehbare Folgen haben sollte. Nachdem er endlich zum Verzicht auf seine Pläne genötigt worden war, wollte er sich zur Rückfahrt einschiffen und wartete auf günstige Fahrt. Da wurde ein entfernter Verwandter, bei dem er während seines Aufenthaltes auf den Antillen gewohnt hatte, krank und starb nach wenigen Tagen. Dieser anvertraut ihm auf dem Sterbebett, es wäre ihm ein Trost, wenn er ihm seine Tochter überlassen dürfte, die er glücklich zu machen glaube, wenn er sie ihm zur Gattin gebe. F***, der nie an sie gedacht hatte, wendet ein, da sie miteinander mehr als ein halbes Jahr unter dem gleichen Dache

zusammengewohnt hätten, ohne daß er mit ihr in ein näheres Verhältnis getreten sei, werde er ihr ohne Zweifel gleichgültig geblieben sein. Der Vater besteht darauf und läßt ihn wissen, seine Tochter sei geneigt, ihm ihre Liebe zu schenken, sie habe ihm dies gestanden, als sie sich gegen eine andere Heirat ausgesprochen habe. Nun wendet Fonsalbe nichts mehr ein, geht mit sich zu Rat und beschließt, anstelle seiner vereitelten Pläne still und brav ein zurückgezogenes Leben zu beginnen, eine Frau glücklich zu machen und bald Kinder zu haben, um sich ihrer Erziehung zu widmen. Er sagt sich, die Fehler der Frau, die ihm angetragen wird, seien durch die Erziehung verursacht, und im übrigen besitze sie angeborene Vorzüge. Er entschließt sich und gibt sein Versprechen. Der Vater stirbt, und es vergehen ein paar Monate; Sohn und Tochter schicken sich an, die Hinterlassenschaft zu teilen. Es ist Kriegszeit, feindliche Schiffe kreuzen vor der Insel auf, man macht sich auf eine Invasion gefaßt. Unter diesem Vorwand trifft Fonsalbes künftiger Schwager Anordnungen, damit man sich gegebenenfalls absetzen und in Sicherheit bringen könne. Während der Nacht jedoch begibt er sich mit sämtlichen Negern der Bevölkerung zu Schiff und nimmt alles mit, was sich mitnehmen läßt. Später erfuhr man, er habe sich auf einer englischen Insel niedergelassen, wo sein Los nicht eben glücklich gewesen sein soll.

Seine Schwester, derart ihres Erbteils beraubt, schien zu argwöhnen, Fonsalbe könnte sie nun trotz des gegebenen Versprechens im Stiche lassen. Daraufhin beschleunigt er die Heirat, wozu er erst die Einwilligung seiner Familie hatte abwarten wollen. Aber jener Argwohn, dem er nicht anders begegnen zu dürfen glaubte, war nicht geeignet, seine Achtung für seine Frau zu vergrößern, die er nun ehelichte, ohne gut oder schlecht von ihr zu denken, und mit der ihn keine andere Neigung verband als die einer gewöhnlichen Freundschaft.

Eine Verbindung ohne Liebe kann sehr wohl glücklich sein. Aber die beiden Charaktere paßten nicht recht zusammen, entsprachen sich aber dennoch in der und jener Neigung; und in einem solchen Fall, denke ich, wäre die Liebe durchaus imstande, sie vollends zusammenzubringen. Die Vernunft wäre vielleicht ein genügender Rückhalt; aber die Vernunft ist nur innerhalb der Ordnung voll handlungsfähig, und in diesem Fall widersetzte sich das

Schicksal einem planmäßigen, geregelten Leben. . . . .
. . . .
. . . .
Man lebt nur einmal; man bleibt seinen Grundsätzen treu, wenn sie gleichzeitig so die Vernunft wie das Herz befriedigen. Man glaubt für das Gute etwas riskieren zu sollen, da man es dann, wenn man auf Gewißheit warten wollte, niemals zu tun vermöchte. Ich weiß nicht, ob du die Sache ebenso siehst, aber mich dünkt, F✳✳✳ hat sich richtig verhalten. Er hat dafür büßen müssen, es war nicht anders zu erwarten, aber hat er darum falsch gehandelt? Wenn man doch nur einmal lebt ... Unerbittliche Pflicht, einziger Trost eines flüchtigen Lebens! Heilige Moral! Weisheit des Herzens! mitnichten hat er gegen eure Gesetze verstoßen. Er hat sich über gewisse modische Ansichten hinweggesetzt, hat unsere engherzigen Regeln mißachtet; nur ein Kleingeist, ein Quartiergesetzgeber würden ihn dafür verurteilen; aber jene Männer des Altertums, die seit drei Jahrtausenden Verehrung genießen, jene großen gerechten Männer hätten gehandelt, haben gehandelt wie er. . . . .
. . . .
Je besser ich Fonsalbe kenne, umso klarer sehe ich, daß wir zusammenbleiben werden. Wir haben es so entschieden, ja eigentlich lag es schon in der Natur der Dinge beschlossen: Ich bin froh, daß er keinen Beruf ausübt. Er wird hier deine Stelle einnehmen, soweit ein neuer Freund eine zwanzigjährige Freundschaft ersetzen kann und soweit ich in meinem Los einen Abglanz unserer einstigen Träume zu finden vermag.
Die Freundschaft zwischen F✳✳✳ und mir eilt der Zeit voraus, sie hat schon den ehrwürdigen Charakter des Altbewährten. Sein Vertrauen kennt keine Grenzen, und da er von Natur sehr zurückhaltend und verschwiegen ist, kannst du ermessen, wie hoch ich dieses Vertrauen schätze. Ich verdanke ihm viel; mein Leben ist etwas weniger unnütz, und es wird sich allmählich beruhigen, trotz dieser drückenden Last in meinem Innern, die er mich zuweilen vergessen lassen wird, die er aber nicht wird beseitigen können. Er hat meiner Einöde wieder etwas von ihrer seligen Schönheit, von der *Romantik* dieser Bergwelt zurückgegeben. Ein vom Unglück Verfolgter, ein Freund verlebt hier leidlich schöne Stunden, wie sie ihm nie zuvor beschieden waren. Wir

spazieren miteinander, wir plaudern, wir überlassen uns dem Zufall; wir fühlen uns wohl, wenn wir beisammen sind. Es wird mir jeden Tag mehr bewußt, was für Herzen ein widriges Schicksal mitten in der nichtsahnenden Menge verborgen halten kann, und dazu in Umständen, wo sie vergeblich nacheinander suchen würden. Fonsalbe hat sein Leben in beständiger Unruhe zugebracht, freudlos, traurig, ohne jedes Gelingen; er ist zwei, drei Jahre älter als ich; er spürt, daß das Leben verrinnt. Kürzlich sagte ich zu ihm: Die Vergangenheit ist uns fremder als das Dasein eines Unbekannten, es bleibt davon nichts Wirkliches zurück; die Erinnerungen, die sie hinterläßt, sind zu hinfällig, als daß sie ein vernünftiger Mensch den Freuden oder den Leiden zurechnen könnte. Welchen Grund sollen die Klagen, soll das Bedauern haben über das, was dahin ist? Und wärest du der glücklichste Mensch gewesen, wäre der heutige Tag darum besser? Und hättest du die schrecklichsten Leiden erduldet... Er ließ mich reden, aber ich hielt von selbst inne. Es fiel mir ein, daß seine Gesundheit, hätte er zehn Jahre lang in einem feuchten Kellerloch gelebt, für immer hätte Schaden nehmen können; daß auch seelische Qualen unauslöschliche Spuren hinterlassen können; und daß, wenn ein vernünftiger Mensch über Leiden klagt, die vorbei zu sein scheinen, er eigentlich über ihre Folgen und verschiedenen Auswirkungen klagt.

Wenn man die Gelegenheit, Gutes zu tun, bewußt hat vorbeigehen lassen, so findet man sie gewöhnlich nicht wieder. Auf diese Weise wird die Unterlassung derer bestraft, die an sich dazu bestimmt waren, das Gute zu tun, die sich jedoch von augenblicklichen Rücksichten oder vom Interesse ihrer Leidenschaften zurückhalten ließen. Einige von uns verbinden diese natürliche Anlage mit dem entschiedenen Willen, ihr nachzuleben, und mit der Angewohnheit, jegliche entgegengesetzte Leidenschaft zum Schweigen zu bringen. Es ist ihre einzige Absicht, ist ihr höchster Wunsch, die Rolle des Menschen in jedem Fall gut zu spielen und auch dem nachzuleben, was sie für gut befunden haben. Werden sie ohne Bedauern zusehen können, wie ihnen jede Möglichkeit genommen wird, jene Dinge gut zu tun, die man nur einmal tun kann? Dinge, die wohl nur zum Privatleben gehören, die jedoch bedeutsam sind, weil sich nämlich nur sehr wenige Menschen wirklich vornehmen, sie gut zu tun?

Es ist keineswegs eine so unwichtige, nebensächliche Lebensaufgabe, als man denkt, für seine Gattin nicht nur gerade das zu tun, was die Pflicht vorschreibt, sondern das, wozu eine aufgeklärte Vernunft rät, ja selbst all das, was diese erlaubt. Es gibt viele Männer, die mit Ehren hohe öffentliche Ämter bekleiden, dieweil sie ihrem Hause niemals so vorzustehen vermöchten, wie es F✳✳✳ getan haben würde, hätte er eine rechtdenkende Frau von zuverlässigem Charakter gehabt, eine Frau, wie er ihrer bedurft hätte, um seine Gesinnung zu bewähren.

Die Wonne des innigen Umgangs und der Vertraulichkeit kann schon unter Freunden groß sein; jedoch belebt und vervielfältigt durch all die tausend kleinen Anlässe, die die Empfindung des anderen Geschlechts mit sich bringt, übersteigt diese Wonne alle Grenzen. Gibt es ein kostbareres häusliches Glück, als in den Augen einer geliebten Gattin gut und gerecht zu erscheinen; alles für sie zu tun und nichts von ihr zu fordern; von ihr alles zu erwarten, was natürlich und ehrbar ist, und nichts Unbilliges von ihr zu verlangen; ihr Achtung zu verschaffen und sie sich selber sein zu lassen; sie zu stützen, sie zu beraten, sie zu beschützen, ohne sie zu beherrschen, ohne sie zu unterwerfen; sie zu einer Freundin zu machen, die nichts verheimlicht und nichts zu verheimlichen braucht, ohne ihr Dinge zu verbieten, die an sich gleichgültig sind, die aber andere verschweigen, weil sie ihnen verboten sind; sie so vollkommen, aber auch so frei wie möglich zu machen, und alle Rechte über sie zu üben, um ihr alle Freiheit zu verstatten, die sich eine redliche Freundin herausnehmen darf; und dergestalt, wenigstens in der Verborgenheit unseres Lebens, das Glück eines Menschen zu begründen, der würdig ist, das Glück zu empfangen, ohne es zu verderben, und die Freiheit des Geistes, ohne durch ihren Genuß verdorben zu werden?

ACHTUNDACHTZIGSTER BRIEF

30. November IX

Es ist heute gerade das Wetter, wie ich es gerne habe, um fünf, sechs Stunden lang an irgend etwas zu schreiben, über dies und das zu plaudern, eine witzige Spottschrift zu lesen, kurz: um mir *die Zeit zu vertreiben.* Ich bin schon seit ein paar Tagen in

dieser Stimmung, und mehr denn je; und müßte ich nicht mit Fonsalbe das Gefälle eines kleinen Baches ausmessen, den er zuoberst in meine Wiesen umleiten will und den die ärgste Hitze nicht zum Versiegen bringt, weil er von einem kleinen Gletscher herkommt, du erhieltest den längsten Brief, den man in Bordeaux jemals erhalten hat. Indessen bleibt genug Zeit, um dir mitzuteilen, daß das Wetter akkurat so ist, wie ich es erwartet habe.
Nun, auf etwas zu warten brauchen die nicht, die leben, wie es sich gehört, die von der Natur nur das nutzen, was sie sich auf ihre Art zurechtgemacht haben, jene Neunmalklugen. Die Jahreszeiten, die Tageszeit, die Witterung, all das läßt sie unberührt. Ihre Gewohnheiten sind wie eine Mönchsregel: ein zweites Gesetz, das nur sich selber in Rechnung stellt, das im Naturgesetz nicht eine höhere Ordnung sieht, sondern nur eine Abfolge von mehr oder weniger regelmäßigen Ereignissen, eine Reihe von Hilfsmitteln oder Hindernissen, die man gebrauchen oder überwinden soll, je nach Laune der Umstände. Ohne zu entscheiden, ob dies von Übel ist oder nicht, gebe ich zu, daß es anders nicht geht. Öffentliche Vorhaben, ja fast alle Arten von Geschäften haben ihre lange voraus angesetzte Stunde; sie verlangen zu einer bestimmten Zeit die Zusammenarbeit von vielen Menschen; sie könnten nicht ausgeführt werden und man käme zu keiner Abmachung, wenn sie andern Gesetzen gehorchten als ihren eigenen. Und aus dieser Notwendigkeit ergibt sich alles übrige; für den Stadtmenschen, der von Naturereignissen nicht mehr abhängig ist, ja der sie oft nur noch als Behinderung, selten als zufällige Wohltat empfindet, kommt nichts anderes in Frage, als daß er seine Gewohnheiten nach seinen Verhältnissen richtet, nach den Gewohnheiten der Leute, mit denen er Umgang hat, nach den öffentlichen Gewohnheiten, nach den Erwartungen des Standes, dem er angehört oder in den er aufsteigen möchte.
Eine Großstadt bietet immer ungefähr den gleichen Anblick; die Beschäftigungen, die Zerstreuungen sind immer etwa dieselben; man gewöhnt sich deshalb gern an eine gleichbleibende Lebensordnung. Es wäre in der Tat sehr beschwerlich, wenn man im Sommer in aller Frühe aufstehen und im Dezember schon beim Einnachten zu Bett gehen wollte. Das Morgenrot sehen ist gewiß schön und gesund, aber wenn man es dann zwischen den Dächern gesehen hat, wenn man zugehört hat, wie droben in einer Lukarne

zwei Kanarienvögel der aufgehenden Sonne ihren Gruß darbringen, was soll man dann anfangen? Ein klarer Himmel, ein mildes Wetter, eine mondhelle Nacht ändern nichts an deiner Lebensart, und schließlich sagst du dir: Wozu das alles? und auch wenn man eine Lebensordnung, die zu einer solchen Frage herausfordert, für schlecht hält, müßte man zugeben, daß der, der so fragt, nicht ganz unrecht hat und daß es in der Tat mehr als sonderbar wäre, wenn man frühmorgens extra den Portier aufwecken und hinauseilen wollte, um die Spatzen auf dem Boulevard pfeifen zu hören, oder wenn man sich abends im Salon ans Fenster setzte, hinter die Vorhänge, um sich dem Lärm und dem Lichterglanz zu entziehen, um der Natur einen Augenblick zu widmen, um mit gesammelter Andacht das Nachtgestirn in der Gosse glänzen zu sehen.

Anders in meinem Bergtal: Hier gleichen sich die Achtzehnstundentage und die Neunstundentage nur wenig. Ein paar städtische Gewohnheiten habe ich allerdings beibehalten, weil ich sie recht angenehm, ja auch schicklich finde für mich, der ich die örtlichen Gewohnheiten nicht alle übernehmen könnte. Aber bei vier Fuß Schnee und zwölf Grad Kälte kann ich wohl nicht auf die genau gleiche Art leben, wie wenn die Hitze in den Wäldern die Tannen in Flammen aufgehen läßt und man fünftausend Fuß weiter oben am Käsen ist.

Ich brauche ein bestimmtes schlechtes Wetter, um mich draußen zu beschäftigen, ein anderes, um zu spazieren, ein anderes, um zu wandern, ein anderes, um am Kamin zu bleiben, auch wenn es gar nicht kalt ist, ein anderes, um mich in der Küche ans Herdfeuer zu setzen und häusliche Arbeiten zu verrichten, die nicht alle Tage anfallen und die ich nach Möglichkeit für solche Stunden aufspare. Du siehst, ich will dir von meiner Zeiteinteilung berichten und vermische dabei das, was schon ist, mit dem, was noch werden soll, nehme also an, daß ich schon länger eine Lebensart befolge, mit der ich in Wirklichkeit erst anfange und die ich mir für die anderen Jahreszeiten und die zu erwartenden Arbeiten vorgenommen habe.

Von den Schönwettertagen hätte ich lieber geschwiegen, aber es muß schließlich gesagt sein: ich mag sie nicht, genauer: nicht mehr. Das schöne Wetter macht die Landschaft schöner, es scheint ihr Dasein zu steigern; dies entspricht allgemeinem Empfinden. Ich jedoch bin bei schönem Wetter verdrießlicher. Gegen

dieses seelische Unwohlsein habe ich umsonst anzukämpfen versucht, es war stärker als ich; da habe ich denn einen bequemeren Weg eingeschlagen; ich bin dem Übel ausgewichen, da es sich nicht austreiben ließ. Fonsalbe kommt meiner Schwäche noch so gern entgegen: Für jene wolkenlosen Tage, die in aller Augen so schön, für mich aber so bedrückend sind, sparen wir uns die bescheidenen Tafelfreuden auf. Das sind dann die Tage des Faulenzens. Wir stehen spät auf und lassen tagsüber das Licht brennen. Gibt es zufällig etwas Ergötzliches oder Scherzhaftes zu lesen, so legen wir es für solche Vormittage beiseite. Nach Tisch schließen wir uns mit Wein oder Punsch in unser Zimmer ein. In solch ungezwungener Vertraulichkeit, in der Geborgenheit von Menschen, die sich vor ihrem eigenen Herzen niemals zu fürchten brauchen, finden wir manchmal alles andere armselig und dürftig, selbst die Freundschaft; wir begehren dann nichts weiter, als uns wieder ein wenig in jener närrischen Laune zu versuchen, die wir verloren haben, ohne daß wir darum weiser geworden wären; statt nach jenem exakten, geregelten Bewußtsein von den Dingen, statt nach dem stummen Begriff, der den Menschen erkältet und seine Schwachheit überfordert, verlangt es uns nach dem starken, glühenden Gefühl des Gegenwärtigen.
Schließlich rückt die Mitternacht heran, und man ist frei ... ja doch, befreit von der Zeit, von der kostbaren, unwiederbringlichen Zeit, die man so oft nicht anders als verlieren und noch öfter nicht leiden kann.
Wenn Phantasie, Beobachtung und angestrengtes Forschen, wenn Langeweile oder die Leidenschaften, wenn Angewohnheiten oder der Verstand den Kopf in Unruhe und Verwirrung versetzt haben, glaubst du, daß es dann so einfach ist, genug Zeit zu haben und vor allem: nie zu viel Zeit zu haben? Zugegeben, wir leben hier als Einsiedler, als Landleute, aber auch wir haben unsere Leidenschaften: Wir leben freilich in der Natur, aber wir beobachten sie. Und übrigens meine ich, daß auch im Naturzustand manche Menschen zu viel Geist haben, als daß sie sich nicht langweilen würden.
Wir haben die Zerstreuungen der guten Gesellschaft eingebüßt; wir versuchen uns darüber hinwegzutrösten, indem wir uns die Langeweile und die unausweichlichen eitlen Verpflichtungen der Gesellschaft überhaupt vor Augen führen. Und doch, hätte man es

nicht so einrichten können, daß man wenigstens die engsten Freunde sähe? Was kann uns hier jene Wesensart ersetzen, wie sie nur Frauen haben können und wie sie die Frauen in den großen Städten Frankreichs besitzen, jene Wesensart, die sie so glücklich verkörpern und durch die sie einem Mann von Geschmack so unentbehrlich sind wie einem Mann der Leidenschaften? In dieser Hinsicht empfinden wir unsere Einsamkeit am stärksten und leben wir wirklich in der ödesten Einöde.

In andern Beziehungen, dünkt mich, füllt unsere Lebensart die Zeit so gut aus, wie man es sich wünschen kann. Wir haben die städtische Betriebsamkeit aufgegeben. Die Stille, die uns umgibt, scheint dem Ablauf der Zeit fürs erste eine Stetigkeit und Unveränderlichkeit zu verleihen, die den, der an ein hastiges Leben gewöhnt ist, in Betrübnis versetzt. Allmählich jedoch und je mehr man sich umstellt, gewöhnt man sich ein wenig daran. Sobald man wieder ruhiger geworden ist, findet man die Stunden hier nicht mehr viel länger als anderswo. Würden mich nicht Hunderte von teils ziemlich triftigen, teils etwas fadenscheinigen Gründen davon abhalten, die Art eines Bergbewohners anzunehmen, so hätte ich stets die gleiche Bewegung, die gleiche Nahrung, die gleiche Lebensweise: ohne Unruhe, ohne Hoffnung, ohne Wunsch, ohne Erwartung. Ich brauchte nicht zu träumen, brauchte kaum zu denken, brauchte nichts mehr zu wollen und nichts Neues mehr zu ersinnen; ich schritte vor mich hin, von einer Jahreszeit in die andere und von der Gegenwart ins Alter hinein, wie wenn man vom Sommer dem Winter entgegengeht, ohne daß man bemerkt, wie die Tage nach und nach kürzer werden. Wenn die Nacht hereinbräche, hieße das für mich nur, es sei eben Licht zu machen, und wenn der erste Schnee fiele, würde ich sagen, man müsse einheizen. Von Zeit zu Zeit würde ich von dir Neuigkeiten erfahren, würde dann für ein Weilchen die Pfeife weglegen und dir mitteilen, daß es mir gut gehe. Ich fände meine Ruhe und hätte bald einmal den Eindruck, daß in der kühlen Stille der Alpen die Tage recht schnell vergehen. Ich überließe mich ganz jener Wirkung der Unbekümmertheit, des Vergessens und der Gemächlichkeit, die dem Bergbewohner in der Abgeschiedenheit und erhabenen Einsamkeit der Gebirge seine Ruhe gibt.

NEUNUNDACHTZIGSTER BRIEF

Im., 6. Dezember IX

Ich habe dir noch gleichentags diesen so lange ersehnten Augenblick anzeigen wollen, der in meinem Leben ein Neuanfang sein könnte, wenn ich gänzlich von meinen Träumen geheilt wäre, oder soll ich sagen: wenn sie von ihrem einstmals so verführerischen Glanz nichts eingebüßt hätten. Ich bin nun ganz zu Hause; die Arbeiten sind alle abgeschlossen. Das ist endlich der Moment, um mit einer Lebensweise zu beginnen, die bestimmte Stunden nutzt und die andern vergessen läßt. Ich kann tun, was ich will, aber das Unglück will es, daß ich nicht recht weiß, was ich tun soll.

Und doch ist die Ungezwungenheit etwas Köstliches. Man kann sich einrichten, wie man will, kann seinen Wünschen nachgeben, kann wählen und bestimmen. Im normalen Leben vermag die Vernunft bei einiger Ungezwungenheit dem Unglück auszuweichen. Die Reichen wären froh, sie wären ungezwungen; aber die Reichen machen sich lieber arm. Mich dauert der, der durch die unabänderlichen Umstände genötigt ist, sein Haus nur so hoch aufzuführen, als das Geld reicht. Es gibt kein häusliches Glück ohne einen gewissen Überfluß; er ist für ein gesichertes Leben unerläßlich. Daß man in den Hütten mehr Frieden und Frohmut findet als in den Palästen, kommt daher, daß die Ungezwungenheit in den Palästen weit seltener anzutreffen ist als dort. Die Unglücklichen! sie schwimmen im Geld und wissen doch gar nicht, wie leben! Hätten sie ihre Ansprüche und die ihrer Angehörigen zu beschränken gewußt, so hätten sie alles, denn das Geld schafft alles; aber in ihren linkischen Händen schafft das Geld eben nichts. Sie wollen es nicht anders, nun, so mögen sie mit ihren Ansichten auf die Rechnung kommen! Wir aber in unserem mäßigen Wohlstande wollen immerhin ein anderes Beispiel geben.

Um nicht wahrhaft unglücklich zu sein, bedarf es nur eines einzigen Gutes; man nennt es Vernunft, Weisheit oder Tugend. Um glücklich zu sein, braucht es, meine ich, viererlei: viel Vernunft, Gesundheit, ein hinreichendes Vermögen und ein klein wenig von jenem Glück, das darin besteht, daß einem das Schicksal geneigt ist. In Wahrheit ist jedes der drei andern Güter nichts ohne die Vernunft, die Vernunft aber vermag ohne sie viel. Sie kann uns schließlich deren Besitz verschaffen oder über ihren Verlust hinwegtrösten; jene aber verhelfen nicht zur Vernunft, und was sie uns ohne diese verschaffen, hat nur einen äußeren Glanz, einen Schein, von dem sich das Herz nicht lange täuschen läßt. Geben wir es zu: Um auf Erden glücklich zu sein, muß man zugleich *können* und *wissen*. Können ohne Wissen ist äußerst gefährlich; Wissen ohne Können ist nutzlos und betrüblich.

Ich für mich, der ich nicht leben, nur das Leben betrachten will, werde wohl gut daran tun, wenn ich mir wenigstens die Rolle eines Menschen vorzustellen versuche. Ich werde also jeden Tag vier Stunden in meinem Studierzimmer verbringen. Ich will dies Arbeit nennen; an sich ist es zwar keine, denn man darf an einem Ruhetag weder ein Schloß einsetzen noch ein Schnupftuch säumen, aber es ist einem unbenommen, ein Kapitel über die *Urwelt* zu schreiben. Da ich mich zum Schreiben entschlossen habe, wäre es unverzeihlich, wenn ich nun noch länger zögern würde*. Ich habe alles, was ich brauche: Muße, Stille, Langeweile, eine bescheidene, aber ausreichende Bibliothek; und statt eines Sekretärs einen Freund, der mich anspornt und im Glauben bestärkt, daß man als Schriftsteller früher oder später doch auch ein wenig Gutes tun kann.

Bevor ich mich mit den Schwächen der Menschen befasse, muß ich dir ein letztesmal meine eigene Schwäche beichten. Fonsalbe, vor dem ich sonst nichts verbergen würde, der aber von dieser Sache keine Ahnung hat, läßt mich, sei's durch seine Gegenwart, sei's durch unsere Gespräche, in denen oft der Name seiner Schwester fällt, jeden Tag neu spüren, wie weit ich von dem Vergessen entfernt war, das meine einzige Rettung ist.

Er hat Frau Del✷✷✷ in seinen Briefen von mir erzählt, und er tat

---

* Melancholische Tage, die Träumereien einer bedrängten Seele, eine anhaltende Langeweile, welche das Gefühl der Nichtigkeit des Daseins verdichtet, sie können jenes Bedürfnis fördern, auszusprechen, was man denkt; sie haben oftmals die Entstehung von Werken begünstigt, deren Poesie die tiefe Empfindung und die großen Visionen einer Seele ausdrückt, die durch ihre Leiden unergründlich, ja gleichsam unendlich geworden ist. Aber ein großes, ausgewogenes Werk mit einem bedeutenden Gegenstande, ein Werk, das sich an die Menschheit richtet und Bestand haben soll, kommt nur zustande, wenn man ein einigermaßen geregeltes Leben hat und sich nicht um das Schicksal von Angehörigen zu sorgen braucht. Was O. anbelangt, so lebte er allein, und ich

dies wie mit meinem Einverständnis. Ich wußte nicht, wie ich ihn davon hätte abhalten sollen, und ein Recht dazu konnte ich ihm auf keinen Fall geben; ich bin umso mehr darüber aufgebracht, als sie nun annehmen muß, ich hielte mich nicht an das, was ich selber gesagt hatte.

Wundere dich nicht über den bitteren Schmerz, den ich in diesen Erinnerungen suche, und über den vergeblichen Eifer, sie von mir fernzuhalten, so als sei ich meiner selbst nicht sicher. Ich bin in meiner Entschlossenheit weder fanatisch noch unsicher. Meiner Absichten bleibe ich Herr, nicht aber meiner Gedanken; und wenn ich die feste Zuversicht eines Mannes habe, der will, was er soll, so habe ich auch die ganze Schwachheit desjenigen, der nirgends Halt gefunden hat. Von Liebe verspüre ich freilich nichts mehr; ich bin zu unglücklich. Wie aber ist es dann möglich ...? Nun, wenn ich mich selber nicht begreife, so wirst du es ebensowenig verstehen.

Jahre sind vergangen, seit ich sie gesehen habe, aber da es mir bestimmt war, mein Dasein nur zu träumen, blieb mir nichts als die Erinnerung an sie, und diese Erinnerung verband sich mit dem Gefühl meines Fortdauerns. So viel von jener Zeit, von der alles verloren ist.

Das Verlangen nach Liebe war zum Dasein selber geworden, und das Bewußtsein von der Welt war nichts als die Erwartung und der Vorgeschmack jener Stunde, mit der das Licht des Lebens anbrechen würde. Aber wenn in der trostlosen Folge meiner Tage sich einer fand, der mir das einzige Glück zu bringen schien, das die Natur damals für mein Herz aufsparte, so war wieder jene Erinnerung in mir, als wolle sie mich davon abhalten. Ohne je wirklich geliebt zu haben, empfand ich eine Art Unvermögen, jemals lieben zu können, so wie jene Menschen, die durch eine tiefe Leidenschaft der Fähigkeit beraubt worden sind, aufs neue Liebe zu fühlen. Jene Erinnerung war nicht Liebe, denn ich fand darin weder Trost noch Stärkung; sie ließ mich in der Leere, und sie schien mich darin festzuhalten; sie schenkte mir nichts, und sie schien es nicht wahrhaben zu wollen, daß sie mir irgend etwas geschenkt haben sollte. So blieb ich ohne die selige Trunkenheit, die der Liebe entspringt, und auch ohne jene bitter-süße Melan-

sehe nicht, warum die günstige Lage, in der er sich zu dieser Zeit befindet, für ihn unbedingt notwendig gewesen wäre.

cholie, in der sich unser Herz verzehrt, wenn es von einer unglücklichen Liebe weiterträumt.
Ich will es dir ersparen, die ermüdende Geschichte meiner Langenweile anhören zu müssen. Ich bin in die Einöde gegangen, um mein Unglück zu verbergen; es zöge sonst meine Umgebung mit sich, ja hat beinahe dich selber ergriffen. Hast du doch alles aufgeben und, wie ich, ein trübseliges, fruchtloses Leben beginnen wollen; ich aber drängte dich, wieder deinen Zerstreuungen nachzugehen. Du glaubtest sogar, auch ich hätte meinen Zeitvertreib gefunden, und ich vermied es sorgfältig, dir deinen Irrtum zu nehmen. Es blieb dir dennoch nicht verborgen, daß meine Ruhe dem Lächeln der Verzweiflung glich; mir wäre es lieber gewesen, du hättest dich länger täuschen lassen; darum schrieb ich dir in Augenblicken, wo ich lachte ..., aus Mitleid lachte über mich selber, über mein Schicksal, über so manches, worüber ich die Leute jammern höre, während sie sich noch und noch einreden, es werde damit wohl bald ein Ende haben.
Ich verrate dir zu viel, aber das Wissen um mein Schicksal richtet mich auf und wirft mich nieder. Sooft ich in mich gehe und nach etwas suche, stoße ich auf das Trugbild dessen, was mir nie gegeben sein wird.
Es ist nun einmal so: Nur wenn ich dir von *ihr* erzähle, nur dann bin ich ganz ich selber. Warum also soll ich mir Zurückhaltung auferlegen? Sie empfand ganz so wie ich, dieselbe Sprache verband uns; wie viele sind es, die einander verstehen? Dennoch gab ich mich nicht allzu vielen Illusionen hin. Noch einmal: Ich will dich wirklich nicht mit jenen Zeiten hinhalten, die dem Vergessen gehören sollen und schon im Abgrund sind; ihre Schatten und mit ihnen der Traum vom Glück sind in den Tod des Menschen, in den Tod der Zeiten eingegangen. Wozu diese Erinnerungen, diese Seufzer eines hinausgezögerten Sterbens? sie überziehen doch nur das restliche Leben des Menschen mit der Bitternis des unendlichen Grabes, in das er vollends hinabsteigen wird. Mir liegt nichts daran, dieses gebrochene Herz zu rechtfertigen, das du nur zu gut kennst und das in seinen Trümmern nichts als die Unruhe des Lebens bewahrt. Du weißt um seine Langeweile, seine erloschenen Hoffnungen, sein unerklärliches Verlangen, seine maßlosen Bedürfnisse: Verzeihe ihm nichts, stehe ihm bei, hebe seine Trümmer auf; kennst du Mittel und Wege, so gib ihm so das Feuer

des Lebens wie die Ruhe der Vernunft, das Ungestüm des Genies wie den Gleichmut des Weisen; es sei fern von mir, dich zur Klage über seine unsäglichen Verirrungen zu bewegen.

Endlich wollte es der Zufall, daß ich ihr gänzlich unerwartet begegnete, draußen an der Saône, es war an einem traurig-trüben Tage. Das Ereignis, wiewohl völlig natürlich, wühlte mich dennoch auf. Ich fand einige Linderung, als ich sie ein paarmal besuchte. Eine große Seele, still glühend, enttäuscht und müde, sollte der Unruhe und der fortwährenden Qual meines Herzens Einhalt gebieten. Diese Anmut in allem, diese unaussprechliche Vollendung in der Bewegung, in der Stimme! ... Ich empfinde nichts mehr von Liebe – bedenke dies und ermiß dann mein Unglück.

Jedoch mein Schmerz wurde bitterer und ließ kaum mehr nach. Wäre Frau Del∗∗∗ frei gewesen, ich hätte mein Glück darin gefunden, endlich auf meine Art unglücklich zu sein; aber, sie war es nicht, und so zog ich mich zurück, bevor es mir nicht mehr möglich sein würde, die Last der Zeit anderswo zu ertragen.

Damals langweilte mich alles, heute ist mir alles gleichgültig. Ja zuweilen vermag mich dies und das zu erheitern; von solchen Zerstreuungen könnte ich dir manches erzählen. Zur Liebe tauge ich nicht mehr, ich bin erloschen. Vielleicht, daß ich ein recht guter Gatte sein würde; ich wäre wohl sehr anhänglich. Ich beginne mir die Freuden der Liebe auszumalen; der Liebe einer Frau bin ich nicht mehr würdig. Die Liebe selber gäbe mir nur noch eine einzige Frau, und einen Freund. Wie unsere Gefühle sich ändern! wie das Herz zerfällt, das Leben vergeht, bevor es zu Ende ist!

Ich habe dir ja wohl erzählt, wie gern ich mich mit ihr von den angeblichen Wonnen der Gesellschaft anwidern ließ; weit lieber waren mir doch die stillen Abende. Dies konnte unmöglich von Dauer sein.

Zuweilen, wenn auch selten, vergaß ich mich und dachte nicht mehr daran, daß ich auf Erden wie ein Schatten bin, der auf- und abgeht, der Augen hat und sieht, aber nichts greifen kann. Es ist dies mein Gesetz, und sooft ich mich ihm habe entziehen wollen, mußte ich büßen dafür; sobald der Traum beginnt, verschlimmert sich mein Schmerz. Da habe ich mich an der Seite des Glückes

gewähnt, und schon überkommt mich der Schauder. Vielleicht, daß der Asche, die ich für erkaltet hielt, wieder neue Flammen entsprungen wären. So aber blieb nur der Abschied.
Nun bin ich in meinem einsamen Bergtal. Ich bemühe mich zu vergessen, daß ich lebe. Ich habe den Tee zu Hilfe genommen, um mich abzustumpfen, ja auch den Wein, um mich zu verlieren. Ich baue und bebaue und habe meinen Spaß daran. Ich habe ein paar rechtschaffene Leute gefunden, und ich will auch in die Schankstube* gehen, um dort Menschen kennenzulernen. Ich stehe spät auf und gehe spät zu Bett; ich bleibe lange am Essen; ich kümmere mich um alles und jedes; ich versuche es mit jeder erdenklichen Haltung; ich liebe die Nacht; ich peitsche die Zeit zur Eile an; ich durcheile meine Stunden der Langenweile und kann kaum warten, bis sie vorbei sind.
Fonsalbe ist ihr Bruder. Wir sprechen von ihr, ich kann es ihm nicht wehren, er hängt sehr an ihr. Fonsalbe soll mein Freund sein, ich will es, er ist so allein. Ich will es auch meinetwegen; was würde aus mir ohne ihn? Aber er soll nicht wissen, wie stark der Gedanke an seine Schwester in dieser einsamen Gegend gegenwärtig ist. Diese dunklen Schluchten und romantischen Bäche! sie waren stumm und werden es bleiben, denn jener Gedanke gibt ihnen nicht den Frieden der Abgeschiedenheit, sondern die traurige Einsamkeit der Einöde. Eines Abends weilten wir unter den Tannen, aus ihren wogenden Wipfeln erklangen die Töne der Bergwelt; wir sprachen von ihr, er weinte um sie! Nun, ein Bruder hat Tränen.
Ich tue keinen Schwur, auch keinen Wunsch; ich verachte jene eitlen Beteuerungen, jene Ewigkeit, die der Mensch seinen flüchtigen Leidenschaften glaubt verleihen zu können. Ich verspreche nichts, ich weiß nichts, alles geht vorbei, jeder Mensch wird ein anderer, aber entweder täusche ich mich völlig über mich selber, oder dann kommt es nie mehr dazu, daß ich Liebe empfinde. Wenn der Fromme von seiner Glückseligkeit geträumt hat, sucht er auf Erden nicht länger danach, und wenn ihm seine erhabenen Einbildungen entschwunden sind, so findet er an Dingen, die allzu

---

* *Schankstube*: In der Schweiz ist noch erlaubt, was in Frankreich nicht statthaft ist: Man trifft sich abends in Häusern, die nichts anderes sind als Dorfkneipen; dem steht weder Alter noch Stand noch die Bekleidung eines hohen Amtes entgegen.

sehr hinter seinen einstigen Träumen zurückbleiben, nicht den geringsten Reiz mehr.
Und sie, sie wird die Kette ihrer Tage weiterschleppen, mit jener ernüchterten Kraft, jener Stille des Leidens, die ihr so gut ansteht. Mancher von uns fühlte sich vielleicht weniger an seinem Platz, wenn er dem Glücke näher wäre. Dies teilnahmslose Dasein inmitten aller Annehmlichkeiten des Lebens, diese Langeweile bei fortwährender Gesundheit; dieser Gram ohne Verstimmung, diese Traurigkeit ohne Bitternis, dies Lächeln eines nagenden Kummers; diese Anspruchslosigkeit, die auf alles verzichtet, obwohl alles zu Gebote steht, dieses Trauern ohne Klage, diese Entsagung ohne Kampf, diese Hoffnungslosigkeit, die sich die Betrübnis versagt; so manche Freude, die unbeachtet bleibt, so mancher Verlust, der vergessen ist, so manche Möglichkeit, aus der nichts mehr werden soll: All dies ist von höchster Schönheit und ist einzig ihr eigen. Wäre sie zufrieden, glücklich und im Besitz von allem gewesen, was ihr zuzustehen schien, sie wäre vielleicht weniger sie selber gewesen. Wer so sein schweres Schicksal trägt, für den ist es gut, und wage ich mir vorzustellen, das Glück käme noch heute – was würde sie beginnen damit? es ist nicht mehr die Zeit.
Was aber bleibt ihr? Was bleibt uns in diesem Verzicht auf das Leben, diesem einzigen Schicksal, das uns zu teilen beschieden? Wenn alles entschwindet, auch die Träume unserer Hoffnung; wenn selbst das Wunschbild von Liebreiz und Tugend in unserem schwankenden Geiste verblaßt; wenn das erhabene Bild der Harmonie in vollkommenster Anmut vom Himmel herabsteigt, sich der Erde nähert und alsbald von Nebel und Finsternis verschlungen wird; wenn von unseren Bedürfnissen, von unseren Neigungen, unseren Hoffnungen nichts mehr übrig ist; wenn, bei der notwendigen Unbeständigkeit der Welt, endlich auch wir selber der unabänderlichen Vergänglichkeit aller Dinge erliegen! ihr meine Freunde, meine einzigen Freunde, *sie*, die ich verloren habe, und *ihr*, die ihr fern von mir lebt, *ihr*, die ihr allein noch das Gefühl des Lebens mir gebt! was wird uns bleiben, und was wird aus uns?
Wenn von unsern flüchtigen Empfindungen nichts bleiben soll als das quälende Gefühl ihrer Vergänglichkeit, so laßt uns nach dem unvergänglich Wahren suchen, nach dem einzigen Gedanken, der

unsere Seele stärkt, die vom Wahn unserer Hoffnungen geschwächt ist, ja schlimmer leidet und über sich selber noch mehr erschaudert, wenn sich der Gram über die Enttäuschung verloren hat. Allein die Gerechtigkeit ist allen Menschen offenbar, und sie ist es vom ersten bis zum letzten Augenblick. Ihr Licht vergeht nie. *Du* folgst ihr im Frieden, *ich* suche sie in meiner Ruhelosigkeit; und wenigstens dies Einigende kann uns nicht genommen werden.

Ende des zweiten und letzten Bandes

Anhang von 1833

NEUNZIGSTER BRIEF*

Imenström, 28. Juni x

Fonsalbes Schwester ist da; sie ist überraschend eingetroffen, in der Absicht, nur ein paar Tage bei ihrem Bruder zu bleiben. Du fändest sie jetzt ebenso liebenswürdig und ganz so anziehend wie einst, ja vielleicht mehr denn je. Ihr unvermutetes Erscheinen, die Zeiten, die anders geworden sind, unauslöschliche Erinnerungen, Örtlichkeit und Jahreszeit, alles schien zusammenzuwirken. Und ich muß dir gestehen, mag es für einen Maler eine vollkommenere Schönheit geben, so gibt es doch keine, die in so hohem Maße all das in sich vereinigt, was für mich im Ganzen den Zauber der Frau ausmacht.

Wir konnten sie hier nicht so empfangen, wie du es in Bordeaux getan haben würdest; zu Füßen unserer Berge mußten wir uns eben einrichten, so gut es die Umstände erlaubten. Es sollten zwei Wiesen gemäht werden, abends bis in die Nacht hinein, dann am Morgen in aller Frühe, um die Hitze des Tages zu meiden. Ich hatte schon zuvor beabsichtigt, bei dieser Gelegenheit meinen Arbeitern eine Aufmunterung zu bieten. Von Lausanne und Vevey waren Musikanten bestellt. Ein Imbiß oder, wenn man will, ein ländliches Nachtmahl, reichhaltig genug nach dem Geschmack der Schnitter, sollte die Arbeitspause zwischen Mitternacht und Morgengrauen ausfüllen.

Da geschah es, daß ich beim Einnachten an einer Treppe vorbeiging, sechs, sieben Stufen hoch. Sie steht oben; sie spricht meinen Namen aus. Es war untrüglich ihre Stimme, aber es lag etwas Unerwartetes, Ungewohntes, völlig Unnachahmliches darin. Ich blickte wortlos hinauf, ohne mir bewußt zu sein, daß ich keine Antwort gab. Ein übernatürliches Zwielicht, ein luftiger Schleier, ein Nebel umgab sie. Es war eine undeutliche Gestalt, die Hülle des Gewandes kaum sichtbar; es war ein Duft von höchster Schönheit, eine wollüstige Täuschung, für einen Augenblick unbegreiflich wahrhaftig. So also sollte mein endlich erkannter Irrtum ein Ende nehmen. Also ist es doch wahr, sagte ich mir ein

---

* Zur Zeit der ersten Auflage waren dieser Brief und das anschließende Fragment noch nicht wiedergefunden.

paar Schritte weiter, diese Bindung entsprang der Leidenschaft; ich hatte unter einem Zwang gestanden. Und von dieser Schwachheit rührten andere Schwächen her. Aber jene Zeiten sind für immer vorbei; das Heute bleibt frei, über das Heute bin ich Herr.
Ich stahl mich weg, nicht ohne Fonsalbe Nachricht zu hinterlassen. Ich ging das Tal hinauf. Ich schritt still vor mich hin, die Gedanken nur auf das Eine gerichtet. Ich war aufs deutlichste gewarnt; aber der Zauber folgte mir nach, und die Macht des Vergangenen schien mich bezwingen zu wollen. All jene Träume von Liebe und endlich überwundener Einsamkeit überfielen mich in der stillen Dämmerung des verlassenen Ortes. Es kam der Augenblick, wo ich, nicht anders als jene, deren Schwachheit ich mehr als einmal tadelte, hätte ausrufen mögen: Von ihr geliebt werden – und sterben!
Indes, bedenkt man im stillen, daß es morgen mit allem auf Erden ein Ende haben könnte, so wird man alsbald mit sicherem Blick zu würdigen wissen, was man mit den Gaben des Lebens angefangen hat und was man damit anfangen soll. Und ich? was habe ich angefangen damit! Ein Jüngling noch, halte ich in diesem schicksalhaften Augenblick inne. Sie und ein abgeschiedenes Landleben, das wäre der Triumph des Herzens! Nicht doch! Weltentsagung, und ohne sie, dies ist mein Gesetz. Harte Arbeit, und in die Zukunft geblickt!
Ich war unversehens in der Talbiegung angelangt, hier die Felsen, über die der Wildbach herabstürzt, drüben in der Ferne die Lieder, deren Folge ich selber bestimmt hatte; sie huben eben an. Aber die festlichen Klänge wurden ab und zu vom leisen Abendhauche verweht, und ich wußte voraus, wann sie aussetzen würden. Jedoch der Bergbach rauschte in unverminderter Stärke fort, indem er dahineilte, unaufhörlich dahineilte wie die Jahrhunderte. Das Wasser flieht dahin, wie unsere Jahre dahinfliehn. Wie oft hat man dies schon gesagt, und man wird es auch in tausend Jahren noch sagen: Das fließende Wasser bleibt für uns das eindrücklichste Bild für die unerbittliche Vergänglichkeit der Zeit. O Stimme des Bergbachs im schattigen Dunkel, du einzige feierliche Stimme unter dem stillen Firmament, nur dich will ich hören!
Nichts ist wesentlich, was nicht zu dauern vermag. Was wiegen,

von oben betrachtet, die Dinge, von denen uns der letzte Atemzug trennt? Könnte ich unschlüssig zögern zwischen einer Fügung des Zufalls und den Absichten meines Schicksals? zwischen einem verführerischen Wunschtraum und dem richtigen, fruchtbaren Gebrauch der Verstandeskräfte? Kein Zweifel, ich würde den Gedanken an eine unvollkommene Verbindung, an eine unerfüllte Liebe, an ein blindes Genießen aufgeben. Weiß ich denn nicht um ihr Versprechen, das sie, zur Witwe geworden, ihrer Familie gegeben hat? Also verbietet sich eine völlige Verbindung, und also ist die Sache klar und soll mich nicht länger beschäftigen. Was wäre denn menschenwürdig am trügerischen Genuß einer fruchtlosen Liebe? Die Gaben des Lebens dem einen Genusse widmen hieße sich selber zu ewigem Tode verurteilen. Diese Gaben mögen noch so vergänglich sein, ich bin dafür verantwortlich; sie sollen ihre Früchte tragen. Ich will sie hegen, will mich ihrer würdig erweisen, will wenigstens innerlich nicht schwach werden bis zur unvermeidlichen Stunde. Ihr Abgründe des Raumes! haben wir umsonst das Auge empfangen, euch mit unserm Blick zu durchdringen? Die Herrlichkeit der Nacht verkündet von Äon zu Äon: Wehe der Seele, die sich in der Knechtschaft gefällt!

Sind wir dazu da, uns wollüstig dem Zauber der Wünsche hinzugeben? Was wird uns die Wonne von ein paar glücklichen Tagen wert sein, wenn die Erwartung, die Erfüllung vorbei sind? Ist das Leben nichts weiter als dies, so ist es nichts. Ein Jahr, zehn Jahre der Wollust sind eine flüchtige Kurzweil, der die bittere Ernüchterung allzu rasch folgt! Was wird von solchen Wünschen noch übrigsein, wenn dereinst leidgeplagte oder vergnügungssüchtige Geschlechter über unsere modernden Gebeine hinwegschreiten? Achten wir also für gering, was im Nu verflogen ist! Suchen wir uns im großen Welttheater eine andere Rolle: Vielleicht, daß von unsern starken Entschlüssen eine Nachwirkung bleibt. – Der Mensch ist vergänglich. – Mag sein, doch wenn schon untergehen, dann nur widerstrebend; und wenn uns das Nichts erwartet, so wollen wir dafür sorgen, daß dies nicht Rechtens sei.

Du weißt, ich hatte mich entmutigen lassen, weil ich glaubte, meine Neigungen hätten sich bereits verändert. Ich hatte mich nur allzu leicht davon überzeugt, daß die Jugend vorbei sei. Aber jene Unterschiede gingen, wie ich dir wohl schon gesagt habe, auf eine falsche Lebensweise zurück, und diese ist zum größten Teil überwunden. Ich hatte zuwenig achtgegeben auf die Veränderlichkeit, die zu meinem Charakter gehört und die zu meiner Unentschlossenheit beiträgt. Es handelt sich um eine beständige große Unbeständigkeit, nicht so sehr der Neigungen, auch nicht des Urteils als vielmehr der Empfindungen und Eindrücke. Sie rührt nicht vom fortschreitenden Alter her; sie bleibt sich immer gleich. Die Gewohnheit, mich immer sogleich zu zügeln und alle meine Gemütsregungen zunächst zu unterdrücken, hatte mich deren Gegensätze oft selber verkennen lassen. Aber heute weiß ich, daß ich mich in vierzig Jahren nicht stärker verändern werde, als ich schon hundertmal ein anderer war von einer Viertelstunde zur andern. Nicht anders ergeht es einem nachgiebigen Baum, der dem Wind ausgesetzt ist; sein Wipfel schwankt hin und her, und wenn du nach Jahren vorbeikommst, so siehst du ihn noch immer nachgeben, und genauso wie einst.

Irgendein Ereignis, ein plötzlich auftauchender Gedanke, die unbedeutendsten Umstände, ob hinderlich oder willkommen, eine flüchtige Erinnerung, ein noch so leises Bedenken, all diese zufälligen Erregungen des Gemüts können für mich den Anblick der Welt, die Einschätzung unserer Gaben und den Wert unseres Lebens verändern. Während man mir von belanglosen Dingen erzählt und ich still und ungerührt zuhöre; während ich mir Vorwürfe mache über diese meine Gleichgültigkeit in derlei Gesprächen und insgeheim jedermann dankbar bin, der sie mir verzeiht, habe ich mehrmals vom Ekel über dies beschränkte, allseits bedrängte und sorgenvolle Dasein hinübergewechselt zum ebenso natürlichen Bewußtsein der wunderlich bunten Vielfalt des Lebens oder der aufheiternden Hellsicht, die uns all dies noch eine Weile genießen heißt. Dennoch ist das, was mir so leicht einen andern Anblick zu bieten scheint, weniger das Ganze der Erscheinungswelt als vielmehr die einzelne Wirkung, die sie auf uns ausübt, weniger die allgemeine Ordnung als meine eigene Bereitschaft. Die sichtbare Ordnung hat zwei Seiten; die eine fesselt, die andere verwirrt uns. Alles hängt von einem gewissen Selbstvertrauen ab. Und dieses verläßt mich immerzu, und erwacht immerzu neu. Wir sind so schwach, und doch ist unser Geist so erfinderisch! Ein glücklicher Zufall, ein sanfterer Windhauch, ein Sonnenstrahl, ein blühendes Kraut, das sich wiegt, die Tautropfen

– das genügt, und ich rede mir ein, ich würde gewißlich mit allem ins reine kommen. Aber sobald Wolken aufziehen, der Dompfaff verstummt, ein Brief auf sich warten läßt oder in einem meiner Aufsätze irgendein Gedanke schlecht ausgedrückt ist und verpufft, sehe ich alsbald nur Hindernisse, Verzögerungen, heimliche Widerstände, enttäuschte Hoffnungen, die Verdrießlichkeit der Glücklichen, das Elend der Massen, und schon bin ich das Spielzeug der Macht, die uns alle zusammen vernichten wird.
Immerhin, diese Wechselhaftigkeit ist nicht derart, daß sie die Leitsätze des Verhaltens zum Wanken brächte. Es ist nicht einmal wichtig, ob das Ziel als nur wahrscheinlich erscheint, wenn es nur unverwechselbar ist. Sind wir in einer Richtung bestärkt, wohlan, so warten wir nicht auf weitere Aufklärung; auch auf wenig bekanntem Pfade kommen wir voran. Es wird sich schon alles klären. Ich bin, was ich war, und wenn ich nur will, so werde ich sein, was ich sein könnte. Das wird nichts Großes sein, gewiß nicht; aber wir wollen uns fortan nicht kleiner machen, als wir sind.

30. Juni

Der Brief ist lang geworden. Ich brauche viele Worte für etwas, was ich dir in ein paar Zeilen hätte sagen können; aber ich war gerade bei Laune, und überdies habe ich Zeit. Ich bin ohne Beschäftigung, nichts hält mich fest; mir ist noch immer, als hinge ich im Leeren. Ich brauche noch einen Tag, dünkt mich, nur einen noch. Dann ist es vorüber, das ist mein Wille. Aber im Augenblick kommt mir alles schwarz vor. Ich bin nicht unschlüssig, aber aufgewühlt bis zu einer Art Betäubung und Erschöpfung. Ich fahre mit dem Brief weiter, um an dir einen Halt zu finden.

Ich blieb noch eine Weile allein. Schon war mir die stille Harmonie der Natur nicht mehr so fremd. Während des Nachtmahls, der Gesang war noch nicht zu Ende, ging ich nach Hause.
Du brauchst dir künftig weder um meine unverzeihliche Trägheit noch um meine ewige Unentschlossenheit Sorgen zu machen. Gesundheit und Unabhängigkeit sind ja Annehmlichkeiten, die sich nicht immer zusammenfinden; ich habe beides, und ich will es nutzen. Dies Versprechen soll mir zur Richtschnur werden. Wenn

ich schon andere Menschen auf ihre vermeidbaren Schwächen hinweise, gehört es sich dann nicht, daß ich mir selber keine gestatte? Du weißt, da war einstmals unter meinen müßigen Plänen irgendein afrikanisches Projekt. Aber zu jener Zeit verbündete sich alles, um ein Vorhaben zu vereiteln, das freilich länger hätte ausreifen müssen, und heute wäre es zu spät, sich denjenigen Studien zu widmen, deren es zur Ausführung bedurft hätte.
Nun also, was tun? Ich glaube endgültig, daß mir nichts anderes möglich ist als zu schreiben. – Worüber? – Ungefähr weißt du es schon. – Nach welchem Vorbild? – Ich werde bestimmt niemanden nachahmen, es sei denn aus irgendeiner Laune und nur über kurze Strecke. Ich halte es für völlig verfehlt, die Art eines andern anzunehmen, wenn man seine eigene haben kann. Und der, der keine eigene hat, das heißt: der sich niemals hinreißen, niemals begeistern läßt, wozu schreibt er denn eigentlich? – Und schließlich: in welchem Stil? – Weder streng klassisch, noch unbedenklich frei. Man verdient nur gelesen zu werden, wenn man sich an das wahrhaft Schickliche hält. – Aber wer befindet darüber? – Doch wohl ich selber. Kenne ich nicht die Schriftsteller, die mit Umsicht zu Werke gingen, wie auch andere, die unbefangener geschrieben haben? Es ist an mir, nach meinem Vermögen einen Rahmen zu bestimmen, der einerseits meinem Thema und meinem Zeitalter, andererseits meiner Eigenart entspricht, ohne daß ich absichtlich gegen die geltenden Regeln verstoße, aber auch ohne daß ich sie ausdrücklich befolge. – Was bürgt für den Erfolg? – Nichts, als was sich von selbst versteht. Wenn es nicht genügt, etwas Wahres zu sagen und es überzeugend darzustellen, so bleibt mir eben der Erfolg versagt; das ist alles. Ich glaube nicht, daß man unbedingt schon zu Lebzeiten anerkannt sein muß, sofern man nicht in der mißlichen Lage ist, seinen Unterhalt mit der Feder verdienen zu müssen.
Geht ihr voran, die ihr nach gegenwärtigem Ruhme dürstet, nach Salonruhm! Geht voran, ihr Männer der Gesellschaft, berühmt und geehrt in Ländern, wo alles von guten Beziehungen abhängt; ihr, die ihr fruchtbar seid an Eintagsgedanken, an begehrten Büchern, an wirkungsvollen Kniffen; die ihr selbst dann noch, wenn ihr alles von andern übernommen, wieder aufgegeben, aufs neue hervorgeholt und verschlissen habt, nicht darum verlegen seid, irgendeine verworrene Schmähschrift hinzuschmieren,

damit man von euch sage: Seht, was für ausdrucksvolle Worte, und wie kunstvoll gefügt, wenn auch ein wenig abgedroschen! Geht voran, ihr blendenden, verblendeten Männer, denn schließlich geht ihr schnell vorüber, und es gehört sich, daß ihr eure Zeit habt; so zeigt euch denn heute in eurer Gewandtheit, in eurem Glücke!
Könnte man nicht einem Buche zu einigermaßen sicherer Wirkung verhelfen, ohne es durch unwürdige Mittel zu verunstalten, nur um als Autor rascher berühmt zu werden? Nun, du magst unauffällig in einer Hauptstadt, ja selbst völlig zurückgezogen auf dem Lande leben, so wird dein Name am Ende dennoch bekannt und dein Buch verkauft sich. Du brauchst nur eine Anzahl Exemplare in den wichtigsten Bibliotheken zu hinterlegen oder ohne Rechnung an die Buchhändler der größeren Städte zu schicken, und deine Schrift wird früher oder später mit ebenso großer Wahrscheinlichkeit ihren Platz erobern, wie wenn du dir den Beifall erbettelt hättest.
Meine Aufgabe ist mir also vorgezeichnet. Es bleibt nur, sie auch auszuführen, und wenn nicht mit Glück und großem Aufsehen, so wenigstens mit einem gewissen Eifer und mit einiger Würde. Ich verzichte auf manches und beschränke mich fast nur darauf, mir Kummer und Schmerz zu ersparen. Bin ich denn in meiner Abgeschiedenheit zu bedauern, wenn ich Arbeit, Hoffnung und Freundschaft habe? Für den Seelenfrieden, dasjenige Glücksgut, über das man sich am wenigsten täuscht, ist es wesentlich, daß man eine Beschäftigung hat, die freilich nicht allzu beschwerlich werden darf. Auf Vergnügungen läßt sich verzichten, denn schon die bescheidensten Vorteile stimmen uns freudig; so wie sich manche gesunden Menschen mit Nahrungsmitteln begnügen, die nicht begehrt sind.
Wer wollte leugnen, daß Hoffnungen mehr wert sind als Erinnerungen? Unser Leben ist ein fortwährender Übergang, und da zählt allein die Zukunft. Was geschehen ist, verliert sich, ja selbst die Gegenwart entflieht, wenn sie ungenützt bleibt. Schöne Erinnerungen scheinen mir höchstens für eine schwächliche Phantasie von einigem Nutzen zu sein, die schlaff wird, kaum daß sie ein wenig erstarkt ist. Solche Menschen haben sich die Dinge anders vorgestellt, als sie sind, und haben sich daran berauscht. Danach hat ihnen die Erfahrung die Augen geöffnet; und da ihnen

ein übertriebener Gebrauch der Phantasie nunmehr verwehrt ist, brauchen sie die Phantasie nicht mehr. Wahre Einbildungen, wenn man so sagen darf, sind ihnen unmöglich, und darum bedürften sie angenehmer Erinnerungen, ansonst ihnen keine Vorstellung zu schmeicheln vermag. Wer hingegen über eine starke, wahrhaftige Phantasie verfügt, kann sich, sofern ihm das Schicksal die nötige Ruhe gönnt, von den verschiedenen Glücksgütern jederzeit eine mehr oder weniger richtige Vorstellung machen. Er gehört nicht zu jenen, die davon nichts anderes wissen, als was sie vor Zeiten gesehen haben.

Es bleibt mir zur täglichen Versüßung des Daseins unser Briefwechsel, und Fonsalbe; diese zwei Bande sind genug. So wollen wir denn auch in unseren Briefen nach dem Wahren forschen, und tun wir es ohne erdrückende Abhandlungen und starrköpfige Theorien: Das unwandelbar Wahre, dies sei unser Anliegen! Welcher Gedanke sonst vermöchte die Seele zu stärken, wenn sie zuweilen ihrer unsicheren Hoffnungen müde ist, ja schlimmer: wenn ihr die Wonne wie die Fron solch ungewissen Forschens genommen ist und sie nun, hilflos sich selbst überlassen, erst recht sich selber zum Rätsel wird? Wenigstens in der Gerechtigkeit gibt es Gewißheit. Du erlangst deine moralischen Einsichten meistens in der Ruhe; ich ringe darum in meiner Unruhe: Unser Bund wird fortbestehen.

[Der restliche Teil von Obermans Briefen konnte bisher nicht beigebracht werden. Einzig das folgende undatierte Fragment hat sich auffinden lassen:]

... Wie viele Unglückliche mögen sich, von Geschlecht zu Geschlecht, gesagt haben, die Blumenwelt sei uns nur dazu geschenkt, um unsere Fesseln zu verbergen, um uns anfänglich alle zu täuschen und dann wenn möglich bis ans Ende hinzuhalten! Sie tut ein mehreres, aber vielleicht ziemlich umsonst. Sie scheint auf ein Geheimnis hinzudeuten, das kein Sterblicher je ergründen wird.

Wären die Blumen nur eben schön fürs Auge, sie wären noch immer berückend; aber zuweilen verzaubert uns ihr Duft wie ein unverhofft glücklicher Umstand, wie ein plötzlicher Anruf, wie eine Rückkehr ins verborgenere Leben. Sei es, daß ich den unsichtbaren Ausströmungen nachspüre, sei es, daß sie sich

überraschend darbieten, ja vor allem dann empfange ich sie als einen starken, wenn auch flüchtigen Ausdruck eines geheimen Gedankens, den die stoffliche Welt in sich schließt und verhüllt.
Auch die Farben mögen ihre Sprache haben; denn alles kann ja Symbol sein. Aber die Düfte reden eindringlicher zu uns, ohne Zweifel weil sie geheimnisvoller sind und weil, während wir im Alltag handgreiflicher Wahrheiten bedürfen, die großen Regungen der Seele in einer Wahrheit anderer Ordnung gründen, in der wesentlichen Wahrheit, die uns freilich auf unseren Wegen und Irrwegen niemals erreichbar ist.
Ihr Veilchen! Tuberosen! Narzissen! ihr braucht nur einen Augenblick, um unsere Schwachheit zu besiegen, vielleicht auch um uns in jener Ungewißheit ausharren zu lassen, in der sich unser Geist, bald kühn, bald verzweifelt, abmüht. Ich habe das Sindrie Mal aus Ceylon nie gesehen, nein, auch nicht das persische Gulmikek oder das Pai Jih Hung aus Südchina; aber auch die Narzisse oder der Jasmin sind mir genug, um mich wissen zu lassen, daß wir so, wie wir sind, in einer besseren Welt leben könnten.
Was willst du? Hoffen, dann nicht mehr hoffen, das heißt Sein und Gewesensein, das ist des Menschen Los, gewiß. Aber sterben müssen – nach den Gesängen einer beseelten Stimme, nach den Düften der Blumen und den Seufzern der Phantasie und den Höhenflügen der Gedanken – wer soll das begreifen?
Und wenn es das Schicksal will, so mag es geschehen, daß man eine Frau voll zärtlichster Anmut heimlich herannahen hört und daß sie sich hinter einem Vorhang, jedoch des Blickes im letzten Abendlichte gewiß, zum erstenmal unverhüllt zeigt, sich rasch zurückzieht und von selber wieder hervortritt, lächelnd ob ihres wollüstigen Entschlusses. Und dann kommt das Alter, und wie bald! Die Veilchen, die einstigen Geschlechtern blühten – wo sind sie heute?
Zwei Blumen sind es, beide irgendwie verschwiegen, beide fast ohne Duft, die mir, ihrer ausdauernden Art wegen, über die Massen lieb geworden sind. Sie wecken Erinnerungen, die weit in die Vergangenheit zurückführen, als ob diese Verbindung der Zeiten glückliche Tage verhieße. Jene schlichten Geschöpfe sind die Kornblume und das Gänseblümchen, die frühe Wiesenmargerite.

Die Kornblume ist die Blume des Landlebens. Man mag ihr begegnen, wenn man unbeschwert durch die freie Natur schlendert, auf alten Pfaden des Landmanns, ringsum Kornfelder, Geräusche von Gehöften, da und dort kräht ein Hahn. Soll ich leugnen, daß mich das manchmal zu Tränen rührt?

Das Veilchen und die Wiesenmargerite sind Rivalinnen. Dieselbe Jahreszeit, dieselbe Schlichtheit. Das Veilchen bezaubert uns schon im frühesten Frühling; das Gänseblümchen erwirbt sich die Liebe von Jahr zu Jahr. Eins ist gegen das andere, was ein gemaltes Porträt gegen eine Marmorbüste. Das Veilchen weckt die innigste Empfindung der Liebe; so wenigstens erscheint es Menschen reinen Herzens. Aber diese Liebe, wie verführerisch, wie süß immer, ist letztlich doch nur ein schöner Zufall im Leben. Sie geht vorbei, indes uns der Frieden von Wiesen und Feldern bis zur letzten Stunde bleibt. Die Margerite ist das patriarchalische Zeichen dieses stillen, sanften Friedens.

Wenn ich einmal alt bin, wenn ich eines Tages, noch immer voll Gedanken, aber müde des Gesprächs mit den Menschen, einen Freund um mich habe, der mein Lebewohl an die Welt empfängt, so möge man mir meinen Stuhl auf die Frühlingswiese hinaustragen, wo die stille Margerite blüht, im milden Sonnenlicht, unter dem unendlichen Himmel, auf daß ich, Abschied nehmend vom vergänglichen Leben, ein Stück vom unendlichen Traum wiederfinde.

Anhang von 1840

EINUNDNEUNZIGSTER BRIEF

Datum unbekannt*

Ich habe dir nie erzählt, in was für eine Bedrängnis ich einst geriet, als ich über die Alpen nach Italien gelangen wollte.
Ich habe mich der Begebenheit wieder lebhaft erinnert, als ich jüngst irgendwo las: »Vielleicht haben wir das gegenwärtige Leben nur dazu erhalten, damit wir, ungeachtet unserer Schwachheit, dann und wann in den Fall kommen, mit aller Kraft zu vollbringen, was der Augenblick von uns fordert.« So wäre erst der ganz Mensch, der im rechten Augenblick sein Letztes gibt, ohne Furcht und ohne Leidenschaft. Ein solches Glück hat man selten. Was mich anbelangt, so habe ich es dort in den Bergen nur halb empfunden, denn es ging nur um meine eigene Rettung.
Ich kann dir die Begebenheit nur mit ganz persönlichen Einzelheiten schildern, denn aus anderem besteht sie nicht.
Ich war unterwegs nach Aosta und befand mich schon im Wallis, als ich in der Herberge einen Fremden beteuern hörte, er würde sich niemals ohne Führer über den Großen St. Bernhard getrauen.
Sogleich beschloß ich, es allein zu wagen. Ich dachte mir, ich brauchte ja nur den Schluchten und dem Wasserlauf zu folgen, um zum Hospiz zu gelangen, sei erst noch schneller als die Maultiertreiber und bedürfe ihres Rates nicht.
Ich brach bei schönem Wetter zu Fuß von Martigny auf. Voll Ungeduld, wenigstens in den höheren Lagen auf einige landschaftliche Reize zu stoßen, schritt ich umso rascher voran, als ich oberhalb Sembrancher nichts dergleichen erblickte. Als ich Liddes erreichte, nahm ich an, bis zum Hospiz finde sich keinerlei Gaststätte mehr. In derjenigen von Liddes war das Brot ausgegangen, es war auch kein Gemüse mehr vorrätig. Es blieb nur ein Stück Schaffleisch, das ich nicht anrührte. Ich trank nur wenig Wein, aber zu dieser ungewohnten Stunde genug, um alsbald ein

* Dieser Brief Obermans hat sich erst nach der letzten Auflage gefunden und wurde inzwischen in den *Seefahrern* abgedruckt (einer Sammlung alter und neuer Reisebeschreibungen, herausgegeben von Ferdinand Denis, Paris 1834. AdÜ).

so starkes Verlangen nach Schatten und Ruhe zu verspüren, daß ich mich hinter einem Gebüsch schlafen legte.
Ich war ohne Uhr, und als ich aufwachte, bemerkte ich gar nicht, daß ich einige Stunden geblieben war. Als ich den Weg wieder unter die Füße nahm, hatte ich nur einen Gedanken: das Ziel zu erreichen; eine andere Hoffnung hatte ich nicht mehr. Die Natur beflügelt die Illusionen nicht immer, auch wenn sie uns solche zugedacht hat. Es bot sich nichts, was zum Verweilen eingeladen hätte, weder die Schönheit der Täler, noch die Besonderheiten der Kleidung, nicht einmal die atmosphärischen Wirkungen, wie sie in den Bergen üblich sind. Das Wetter hatte sich völlig geändert. Dunkle Wolken verhüllten die Gipfel, denen ich entgegenschritt; angesichts der Tageszeit ließ ich mich jedoch nicht davon beunruhigen, denn auf dieser Höhe türmen sie sich oftmals überraschend schnell auf.
Wenige Minuten später setzte ein dichtes Schneetreiben ein. Ich schritt durch das Dörflein Saint-Pierre, fragte aber niemanden um Rat. Ich war entschlossen, mein Unternehmen fortzusetzen, trotz der Kälte und obwohl es außerhalb keine Wegspur mehr gab. Eine einigermaßen sichere Orientierung war auf keine Weise mehr möglich. Die Felsen gewahrte ich erst, wenn ich daran stieß, aber ich führte dies lediglich auf den dichten Nebel und Schneefall zurück. Als die Dunkelheit derart zugenommen hatte, daß sie nur noch mit dem Einbruch der Nacht zu erklären war, begriff ich endlich meine Lage.
Das gewachsene Eis, an dessen Fuß ich angelangt war, sowie das Fehlen von jeglichem für Maultiere begehbaren Pfad ließen mich erkennen, daß ich vom Weg abgekommen war. Ich hielt an, als wollte ich in aller Ruhe mit mir zu Rate gehen; doch eine vollständige Erstarrung meiner Arme brachte mich sogleich davon ab. War es unausführbar geworden, in dem Ort, durch den ich gekommen war, den Tag abzuwarten, so erschien es als ebenso unmöglich, das Kloster aufzufinden, von dem mich vielleicht Abgründe trennten. Es blieb keine andere Wahl mehr, als auf das Tosen des Wassers zu hören, um mich an den Hauptstrom zu halten, der, von Absturz zu Absturz, an den letzten Wohnstätten vorbeikommen mußte, die ich beim Aufstieg gesehen hatte. In Wirklichkeit war ich in der Finsternis rings von Felsen umgeben, aus denen ich selbst am hellen Tag kaum herausgefunden hätte.

Die offenkundige Gefahr gab mir Mut. Es galt, entweder umzukommen oder ohne Verzug das nächste Dorf zu erreichen, das etwa drei Meilen entfernt sein mußte.
Ich hatte ziemlich rasch einen Erfolg; ich erreichte den Wildbach, den es nicht mehr zu verlieren galt. Hätte ich mich weiter in den Felsen vorgewagt, wäre ich vielleicht nicht mehr lebendig heruntergekommen. Das Bett der Drance, im Lauf der Jahrhunderte halb eingeebnet, würde vielleicht nicht so schrecklich rauh und zerklüftet sein wie die unaufhörlichen Schründe in den angrenzenden Felsen, so dachte ich. Nun hob der Kampf gegen die Hindernisse an; nun begann die völlig einzigartige Lust, die von der Größe der Gefahr geweckt wurde. Ich stieg in den unebenen, tosenden Wasserlauf hinein, fest entschlossen, ihn nicht mehr zu verlassen, bis der tollkühne Versuch ein Ende nähme, sei es durch einen sehr schlimmen Sturz, sei es durch ein rettendes Licht im Dorf. So überließ ich mich der Strömung des eisigen Gewässers. Stürzte es in die Tiefe, so stürzte ich mit. Einmal war der Sturz so heftig, daß ich das Ende herangekommen glaubte, doch ein ziemlich tiefes Becken fing mich auf. Ich weiß nicht, wie ich herausgekommen bin; es scheint mir, die Zähne bissen sich, in Ermangelung der Hände, an irgendeinem Felsvorsprung fest. Was die Augen anbelangt, so nützten sie kaum noch etwas, und ich glaube, ich ließ sie sich schließen, wenn ich einen allzu harten Aufschlag erwartete. Mit einer Lebenskraft, die keine Erschöpfung zu kennen schien, arbeitete ich mich voran, offenkundig glücklich darüber, einem entschiedenen Trieb zu gehorchen, eine Anstrengung ohne Wenn und Aber fortzusetzen. Während ich mich allmählich an diese jähen Bewegungen und an diese sonderbare Verwegenheit gewöhnte, vergaß ich des Dorfes Saint-Pierre, der einzigen Zuflucht, die ich hätte finden können, als es sich mir plötzlich durch einen Lichtschimmer verriet. Ich gewahrte ihn mit einer Gleichgültigkeit, die zweifellos eher vom Leichtsinn als von wirklichem Mut herrührte, und dennoch gelangte ich, ich weiß nicht wie, zu jener Wohnstätte, deren Bewohner eben am Feuer saßen. Am Laden des kleinen Küchenfensters war eine Ecke ausgebrochen; diesem Zufall verdanke ich mein Leben.
Es war eine Herberge, wie man sie in den Bergen antrifft. Natürlich gebrach es an manchem, aber ich fand die Pflege, die ich brauchte. Im inneren Winkel des riesigen Kamins, des Prunk-

stücks des Hauses, hingebettet, verbrachte ich eine Stunde oder mehr in der Benommenheit jenes übersteigerten Zustandes, dessen einzigartiges Glücksgefühl ich erlebt hatte. Ein trauriges Häuflein Nichts, seit ich befreit war, ließ ich alles mit mir geschehen; man flößte mir warmen Wein ein und sah nicht, daß ich vor allem einer kräftigeren Nahrung bedurft hätte.

Einer meiner Gastgeber hatte mich beim Eindunkeln, während jenes Schneesturms, wie ihn selbst die Bergbewohner fürchten, bergwärts ziehen sehen und nachher im Dorfe erzählt: Diesen Abend ist ein Fremder vorbeigegangen und hinauf, bei diesem Wetter kommt der nicht mehr lebend zurück. Als die braven Leute nachher erfuhren, daß ich mein Leben tatsächlich dem schlechten Zustand ihres Fensterladens verdankte, rief einer von ihnen in seiner Mundart aus: Mein Gott, was sind wir für Leute!

Am nächsten Tag brachte man mir meine getrockneten und notdürftig geflickten Kleider; aber da mich ein ziemlich starker Schüttelfrost noch immer festhielt und zudem mehrere Fuß Schnee gefallen waren, schob ich den Aufbruch hinaus. Ich verbrachte die Hälfte des Tages beim Pfarrer dieses unbedeutenden Marktfleckens und speiste bei ihm; ich hatte seit über vierzig Stunden nichts mehr gegessen. Am Tage darauf, als die Morgensonne den Schnee weggeschmolzen hatte, legte ich die schwierigen fünf Meilen ohne Führer zurück, und während des Marsches verloren sich die Anzeichen des Fiebers. Im Hospiz war ich wohl aufgehoben, dennoch hatte ich das Pech, nicht alles loben zu können. Ich empfand die Vielfalt der Speisen an einem solchen Ort nicht als gastfreundliche Zuvorkommenheit, sondern als gesucht und unangebracht; auch schien mir, der kleinen Bergkapelle würde eine etwas feierlichere Schlichtheit besser anstehen als ihr ehrgeiziger Zierat. Am Abend blieb ich im Dörflein Saint-Rhémy auf der italienischen Seite. An einem Mauerwinkel der Herberge bricht sich die Doire, ein Wildbach. Mein Fenster blieb die ganze Nacht geöffnet, und zu meiner großen Befriedigung wurde ich von diesem Tosen abwechslungsweise bald aufgeweckt, bald eingeschläfert.

Talabwärts begegnete ich Leuten mit jenen enormen Kröpfen, die mir schon jenseits des Großen St. Bernhard, zur Zeit meiner ersten Streifzüge durchs Wallis aufgefallen waren. Eine Viertelmeile von Saint-Maurice liegt ein Dorf, das wegen seiner ganz eigenartigen

Lage so gut vor kalten Winden geschützt ist, daß Granatäpfel und Lorbeer ohne zusätzlichen Schutz zu jeder Jahreszeit gedeihen würden; aber bestimmt denken die Leute nicht daran. Allzugut vor dem Rauhreif geschützt und eben deshalb vom Kretinismus befallen, leben sie zu Füßen ihrer ungeheuren Felsen völlig gleichgültig dahin und wissen nicht einmal, was das Treiben der Fremden zu bedeuten hat, die ganz in der Nähe jenseits des Flusses vorbeiziehen. Ich beschloß, bei meiner Rückkehr in die Schweiz diese Leute, die in dumpfer Unwissenheit dösen, die arm sind, ohne es zu wissen, krank, ohne gerade zu leiden, etwas näher kennenzulernen; mich dünken diese Unglücklichen glücklicher als wir.

Ohne diese gewissenhafte Genauigkeit würde meine Erzählung so wenig Interesse wecken, daß selbst du als Freund keines daran fändest. Ich für meinen Teil bin aber nur allzuoft an eine Schwäche erinnert, die ich damals noch nicht empfand, die mich aber für immer um die Sicherheit der Füße gebracht hat. Noch weniger aber werde ich vergessen, daß bis heute die zwei Stunden meines Lebens, wo ich am stärksten lebte, wo ich mit mir selber am wenigsten unzufrieden war und von der Trunkenheit des Glücks am wenigsten weit entfernt, jene waren, wo ich, völlig durchfroren, von der Anstrengung erschöpft, vom Bedürfnis verzehrt und mehrmals blindlings von Abgrund zu Abgrund getrieben, dem Tode nur durch ein Wunder entrann, ich mir noch und noch sagte und nichts als dies eine wiederholte in meinem Hochgefühl ohne Zeugen: Nur diese eine Minute noch will ich, was ich soll – tue ich, was ich will.

Abb. 1: »*Du weißt, welche erbärmliche Fessel man mir anlegen wollte*«

Abb. 2: »... die weiten Gewässer des Genfersees, das Kommen und Gehen seiner Wellen und sein gemessener Frieden ...«

Abb. 3: Die Dents du Midi – »das herrlich bemessene Amphitheater«

Abb. 4: »Endlich glaub' ich mich in der Einsamkeit«

Abb. 5: »*Ich verweilte lange in den Gorges d'Apremont*«

Abb. 6: »Denk dir eine klare weiße Wasserfläche«

Abb. 7: »Hier müßte man ihn hören, den Kuhreigen«

Abb. 8: *Mme Del****

Abb. 9: »*Sie erwartet nichts mehr; wir passen zusammen*«

Abb. 10: »Ich will in Fribourg die bessere Jahreszeit abwarten«

Abb. 11: »Den halben Tag und die halbe Nacht bin ich auf dem See«

Abb. 12: »Vielleicht ist es das Schicksal, das mir den Bruder von Mme Dellemar zuschickt?«

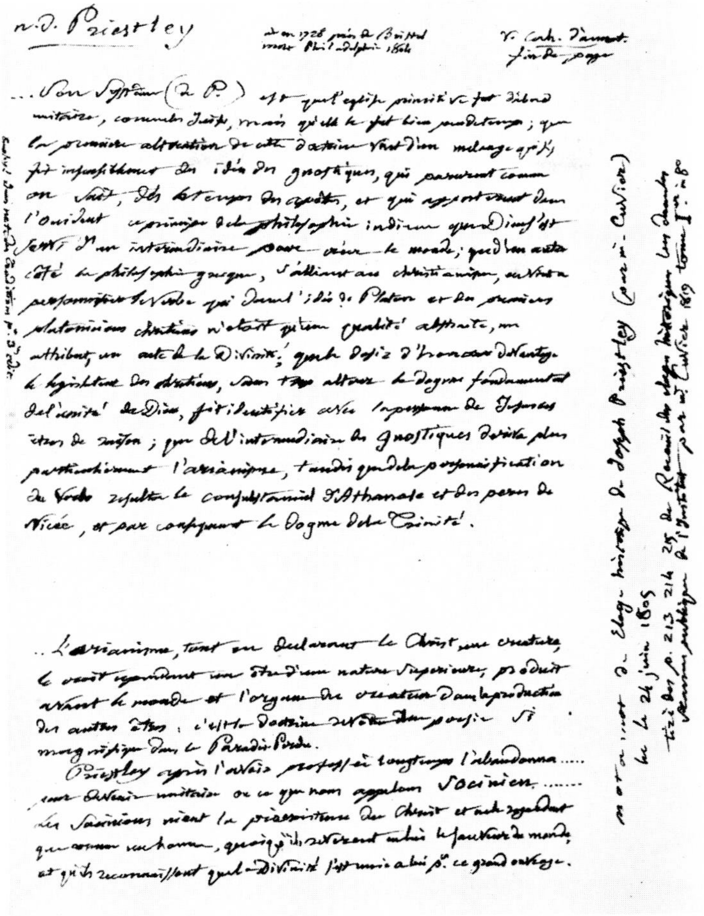
n.d. Priestley

né en 1728 près de Bristol
mort Philadelphie 1804

V. Cah. d'amort. fin de page

... Son système (de P.) est que l'église primitive fut d'abord unitaire, comme les Juifs, mais qu'elle le fut bien peu de temps; que la première altération de cette doctrine vint d'un mélange qu'y fit insensiblement les idées des gnostiques, qui parurent comme on sait, dès les temps des apôtres, et qui apportaient dans l'Occident les principes de la philosophie indienne qui admet l'existence d'un intermédiaire pour créer le monde; que d'un autre côté la philosophie grecque, s'alliant au christianisme, entraîna la personnification du Verbe qui dans l'idée de Platon et des premiers platoniciens chrétiens n'était qu'une qualité abstraite, un attribut, un acte de la Divinité; que le désir d'écarter davantage le reproche des chrétiens, sans trop altérer le dogme fondamental de l'unité de Dieu, fit identifier avec la personne de Jésus ces êtres de raison; que de l'intermédiaire des gnostiques dériva plus particulièrement l'arianisme, tandis que de la personnification du Verbe résulta le consubstantiel d'Athanase et des pères de Nicée, et par conséquent le dogme de la Trinité.

.. L'arianisme, tout en déclarant le Christ une créature, le voit cependant comme un être d'une nature supérieure, produit avant le monde et l'organe du créateur dans la production des autres êtres: c'est la doctrine revêtue de poésie si magnifique dans le Paradis Perdu.

Priestley après l'avoir professé longtemps l'abandonna..... pour devenir unitaire ou ce que nous appelons Socinien.......

Les Sociniens nient la préexistence du Christ et ne le regardent que comme un homme, quoiqu'ils révèrent en lui le fauteur du monde, et qu'ils reconnaissent que la Divinité s'est unie à lui p. ce grand ouvrage.

mot à mot de l'Eloge historique de Joseph Priestley (par M. Cuvier) lu le 24 juin 1805

tiré des p. 213 214 215 du Recueil des éloges historiques lus dans les séances publiques de l'Institut par M. Cuvier 1819 tome I in 8°

Abb. 13: *»Der Umgang mit Geistern anderer Zeitalter hat für die Seele etwas Tröstliches«*

Abb. 14: *Senancour*

Abb. 15: »*So gehen auch unsere Jahre hinab und die Zeitalter der Menschheit*«

Abb. 16: »... *diese Traurigkeit ohne Bitternis* ...«

Nachwort des Übersetzers

> Nicht handeln heißt die Zukunft annehmen –
> jedoch mit der Trostlosigkeit angesichts des
> Vergangenen: die Haltung eines Toten.[1]

In der Zwiesprache des Übersetzens verweilte der Blick oftmals auf einem Stein – einem handgroßen Fundstück, von einer sommerlichen Wanderung durch die Wälder von Fontainebleau, über die *Rochers et Platières des Gorges du Houx* (Stechpalme) zur *Ermitage du Grand Franchard*, am *Weinenden Felsen* vorbei, durch die *Gorges et Platières d'Apremont* hinüber nach Barbizon. Das *objet trouvé*, auffallend schädelförmig, ein leicht überhöhtes Kranium, legte sich sogleich kühl in die Hand, mit leichtem Druck gegen den Daumenballen und die umschließenden Fingerkuppen. Im Hell-Dunkel der feinen Körnung zeichneten sich zarte Lineamente ab, bald zitterig wie Schädelnähte, bald sanft geschwungen wie eine Kelchlinie – eine verhaltene Melodie des Kosmos. Eine Spur, eine einzige, legte sich scharf gezeichnet, spiralig, im Innern jäh abbrechend, um eine flache Vertiefung – »meine halb geschlossenen Augen werden nicht mehr geblendet; sie sind zu starr, als daß sie sich überwältigen ließen.«[2]

Später, im Blick auf Obermans brüchigen, pythagoräisch gefärbten Platonismus, verband sich die rätselhafte Kruste des Steins mit Nervals *Vers dorés*:

> *Souvent dans l'être obscur habite un Dieu caché;*
> *Et comme un œil naissant couvert par ses paupières,*
> *Un pur esprit s'accroît sous l'écorce des pierres*[3]*!*

»... schon bin ich ein anderer ... ich bin noch unberechenbarer, noch launischer als dieses launische Klima ...« (78. Brief). Es ist

---

[1] Jean Grenier, nach Albert Camus, *Carnets* II. Paris: Gallimard 1964. S. 256.
[2] Diese einzigen physiognomischen Züge Obermans (Brief 1) stimmen mit denjenigen des alternden Senancour überein. (Abb. 9)
[3] Gérard de Nerval, *Oeuvres*. Paris: Gallimard (Pléiade) 1966, I, 9.

schwer, ja unmöglich, einen Menschen auf seinen Gedanken zu behaften, wenn sich dieser Mensch von einem Tag auf den andern, ja innerhalb weniger Briefzeilen widerspricht. Oberman in der »unvergeßlichen Nacht« am einsamen Ufer bei Marin: »... wie groß erscheint ihm da die Natur« und: »grenzenloses Gefühl einer Natur, die uns überall verschlossen bleibt und zermalmt!« – Kaum zwei Monate später, unter dem Ostgipfel der Dents du Midi, Oberman in mystischer Schau: »Sein Ich gehört ihm wie der Welt: Er lebt ein Leben in der erhabenen Einheit ... die ganze Natur ein beredter Ausdruck einer höheren Ordnung.« – Und wieder in jener Nacht von Marin, als Obermans Phantasie, sein Verlangen nach einer idealischen Welt gerechtfertigt aus einer angstvollen Selbstbefragung hervorgehen: »Ich hingegen liebe das, was ist, und ich liebe es so, wie es ist. Ich suche und begehre und ersinne nichts, was außerhalb der Natur liegt« – und wenige Zeilen zuvor: »Ehrlich gesagt, hat nichts in dieser Welt meine Liebe gänzlich zu gewinnen vermocht, [...] und eine unsägliche Leere ist der beständige Umgang meiner verstörten Seele ...« und dies das Bekenntnis eines Menschen, dessen Träumereien in der Natur, dessen poetisch-musikalische Seelenlandschaften kein empfindsamer Leser dieser geistigen Odyssee vergißt? Die idealische Welt – bald völlig anderer Ordnung als die Wirklichkeit der Natur, bald eben diese Natur selber, in ihrer melodiösen Fülle und in ihrem Beziehungsreichtum empfunden von diesem Übermenschen Oberman? die wiedergefundene Natur, von aller menschlichen Entstellung, allen Ausdünstungen der Gesellschaft gereinigt? Einer der vielen Widersprüche dieses Buches, vor die sich der Herausgeber schützend stellt und die sich auf keine dialektische Methode reduzieren lassen – das Herz »erarbeitet« nichts –, auch nicht erklären lassen durch die Wandlungen des Empfindens und Denkens im Verlaufe der neun Briefjahre.[4]

Die Frage, ob die idealische Traumwelt Obermans reine Einbildung oder ein Teil der Natur sei, ob Obermans Einbildungskraft ein künstliches Universum erschaffe oder aber eine mögliche Welt entdecke, ist von Béatrice Le Gall, die mit G. Michaut, A. Monglond, A. Pizzorusso und M. Raymond unter den Senancour-Forschern unseres Jahrhunderts an erster Stelle zu nennen

---

4 Die Zitate aus dem 4. und 7. Briefe.

ist, scharfsinnig angegangen und aus jedem voreiligen Versuch herausgelöst worden, Senancour einen philosophischen Idealismus deutscher Prägung zuzumuten – so auffällig zahlreich die Berührungspunkte mit Novalis oder Jean Paul, mit Schelling oder Troxler sein mögen.[5] Zweifellos hat Oberman, dieser andere Hyperion, demiurgische und prometheische Züge. Seine Einbildungskraft ist aber ebenso passiv entdeckend wie aktiv erfindend; gleichsam als photographischer »Entwickler« nimmt sie in der Natur Koinzidenzen wahr und verwandelt sie in Analogien: für den empfindenden Menschen, denn »die fruchtbare Erde, der unendliche Himmel, die flüchtige Welle sind nur ein Ausdruck der Beziehungen, die unsere Herzen stiften und in sich bewahren« (36. Brief); sie »annihiliert« jedoch die wirkliche Welt nicht; sie vermenschlicht sie, im Gegenzug zur Entartung des Menschen in der Gesellschaft. Senancour hat sich nie zu einem absoluten Idealismus bekannt. Weder der Übermensch, mit dem sich Oberman identifizieren möchte, noch die erträumte Idealwelt sind jenseits der Gesetze der Natur und seines eigenen Temperamentes; sein Verlangen ist nicht vermessen. »Die Welt, in die ich Ordnung bringen möchte, wäre mir verdächtig, wenn es darin kein Übel mehr gäbe, ja die Vorstellung einer vollkommenen Harmonie würde mich in eine Art Schrecken versetzen; mir scheint, die Natur lasse derlei nicht zu« (14. Brief).

Albert Béguin hat in seinem Buch *Traumwelt und Romantik* auf wenigen Seiten eine meisterhafte Skizze von Senancour gegeben, die Nähe zu Novalis hervorhebend, aber auch die Distanz: »Von einem kühnen Entschluß zur Magie, wie er die deutsche Romantik und die Dichtung seit Baudelaire kennzeichnet, ist bei Senancour nichts zu spüren.«[6] Liest man doch im 75. Brief: »Ich kam wieder auf die Erde zurück; hier verfliegt jener blinde Glaube an das absolute Sein der Dinge, verfliegt jenes Trugbild von regelmäßigen Beziehungen, von vollkommener Schönheit und ungetrübter Freude.« Béguins Weggefährte Marcel Raymond kann sich einer

---

5 Béatrice Le Gall, *L'imaginaire chez Senancour*. 2 Bde. Paris: Corti 1966. Mit umfassender Bibliographie. Zur Frage des ›Idealismus‹ Kap. II, *Le monde de l'idéal*.
6 Albert Béguin, *Traumwelt und Romantik*. Versuch über die romantische Seele in Deutschland und in der Dichtung Frankreichs. Bern/München: Francke 1972. S. 396-403.

gewissen Ungeduld angesichts dieses *génie manqué* kaum erwehren, wenn er schreibt: »Was Senancour abgeht: der Wille – oder aber die Demut; und auch die Einbildungskraft. Auf dem Wege, wo er vielleicht auf Wahrheiten mystischer Ordnung gestoßen wäre, hat er nach moralischen Wahrheiten gesucht. Und seiner Poesie fehlen die Flügel.«[7]

Sainte-Beuve hielt den *Oberman* für »eins der wahrhaftigsten Bücher des Jahrhunderts, eines der aufrichtigsten Zeugnisse«, und mit ihm die »Obermannisten« der Generation von 1830, George Sand, Balzac, die ohne die Entdeckung dieses »*Pianto* de l'incrédulité« (Balzac) vielleicht *Lélia, Volupté, Le Lys dans la vallée* nicht geschrieben hätten.[8]

Kurz bevor Sainte-Beuve dem bei seinem ersten Erscheinen erfolglosen *Oberman* in einer zweiten Auflage zur Auferstehung und zu einem verborgenen Ruhm verhalf[9], schrieb er in der *Revue de Paris* einen Artikel über Senancour, den dieser mit kritischen Randbemerkungen versah, etwa an der Stelle, wo Sainte-Beuve den »melancholischen Atheismus« hervorhebt: »dieser Atheismus ist ein Irrtum, aber ich bin zum großen Teil selber schuld daran. Die affirmative Ausdrucksweise ist bequemer; ich schrieb nicht genügend sorgfältig. Ich habe nicht bestimmt genug gesagt, nicht beharrlich genug durchblicken lassen, daß in den *Rêveries*[10] und im *Oberman* alles, was die allgemeinen Ansichten betraf, nichts als Zweifel war. – Wenn sich vortreffliche Leser über derlei Dinge

---

7 Marcel Raymond, *Senancour*. Sensations et révélations. Paris: Corti 1965.
8 André Monglond, *Le journal intime d'Oberman*. Grenoble/Paris: Arthaud 1947. (Band 1 der kritischen Ausgabe des *Oberman*, die unserer Übersetzung zugrundeliegt.). S. 18 ff.
9 *Oberman* erschien erstmals 1804; Sainte-Beuve schrieb das Vorwort zur 2. Auflage von 1833, George Sand ein weiteres für die Auflage von 1840, die bis 1874 fünfmal erneuert wurde. Das Vorwort der Sand gab Delacroix in seinem Tagebuch Anlaß zu Betrachtungen über den Mangel an Rhetorik im *Oberman*.
10 Senancours *Rêveries*, 1797 niedergeschrieben, wie alle seine Hauptwerke am Ende einer Lebenskrise, erschienen nach zweimaligem Anlauf im Jahre 1802 und wurden, im Gegegensatz zu *Oberman*, vom Autor selber noch zweimal herausgegeben; die zweite Auflage von 1809 nimmt Teile des *Oberman* in sich auf; auf der Rückseite des Titelblattes teilt der Autor mit, der zweite Teil des *Oberman* werde nicht veröffentlicht, der erste [von 1804] nie wieder gedruckt; vom zweiten, offenbar geplanten Teil existiert, wie vom gedruckten ersten, keine Handschrift.

täuschen, so ist es die Schuld des Autors, und diese Schuld wiegt schwer, wenn es sich um so wichtige Fragen handelt. Nun, ich beteure, daß in mir keine Erinnerung ist, daß ich jemals in meinem Leben die Absicht gehabt hätte, zu schreiben, oder mir selber jemals gesagt hätte: *Es gibt keinen Gott* oder auch nur *das Wahrscheinlichste ist, daß es keinen Gott gibt.* – Ich ging vom totalen Zweifel aus, um die Wahrscheinlichkeiten zu suchen, und die *Libres Méditations*[11] waren von da an die Fortsetzung der *Rêveries*, wie man es im *Oberman* selber oder in der zweiten Auflage der *Rêveries* sehen kann, wo schon vor 24 Jahren ausdrücklich gesagt wurde, was ich hier sage. Im übrigen ist, fast trotz des Irrtums, zu dem ich im Grunde selber Anlaß gegeben habe, der »melancholische Atheismus« trefflich erfaßt; der Verfasser des Artikels erkennt, daß das Ausbleiben religiöser Vorstellungen oder Eindrücke dem Autor der *Rêveries* als ein großes Unglück für die menschliche Vernunft erscheint, die sich in einem starken Mißklang befindet«.[12]

»Was er sagt, ist, wenn man so will, eigentlich nichts,« merkt der Herausgeber zum 41. Brief an, in dem Oberman seinen möglichen Entschluß zum Selbstmord rechtfertigt, »O. geht über Zweifel, Mutmaßungen und Wunschträume nicht hinaus; er denkt, aber klügelt nicht; er erwägt, aber entscheidet nicht, beweist nichts.« Hauptsächlich aus dem Grunde gebe er diese Briefe heraus, weil »Redlichkeit der Absicht« nicht mit der Stichhaltigkeit von Beweisen verwechselt werde.

Camus spricht in seinen Notizheften von einer seltsamen Person, die rede und doch nichts sage, aber nicht aus Leichtsinn. »Sie spricht, dann widerspricht sie sich oder erkennt ohne Diskussion, daß sie unrecht hat. Dies alles, weil sie dafür hält, es sei ohne Bedeutung. Sie denkt nicht wirklich an das, was sie sagt, ist sie doch mit einer andern, unendlich viel schlimmeren Wunde beschäftigt, die sie, ohne sie zu kennen, mit sich schleppt bis zum

---

11 *Libres méditations d'un solitaire inconnu,* ¹1819, ²1830/34. Dieses Buch, das dem von Senancour sein Leben lang geplanten »Werk« wohl am nächsten kommt, beschäftigte den unablässig überarbeitenden Autor bis zum Lebensende. Der handschriftliche Nachlaß enthält eine Art dritte Fassung, die von Béatrice Le Gall mühsam entziffert und 1970 herausgegeben worden ist (Genf: Droz). Die Bedeutung dieser Altersmeditationen dürfte diejenige des *Oberman* übertreffen und ist noch zu entdecken.
12 Le Gall II, 598.

Tode.«[13] Derselbe Camus setzt im Juli 1944 über seinen letzten *Brief an einen deutschen Freund* ein Wort Obermans: »Der Mensch ist vergänglich. – Mag sein, doch wenn schon untergehen, dann nur widerstrebend; und wenn uns das Nichts erwartet, so wollen wir dafür sorgen, daß dies nicht Rechtens sei.«[14] Dasselbe Wort aus dem 90. Brief steht heute auf der Gedenktafel am Hause in Charrières, unter dem Hinweis: *Ici a vécu Obermann, un grand homme*.

»Man wird nicht wissen, wer der Einsame war, dessen Gedanken man dereinst liest;« dieser Satz aus den *Libres méditations* von 1819 – er steht in jener Moll-Tonart, die in deutscher Sprache aus Achim von Arnims Einleitung zu den *Kronenwächtern* bekannt ist – der Satz gewinnt seine besondere Pointe in der Anwendung auf den einsamen Verfasser unserer Briefe, Oberman, der nur einmal, auf dem Titelblatt, mit seinem vollen Namen genannt, vom Herausgeber aber sonst stets als O. chiffriert wird. Ein Mann mit dem Instinkt eines Sainte-Beuve erriet sogleich, wieviel verschlüsseltes Bekenntnis in diesem Buche liegt, und es irritierte ihn zeitlebens, daß er nicht tiefer in diese Arkana einer schamhaft verschwiegenen Seele hatte eindringen können. Den Schleier von den Geheimnissen zu heben, blieb André Monglond vorbehalten, der keine Mühe scheute, diesen ersten *roman intime* – der Ausdruck ist von Sainte-Beuve – mit unerbittlicher Konsequenz als *journal intime* zu lesen und mit Hilfe aller erreichbaren Lebenszeugnisse zu entschlüsseln; sein *Journal intime d'Oberman* ist ein erregender Klartext dieses Jugendromans eines gut Dreißigjährigen, mit bewundernswerter Dezenz vorgetragen und meisterhaft aufgebaut.[15] Mit vollem Recht, aber mit der ihm eigenen Bescheidenheit stellt Monglond fest, es sei ihm gelungen, diesen schwierigsten Text der französischen Romantik aufzuhellen, dem gerade die Dunkelheit der Verschlüsselung bei seinen Lesern geschadet habe. »Ich mußte den Schlüssel finden, die Schlüssel,

13 a.a.O. Anm. 1, S. 143.
14 Camus' Lehrer und Freund, der Philosoph Jean Grenier, hat 1968 in den *Plus Belles Pages* eine Auswahl aus Senancours Werk herausgegeben und eingeleitet. *Oberman* nimmt darin den Hauptplatz ein.
15 Siehe Anm. 2, zum Folgenden S. 335 ff.

um die geheimsten Schließfächer zu öffnen. Im Lichte dieser Entdeckungen erscheint *Oberman* als das rigoroseste Bekenntnis, wie kein anderes frei von jeder Unwahrhaftigkeit oder absichtlichen Täuschung. Jeder beliebige Satz, jedes Wort hat sich dabei als Naturlaut herausgelöst, mit einer beinahe grausamen Wahrhaftigkeit.« Indem Monglond Senancours Verschlüsselungen von Örtlichkeiten, Personen und Erlebnissen weitgehend auflöste, machte er sichtbar, wo, wie und warum Senancours Hand eingriff, um Spuren zu verwischen. Und genau an diesem Punkt setzte die große Senancour-Studie von Béatrice Le Gall ein, um den Gesetzlichkeiten von Senancours Einbildungskraft und deren Verhältnis zur Zeitlichkeit nachzugehen[16]. Monglonds Forschungsergebnisse bestätigten überdies mit aller Deutlichkeit, was schon die »Obermannisten« der französischen Romantik intuitiv erfaßt hatten: daß Senancour – wie Chateaubriand – unfähig war, eine Romanfigur zu erfinden, die nicht er selber war. »Jeder, der nicht Romancier ist, ist wenigstens fähig, einen Roman zu schreiben: den seines eigenen Lebens« (Monglond). Senancour hat sich in seinen Randbemerkungen zu Sainte-Beuves Aufsatz über seine männlichen Romanfiguren geäußert: »Zuweilen gibt es zwischen Ob. und dem Herausgeber große Beziehungen. Dann wieder gibt es nur etwelche Beziehungen, und ziemlich oft ist Ob. in keiner Weise der Herausgeber, weder im Tatsächlichen noch in den Empfindungen. In dieser Hinsicht tat der Herausgeber unrecht, indem er zu wenig deutlich sagte, daß Oberman nicht er selber war. In Wahrheit ist es offensichtlich, daß Ob. anderswo geboren ist, anderswo gelebt hat, etc.« Und drei Seiten später: »Tatsächlich könnte Fonsalbe (zuweilen) sehr wohl dieselbe Person sein wie der Herausgeber, nicht weniger als Obermann selber.«[16]

Es tut weder der Dichtung noch der Liebe zu Oberman noch der Verehrung für Senancour Abbruch, wenn »Obermannisten« den Aufenthaltsorten des Briefschreibers nachgehen. Jean-Jacques Ampère entdeckte im Sommer 1820, den *Oberman* in der Tasche, die Schweiz, sein Freund Bastide folgte dem einsamen Wanderer durch die Wälder von Fontainebleau, an deren Rande sich, Obermans eingedenk, bald einmal die Maler der Schule von Barbizon niederlassen sollten; Franz Liszt, durch Sainte-Beuve in

---

16 Le Gall II 599 (siehe S. 384, Anm. 5).

den *Oberman* und in den kleinen Kreis der »Eingeweihten« eingeführt, die dem alternden, halb gelähmten Eremiten in seiner Pariser Verborgenheit an der *rue de la Cerisaie* mit »Rührung und Herzlichkeit« begegnen, Liszt läßt sich mit der Gräfin d'Agoult während des Sommers 1836 von Oberman durch die Schweiz führen und verwandelt die musikalische Prosa der Briefe in die beiden großartigen Klavierpoeme *Vallée d'Obermann* und *Le mal du pays*.[17]

»Keiner wird, in den Ländern, die ich durchwandern durfte, nach weiteren Spuren meiner Schritte suchen, und wollte es jemand tun, es wäre umsonst: Die Orte haben mich gesehen und niemand hat meinen Namen gekannt«.[18]

... die Schweizer Orte: Tschüpru, das einsame Landgut droben in der Freiburger Landschaft der *Singine*, nahe St. Silvester, dicht an der alemannisch-welschen Sprachgrenze. Der weite Ausblick gegen Sonnenuntergang: die sanft abfallenden Wiesen unter den Fenstern, das schattige Dunkel der bewaldeten Vorhügel, in deren Tiefe das schäumende Wildwasser der Aergera aufglänzt, und in der Ferne, als Kontrapunkt zur unruhigeren Melodie der Hügel, die verschwiegene Musik der Juralinie. Drüben Chevrilles, wo Florian-Julien, neunjährig, noch immer bei seiner Amme lebt, die ihm zur Mutter geworden ist, während sein Vater, zweiunddreißigjährig, als er im Sommer 1802 auf Tschüpru weilt, seine Vergangenheit erinnernd-verwandelnd in Oberman transponiert und eben im Begriff ist, mit den zwei letzten Briefjahren seine eigene Gegenwart einzuholen – die grausame Enttäuschung durch die untreue Gattin nicht an Oberman, sondern an den Imenströmer Freund Fonsalbe delegierend, indes Oberman seinem Brieffreund gesteht: »Nur wenn ich von *ihr* erzähle, nur dann bin ich ganz ich selber« – von ihr, seiner Muse, der er draußen an der Saône (d.h. an der Seine) nach langen Jahren wiederbegegnet ist – warum sollte es sich ein »Eingeweihter« versagen, die Züge der Mme Del∗∗ mit denjenigen der Mme Walckenaer zu vergleichen,

---

17 Nr. 6/8 der *Années de pèlerinage. Première année. Suisse*. Erstmals veröffentlicht 1840. Die ungleich virtuosere Urfassung des *Vallée d'Obermann* ist in der Ausgabe des Henle-Verlages abgedruckt (1978). – Für Liszt war *Oberman* in den Dreißiger-/Vierzigerjahren das Buch, das »stets meine Leiden betäubt«.
18 *Méditations*, a.a.O. Anm. 11, S. 23.

so wie sie ein unbekannter Maler zur Zeit der Wiederbegegnung, später der Familienfreund Ingres in einer Zeichnung festgehalten hat? (Abb. 8 u. 16)
Charrières – das patriarchalische, verwitterte Berghaus über Massongez im Wallis, wo »Obermann un grand homme« wahrscheinlich nicht gelebt hat – mit dem weiten Blick über die Talebene von Bex, drüben die steile Schulter der *Dent de Morcles*, das Massiv der *Diablerets* verdeckend. (Abb. 17) Thielle – das Schloß, das Zollhaus, die zwei alten Grenzsteine an der einstigen Zihlbrücke, deren Steingeländer heute aus dem flachen, aufgeschütteten Boden ragen; das herrliche Morgenbild des vierten Briefes ersetzt, was durch die erfinderische Technik der menschlichen Gesellschaft verlorengegangen ist – auch und gerade in der Schweiz, diesem »einzigen Land, das im großen ganzen das enthält, was ich suche«! Und Imenström? nach Monglond das einzige erfundene Romanelement? Dieser fremdartige Name, der durch kein Umlautzeichen eingedeutscht werden soll und doch eine fast durchsichtige Bedeutung hat? Durch die herrliche Beschreibung zu Beginn des 67. Briefes in das große Jahr des Seins eingebettet, unter dem funkelnden Auge des finsteren Riesen, der Feuer und Wasser in sich vereinigt, Elemente von Obermans Seele in unauslotbarer Vielfältigkeit. Imenström als vorläufiges Asyl: in der Mittellage der Entsagung, zwischen den hohen Gipfeln der Alpen, der *Dents du Midi* mit ihrer Entrückung in die kosmische Nacht, in der das Sein und das Nichts eins zu sein scheinen – und dem Tiefland mit seiner langen Kette von Sorgen und Langerweile, mit seiner bald reißenden, bald trägen Zeit, Ursprung von Obermans Leiden. Selbst Imenström ist von »Obermannisten« entdeckt worden: wenig überzeugend im *Jorat*, am *Mont Pèlerin*, am überzeugendsten von Marcel Raymond (freilich ohne Überschätzung eines solchen Nachweises) droben über Montreux, nahe dem Weiler Sonloup und also an den Abhängen der *Dent de Jaman*. (Abb. 19) Auch Liszts musikalische Deutung ist von einem *genius loci* inspiriert, so wie von einem *genius eius temporis*. »Ici a *vécu* Obermann« – und Oberman selber: »... dürft' ich dann, dies eine Mal vor dem Tode, zu einem Menschen sagen, der mich hört: O, hätten wir doch gelebt!« (12. Brief)

»Langeweile ruht auf dem Nichts, das sich durch das Dasein schlingt, ihr Schwindel ist wie jener, der uns befällt, wenn wir in einen unendlichen Abgrund blicken, unendlich.« Der Satz steht in Kierkegaards *Entweder-Oder*, genauer: in der *Wechselwirtschaft. Versuch einer sozialen Klugheitslehre*. Man müßte diesen Text ganz lesen und würde daraus sehr viel Erhellung von Obermans Existenz gewinnen. Kierkegaard meint mit *Langeweile* die »wahre geniale Indolenz«, das, was an reisenden Engländern als *spleen* beobachtet werden könne (Oberman in Saint-Saphorin!). Er entwirft eine soziale Klugheitslehre, wie diese echte Langeweile zu überwinden sei. Nicht in der grenzenlosen Unendlichkeit der Veränderung, nicht in endloser Zerstreuung sei Heilung zu finden. Im Bild des Landmanns: Nicht der Boden sei zu wechseln, sondern das Bewirtschaftungsverfahren. »Je mehr man sich beschränkt, umso erfinderischer wird man. Ein in Einzelhaft sitzender Gefangener auf Lebenszeit ist überaus erfinderisch. (Oberman, dieser an Ketten Gefesselte im Käfig der Zeit!) Wie unterhaltsam kann es doch sein, auf die eintönige Dachtraufe zu lauschen! (Der Brunnen unter dem Imenströmer Hofdach!) Was für ein gründlicher Beobachter wird man doch, nicht das leiseste Geräusch oder die leiseste Bewegung entgeht einem. (Oberman, die Niederschlagsmenge in Imenström messend!) Hier ist die äußerste Spitze jenes Prinzips, das nicht durch Extensität, sondern durch Intensität Beruhigung sucht. (Obermans Ästhetik der Empfindsamkeit!) – Je erfinderischer ein Mensch im Wechsel der Bewirtschaftungsverfahren etwa ist, umso besser; jede einzelne Veränderung aber liegt doch innerhalb der allgemeinen Regel des Verhältnisses von *Erinnern* und *Vergessen*. In diesen beiden Strömungen bewegt sich das ganze Leben, und daher gilt es, sie richtig in der Hand zu haben. Erst wenn man die Hoffnung über Bord geworfen hat, erst dann fängt man an, künstlerisch zu leben; solange man noch hofft, kann man sich nicht beschränken.« (Oberman: »Ich will keine Hoffnungen mehr«, und »Wäre es nicht endlich an der Zeit, daß ich vergessen lernte?«) Und nun kommt Kierkegaard auf diese heimliche, gefährliche, von keiner Polizei erkannte Waffe: auf die Kunst des erinnernden Vergessens zu sprechen: »Vergessen und Erinnerung sind somit identisch, und künstlerisch zuwege gebrachte Identität ist der archimedische Punkt, mit dem man die Welt aus den Angeln hebt. [...] Die

Kunst des Erinnerns und Vergessens wird denn auch verhüten, daß man sich in einzelnen Lebensverhältnissen festrennt, und einem das vollkommene Schweben sichern.« Obermans Frage an den Brieffreund, zugleich Beichtvater und als angeredetes Du Garant seines Daseins: »Glaubst du, daß ein Mensch, der seine Tage beschließt, ohne daß er geliebt hat, auch wirklich in die Geheimnisse des Lebens eingedrungen ist? Mir scheint, er ist wie in der Schwebe geblieben und hat nur von weitem gesehen, was ihm die Welt hätte sein können.« Man denkt an die Häufigkeit der Metapher des »Schwebens«, besser: an das Schweben als auszeichnenden Zug von Obermans Existenz, an die andauernde Urteilsenthaltung in den wichtigen Fragen, an die Entscheidungslosigkeit, vor allem aber an die großartigen Seelandschaften, in denen der träumende Oberman, beinahe ortlos geworden, auf Vorgebirgen des Traumes zu schweben scheint, die Unendlichkeit des Raums und der Zeit in der Vertikalen auslotend, besonders ergreifend am Genfersee (2. Brief), am Bergsee (Fragment III) und in den herabstürzenden Wassermassen, der aufströmenden Gischt des Pissevache (84. Brief), Bilder, die tatsächlich den archimedischen Punkt von Obermans Universum enthalten.

Kierkegaard gibt genauere Anweisungen zu dieser künstlerisch zuwege gebrachten Identität von Vergessen und Erinnerung. Es sind Regeln einer virtuos gehandhabten Empfindsamkeit, eine Diätetik der verwundbaren Seele, wie sie etwa anläßlich von Obermans Erdbeervesper in Tschüpru vorgetragen wird (59. Brief). Kierkegaard betont, auf diesem Gebiet müsse man notwendig die Stimmungen in der Gewalt haben können: »... daß man sie beliebig erzeugen könne, ist eine Unmöglichkeit; aber die Klugheit lehrt, den Augenblick zu nutzen. [...] Man muß wissen, wie die Stimmung auf einen selber und der Wahrscheinlichkeit nach auf andere wirkt, ehe man sie anzieht. Man streicht zunächst an, um reine Töne hervorzurufen und zu sehen, was in einem Menschen steckt, später folgen die Zwischentöne.«[19]

Kierkegaards »soziale Klugheitslehre« bietet in gewisser Hinsicht den besten Schlüssel zu *Oberman*, auch wenn freilich das Trennende nicht zu übersehen ist. Die Identität von Vergessen und Erinnern, im Akt des Niederschreibens der Briefe an den Freund,

19 Kierkegaards *Entweder-Oder* zitiert nach Diem/Rest, Köln und Olten: Hegner 1960. S. 329 ff.

behält für Oberman stets das Arom des Todes, der tödlichen Zeit, die das Herz des Menschen zerfrißt. Alle »Werke« Senancours entstanden an der Grenze zum totalen Welt- und Selbstverlust. *Oberman*, vom Dreißigjährigen niedergeschrieben, ist das erinnernd-vergessende Aufheben einer tragisch erlebten Jugend in eine künstlerisch zuwege gebrachte zweite Jugend, deren Verzweiflung im Wissen besteht, daß sie die letzte ist und daß vielleicht alle Trümpfe des Lebens ausgespielt sind – »ich bin schon erloschen!«[20]

Das eigentliche Wunder, das aus dieser Krise hervorgeht, ist nun aber die ganz eigenartige künstlerische Schönheit dieses Briefromans. Senancour spielt auf einem sehr heiklen Instrument, einer *Viola d'amore* – nennen wir sie *La Sombre* –, auf einem Instrument, das seine leise verhaltene Sonorität erst nach geduldiger Einübung gänzlich entwickelt, dann aber in einer unerschöpflichen Beziehungsvielfalt – Delacroix war nicht der einzige, der über Jahre hin in diesem seinem Lieblingsbuch las. Oberman als »Musiker der Stille« – früh schon ist seine Verwandtschaft mit Musikern empfunden worden, von Liszt, der eines Tages den zweiten Band »Freund Chopin« mitzugeben gedachte (dessen *Nocturnes* vielleicht der Seele Obermans näher verwandt sind als die beiden Poeme Liszts); Marcel Raymond erkennt Beziehungen zu Robert Schumann; und schon 1907 hatte Raymond Bouyer in einer schwungvollen Studie, die Oberman als Vorläufer in weite Zusammenhänge rückt, von *Don Giovanni* über *Fidelio* und die *Neunte*, über *Kreisler* und *Gambara* bis zur *Symphonie fantastique* reichend, auf die Zeitgenossenschaft Senancours und Beethovens hingewiesen.[21] Tatsächlich darf man nicht vergessen, daß Senancour, Beethoven und Hölderlin gleichen Alters waren (1770 geboren), die Revolution als Zwanzigjährige, den Aufstieg Napoleons als Dreißigjährige erlebt haben.[22]

Während auf französischer Seite Senancours Nähe zu gewissen

---

20 Dazu Le Gall 1 158ff.
21 Raymond Bouyer, *Obermann*. Précurseur et musicien. Un contemporain de Beethoven. Paris: Fischbacher 1907.
22 Ähnlicher Wandel des Urteils über Napoleon bei Beethoven und Senancour; letzterer, im Gefühl des eigenen Schiffbruchs, identifiziert sich später mit dem gebrochenen Helden, der einsam am Ufer träumt. Le Gall 1 475 ff.

Dichtern der deutschen Romantik, vor allem zu Novalis, seit dem Erscheinen von Jean-Edouard Spenlés großartiger Studie über Novalis und den deutschen Idealismus (Paris 1903), immer wieder gesehen worden ist, bleiben Distanz und Nähe zu Hölderlin erst noch zu entdecken, eine Distanz, die, bei aller Nähe, gerade zwischen Oberman und Hyperion zu bestimmen wäre, und eine Nähe, die verborgener ist: in der Ähnlichkeit der »poetischen Verfahrensweise«, der Kompositionsweise, genauer: des musikalisch-poetischen Tönewechsels, der freilich bei Hölderlin strenger gebaut, auf den philosophischen Grund des idealistischen Dreitakts abgestützt ist und, analog zur klassisch-musikalischen Harmonielehre, die Form einer streng geregelten Kadenzierung annimmt.[23]

Senancours Prosa, der Rhythmus der Briefjahre, die Entfaltung der ›Träumerei‹ im einzelnen Brief, die Pausen, Crescendi und Rallentandi sind durch und durch »musikalisch« strukturiert, und es wäre vermutlich aufschlußreich, den *Oberman* mit Begriffen der klassischen Harmonielehre zu interpretieren. Der behutsame Leser wird feststellen, daß in diesen Briefen nirgends ein »reiner Ton« erklingt, daß vielmehr stets ein entgegengesetzter Ton mitzuhören ist, und zwar sowohl in der Vertikalen des Zusammenklangs wie in der Horizontalen der Tonfolge. So erlebt Oberman an den *Dents du Midi* (7. Brief) eine Entrückung, die seinem Dasein die Empfindung von höchster Fülle vermittelt, nämlich in dem Augenblick, wo sich sein Blick »mitten im Lichtglanz von Sonne und Eis in den unbestimmten dunklen Abgrund des Himmels verliert«. Neben diesem »idealischen Hauptton« der ekstatischen Fülle klingt gleichzeitig ein leiser »heroischer Nebenton« des zurückgeworfenen Ikarus-Oberman mit, dem dieses stille Dauern des Himmels, die Geborgenheit im ewigen Kreislauf des Seins für immer verwehrt sein wird. »Aber man vergißt das Unendliche nicht; wer es einmal flüchtig erspäht hat, sucht immer nach ihm«.[24] (Der idealische Ton erklingt fortan durch den ganzen Roman, im Wechsel der Töne pausierend und wiederkehrend, durch kontrapunktische Töne vielfältig gefärbt und immer öfter in parallelen Moll-Tonarten.) ... in die Alpen-

23 Jürg Peter Walser, *Hölderlins Archipelagus*. Zürich: Atlantis 1962.
24 Der Satz erscheint, in der genauen Umkehrung des Bildes, am Ende der 44. *Rêverie*.

szenerie kommt eine leise Bewegung; Dämpfe steigen auf, Wolken formen sich zu Füßen des Träumers, und ein Lieblingsthema Obermans wird in die idealische Höhenregion transponiert: einzelne Gipfel ragen »ekstatisch«, wie *Inseln*, aus dem dampfenden Ozean – ein erweitertes und gesteigertes Parallelbild zu den Vorgebirgen des Traums über den Seen oder im Pissevache. Die Unruhe wird stärker, und zwischen den aufgeblähten Wolken taucht aus dem Abgrund – wie durchs Teleobjektiv erblickt – der »gefürchtete Alpenadler« auf, mit seinem schrecklichen Blick den Träumer fixierend – ein Sendling jenes »Riesen der Zeit«, der später von der Höhe herab sein funkelndes Zyklopenauge auf die Klause von Imenström richtet[25]; die »trockenen Schreie« des Boten mahnen den Oberman-Übermenschen an den Tod. Der heroische Nebenton wird an dieser Stelle zum dramatischen Hauptton, um in der Folge wieder hinter die idealische Betrachtung des Dauernden, Stetigen, Überzeitlichen zurückzutreten.

»Naiv, heroisch, idealisch, Haupt- und Nebenton« sind Begriffe aus Hölderlins Poetik des Tönewechsels. Sie mögen im Blick auf *Oberman* fürs erste etwas Erhellendes haben, undiskutiert dürften sie freilich nicht übernommen werden. Senancours melodiöse Prosa gehorcht einem anderen Rhythmus als Hölderlins streng gefügte Verse und Strophen. Senancours Rhythmus hat nicht das Gewicht, die hyperbolische Vertiefung, das breit auslaufende Verströmen und die zielstrebig aufbiegende Sammlung des Hölderlinschen. Senancours Rhythmus ist labil, zerbrechlich, schwebend; nicht scharf, nur gedämpft zeichnend; ein langsames, weites, sanft auswölbendes Hin- und Zurückgleiten, an seinen Umschlagpunkten in Pausen auslaufend, in denen sich die Bewegung unmerklich, schattenhaft wendet; im Verhältnis zur Vergangenheit nicht massiv gravitierend, sondern sonor vibrierend; mit einem sehr diskreten Verhältnis zur Zukunft.[26] Es ist eine sensibelmelodiöse Prosa von unerhört vielfältigen, oft kaum wahrnehm-

---

25 Anfang 67. Brief. Dort dieselbe Teleobjektiv-Sicht. »Der Mensch seufzt unter diesem Riesen der Zeit«: 1. *Rêverie* von 1809.
26 Marcel Raymond hat dem Erwartungshorizont Obermans etwas mehr Bedeutung beigemessen als Béatrice Le Gall, die im Roman einen zunehmenden Spannungsabfall wahrnimmt. Ich würde die futurische Komponente von Senancours Einbildungskraft stärker akzentuieren; ich spüre im Roman einen Progreß, der durch die andauernde Erwartungsenttäuschung verstärkt wird.

baren und wie zufällig sich ergebenden Beziehungen, Kontrapunkten und Analogien, die oft zum zyklischen Bau, zur musikalischen Rondoform neigt. Die leise Beziehungsdichte sichert dem »Werk«, dessen Einheit durch die okkasionelle Briefform gefährdet ist, eine Totalität, die sich wie ein ungedämpfter Nachhall über alles legt, auch über die oft mäandrisch sich hinziehenden philosophischen Gedankengänge des träumend-wandernden Denkers. Zu Unrecht hat man immer wieder (seit George Sand) an diesen »Abhandlungen« des Moralisten Anstoß genommen, die angeblich das Versagen des Romanciers enthüllen. Es ist ein philosophisches Denken von ganz eigenartiger Sonorität, das nicht dem Gesetz der Kausalität gehorcht, sondern den Gesetzen des Herzens. Warum sollte nicht auch das Denken eine melodiöse Schönheit haben[27]?

Die großen Themen dieses symphonischen Poems sind die *Zeit*, die *Liebe* und die gesellschaftliche *Gerechtigkeit*. Sie erklingen alle schon im ersten Briefjahr und entfalten sich, entsprechend dem Umgang der Jahre, eher kreisförmig als linear, jedoch mit einem leisen Akzent auf den zwei letzten Jahren, wo sich Oberman Rechenschaft gibt von seiner Berufung zur einzigen Wissenschaft vom Menschen: zur Moral, und sich diskret zum Ziel setzt, durch die Niederschrift des einzigen notwendigen Buches zum Gesetzgeber zu werden (wobei zu vermuten ist, daß der nicht veröffentlichte zweite Teil des *Oberman* sich in diese Richtung hätte bewegen sollen).[28] Das Buch endet gleichsam mit einem »Halbschluß«, nämlich mit der Wendung nach dem Dominant-Thema der *Gerechtigkeit*, das in den letzten Sätzen der Fassung von 1804 durchbricht; in diesem Sinne ist die *Zeit* als Tonika-Thema, die *Liebe* als Unterdominante zu hören.[29]

Es gibt die größeren Briefe, in denen die harmonische Kadenzierung der drei Themen zu je eigener Durchführung gelangt, sehr ergreifend etwa im 63. Brief, dessen weit gespannter Gedankengang sich aus einer vollkommen entrückten Traumlandschaft

---

27 Wichtige Ansatzpunkte für eine »Poetik des Tönewechsels« im *Oberman*: 12. Brief (Fußnote), Briefe 21 (von Delacroix ausführlich exzerpiert), 22, 34, 61 (Fußnote über *Melodie*), Fragmente I und III.
28 Brief 91, von Senancour bis zur Ausgabe von 1840 zurückgehalten, gehört zwischen die Briefe 7/8.
29 Die Begriffe stammen aus der klassischen Harmonielehre.

herauslöst, aus einem *Adagio sostenuto*, nicht unähnlich jenem cismoll-Satz, mit dem Beethoven zur selben Zeit seine 14. Klaviersonate einleitet.[30] Am Anfang dieses *Notturnos* herrscht tiefe Stille; die Sprache scheut sich, sie zu brechen; die verhaltenen Sätze lassen großen Pausen Raum. Leise löst sich ein empfindsamer Träumer heraus: »... der See *schien* bewegt ... *man* hörte das Birkenlaub zittern ...«; Bewegung erhebt sich, das Romantische der Landschaft wird als Raumbeziehungen schaffende und raumstaffelnde Melodie hörbar, als Liebeseinklang – aber in einer Molltonart. Die Schleiereule (in Imenström wird sich O. als »Waldkauz« vorkommen) hebt in der Höhle mit ihrem Seufzer an, begleitet vom *Ostinato* der großen Wellen, ein Seufzer, der, als Naturlaut, dem Leid eines einsamen Träumers Ausdruck gibt. –
Wie aus einer paradiesischen Urwelt respondiert, man weiß nicht woher, ein »Vogel als Prophet«[31], auch er repetierend, nicht monoton, sondern jedesmal neu: die Nachtigall, Kündigerin der Liebe – und des Todes! Ihr seliger Gesang ist wie die Stimme der Frau, eine Musik des Unendlichen, in welcher »alles romantisch, beseelt, berauschend ist«, die Stimme der Muse, deren Name fast stets verschwiegen bleibt, die spät, im 90. Brief, in entrückter Schönheit als *Sie* erscheint – »sie lieben, und sterben« – »unsägliche Anwandlung von Liebe und Leid!«[32]
Nach dieser Rückung vom Leid in die Liebe läßt sich der Träumer – sein Ich tritt nun hervor – vom Gleichmaß der fahlen Wellen in einen trügerischen Frieden wiegen – in einen andern als jenen des träumenden Jean-Jacques am Ufer der Petersinsel: in einen Todesschlaf. Die Tonika der Zeitlichkeit bricht mit einem jähen Seufzer herein, mit der vernichtenden Grausamkeit eines Kerkermeisters, der den Tod bringt. Die zeitliche Struktur von Obermans Existenz wird in diesem Kettenbild so grell sichtbar wie nirgends sonst, so wie der Ungrund seines »totalen Zweifels« an dieser äußersten Grenze der Verzweiflung: der Abgrund des Nichts, das Dasein als Absurdität.
Der Seufzer, der Aufschrei verklingt nicht, er erstickt wie jene Schreie des Adlers. Aus der schrecklichen Todesstille erhebt sich

30 op. 27, Nr. 2, die sog. »Mondscheinsonate«, 1801.
31 Raymond, a.a.O. Anm. 10, S. 159 (Robert Schumann).
32 zur »Stimme der Frau«: Schluß Brief 11, Briefe 40, 51, 90 und Fragment III.

Abb. 17: »... das also ist Charrières«

Abb. 18: *Tschüpru*

Abb. 19: »*Das Tal von Imenström senkt und öffnet sich gegen den Sonnenuntergang im Winter; von meiner Seite aus wird man die Sonne im unermeßlich weiten, glühenden See versinken sehen*«

Abb. 20: »*Die Veilchen, die einstigen Geschlechtern blühten – wo sind sie heute?*«

ein Ton von einer äußerst erregten, wirren Gestik, verwandt derjenigen des jungen Menschen in seinen Briefen an Constantin Constantius (in Kierkegaards *Die Wiederholung*): »Man steckt den Finger in die Erde, um zu riechen, in welchem Land man ist, ich stecke den Finger ins Dasein – es riecht nach – Nichts. Wo bin ich? Was will das sagen: die Welt? [...] Wer hat mich in dieses Ganze hineingenarrt und läßt mich nun da stehen? Wer bin ich? [...] Wieso wurde ich Teilhaber in der großen Unternehmung, die man Wirklichkeit nennt? Warum soll ich Teilhaber sein? Ist das eine freiwillige Sache?«[33] Nach dem »blinden Flug des Meteors« gelangt Oberman aber unvermutet an einen Punkt, wo er »in der Leere an etwas rührt« (6. Brief): »Wir sehen Beziehungen, nicht Wesenheiten; wir haben es nicht mit Dingen zu tun, sondern mit ihren Erscheinungen« – und: »Ich empfinde – das ist das einzige Wort des Menschen, das etwas Wahres behauptet. Und was mich meines Daseins versichert, ist auch dessen Qual.« – Durch zwei modulierende Fragen nach der Rechtfertigung des Menschen durch das Lust- und das Glücksverlangen leitet Oberman die Kadenz ein, die endlich das große *Fugato*, das Wechselspiel zwischen der Unterdominante der Liebe und der Dominante der Gerechtigkeit eröffnet, das den gesamten Brief im weiteren beherrscht. Es ist ein Wechselspiel von großer Schönheit, in moderiert heroischer Leidenschaftlichkeit vorgetragen, eine Apologie des empfindsamen Menschen, der einzig durch die Liebe gerechtfertigt ist. Die Bandbreite der Einzeltöne reicht vom Affirmativen (mit Anklängen an die Sprache des deutschen Idealismus) über die zündende Anklage der verlogenen Gesetzgeber bis zum begeisterten Hymnus auf die Liebe, wobei sich als Kontrapunktus die Stimme des Herausgebers dazugesellt, der in diesem Brief seine Rechte und Pflichten in Fußnoten außergewöhnlich oft geltend macht, besonders in der fast kapriziösen Unterdrückung des Schlusses, der sich im Wesentlichen dennoch in die letzte Fußnote einschleicht, ohne aber den Brief wirklich abzuschließen.[34]

In dieser Offenheit verbirgt sich letztlich die Fragilität eines

---

33 Übs. v. Liselotte Richter, Rowohlts Klassiker 81, S. 62f.
34 Der »Eingeweihte« weiß, daß hier Senancour durch den Herausgeber eingreift, weil ihm die Sache zu heiß wird; an diesem Punkt gerät (wie anderswo) die Untreue der eigenen Gattin ins Blickfeld.

Denkens, das mit einer weit schlimmeren Wunde beschäftigt ist und eigentlich nichts sagt (Camus) – verbirgt sich die Erschütterung durch die Absurdität des Daseins; die Tonika des Zeit-Themas schwingt, vom *Notturno* herüberklingend, im Verstummen des Briefschreibers nach. Das Ergebnis des Denkens kann niemals in die Affirmation eines »Systems«, höchstens in einen Konjunktiv gefaßt werden:

Jenseits des Horizonts der vernichtenden Zeitlichkeit erscheint die Liebe als *Möglichkeit*, das Dasein aus seiner Flüchtigkeit zu erlösen und in eine Ordnung der Dauer überzuführen. Mensch sein, Boden fassen (statt zu schweben), in die Geheimnisse des Lebens eindringen, leben und gelebt haben hieße, sich dem Seienden in Liebe erschließen. Nur der überströmende Mensch ist zur Empfindung fähig, und nur der Empfindsame ist zur Liebe fähig. Obermans überzeitliche *Romantik* ist eine »unaussprechliche Weitung der Liebe« und eine »unsägliche Empfindsamkeit«.[35] Senancour hat als erster das Wort *romantisch*, auch in der Substantivierung *das Romantische*, aus der damaligen französischen Bedeutung der »Überspanntheit«, der »Phantastik« herausgelöst und 1804 durch den *Oberman* neu fixiert, nachdem in der zweiten Hälfte des 18. Jahrhunderts *romanesque* und *romantique* unterschiedslos nebeneinander verwendet worden waren.[36] Er verwendet den neuen Begriff des Romantischen jedoch nur im Bezug auf die empfundene Natur. Jedoch »die empfundene Natur ist nur von Mensch zu Mensch, und die Sprache der Dinge ist nichts als die Sprache des Menschen. Die fruchtbare Erde, der unendliche Himmel, die flüchtige Welle sind nur ein Ausdruck der Beziehungen, die unsere Herzen stiften und in sich bewahren« (36. Brief). Die »Romantisierung« der Natur, durch die »alles Symbol werden kann« (90. Brief), das Veilchen wie die Jonquille, die Nachtigall wie der Adler, die Alpen wie Fontainebleau oder Imenström, ist

---

35 Briefe 12, 4. Senancours Empfindsamkeit ist von narzißtischer Sentimentalität so weit entfernt wie der Mensch vom Affen. (Le Gall)
36 Ein ähnlicher Übergang, wenn auch nicht durch lexikalische Scheidung sichtbar, vollzieht sich im Wort *ennui*, das sowohl *Ekel* (Lebensekel) wie *Langeweile* bedeuten kann, im *Oberman* aber eine zeitliche Gestimmtheit meint und deshalb mit *Langeweile* übersetzt wird; Langeweile ist die Empfindung einer »entromantisierten Welt«, der tödlichen Zeit, bald als einer reißenden, bald als einer trägen, zähflüssigen.

eine immerfort gefährdete »Humanisierung«; ihre Fragilität wird gerade im *Notturno* des Briefanfangs hörbar. Letztlich bleibt zwischen dem Träumer und der imaginierten Natur eine unaufhebbare Distanz, eine Dissonanz, die in tödlichen Welt- und Selbstverlust umschlagen kann. Aus dieser Gefährdung gibt (oder gäbe) es für den einsamen Träumer nur eine Rettung: das *Du* des Mitmenschen, des Brieffreundes, Fonsalbes, der kleinen Gemeinschaft von einander nach ihren Kräften dienenden friedfertigen Menschen in Imenström – die aus der verworrenen gesellschaftlichen Moral befreite *Liebe*, die in einer weitherzigen Moral ihr Glück und ihre Lust fände; aber dazu bedürfte es des weisen Gesetzgebers, der das Schickliche zur *gerechten* sittlichen Ordnung erhöbe. Wo ist dieser Gesetzgeber, dieser neue Moses oder Lykurg?

Man sieht ihn, im 7. Brief, von den *Dents du Midi* herabsteigen in die Niederungen einer zerrütteten Moral und einer absurden Gesetzgebung[37], zwar mit leeren Händen, ohne Gesetzestafeln, aber mit einem von Liebe überströmenden Herzen. Und gegen Ende des Buches, im 84. Brief, jene großartige Vision unter den herabdonnernden Wassern des Pissevache, in der zum Himmel zurückdampfenden Gischtwolke, dem Schleier der Maja, an dem die unergründliche »Weltkraft« webt[38], eine gnadenhafte Vision der heilenden, heiligenden *renovatio*! Der Seherblick des auf sein *Patmos*[39] entrückten Träumers dringt in die Ferne und gewahrt die goldenen Blätter im Buche der Zeiten – die Siegel sind geöffnet, als ob eine Stimme sagte, »du sollst abermals weissagen über viele Völker und Nationen und Sprachen und Könige«[40]: »Ein Moses, ein Lykurg, sie haben der Menschheit nur verhüllt ihre Fähigkeiten gezeigt; ihr künftiges Leben hat sich in den Alpen mir offenbart...« und es folgt eine lange Pause, die kein Verstummen

---

37 Bezeichnend der Titel eines Frühwerks: *Sur les Générations actuelles. Absurdités humaines. Rêveur des Alpes.* hg. und eingel. von M. Raymond. Genf/Paris: Droz/Minard 1963.
38 Raymond, a.a.O. Anm. 10, S. 31.
39 Senancours Nähe (und Distanz) zu Hölderlin wird von diesem Punkt aus sehr deutlich. Hölderlins *Patmos*-Hymne ist zur selben Zeit entstanden wie *Oberman*: 1801-Herbst 1803.
40 Off. Kap. 10, 11.

bedeutet, sondern die sich verschweigende Berufung zum *Gesetzgeber*. Der Brief schließt mit einem großen Bild des »höheren Menschen«, des Gesetzgebers und Staatsmanns, der seine Entscheidungen in einsamer Höhe bedenkt, dessen Herz gefaßt ist, dessen Vernunft gebietet und lenkt, der erkennt, der will, der handelt. Es ist das Wunschbild des anderen Oberman.
Obermans quälendes Bewußtsein, nicht am rechten Platz zu sein, hat hier seinen Ursprung. Aus Senancours Leben weiß man, daß sich der Siebenundzwanzigjährige in fünf eindringlichen Petitionen ans französische Direktorium wandte, um mit einer politischen Aufgabe betraut zu werden. In der ersten dieser Bittschriften, vom 30. 9. 1797, schreibt der *Citoyen Pivert Senancour*: »Mich zur Erforschung des Nützlichen und des Wahren berufen fühlend, glaube ich mein durch sich selbst erfülltes Leben von jenem Gesetz entbinden zu dürfen, das sich vielen strebsamen, nützlichen Menschen auferlegt, die einen Beruf ergreifen. [...] Ich hoffte meine Aufgabe der gesellschaftlichen Verpflichtungen in der Stille erfüllen zu können, und, fern von der Rastlosigkeit des Ehrgeizes, mein Denken und mein Leben, dem allein diese Hoffnung eine gewisse Bedeutung oder in meinen Augen ein gewisses Interesse geben konnte, nicht der Berufstätigkeit, sondern den Menschen zu widmen. Diese Verwendung meiner Zeit entsprach meiner Natur am besten; das Gebot der Umstände verbietet sie mir jetzt. [...] Nun, wo der entscheidende Augenblick gekommen ist, bleibt mir nichts, als dem Staate in einer direkteren Weise zu dienen – oder, falls es mir versagt sein sollte, mich nützlich zu machen und die vorgezeichnete Laufbahn zu vollenden, mich alsdann dem Lauf der Notwendigkeit zu überlassen. Außerhalb des zurückgezogenen philosophischen Lebens, das meinem Wesen entsprach, wird mir alles gleichgültig. Ich habe kein Verlangen, ja selbst kein Bedürfnis, denn ich vermag keines mehr zu haben; und wenn ich mich an Euch richte, damit ihr meinem Leben eine Form gebet, die nicht mehr von mir abhängt, so ist eben dies das Schicksal, das ich befrage. Es kümmert mich wenig, welches seine Antwort sei, wichtig ist für mich nur, sie zu kennen.« Und darauf bittet der des Orakels Harrende um die Zuweisung irgendeines entlegenen Winkels der Welt, zu dessen Glück er beitragen könnte und wo es so viel zu tun gebe: »Fände sich eine solche Gegend, wenig verlockend für jene Ehrgeizigen,

die auf das Regieren versessen sind, eine Gegend, geeignet für einen bescheidenen Menschen, der sich inmitten von einfachen Menschen und in einer schönen Natur festsetzen möchte, so wäre es eben dies, worum ich bitte, was ich vorzöge; sie ließe meinem Dasein die frei gewählte Zurückgezogenheit, seine Forschungen und seinen angemessenen Wirkenskreis.«[41] Diese wie die rasch folgenden vier weiteren Petitionen desselben Inhalts blieben unerfüllt. Es war, neben den Enttäuschungen in der Liebe und in der übereilt geschlossenen Ehe mit seiner Freiburger Gattin, die große Enttäuschung, aus der die *Rêveries* und *Oberman* hervorgegangen sind. Sie spiegelt sich noch in der späten handschriftlichen Fassung der *Libres méditations d'un solitaire inconnu*: »Diokletian, Alphons, Amurath stiegen vom Thron, um frei zu sein. Ich hätte ihn verlassen wie sie, und vermutlich hätte ich ihn früher verlassen. Dennoch – wenn mir mein verborgenes Dasein nicht verwehrt, mich in dieser Hinsicht zu erklären – hätte ich für einige Zeit die Regierungsmacht übernommen, die mir das Schicksal angetragen hätte: Ich bin mir noch nicht recht im klaren, was ein von jeglichen eigennützigen Interessen freier Mensch an der Spitze von Staaten ausrichten kann. – Um zu regieren, ohne durch die Geburt dazu berufen zu sein, müßten sich Aufstiegsmittel anbieten, die mit der Gerechtigkeit übereinstimmen, was überraschen würde, wenn es in 2000 Jahren zweimal vorkäme. Bleiben wir also nur im Getümmel, wenn wir dort ein bedeutendes Beispiel zu geben hoffen! Es ist weniger selten, daß man Befriedigung findet, wenn man, um es so zu sagen, den Verzicht genießt und, sollten es die Umstände erlauben, in abgelegenem Lande das Vergessen der nutzlosen Lobeserhebungen sucht« (nach 1830[42]). Obermans erster Auftritt in der Schweiz spiegelt, biographisch gedeutet, nicht nur die Flucht aus dem engen Pariser Elternhaus, sondern auch das Scheitern eines kühnen Planes: in Ägypten, im Sudan, irgendwo »im Innern Afrikas« als Gesetzgeber eines unverdorbenen Volkes eine Ordnung des Glücks und des Friedens zu errichten. Die Orientfahrt führte nicht über die Schweiz hinaus; der Gesetzgebertraum bleibt jedoch, sich wandelnd, eine unerfüllte Hoffnung, die im *Oberman* eine neue Richtung nimmt. Man

---

41 André Monglond, *Jeunesses*. Paris: Grasset 1933. S. 300f.
42 a.a.O. Anm. 14, S. 153.

hat ihn psychologisch als phantastischen Gegenzug gedeutet, als Machttraum eines jungen Mannes, dessen Leben durch die engen Fesseln der Gesellschaft und einer quasi-jansenistischen Erziehung unterdrückt worden ist. – Und wenn man die Motive der wirklichen Gesetzgeber und Staatsmänner psychologisch deuten würde?

Oberman als Gesetzgeber, Oberman als Staatsmann – ? Dieser Mensch der unverwirklichten Möglichkeiten gibt seinem Leser immer wieder Anlaß zu derlei Fragen. 1802-? 1982-? ein Oberman als politischer Denker und »Täter«? Die Frage ist so berechtigt wie ernst. Ein sehr früher Leser *Obermans*, der überragende Staatsmann der Helvetischen Republik und ihr Minister der Künste und Wissenschaften: Philipp Albert Stapfer schreibt Ende Oktober 1798 in einer Botschaft ans Direktorium: »Heute verzehrt sich ein Großteil der menschlichen Kräfte rein umsonst, mangels einer wohlgeordneten Rollenverteilung. Ein talentierter Mann, der nicht die Art von Pflichten zu erfüllen hat, für die er am geeignetsten wäre, vertut einen Teil seiner Anstrengungen rein umsonst, einzig um den Ekel zu überwinden oder die Schwierigkeiten zu besiegen, die ihm aus Beschäftigungen erwachsen, die seinen Neigungen und seinem Charakter fremd sind. Es läßt sich nicht errechnen, wieviel man an Geschwindigkeit, an Bestimmtheit, an Mitteln gewinnen würde, wenn jede intellektuelle Kraft an ihrem Platz wäre.«[43] Daß sich Stapfer und Senancour persönlich begegnet sind, ist eher unwahrscheinlich.[44] Ein kurzer Briefwechsel ist jedoch erhalten, und Senancour hat ihn am Anfang seines letzten Schweizer Aufenthaltes im März 1802 selber veröffentlicht, als Vorspann zu einer Denkschrift, die er im Jahre 1800 durch Stapfer der gesetzgebenden Kommission der Helvetischen Republik hatte zukommen lassen. Daß er diese Denkschrift 1802 in der Schweiz veröffentlichte, im Augenblick, wo die föderalisti-

---

43 R. Luginbühl, *Ph. Alb. Stapfer*. Basel 1887. S. 261. Stapfers Botschaft betrifft die Gründung eines »Bureaus für Nationalkultur«.
44 Eine Begegnung wäre denkbar nach 1803 in Paris, im großen Kreis der Freunde und Familienmitglieder des *Hôtel Beauvau* mit seinem Salon der Mme d'Houdetot; hier war Senancour Hauslehrer gewesen (1798-1802). – Stapfers Sohn Albert, der erste Übersetzer von Goethes *Faust*, gehörte um 1820 zum frühen Obermannisten-Kreis um J.-J. Ampère (Monglond, a.a.O. Anm. 11, S. 8).

schen Kräfte soeben in einem Staatsstreich einen unsicheren Sieg über die Unitarier der einen und unteilbaren Republik errungen hatten, beweist, daß Senancour die Zeichen der Zeit vorausblickend und realistisch erkannt hatte. Seine Denkschrift bietet eine Grundlegung einer föderalistischen Konstitutionsakte aus dem Blickwinkel des Moralisten Oberman[45], der die Vielgestaltigkeit seiner Wahlheimat in den Mittelpunkt rückt. Sie enthält im Blick auf die damalige wie die heutige Schweiz politische Gedanken von erstaunlicher Aktualität – neben utopischen oder gar illusionären Zügen, wie sie für das damalige Klima und staatspolitische Denken durchaus kennzeichnend sind. Auch Stapfer, dessen Lebensgeschichte weithin wie eine Parallele zu derjenigen Senancours oder aber wie die Verwirklichung von Möglichkeiten Obermans erscheint, erschuf politische Utopien, ja gerade darin lag seine Genialität. Sein leidenschaftlicher Kampf für eine unteilbare Republik und gegen die föderalistischen Kräfte entsprang einer genialen Utopie: dem Traum von einem vaterländischen Gemeingeist, der durch eine allgemeine Volksbildung, ergänzt durch besondere Förderung aller hervorstechenden Talente, zu begründen, zu entfalten und zu wahren sei. Die politische Wirklichkeit ließ ihn während seiner nur fünfjährigen politischen Tätigkeit fast auf der ganzen Linie scheitern. Prophetisch aber waren seine Forderungen alle, bis auf eine, in der sich Stapfer in bester Absicht irrte: Die Schweiz ist aus einer inneren Notwendigkeit nie zum Einheitsstaat geworden; die föderalistischen Kräfte gelangten durch Napoleons instinktsichere Intervention in der Mediationsakte von 1803 zum Durchbruch – es waren die Kräfte, denen Senancour mit seiner Denkschrift zu Hilfe geeilt war![46]

»Moses, Lykurg... ihr künftiges Leben hat sich in den Alpen mir offenbart.« Obermans Patmos-Vision – auf der Höheninsel der *Dents du Midi* und endlich zu Füßen dieses »herrlich bemessenen Amphitheaters« (Brief 5), im dampfenden Abgrund des Wasserfalls – bringt den Zuspruch der Berufung; es liegt etwas darin von

---

45 Ihr Titel lautet: *Enoncé rapide et simple de quelques considérations relatives à l'acte constitutionnel, qui doit être proposé à la République helvétique*. Der Text ist am Anfang von *Obermans* Niederschrift entstanden.
46 Daß sie gelesen wurde, ist zu belegen: Eines der erhaltenen *rarissimae* stammt aus dem Nachlaß des damaligen Zürcher Bürgermeisters von Wyss. Zentralbibliothek Zürich: Bro 12 107.

jenem: »Nimm es (das offene Buch) und verschlinge es, und es wird dir bitter machen im Bauche; aber in deinem Munde wird es süß sein wie Honig«.[47] Der Gesetzgeber-Traum, dem das Orakel des Direktoriums durch sein Schweigen eine Absage erteilt hatte, wandelt und verdichtet sich im *Oberman* zum Traum, durch ein Buch, *das* Buch, dem »erhabenen Amt eines Erziehers der Menschheit« gerecht zu werden« (79. Brief). Der Traum hat seine Größe – und seine Bitterkeit, die Bitterkeit des »Schlimmstenfalls«. »Ein einziges Buch enthielte die Prinzipien und die Ergebnisse, alles, wessen die menschliche Gesellschaft bedürfte. Warum hat sich keiner gefunden, um dieser Aufgabe sein Leben zu widmen? [...] Derjenige Mensch, der nichts Großes verrichten kann, unterläßt es so auch noch, die nützlichen Dinge zu unternehmen oder zu bewahren, die sich in seinen Händen befinden« (44. *Rêverie*). Das Schreiben bleibt, in der Abgeschiedenheit des Imenströmer Asyls, noch Obermans einzige Möglichkeit einer Tätigkeit im Dienste der Menschen. Darüber gibt er sich, vor der Vision im Wasserfall, in einer Gewissenserforschung Rechenschaft, in auffallend engem Gedankenaustausch mit seinem Brieffreund, dessen Du die Rolle des Katalysators übernimmt (Briefe 79, 80, 81). Dem wandernden Träumer, der in seiner Kartause nur Herberge auf Zeit nimmt, schwebt eine »Reisebeschreibung« vor, die das »Schauspiel des Lebens« aus dem Blickwinkel des illusionslosen Zuschauers schildert (80. Brief). So mit dem Schreiben endlich beginnend, hofft er den Mut zu gewinnen zu jenem »wahrhaften Werk, das man nur zu entwerfen, niemals aber zu vollenden wagen darf«, wie der Herausgeber im Vorwort von sich selber bekennt.

In den *Méditations* von 1819 liest man: »Die Schrift, die ich zu hinterlassen gedenke – sie ist fast meine einzige Verbindung mit dem Jahrhundert. Und selbst in dieser Hinsicht: was bezöge sich darin noch auf irdisch-zeitliche Ansichten? Man wird nie wissen, wer der Einsame war, dessen Gedanken man dereinst liest.« In der Handschrift der Spätfassung lautet die Stelle: »Ich weile auf der Erde wie an einem Ort geringer Erfahrung; wir sind hier wenig, und nichts wird hier zurückbleiben. Ich habe die Einsamkeit nicht

---

47 Off. Kap. 10,9.

gefürchtet, habe die Abgeschiedenheit nicht gemieden. Ich klage nicht darüber, daß ich von den Menschen nicht mehr beachtet werde. Nach ihrem Dafürhalten friedlich verstummt und mit den Begehrtesten unter ihnen in keiner Verbindung mehr, trachte ich einzig danach, auf diesen Seiten das Beispiel einer vollkommenen Aufrichtigkeit zu geben.«[48] Wieder ein Tag vorüber in der Einsamkeit der Dichtung!

Man hat Senancour, mit Vorbehalten, als ein *génie manqué* gesehen. Man darf aber auch fragen, wer in diesem Fall etwas verpaßt hat, und was?

Camus notiert sich, anläßlich der Lektüre von E. M. Forster, unter dem Merkwort »Aesthetik der Revolte«: »Das Kunstwerk vollendet, was die Gesellschaft oftmals, aber stets umsonst versprochen hat. [...] Shelley: ›Die Dichter sind die nicht anerkannten Gesetzgeber der Welt‹«.[49]

Eine niedrige Stele aus grauem Marmor, zu einem Spitzbogen gewölbt; eingemeißelte Züge lesen sich als verhaltener Seufzer einer lebenslangen Sehnsucht: *Eternité, deviens mon asile* – Senancours bescheidenes Grabmal, von dem heute nur ein Trümmerstück erhalten ist, zerfressen von einer Art Rost, von jenen Zerstörungskräften des Universums, deren stilles, unablässiges Wirken Obermans Seele heimgesucht hatte.[50]

---

48 a.a.O., Anm. 11, 543, 297.
49 a.a.O., Anm. 1, II, 146.
50 Le Gall 1 579.

Abriß von Senancours Leben

1770 Etienne *Pivert* de Senancour wird am 16. 11. in Paris als einziges Kind spät verheirateter, blutsverwandter Eltern geboren. Bei seiner Geburt ist die Mutter 40, der Vater 36. Dieser, Renteninspektor, hatte Priester werden, jene in ein Kloster eintreten wollen. Freudlose, streng überwachte Kindheit; Anerziehung religiöser Schuldgefühle in einem pseudo-jansenistischen Geist (man denkt an *Anton Reiser*!).

1784 in Pension bei einem Pfarrer im *Valois*, in der Nähe von *Ermenonville*. Erstes Natur-Erlebnis.

1785 Eintritt ins *Collège de La Marche* in Paris. Ausgedehnte selbständige Lektüre des geistig Frühreifen: *Buffon, Malebranche, Helvétius, B. de Saint-Pierre, Voltaire* (erst später *Rousseau*). Erwachen der Zweifel.

1785- Drei Spätsommeraufenthalte in den *Basses-Loges* bei *Fontainebleau*.

1788 Nach Abschluß des *Collège* bricht der Konflikt mit dem Vater aus, der seine unerfüllten Wünsche in den Sohn projiziert und diesen ins Seminar von *Saint-Sulpice* schicken will, um ihn mit dem geistlichen Leben vertraut zu machen.

1789 Im August flieht der Neunzehnjährige, mit Billigung seiner Mutter, in die Schweiz. In der Nacht vor der Einreise ein schlimmer Traum: Jemand legt Etienne eine kühle Hand auf seinen Fuß und warnt ihn vor seinem Schicksal. Streifzüge durch das Wallis und die Westschweiz. Im Anschluß an das Abenteuer am Gr. St. Bernhard (91. Brief) beginnt sich ein Nervenleiden bemerkbar zu machen, das im Alter zu fortschreitender Lähmung führen wird.

1790 13. Sept. Heirat mit Marie-Françoise Daguet, Tochter aus einer Freiburger Patrizierfamilie. Bis 1793 Geburt von drei Kindern, wovon zwei überleben. Die Familie wohnt auf dem Landsitz der Daguet in Agy bei *Fribourg*.

1789- Neben Versuchen in Landschaftsmalerei und lyrischer Dichtung
1795 bricht allmählich die Berufung zum Prosaschriftsteller in mehreren Frühwerken durch. – Unter Lebensgefahr kehrt der Emigrant mehrmals mit falschem Paß nach Frankreich zurück.

1795- weilt S. im *Valois*. Der Tod beider Eltern (1795/96), der Verlust des
1797 Vermögens durch die Geldentwertung und die innere Zerrissenheit führen zu einer schweren Krise mit Selbstmordgedanken, aus der sich S. durch die Niederschrift der *Rêveries* und durch ausgedehnte Lektüre rettet (u. a. *Epiktet, Marc Aurel*; daran erinnert das *Manual des Pseudophanes* im *Oberman*).

1797- 5 Bittschriften, in denen S. das Direktorium um Zuweisung einer
1798 staatlichen Aufgabe in einer abgelegenen Gegend ersucht, ohne Erfolg.

1798- Hauslehrer im Pariser *Hôtel Beauvau* der *Houdetot*, wo S. in einem

1802	Klima des 18. Jahrhunderts und eines aufblühenden Attizismus *Saint-Lambert, Boufflers, Elzéar de Sabran*, vielleicht *Mme de Staël* und *Chateaubriand* begegnet. Ein Wiedersehen mit *Mme de Walckenaer*, der Schwester des engsten Jugendfreundes *Marcotte*, führt beinahe zu einem Duell mit deren Gatten. In dieser Zeit beginnt die Niederschrift des *Oberman*.
1802-1803	Letzter Aufenthalt in der Schweiz. Seine Gattin, von ihrer Familie sekundiert, versucht S. zur Anerkennung eines außerehelichen Kindes zu bewegen. S. entzieht sich dem Freiburger Stadtklatsch auf dem Schlößchen Tschüpru, wo er an den Jahren VIII und IX des *Oberman* schreibt. Lektüre von *Saint-Martin*, deren Wirkung im 2. Band des O. spürbar wird. Vielleicht Verbindung zum Lausanner Kreis der *Mme de Krüdener*. Ende 1803 Rückkehr nach Paris.
1804-1809	*Oberman* erscheint, wird von der Kritik totgeschwiegen oder abgelehnt. Wegen Senancours zweijähriger Abwesenheit sind die Beziehungen zum *Hôtel Beauvau* abgebrochen. S. fristet bis zu seinem Lebensende ein kümmerliches, ereignisloses Dasein. – 1806 erscheint *De l'amour*, u. a. ein Plädoyer für das Recht auf Ehescheidung, 1807 der dramatische Versuch *Valombré*, eine Komödie in fünf Akten, 1809 eine Neuauflage der *Rêveries*, mit Teilen aus *Oberman*.
1810-1819	Materielle Not, die Verschlimmerung der Krankheit und das Gefühl eigenen Versagens führen S. in tiefe Depressionen. Um sich Alimenten-Forderungen für das uneheliche Kind zu entziehen, flieht S. nach Südfrankreich, wo er 2 Jahre in den *Cevennen* verbringt, in der Gesellschaft des Ortsgeistlichen und zweier protestantischer Pfarrer.
1819-1846	Erscheinen der *Libres méditations d'un solitaire inconnu*, in denen sich eine zeitweise Annäherung an den christlichen Glauben abzeichnet. Eine moralistische Philosophie und eine gereinigte, ursprüngliche Religion als zwei Teile einer Altersweisheit, nach der S. strebt. Die geistige Entwicklung des alternden S. und seine unerhörte Belesenheit auf entlegensten Gebieten spiegeln sich in zahlreichen Zeitschriften-Aufsätzen, mit denen er sein Brot verdient, treu umsorgt von seiner Tochter *Eulalie*, selber eine Romanschriftstellerin.
1833	Sainte-Beuve gibt *Oberman* in zweiter Auflage heraus und verhilft S. zu einem kurzen Ruhm. Im selben Jahr erscheint *Isabelle*, weibliches Pendant des *Oberman* (1815 geschrieben).
1833-1846	S. arbeitet in den letzten Lebensjahren an den *Méditations* weiter, deren Autograph er einem jungen Berliner Professor zur Veröffentlichung anvertraut; um die Jahrhundertwende wird dieses Konvolut wiederentdeckt und vom finnischen S.-Forscher Törnudd erworben; Béatrice Le Gall gibt dieses Vermächtnis 1970 heraus. – Senancours Leben endet in tiefer Verdüsterung. Der Greis, völlig gelähmt und taub, wird aufs neue vom Gedanken an einen künstlich herbeigeführten Tod heimgesucht. Er stirbt in einem Greisenasyl im Pariser Vorort Saint-Cloud; ein einziger Freund war Zeuge seines Begräbnisses.

Zu den Abbildungen

Abb. 1, zu Seite 12: *Senancour gegen 1789*, vor dem Aufbruch in die Schweiz. Elfenbeinminiatur. Repr. nach André Monglond: *Le Journal intime d'Oberman*. Grenoble/Paris: Arthaud 1947.

Abb. 2, zu Seite 18: *François Bocion* (1828-1890): *Ouchy: embouchure de la Vuachère*. 1884. Öl/Lwd, 37:67. Musée cant. des Beaux-Arts, Lausanne. Foto Schweizerisches Institut für Kunstwissenschaft Zürich. (Genfersee mit Savoyeralpen)

Abb. 3, zu Seite 42: *François Bocion: Bateau de promeneurs et fond du lac*. 1889. Öl/Lwd, 45,5:72. Musée cant. des Beaux-Arts, Lausanne. Foto Schweizerisches Institut für Kunstwissenschaft Zürich. (Am linken Genferseeufer Villeneuve, im Hintergrund die Dents du Midi)

Abb. 4, zu Seite 57: *Camille Corot* (1796-1875): *Peintre travaillant dans la forêt de Fontainebleau*. 1833. Bleistift u. Feder. Collection Claude Aubry Paris. Repr. nach *L'Ecole de Barbizon et le paysage français au XIXe siècle*. Texte de Jean Bouret. Iconographie et appendices Joan Rosselet. Editions Ides et Calendes, Neuchâtel 1972. S. 61.

Abb. 5, zu Seite 80: *Théodore Rousseau* (1812-1867): *Les gorges d'Apremont*. Öl/Lwd, 79:143. Ny Carlsberg Glyptothek Kopenhagen. Repr. nach *L'Ecole de Barbizon*, siehe zu Abb. 5, dort S. 96.

Abb. 6, zu Seite 124: *Caspar Wolf* (1735-1783): *Der Engstlensee mit Jochpaß, Titlis und Wendenstöcken*. 1775. Öl/Lwd, 54:82. Aus *Caspar Wolf* von Willi Raeber, © by Schweizerisches Institut für Kunstwissenschaft Zürich, und Verlag Sauerländer, Aarau und Frankfurt am Main.

Abb. 7, zu Seite 125: *Am Grimselpaß*. Aus Beat Fidel Zurlaubens *Tableaux de la Suisse*, Paris 1777-1788. Zeichnung von Le Barbier, Stich von Dambrun.

Abb. 8, zu Seite 127: *Mme C. A. Walckenaer 1798 od. 1799* (= Mme Del***). Gemälde von einem unbekannten Maler, nach André Monglond: *Le Journal intime d'Oberman*. Grenoble/Paris: Arthaud 1947.

Abb. 9, zu Seite 131: *Senancour im Frühling 1843:* gemalt von Blanc-Fontaine. Repr. nach André Monglond: *Le journal intime d'Oberman*. Grenoble/Paris: Arthaud 1947.

Abb. 10, zu Seite 225: *Fribourg*, Ansicht von Norden. Aus Beat Fidel Zurlaubens *Tableaux de la Suisse*, Paris 1777-1788. Zeichnung von Perignon, Stich von Masquelier. Die Stadtwohnung von Senancours Schwiegereltern Daguet befand sich am oberen Ende der Rue des Alpes, auf der Südseite der Stadt, unmittelbar über den Steilhängen.

Abb. 11, zu Seite 255: *François Bocion: Saint-Saphorin*. 1888. Öl/Lwd, 36,4:49,2. Musée cant. des Beaux-Arts, Lausanne. Foto Schweizerisches Institut für Kunstwissenschaft Zürich. (Über Saint-Saphorin ist die Dent de Jaman sichtbar, an deren Abhängen Obermans Imenström liegt.)

Abb. 12, zu Seite 285: *Charles Marcotte d'Argenteuil* im Jahre 1811 in Rom, gezeichnet von Ingres. Foto Dr. Hans Naef Zürich. Senancours Freund seit der Pariser Schulzeit, der Bruder von Mme Walckenaer/Mme Del***. Züge von Marcotte sind auf *Fonsalbe* übergegangen; dessen Unglück in der Ehe spiegelt allerdings dasjenige Senancours mit Marie Daguet. Ausführliche Biographie der Familie Marcotte in: Hans Naef, *Die Bildniszeichnungen von J.-A.-D. Ingres*. 5 Bde. Bern: Benteli 1977-1980.

Abb. 13, zu Seite 306: *Senancours Handschrift im Jahre 1805*. Separatum aus seinen enzyklopädischen Notizen, Exzerpt aus einem Nekrolog über den englischen Theologen, Philosophen und Physiker *Joseph Priestley* (1733-1804). Bibliothèque Cantonale de Fribourg L 591.

Abb. 14, zu Seite 330: *Senancour*. Medaillon von David d'Angers. 1833. Repr. nach André Monglond: *Le journal intime d'Oberman*. Grenoble/Paris: Arthaud 1947.

Abb. 15, zu Seite 330: *Johann Jakob Biedermann* (1763-1830): *Der Pissevache*. 1815. Öl/Lwd, 52:66. Kunstmuseum Winterthur.

Abb. 16, zu Seite 361: *Baronin Charles-Athanase Walckenaer, geb. Marie-Jeanne-Antoinette-Joséphine Marcotte* (= Mme Del***). 1825. Zeichnung von Ingres. Foto Dr. Hans Naef Zürich.

Abb. 17, zu Seite 39: *Charrières*, eigentlich *Fontany*, an der Straße von Massongez nach Vérossaz im Wallis. Landeskarte der Schweiz Bl. 1304, Val d'Illiez (565.075/121.925). Senancours Beschreibung der Örtlichkeit trifft zweifellos auf diesen einsamen Landsitz zu; gelebt hat er jedoch nicht hier, wie die Gedenktafel am Hause sagt, sondern während des Winters 1789/90 in St. Maurice. (Monglond: *Journal intime* S. 79, Anm. 1)

Abb. 18, zu Seite 230: *Der Landsitz Tschüpru* (1981) zwischen Giffers und St. Silvester (Kt. Freiburg), 788 M. ü. M. Hier schrieb Senancour im Sommer 1803 am *Oberman*. Sein Sohn Florian-Julien verbrachte seine Kindheit im nahen Giffers bei seiner Pflegemutter, einer Bäuerin.

Abb. 19, zu Seite 275: *Ausblick von Imenstròm auf den Genfersee*. Aufnahmeort: Landeskarte der Schweiz Bl. 262, Rochers de Naye (562.075/145.875), bei Pt. 1283. Man hat sich Imenstròm in der alpinen Gegend zwischen der *Dent de Jaman* und *Les Pléiades* zu denken, am ehesten im engen, steil nach Südwesten abfallenden Tälchen *Orgevaux*, oberhalb des Weilers *Sonloup*. (Marcel Raymond: *Senancour* S. 129, Anm. 14). Ein seltsamer Zufall will es, daß das einzige Ölgemälde mit Senancours Porträt (Abb. 10) heute in einem Haus an eben diesem Ort hängt!

Abb. 20, zu Seite 373: *Agy*, das Landhaus von Senancours Schwiegereltern, an der Straße von Fribourg nach Murten. Hier wurden 1791-1793 die Kinder des Ehepaars Senancour geboren. Während seines letzten Schweizer Aufenthalts schrieb Senancour im Jahre 1802 in diesem Haus und in Tschüpru am *Oberman*. – Das Veilchen erscheint im Roman oft als Symbol der frühen Liebe zu Marie Daguet, der späteren Gattin.